中川牧師の

一日一章

249 929 1189

第2巻 歴史書

中川健一

イーグレース

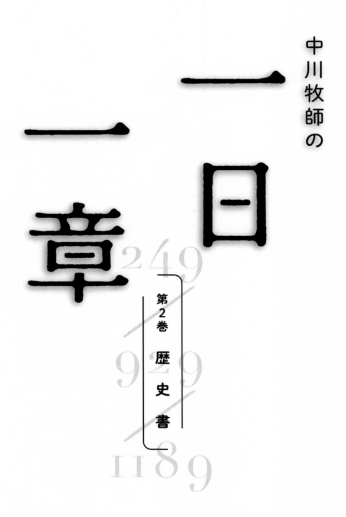

はじめに

キリスト教出版社「イーグレープ」様のご協力により、『中川牧師の一日一章』第2巻を予定どおりに上梓させていただくことになりました。関係者の皆様、そして、励ましのことばをくださった読者の皆様に、心からの感謝を申し上げます。

本シリーズ執筆の動機は、日々のデボーションに役立つガイドブックを出版したいということでした。その目的は十分に達成されていると思いますが、それ以外にも大きな祝福があるように感じています。読者の皆様からの感想のことばの中には、『中川牧師の一日一章』を、聖書通読のための手引き書として用いているというものがいくつかありました。「まず解説を読み、それから聖書を読んでいます。すると、今まで分からなかった聖書の内容が、良く理解できるようになりました」というお声もいただきました。筆者としては、聖書を読み、それから解説文を読んでいただくという順番を想定していましたが、その逆の使用法もあることを教えられ、目が開かれた思いになりました。

第2巻も、日々の解説を1800字前後にまとめました。また、各章の冒頭で「この章から、以下のことを学びましょう」という項目を設け、要点を簡単にまとめました。この体裁は、最後の第5巻まで維持するつもりです。

今回も、執筆に際して次の2点に注意しました。①聖書本文の字義どおりの解釈にこだわる。つまり、著者の意図を探ることに重点を置いたということです。②ヘブル的視点からの解釈にこだわる。字義通りの解釈とヘブル的視点からの解釈は、コインの裏表です。

『中川牧師の一日一章』は、旧約聖書4巻、新約聖書1巻の全5巻のシリーズになる予定です。筆者は、「聖書研究から日本の霊的覚醒（目覚め）が」というモットーを掲げ、それに基づいて活動しています。本書が、「日本の霊的覚醒（目覚め）」に少しでも寄与することができるなら、幸いです。

２０２２年6月

中川健一

目次

ヨシュア記1章

主のしもべモーセの死後、主はモーセの従者、ヌンの子ヨシュアに告げられた。「わたしのしもべモーセは死んだ。今、あなたとこの民はみな、立ってこのヨルダン川を渡り、わたしがイスラエルの子らに与えようとしている地に行け。わたしがモーセに約束したとおり、あなたがたが足の裏で踏む場所はことごとく、すでにあなたがたに与えている。」（ヨシュア記1・1～3）

この章から、以下のことを学びましょう。（1）指導者が死んでも、神の働きは継続します。（2）主は、モーセに語ったように、後継者のヨシュアにお語りになりました。（3）ヨルダン川の東に領地を得た2部族半は、他の部族といっしょにカナンの地征服戦争に参加します。（4）イスラエルの民がヨシュアに従う理由は、彼が主の命令に忠実に従っているからです。

ヨシュア記のテーマ

モーセが死んで喪の期間が終わった時、主からヨシュアへの語りかけがありました。「わたしのしもべモーセは死んだ。今、あなたとこの民はみな、立ってこのヨルダン川を渡り、わたしがイスラエルの子らに与えようとしている地に行け」（2節）。この聖句は、ヨシュア記全体のテーマとなっています。

神はすでに、カナンの地をイスラエルの民に与えておられます。その地は、東のユーフラテス川から西の地中海に至るまでの広大な領域です。イスラエルの民が領土を最も広げるのは、ダビデ、ソロモン時代ですが、その時でもこれほどの領域は所有していませんでした。つまり、領土の約束はまだ完全には成就していないということです。それが成就するのは、千年王国（文字どおりの地上の王国）が到来してからのことです。

この領土は、神が族長たち（アブラハム、イサク、ヤコブ）に約束したものです。神はモーセに対して、その約束を更新されました。ヨシュアは、イスラエルの民にその地を相続させるという大役を主から委ねられましたが、その任務は必ず成功します。なぜなら、主がモーセとともにおられたように、ヨシュアとともにいてくださるからです。

ヨルダン川を渡る準備

イスラエルの民が葦の海（紅海）を渡ったときは、なんの準備もない状態でしたが、ヨルダン川を渡るときは、十分な準備がなされます。神の命令を受けたヨシュアは、速やかに行動を起こし、「民のつかさたち」に命令を出して組織的に動き始めます。

ルベン族、ガド族、およびマナセの半部族は、ヨルダン川の東側の地（ギルアデの地）を相続地としてすでに手に入れていました。その際、彼らに示された条件は、彼らもまたヨルダン川を渡り、カナンの地征服のための闘いに参加するということでした(民32章)。ヨシュアは彼らに、その約束の実行を迫ります。他の部族の者たちがカナンの地に定住するようになって初めて、この2部族半は、ヨルダン川の東の地に帰ることができるのです。彼らは、ヨシュアの命令に従うことを誓いました。ヨシュアがモーセの後継者であることを認めたからです。彼らは、「どうかあなたの神、主が、モーセとともにおられたように、あなたとともにおられますように」と答えています。彼らがヨシュアに従う理由はたった1つです。それは、ヨシュアが主の道を歩み、主がヨシュアとともにおられるという事実です。

神によって指導的な地位に置かれている者は、この点に注目する必要があります。指導者が神に忠実であるという前提で、人々はその指導者に従って来るのです。もしそのような指導者に反抗する人がいるなら、その人は神に反抗したことになります。

神のことばに導かれて歩む人には、道が示され、試練に打ち勝つ力が与えられ、神からの祝福と繁栄が与えられます。現代のヨシュアになるために、デボーションを日々の生活の中心に据え、神に忠実にお仕えしようではありませんか。

ヨシュア記2章

ヌンの子ヨシュアは、シティムから、ひそかに二人の者を偵察として遣わして言った。「さあ、あの地とエリコを見て来なさい。」彼らは行って、ラハブという名の遊女の家に入り、そこに泊まった。（ヨシュア記2・1）

この章から、以下のことを学びましょう。（1）2人の斥候が遊女ラハブの家に入ったのは、神の摂理によることです。(2)ラハブは、信仰と恵みによって救われる異邦人のモデルケースです。

斥候の派遣

ヨシュアは、2人の斥候を密かに遣わします。密かに行動した理由は、カナン人に悟られないようにするためですが、別の理由もあったと思われます。40年前のカデシュ・バルネア事件では、斥候が持ち帰った否定的な情報によって、民が不信仰に陥りました。今回は、その危険性を回避するために、密かに斥候を送り出したと思われます。

彼らは、ラハブという遊女の家（宿屋）に入りました。見慣れない男たちが遊女宿に入るのは、珍しいことではありません。つまり、2人の斥候にとって出入りが容易だったということです。彼らがこの家を選んだことの背後には、神の摂理的な御手がありました。ラハブはすでに、イスラエルの神に対する信仰を持っていました。

エリコの王（領主）に、イスラエル人の斥候が入って来たと告げる者が現れました。そこで王はラハブのところに人を送り、斥候を連れ出すように命じました。

ラハブの信仰

ラハブは命の危険を冒しながら、斥候をかくまいました。これは同胞を裏切る行為でしたが、彼女は、主がカナンの地をイスラエルの民に与えようとしておられると信じ、神の民と運命をともにする道を選んだのです。

ラハブの信仰告白の内容を見てみましょう。（1）彼女は、主という「神の契約の御名」を知っており、それを4回も使っています。（2）彼女は、主がイスラエルの民に葦の海（紅海）を渡らせたこと、また、ヨルダン川の東側でアモリ人の2人の王、シホンとオグを聖絶したことに言及しています。これらは、40年の荒野の放浪生活における最初と最後の出来事です。つまり、彼女もカナン人たちも、40年の間に起こった出来事についてよく知っていたということです。彼女は、カナン人たちが恐れおののいていると証言し、さらに、主はイスラエル人の神であるばかりか、天と地における唯一の神であると告白しています。

ラハブは、自分も自分の家族も滅ぼされてしまうことを知っていました。そこで、2人の斥候に、「自分はあなた方に誠意を尽くしたのだから、あなた方もまた、自分と自分の家族のために誠意を尽くしてほしい」と懇願します。2人の斥候は、「自分たちも、あなたに真実を尽くそう。そのための条件は、自分たちがエリコの町を偵察に来たことを決して口外しないことである」と応じます。

ラハブは2人の斥候を綱で窓から吊り下ろし、町の外に逃がしました。さらに彼女は、ヨルダン川とは反対の山地の方へ行き、そこに3日間隠れているようにとの助言を与えました。2人の斥候は、彼女の家を滅ぼさないと約束し、次のように語ります。（1）目印として、窓に「この赤いひも」を結び付けておくように。（2）家族をこの家に集めておくように。（3）もしこのことを口外するなら、自分たちはこの誓いから解かれる。ラハブは彼らを送り出した後、直ちに窓に赤いひもを結びました。彼女の信仰には、行動が伴っていたのです。

斥候の帰還

2人の斥候は、3日間山地にとどまり、追っ手が引き返してから帰途に就きました。ヨシュアのもとに帰還した彼らは、その身に起こったことをことごとく報告しました。（1）主は、あの地をことごとく自分たちの手に与えておられる。（2）あの地の住民は、自分たちのうわさを聞いて、震えおののいている。彼らの報告は、40年前の12人の斥候の報告とは大違いでした（民13章参照）。新しい世代の信仰者たちが育ち、今まさに、約束の地に入って行く準備が整ったのです。

遊女ラハブは、その信仰によって、メシアを世に送り出す家系につながる特権を得ました。彼女は、異邦人であっても悔い改めと信仰によって神の祝福に与ることができるというモデルケースとなりました。神を信頼して歩む者には、今も同じような神の守りの御手が伸ばされます。不信仰によって退くのではなく、信仰によって前進する者とならせていただきましょう。

ヨシュア記3章

主の契約の箱を担ぐ祭司たちは、ヨルダン川の真ん中の乾いたところにしっかりと立ち止まった。イスラエル全体は乾いたところを渡り、ついに民全員がヨルダン川を渡り終えた。（ヨシュア記３・17）

この章から、以下のことを学びましょう。（１）イスラエルの民は、主の臨在の力によってヨルダン川を渡ることができました。（２）契約の箱を担ぐ祭司たちの足が川に入った瞬間、川の水が立ち止まりました。これはタイミングの奇跡です。（３）この奇跡は、ヨシュアが主から選ばれたリーダーであることを証明しました。

ヨルダン川を渡る準備

シティムを発ったイスラエル人は、ヨルダン川の川岸に着き、そこに3日間とどまります。当時のヨルダン川の水量は非常に多かったので、川岸に立ったイスラエルの民は、この川を渡るのは人間には不可能であることを強く感じたはずです。３日経ってから、つかさたちは宿営の中を巡り、民に次のことを命じました。（1）契約の箱を担いだ祭司たちが先頭に立って川を渡る。（2）一般の民は、契約の箱との間に2000キュビト（約900m）ほどの距離を置き、その後に付いて川を渡る。

「契約の箱」というのは、アカシヤ材でできた長さ約1m、幅と高さが約67㎝の箱で、金で覆われていました。その中には、2枚の石板、マナ、芽を出したアロンの杖が納められていました。契約の箱が先頭を切るということは、神の臨在が民に先立って進むということを象徴しています。契約の箱との距離を約2000キュビトとするのは、神が聖なる方であることを教えるためです。さらに、これだけの距離を置くことで、どの位置からでも契約の箱が進んで行く様子を観察することができます。

川を渡る前日になって、ヨシュアは民に、心の準備をするように命じます。「あなたがたは自らを聖別しなさい。明日、主があなたがたのただ中で不思議を行われるから」（5節）。「不思議」というのは、神からの新しい啓示（奇跡）のことです。主はヨルダン渡河の奇跡を通して、ご自身がヨシュアとともにいることを民に教えようとされたのです。

せき止められたヨルダン川

ヨシュアは主のことばを民に伝えます。（1）これから起ころうとしている奇跡は、主がともにいて、民の前から敵を追い払われることを保証するものとなる。（2）イスラエルの12部族の中から、部族ごとに1人ずつ、合計12人を選ぶ。12人を選ぶ理由は、川を渡ってから明らかにされます。（3）契約の箱を担ぐ祭司たちが先頭を行く。祭司たちの足の裏が水の中に入ると、川はせき止められる。

祭司たちの足が水の中に入った瞬間、北から南に流れるヨルダン川は、上流の方でせき止められました。通常のヨルダン川は、川幅が25～30m、深さが1～3m程度ですが、大麦の刈り入れ時に当たる春先は、レバノン山系の雪解け水が流入し、川の水があふれます。この状態の川を、家畜を連れた200万人の集団が渡るのは不可能です。

イスラエルの民がいた辺りから25㎞ほど北に、アダムという町がありました（現在のテル・ダミヤ）。アダムからさらに北に20㎞ほど上ると、ツァレタン

（現在のテル・エス・サイディヤ）に着きます。水がせき止められたのは、アダムとツァレタンの間の約20㎞の間です。これと似たような現象が、歴史上何度か起こっています。アラブの歴史家ノワイリは、次のように記しています。「1267年12月、川の西側斜面が崩れてダムとなった。１９０９年と１９２７年、西側の堤がイスル・エド・ダミエの浅瀬に崩れ、川をせき止めた。現在でも、ヨルダン川に堰ができるとしたら、アダムとツァレタンの間の20㎞の区間しかその可能性はない」。この奇跡は、何よりも時間の奇跡（タイミングの奇跡）です。祭司の足が水に入った瞬間、水がせき止められ、民が全員向こう岸に渡り切った瞬間、水が元どおりになりました。この奇跡は、主がモーセとともにいたように、ヨシュアとともにいるということを民に示すものとなりました。

昔も今も、神の御業は「臨在の力」によって成し遂げられます。私たちが為すべきは、身を清め、心の準備をし、神の臨在の聖なることを認め、その導きに従って前進することです。神に信頼して川に足を入れるなら、乾いた地が現れます。信仰によって最初の一歩を踏み出そうではありませんか。

ヨシュア記4章

その日、主は全イスラエルの目の前で、ヨシュアを大いなる者とされた。それで彼らは、モーセを恐れたように、ヨシュアをその一生の間、恐れた。
（ヨシュア記4・14）

この章から、以下のことを学びましょう。（1）イスラエルの民は、主が命じた方法に従ってヨルダン川を渡りました。これは、紅海を渡ったことに匹敵する奇跡です。（2）ヨルダン渡河を記念するために、ギルガルに12の石が立てられました。これは、主の奇跡を記念する石となりました。（3）ヨルダン川の東に相続地を得たルベン族、ガド族、マナセの半部族は、モーセに約束したとおりに、部隊の先頭に立って行進しました。

ヨルダン渡河

ヨルダン渡河で起こったことを、時間を追いながら要約してみます。（1）渡河の前に、各部族から1人ずつ、合計12人が選ばれた。（2）祭司たちが契約の箱を担いで川に足を入れた瞬間、ヨルダン川がせき止められた。（3）祭司たちが川の真中に立っている間に、民は乾いた地を急いで渡った。（4）各部族を代表する12人が、祭司たちの立っていた場所にあった石を拾い上げ、それを向こう岸に運んだ。（5）民がすべて渡り終わった時、ヨシュアは祭司たちに、ヨルダン川から上がるように命じた。彼らの足の裏が乾いた地に着いた瞬間、水はもとのように流れ始めた。（6）祭司たちは民の先頭に立って宿営地に向かい、そこに12の石を立てた。（7）その後、祭司たちが前を進み、その後を部隊が戦いのために行進した。この時、ヨルダン川の東に相続地を得たルベン族、ガド族、マナセの半部族が、部隊の先頭に立って行進した。以上が、ヨルダン渡河の要約です。

ヨルダン渡河の奇跡は、イスラエルの民に重要な2つの認識をもたらしました。1つは、ヨシュアがモーセに代わる指導者となったという認識です。もう1つは、モーセを恐れたように、ヨシュアをその一生の間恐れなければならないという認識です。彼らは、ヨシュアが主のしもべとして立てられたことを認めたのです。

次世代に残す記念の石

民が宿営したのは、エリコの東側に位置するギルガルという場所でした。そこから城塞都市エリコを目視することができます。時は、第1の月の10日でした。40年前のその日、イスラエルの民はエジプトにあって、過越の子羊を選り分けていました。それから4日後に、選り分けた子羊を屠り、過越の食事をしたのです。しかしイスラエルの民は、40年の放浪期間、過越の祭りを祝うことを忘れていました。目的を見失った民の悲劇がここに見られます。

彼らは、ヨルダン川から拾ってきた12の石をギルガルに立てました。この12の石は、2つの意味で記念となりました。(1) その石が拾われた場所は、ヨルダン川の真ん中です。それは、主の奇跡がどこで起こったかを示すものとなりました。(2) その石は、ギルガルに立てられました。それは、主の奇跡がどのようなものであったかを示すものとなりました(乾いた川を渡って約束の地に入った)。12の石は、永遠のしるしとなったわけではありませんが、大きな石ですから、かなりの期間そこに立っていたことでしょう。この石は、少なくともそれから数世代の人々にとっては、主の恵みと奇跡を思い出させる記念となったはずです。

詩篇66篇6節にはこうあります。「神は海を乾いた所とされた。人々は川の中を歩いて渡った。さあ 私たちは神にあって喜ぼう」(詩106・9、114・3参照)。詩篇66篇は、葦の海とヨルダン川を渡ったことを記念し、神に感謝する詩篇です。私たちもまた、神の恵みを思い出して、神の御名を賛美すべきです。主イエスは、私の罪を十字架の上で釘づけにしてくださいました。主イエスは、墓の中からよみがえり、死に対して勝利されました。ハレルヤ！主の御名は、ほむべきかな。

ヨシュア記5章

主の軍の将はヨシュアに言った。「あなたの足の履き物を脱げ。あなたの立っている所は聖なる場所である。」そこで、ヨシュアはそのようにした。
（ヨシュア記5・15）

この章から、以下のことを学びましょう。（1）割礼の再開により、新しい世代のイスラエル人は、再びアブラハム契約の「しるし」を身に帯びるようになりました。（2）ギルガルでは、エジプトの恥辱が取り除かれました。ギルガルとは「ころがす」という意味です。（3）約束の地の産物を食べた翌日から、マナは降らなくなりました。（4）主の軍の将がヨシュアの前に現れ、この戦いは主の戦いであると宣言しました。

割礼の再執行

ヨシュアは、戦いの最前線にありながら、民に割礼を施しました。なぜなのでしょうか。割礼はアブラハム契約のしるしです。エジプトを出たイスラエルの民は、カデシュ・バルネア事件で不信仰の罪を犯し（民13章）、40年間荒野をさまようことになりました。この事件以降、民は割礼を実行しなくなりました。しかし主は、新しい世代のイスラエル人に対して、割礼の再開をお命じになりました。これは、新しい世代のイスラエル人が、再びアブラハム契約を継承する立場に置かれたことを意味しています。

新しい世代の者たちは、主の命じるままに割礼を受けました。これは、アブラハム契約を継承したことの確認であり、過越の食事を食するための準備でもありました。割礼を受けると、その後数日間傷が痛みますので、敵前で割礼を実行するのは非常に危険なことでした。しかし主は、民が敵に攻撃されることのないように、恵みによって彼らを守られました。

割礼を執行したその日は、「エジプトの恥辱」が取り除かれた記念日となりました。「エジプトの恥辱」とは、「エジプトには墓がないので、主はイスラエルの民を荒野に導き、そこで葬ろうとしたのだ」というエジプト人の悪口です。その場所は、もとからギルガルと呼ばれていたのですが、そこに新しい意味づけがなされました。ギルガルとは、「ころがす」という意味です。「エジプトの恥辱」は完全に取り除かれました。

カナンの地での最初の過越の祭り

民は、カナンの地に入ってから最初の過越の祭りをギルガルで祝いました。その日は、ニサンの月の14日でした。これは、イスラエルの民が祝う3回目の過越の祭りとなりました。1回目はエジプトを脱出する直前に、2回目はシナイ山麓で祝われました。それから39年後に、3回目の過越の祭りがギルガルで祝われました。この祭りは、出エジプトの出来事が完了し、イスラエルの民が約束の地に入ったことを記念するものとなりました。

その翌日（種なしパンの祭りの初日）、イスラエルの民は、種を入れないパンと炒り麦を食べました。それらのものは、カナンの地の産物でした。カナンの地の産物を食べた翌日から、マナが降らなくなりました。マナは荒野の食べ物ですが、地の産物は約束の地の食べ物です。イスラエルの民の食物がマナから地の産物に移行したことは、彼らが出エジプトを完了し、約束の地に入ったことを象徴しています。

主の軍の将

エリコは高い城壁を擁する難攻不落の町でした。そこをどのように攻略しようかと思案していたヨシュアの前に、抜き身の剣を持った1人の人が立ちはだかります。驚いたヨシュアは、その人に味方か敵かと尋ねます。「わたしは主の軍の将として、今、来たのだ」という答えを聞いたヨシュアは、その人物が神であることを認識し、顔を地につけて伏し拝みます。この人物は、受肉前のメシアです。ヨシュアは、「わが主は、何をこのしもべに告げられるのですか」と尋ねます。主の軍の将は、履き物を脱げと命じます。立っている所が、聖なる所だからです。かつてモーセは、燃える柴の中から語りかける第2位格の神との出会いを通して、出エジプトの出来事が主の戦いであることを理解しました。それと同じように、ヨシュアはエリコを前にして同じ神と出会い、カナンの地征服の戦いが主の戦いであることを理解しました。

この箇所の適用を考えてみましょう。伝道の戦いは、人間的な戦いではなく、主の戦いです。人間的な戦略を練る前に、主を礼拝し、主の権威を認めることが大切です。自分にとって、「足の履き物を脱ぐ」とはどういうことか、黙想してみましょう。

ヨシュア記6章

主はヨシュアに告げられた。「見よ、わたしはエリコとその王、勇士たちをあなたの手に渡した。あなたがた戦士はみな町の周りを回れ。町の周囲を一周せよ。六日間そのようにせよ。」

（ヨシュア記6・2～3）

この章から、以下のことを学びましょう。（1）エリコ征服の戦いは、「主の戦い」です。（2）人間的には愚かに見えても、神が用意された方法が最善です。その方法に従うなら、勝利が得られます。（3）ラハブは、信仰によってメシアの系図に連なるという特権に与りました。

神の視点と人間の責務

エリコは城門を固く閉ざしていました。エリコの住民は、イスラエル人のスパイが町を探りに来たことや、イスラエル人がヨルダン川を渡ったことを知って、臨戦態勢に入ったのです。「見よ、わたしはエリコとその王、勇士たちをあなたの手に渡した」

（2節）とあります。神の視点では、これはもう成就しているのです。それを手に入れるのが、人間の側の責務です。

6日間の行進

民は、最初の6日間、町の周囲を1度回り、7日目に7度回ります。主の命令の中には、7という完全数が何度も出てきます（7人の祭司、7つの雄羊、7日目、7度）。

ヨシュアは、主の命令を忠実に実行しました。1日目、武装した者たちが先頭を進み、その後に7つの雄羊の角笛を持った7人の祭司たちが付き、さらに、契約の箱が続きました。契約の箱が中央に配置された理由は、この戦いの勝利が主の臨在によるものであることを教えるためです。さらにその後を武装した者たちが進み、最後は一般の民が行進しました。この奇妙な行進を城壁の上から眺めながら、エリコの住民は恐れおののいていたに違いありません。民は、主のことばだけを信じて、なんの結果も見ないままに、6日間エリコの町の周囲を回りました。

7日目の行進

いよいよ7日目になりました。この日民は、7度町の周囲を回りました。祭司たちが角笛を吹くと、民はときの声を上げました。その瞬間、城壁が崩れ落ちました。城壁の一部が崩れただけなら、その開口部を通って町の中に侵入したはずですが、ここでは「まっすぐに攻め上り」と書かれています。つまり、城壁は乗り越える必要さえないほどに完全に崩壊したということです。

ヨシュアは、遊女ラハブとその家にいる者以外は、すべて聖絶せよと命じました。「聖絶」（ヘレム）とは、主のために完全に選び分けることを意味します。それが人であれば「滅び」となり、それが物であれば、「主へのささげ物」となります。主が「聖絶」を命じられた理由はなんでしょうか。（1）この戦いは、政治的、軍事的なものではなく、宗教的なものです。（2）この戦いは、聖なる神が罪を滅ぼすために戦ったものです。（3）この戦いは、イスラエルの民をカナン人の罪の影響から守るためのものでもあります。

ラハブとその家族の救い

ヨシュアは、偵察した2人の者に、ラハブとその親族を救うように命じました。ラハブの一家は、イスラエルの宿営の外にとどめておかれましたが、これは、宿営に加わるためには清めを必要としたからです。この救出劇の結果、ラハブはメシアであるイエスの系図に名を連ねるようになります。

ヨシュアは、エリコを再建する者に呪いが下ると預言しました。ここでの再建とは、城壁を持った町（城塞都市）としての再建を指します。「礎を据える」は工事の着手を、「門を建てる」は工事の完成を表しています。この預言が成就するのは、アハブ王の時代です。「彼（アハブ）の時代に、ベテル人ヒエルがエリコを再建した。彼は、その礎を据えたとき長子アビラムを失い、門を建てたとき末の子セグブを失った。ヌンの子ヨシュアを通して語られた主のことばのとおりであった」（1列16・34）

これで、約束の地征服の戦いの儀式的な側面が終わりました。儀式的な側面とは、割礼、過越の祭り、角笛、町の周りの行進、などのことです。これ以降、イスラエルの民は通常の戦略を駆使した戦いに突入していきます。

エリコの戦いから、霊的教訓を学びましょう。神は私たちに多くの祝福を約束してくださいました。神の視点では、それらの約束はすでに成就しています。それを実現させるのは、信仰による従順な行動です。「さて、信仰は、望んでいることを保証し、目に見えないものを確信させるものです」（ヘブ11・1）

ヨシュア記7章

ヨシュアはアカンに言った。「わが子よ。イスラエルの神、主に栄光を帰し、主に告白しなさい。おまえが何をしたのか、私に告げなさい。私に隠してはいけない」（ヨシュア記7・19）

この章から、以下のことを学びましょう。（1）神と私たちを隔てる唯一のものは、罪です。（2）アカンの罪は共同体全体の罪とされました。新約時代においては、教会の一部に問題が起これば、教会全体が苦しむことになります。（3）新約時代の信者は、自らの罪を告白することによって赦しを受けることができます。

アイでの敗北

エリコの次に征服すべき町は、アイです。しかし民は、当然勝利すると思っていたアイとの戦いに敗れます。そこには、いくつかの敗因がありました。（1）まず、アカンの罪です。彼は聖絶のもののことで罪を犯しました。つまり、聖絶すべきものを盗んだということです。この罪はアカン個人のものですが、それはイスラエルの共同体全体に影響を及ぼしました。（2）次に、アイの兵力を過小評価したという問題があります。エリコでの勝利が、過信につながったと思われます。アイとの戦いに際して、ヨシュアは斥候を遣わし、その地を偵察させます。斥候は帰って来て、全軍を派遣するのではなく、2、3000人程度を送れば十分でしょうと提言します。彼らは、アイの町の兵力を過小評価したのです。後で分かるのですが、アイの人口は1万2000人にも達していました。ヨシュアは約3000人の兵士を派遣しましたが、彼らはアイの軍に打ち破られ、敗走しました。その日、36人が戦死しました。

ヨシュアの祈り

落胆したヨシュアは、神に祈ります。祈りの冒頭部分は、荒野でイスラエルの民がつぶやいた内容とよく似ています。しかし最後になると、ヨシュアの祈りの意図が明らかになります。彼は、主の御名の栄光が守られるようにと祈っているのです。以下、祈りの内容です。（1）イスラエルの民は敵に背を見せた。（2）カナン人たちはそれを聞いて勇気づけられ、イスラエル人を攻めて来るだろう。（3）その結果、イスラエル人の名は地上から消え去ることになるだろう。（4）主の民イスラエルが地上から消え去ると、主の御名が辱められることになる。

神に用いられる器は、常に神の栄光が現れることを願い、そのために労するものです。

隠された罪

ヨシュアの祈りに対して、主からの答えがありました。（1）「イスラエルは罪を犯した」。実際に罪を犯したのは特定の人物ですが、イスラエルの民は神の前では「契約の共同体」です。（2）その罪とは、表に出たものではなく、隠された罪である。（3）戦いに破れたのは、敵が強いからではなく、イスラエルの民が弱くなったからである。（4）罪を犯した人物を取り除かないなら、イスラエル自らが聖絶のものとなり、滅びる。

この問題に対する解決法は、「身を清める」ことです。つまり、罪を犯した人物を除き去るということです。ヨシュアは主の命令どおりに、罪を犯した人物の選別を行います。合計5つのステップで選別が行われています。12部族の中から1つの部族が取り分けられ、部族の中から氏族が取り分けられ、氏族の中から家族が取り分けられ、家族の中から男たちが取り分けられ、男たちの中から聖絶のものを取った者が選り分けられます。このステップを踏む理由は、この罪が民族全体の罪でもあることを教えるためです。

アカンの告白

アカンは、聖絶のものの中から、シンアルの美しい外套1着、銀２００シェケル、50シェケルの金の延べ棒1本を取っていました。彼は、信仰の目ではなく貪欲な目でそれらの品物を見て欲しくなり、取ったのです。アカンが罪を犯したステップは、人が罪を犯す際の一般的なステップです。取る前は魅力的に見えた品物も、手に入れてみると重荷となります。彼はそれを利用することもなく、自分の天幕の中に隠していました。この罪により、アカンだけでなく、彼の持ち物、そして息子や娘までもがすべて取り除かれました。

かくして、アカンの名は完全に地上から絶えました。アカンが罪に引き込まれたステップから教訓を学びましょう。もし隠された罪があるなら、神の前に告白し、直ちに赦しをいただこうではありませんか。「もし私たちが自分の罪を告白するなら、神は真実で正しい方ですから、その罪を赦し、私たちをすべての不義からきよめてくださいます」（1ヨハ1・9）

ヨシュア記8章

モーセが命じたすべてのことばの中で、ヨシュアが、イスラエルの集会全体、および女と子どもたち、および彼らの間で生活する寄留者の前で読み上げなかったことばは、一つもなかった。

（ヨシュア記8・35）

この章から、以下のことを学びましょう。（1）罪からの清めを受けたイスラエルの民は、アイとの戦いに勝利します。（2）ヨシュアは、神から命じられた方法を採用して勝利します。（3）その地を征服した直後に、ヨシュアはモーセの律法を石の上に書き、シナイ契約を再確認します。

アイ征服の約束

罪からの清めを受けたなら、次にすべきことは神の声に耳を傾けることです。主はヨシュアに次のように語りかけます。（1）恐れてはならない。おののいてはならない。（2）兵士全員を連れてアイに攻め上らねばならない。（3）アイの町とそれに関わるすべてのものは、すでにヨシュアの手に与えられている。

エリコでの勝利の経験とアイでの敗北の経験を踏まえ、新しい戦術が採用されます。それは、町の裏側に伏兵を置くという戦術です。エリコの戦いは超自然的方法による戦いでしたが、アイの戦いは人間的戦略による戦いです。前者では、全面的な聖絶が実行されましたが、後者では、聖絶は少し緩やかなものとなります。主から、分捕り物と家畜は戦利品として取っても良いとの許可が出ます（それ以外のものは、すべて聖絶の対象です）。イスラエルの民は、主が用意された時に、主から許可された分捕り物を得ることができるようになりました。

アイの征服

ヨシュアは、勇士３万人を夜のうちに派遣し、彼らを町の西側に置きました。翌朝早く、ヨシュアは本隊を率いてアイに上り、町の北側に陣を敷きました。さらに５０００人を取り、町の西側（ベテルとアイの間）にもうひと組の伏兵を配置しました。ベテルからも敵が攻めて来ることを想定し、そのための備えをしたのでしょう。

アイの王は、ヨシュアの軍勢と戦うために出てきました。ヨシュアの軍勢は、敵をおびき出すために、ヨルダン渓谷への道を敗走します。それを見たアイの王は、全軍を率いてアイの町から出ます。ベテルの王もそれに倣いました。振り向いたヨシュアが投げ槍を町の方に差し伸ばすと、それを合図に、伏兵が町に攻め込んで、町に火を放ちました。ヨシュアの本隊も振り向いて敵に向かいました。

この日、アイの町の住民は男も女も合わせて１万２０００人が打ち倒されました。主が聖絶せよとお命じになったとおりです。アイの王は、生け捕りにした後、木にかけて殺し、夕方までさらし者にしました。その後死体を木から降ろして、町の門の入り口に投げ捨てました。その上には石が積み上げられ、石塚が作られました。アイは邪悪な町でしたが、特にこの王に問題があったようです。

かくしてイスラエルの民は、カナンの地の中央高原（エフライムの山地）を支配するようになり、さらにこの戦いでベテルをも征服しました。

エバル山での契約の更新

エバル山はエフライムの山地にあります。ヨシュアはそこに主のために、自然のままの石の祭壇を築きました。その祭壇の上で、彼らは全焼のささげ物と交わりのいけにえを献げました（出20・24参照）。次にヨシュアは、民の前で、モーセの律法の写しを石の上に書きました。その理由は、シナイ契約の条項であるモーセの律法を民に読み聞かせ、民の自覚を促すためです。その場には、イスラエル人と異邦人がともに集められました。契約の箱を担ぐレビ人の祭司たちが先頭に立ち、イスラエルの民は、その契約の箱の前で、半分はゲリジム山の前に、後の半分はエバル山の前に立ちました。そして、ゲリジム山では祝福が宣言され、エバル山では呪いが宣言されました（申11・29参照）。ヨシュアは、祝福と呪いについての律法のことばを、ことごとく読み上げ、民を祝福しました。

カナンの地の中央部を征服した時点で、ヨシュアが真っ先にしたことは、「シナイ契約」の確認です。この契約は、イスラエルの民に自己認識を植え付け、国造りの理念と方向性を指し示しました。新約時代に生きる私たちにも理念が必要です。その理念は、シナイ契約よりもさらにすぐれた契約である「新しい契約」に基づくものです。私たちは、地上で生活していますが、その国籍は天にあります。これが、クリスチャンの自己認識です。日々、天の御国を目指して歩む人は、幸いです。

ヨシュア記9章

ギブオンの住民たちは、ヨシュアがエリコとアイに対して行ったことを聞くと、彼らもまた策略をめぐらし、変装をした。古びた袋と、古びて破れて継ぎ当てをしたぶどう酒の皮袋をろばに負わせ、繕った古い履き物を足にはき、古びた上着を身に着けた。彼らの食糧のパンはみな乾いて、ぼろぼろになっていた。（ヨシュア記9・3〜5）

この章から、以下のことを学びましょう。（1）ギブオン人たちは、計略を用いてイスラエルの民と盟約を結びました。（2）主の御心を確かめなかったのは、イスラエルの長老たちの不注意です。（3）しかし、主を恐れたギブオン人たちの信仰は賞賛に値します。彼らは、イスラエル共同体の中に居場所を見つけることができました。

ギブオン人との契約

9章の冒頭には、イスラエルへの2種類の対応が記されています。（1）それまで敵同士だった土着の諸民族（ヒッタイト人、アモリ人、カナン人、ペリジ人、ヒビ人、エブス人の王たち）は、イスラエルという共通の敵のために、連合を組んで対抗しようとしました。（2）ギブオン人たちは、イスラエルの傘下に入り、生存する道を選びました。彼らは、人種的にはヒビ人です。創世記34章で、ヤコブの娘ディナがその土地の族長のヒビ人ハモルの子シェケムによって辱められるという出来事がありました。その時シメオンとレビは、割礼を用いて町の男子を皆殺しにしましたが、今度は逆にヒビ人がイスラエル人を騙しています。ここに、歴史の皮肉があります。

ギブオン人たちは、古びた衣服、干からびたパン、破れた革袋など用意し、あたかも遠国から来たかのように見せかけました。彼らは、盟約を結ぶことを申し出ましたが、ヨシュアが拒否すると、次は属国となってイスラエルに仕えたいと願い出ました。この時、イスラエル人たちは、主にお伺いを立てることなしに盟約を結びました。「食糧の一部を受け取った」とは、契約の食事をしたということです。

ここでは、イスラエル人の不注意を責めるよりも、ギブオン人たちの知恵と熱心さをほめるべきではないでしょうか。イスラエル人の傘下に入るということは、それまでの偶像礼拝を投げ捨て、真の神に立ち返るということです。

ギブオン人の欺きの発覚

それから3日後、ギブオン人たちの欺きが発覚します。イスラエル人が進んでいくと、3日目に彼らの町々に着いたのです。ギブオン、ケフィラ、ベエロテ、およびキルヤテ・エアリムなどがそれです。ちなみに、この地域はベニヤミン族の所有地となります。近隣の民と盟約を結ぶことは、主の命令に対する違反です。しかしイスラエル人は、彼らを攻撃することを思いとどまります。その理由は、族長たちがすでにイスラエルの神、主にかけて彼らに誓っていたからです。一般の民は、族長たちに不平を言いました。指導者でありながら、思慮に欠けていたことを批判したのです。それに対して族長たちは、主にかけて誓ったのだから、彼らを殺すことはできないと反論します。もしその誓いを破るなら、御怒りが自分たちの上に下るというのです。

ギブオン人たちの弁明

ヨシュアはギブオン人たちを呼び寄せ、彼らを糾弾します。しかしギブオン人たちは、「自分たちは、イスラエル人を恐れただけでなく、この地をイスラエル人に与えた主を恐れた」と答えます。また、「生かしてもらえるなら、喜んで奴隷として仕える」とまで言います。欺きは、彼らにとっては自分の命を救う知恵だったのです。

こうして、ギブオン人たちは、イスラエルの民の中で、薪を割る者、水を汲む者となりました。偶像礼拝者だったギブオン人たちが、今や幕屋で仕える者となったのです。この事件によって、イスラエル人は幕屋での労働力を得ることになりました。ギブオン人たちも、最下位の労働とはいえ、主の幕屋(神殿)での光栄ある奉仕に従事するようになりました。

ギブオン人たちは、後になって「ギバル族」(エズ2・20)、「宮のしもべたち」(1歴9・2、ネヘ7・60)などと呼ばれるようになり、イスラエル共同体の中に確固たる地位を確立します。旧約時代にあっても、信仰によって主に近づくなら、主の守りが与えられたのです。この真理は、今も変わりません。ギブオン人たちの信仰から教訓を学ぶことができます。私たちも、父なる神に熱心に寄りすがることを学ぼうではありませんか。

ヨシュア記10章

ギブオンの人々はヨシュアのところ、ギルガルの陣営に人を遣わして言った。「しもべどもから手を引かないで、急いで私たちのところに上って来て、私たちを救い、助けてください。山地に住むアモリ人の王たちがみな、私たちに向かって集まっているのです」。（ヨシュア記10・6）

この章から、以下のことを学びましょう。（1）南部5王連合軍との戦いは、主の奇跡と人間の努力が一体となったものです。（2）長くなった日の奇跡は、今は理解できなくても、字義通りに解釈するのが正解です。（3）カナン人たちには400年の悔い改めの期間が与えられていましたが、その恵みに応答しなかったので、彼らは裁かれました。

南部5王連合軍との戦い

ギブオンがイスラエルと盟約を結んだことを知り、エルサレムの王アドニ・ツェデクが政治的に動きます。彼は、ヘブロン、ヤルムテ、ラキシュ、エグロンの王たちに、同盟関係を結ぶことを提案します。こうしてできた南部5王連合は、ギブオンに対して陣を敷きます。

ギブオンからの援軍要請を受けたヨシュアは、迅速に行動を起こします。ギブオンとは盟約関係にありますので、彼らを見捨てることはできません。主は、ヨシュアに励ましのことばをお語りになりました。主が認定されたこの戦いは、主の奇跡と人間の努力が一体となった戦いになりました。イスラエルの兵士たちは、夜の間に約35kmの距離を移動し、ギブオンに着くなり、攻撃を開始しました。さらに、40kmにわたって敵を追いかけました。敗走する敵兵たち（アモリ人）の上には、大きな雹が降りました。

長くなった日の奇跡

アモリ人を追っていたヨシュアは、勝利を確実なものにするために、日没の時間が遅れるように祈りました。「民がその敵に復讐するまで、太陽は動かず、月はとどまった。これは『ヤシャルの書』に確かに記されている。太陽は天の中間にとどまって、まる一日ほど、急いで沈むことはなかった」（13節）。このような奇跡は、有限な人間の頭脳では説明し尽くすことのできないものです。私たちは、主に不可能はないと告白し、やがてすべてのことが明らかになる日が来るのを楽しみに待つべきです。ちなみに、太陽と月は、アモリ人たちが礼拝していた偶像神でした。つまりこの奇跡は、ヨシュアの神はアモリ人たちの神々よりも強いお方であることを宣言したものでもあります。

5人の王の裁き

マケダの洞穴に隠れた5人の王は、イスラエルの兵士たちによって処罰されます。王たちの首を足で踏みつける行為は当時の習慣で、敵を屈服させたことを公に宣言するものです。その後王たちは殺され、死体は木にかけて夕方まで放置されました。かくして、アモリ人の指導者たちが、白日の下で裁きを受けました。つまり、これによって神の正義が成就したということです。特筆すべきは、イスラエル人に対して敵意を示す者が1人もいなかったということです。同様の現象が、出エジプト記11章7節でも起こっています。「犬でさえうなりはしない」というのが、それです。

カナン南部での勝利

ヨシュアの軍が征服した都市は、以下のとおりです。マケダ、リブナ、ラキシュ、ゲゼル、エグロン。これで低地（山地と海岸平野の中間にあるシェフェラと呼ばれる地域）の征服が完了しました。次にヨシュアは、ユダの山地にあるヘブロンを征服し、次にデビルを撃ちました。これで、エルサレム以外の山地の町々が征服されました。

10章40節は、10章全体のまとめです。「ヨシュアはその全地、すなわち、山地、ネゲブ、シェフェラ、傾斜地、そのすべての王たちを討ち、一人も残さなかった。息のある者はみな聖絶した。イスラエルの神、**主**が命じられたとおりであった」。**主**がイスラエルに勝利をもたらされたという点が強調されていることに注目しましょう。

聖絶は、限定された時代、地域、民族を対象に与えられた命令であることを覚えましょう。聖絶は、**主**ご自身がイスラエルを用いてカナン人の罪を裁かれた行為であり、預言的には、ノアが語ったことばの成就です(創9・25)。アブラハム契約に基づいて、カナン人たちには４００年という悔い改めの期間が与えられていました（創15・13)。カナン人を聖絶する理由は、イスラエルの民を偶像礼拝の罪から守るためです。神は私たちにも悔い改めに必要な時間を与えておられます。神の忍耐を軽んじることのないように、ただちに神の恵みに寄りすがろうではありませんか。

ヨシュア記11章

ヨシュアはすべて主がモーセに告げられたとおりに、その地をことごとく奪い取った。ヨシュアはこの地を、イスラエルの部族への割り当てにしたがって、相続地としてイスラエルに与えた。そして、その地に戦争はやんだ。

(ヨシュア記11・23)

この章から、以下のことを学びましょう。(1)ヨシュア記から、目的達成のための戦略を学ぶことができます。(2)ヨシュアは、主に忠実に歩むことを人生の目標とした、無私の人でした。(3)神の側に付く人は、敵の数や力におびえる必要はありません。

カナン北部での勝利

カナン南部での戦いに勝利したヨシュアは、背後の敵を気にすることなく、北部での戦いに専念することができました。南部の諸王と同様に、北部の諸王も連合してヨシュアの軍と戦おうとしました。この時盟主となったのは、ハツォルの王ヤビンです。彼の呼びかけに応答したのは、北方の山地(ガリラヤ)、キネレテの南のアラバ(ガリラヤ湖の南のヨルダン渓谷)、低地(シェフェラの中のカルメル山より北の地域)、ドルの高地(カルメル山以西及び以南の傾斜地)の町々の王たちでした。北部連合軍の兵士の数は、「海辺の砂のように大勢の兵で、馬や戦車も非常に多かった」とあります。彼らは、イスラエルと戦うために、メロムの水(ガリラヤ湖の北西)の辺りに集結しました。

北部連合軍との戦いの際にも、主から励ましのことばがヨシュアに下りました。さらに、敵の馬の足の筋を切り、戦車を火で焼くようにとの命令が下りました。翌朝、ヨシュアの軍は北部連合軍を急襲し、3方向に逃走する敵を追撃します。大勝利を手に入れたヨシュアは、主の命令どおりに馬の足の筋を切り、戦車を火で焼きました。足の筋を切られた馬は、農耕馬となります。今後の戦いのことを考えると、馬や戦車を手元にとどめておきたかったことでしょうが、ヨシュアは主の命令に従いました。彼は、軍事力の増強よりも、主への信頼を選んだのです。

次にヨシュアは、ハツォルを攻め、その王を殺し、その町を焼きました。ただし、丘の上に立っている町々は焼きませんでした。また、それらの町々の分捕り物と家畜は、戦利品として自分たちのものとしました。かくして、カナン人の裁きが北部においても成就しました。

戦いの総括

ヨシュアは、これまでの戦いによって、8地区を征服しました。（1）山地（ユダの山地とエフライムの山地）、（2）ネゲブの全域（南部の荒野地帯）、（3）ゴシェンの全土（エジプトのゴシェンではなく、ユダの山地にあるゴシェン。15・51参照）、（4）低地（シェフェラ）、（5）アラバ（ガリラヤ湖から死海に至るヨルダン渓谷、（6）イスラエルの山地（上ガリラヤの山地）、（7）低地（下ガリラヤの山地）、（8）セイルに上って行くハラク山から、ヘルモン山の麓のレバノンの谷にあるバアル・ガドまでの地域。これらの地域を征服するために、ヨシュアは約7年間戦い続けました（ヨシュア記に記録されているのは、主要な戦いだけです）。ギブオンの住民以外は、すべて征服しました。これら一連の戦いは、主から出た戦いでした。

このときヨシュアは、アナク人の町々を聖絶しました。アナク人とは、40年前にイスラエルの10人のスパイが非常に恐れた巨人です（民13章参照）。しかしヨシュアはそのアナク人を難なく撃破し、これ以降アナク人は聖書の舞台から姿を消します。

ヨシュアのリーダーシップから次のことを学びましょう。戦術的には、彼は常に防御ではなく攻撃に回りました。また、敵が油断しているところを突く急襲作戦を用いました。さらに、敵が体勢を立て直すことのないように、徹底的に追走し、敵を全滅させました。次に、霊的には、彼は約束を忠実に守る人でした。ラハブとの契約やギブオン人との契約は、ともに守られました。また、個人の益のために、自分の地位を利用することのない人物でした。ヨシュアは、モーセの後継者として主の命令を忠実に実行したのです（ギブオン人との契約は不注意から起こったことですから、ヨシュアが主に不忠実だったわけではありません）。

ヨシュアのリーダーシップから、多くの教訓を学ぶことができます。信仰によって、ヨシュアのような人生を歩もうではありませんか。

ヨシュア記12章

ヨルダンの川向こう、日の昇る方で、アルノン川からヘルモン山までの全東アラバにおいて、イスラエルの子らが討ち、占領した地の王たちは次のとおりである。（ヨシュア記12・1）

この章から、以下のことを学びましょう。（1）主から受けた恵みを記憶することは、今を生きるための力となります。（2）主に栄光を帰す人は、主を恐れながら生きる知恵ある人です。

征服された王のリスト（ヨルダン川の東側）

12章は、ヨシュア記前半のまとめで、これまでに征服された土地の一覧表となっています。これによって、主がイスラエルに約束された土地が、約束どおりに征服されたことが分かります。主に信頼して戦うなら、約束のものは手に入ります。

1～6節までは、ヨルダン川の東側で征服された土地のリストです。（1）アモリ人の王シホンは、イスラエルの民がアモリ人の土地を通過することを拒んだ王です。彼は、イスラエルの民と戦い、敗れました。(2)バシャンの王オグは、キネレテ湖(ガリラヤ湖)の東の肥沃な台地を支配していましたが、彼もまた、モーセ率いるイスラエルの民に敗れました。ヨシュアは、これらの土地をルベン族、ガド族、マナセの半部族に所有地として与えました。

征服された王のリスト(ヨルダン川の西側)

7〜24節までは、ヨルダン川の西側で征服された諸王のリストです。合計31人の王の名が挙げられています。ヨシュアはこれらの土地を、イスラエルの諸部族に、所有地として与えました。イスラエルの所有地は、ダビデ時代にさらに拡大し、ソロモン時代に最大の規模に達します。しかしそれでも、神がアブラハムに約束された領域までは拡大しませんでした。その約束が成就するのは、メシア的王国(千年王国)が設立されたときです。

これほど多くの町々がカナンの地に建設されたということは、いかにその地が良い地であったかを証明しています。しかし、イスラエルの民が不信仰のゆえに離散の民となって(紀元70年)以降、そこは荒廃した地となりました。20世紀になってイスラエルの民がカナンの地に帰還するようになり、そこは再びもとの豊かさを回復するようになっています。

クリスチャンにとってのカナンの地は、天にあります。「しかし、私たちの国籍は天にあります。そこから主イエス・キリストが救い主として来られるのを、私たちは待ち望んでいます」(ピリ3・20)。この聖句を心にとどめ、きょうもこの世に出て行きましょう。

ヨシュア記13章

「レバノンからミスレフォテ・マイムまでの山地の全住民、すなわちすべてのシドン人。わたしは彼らをイスラエルの子らの前から追い払う。わたしがあなたに命じたとおり、あなたはその地をイスラエルに相続地としてくじで分けよ。今、この地を九部族とマナセの半部族に相続地として割り当てよ。」（ヨシュア記13・6〜7）

この章から、以下のことを学びましょう。（1）老年になったヨシュアに、土地分割の命令が下りました。（2）カナンの地には、未征服の土地が多く残されていました。分割以降は、各部族が自らの責任で土地征服の戦いを継続しなければなりません。（3）レビ族には土地は分割されませんでした。主ご自身が、彼らの嗣業です。

土地分割の命令

カナンの地征服の戦いが依然として続いていましたが、総司令官であるヨシュアが老年になったため、新しい対応を迫られるようになりました。主はヨシュアに、「あなたは年を重ね、老人になった」とねぎらいの声をかけ、土地分割の仕事に着手するようにお命じになります。この時点では、未征服の土地や町々が多く残されていました。未征服の土地の名が、ほぼ南から北へと順次列挙されています（2〜6節）。ペリシテ人の土地は、未征服の土地の代表でした。ペリシテ人は、地中海沿岸に定住した海洋民族です。彼らは、ラメセス3世の時にエジプトを攻めましたが追い返され、前12世紀初めにカルメル山以南の沿岸地域に定着した民です。ガザ、アシュドデ、アシュケロン、ガテ、エクロンは、ペリシテ人の主要5都市で、互いに都市同盟を結んでいました。

ヨシュア記13〜15章から、いくつかの教訓を学ぶことができます。（1）土地の割り当てには、摂理的な要因が含まれていました。9部族とマナセの半部族は、くじを引いて自分たちの相続地を決めました。これらの相続地は、自動的に所有物となったのではなく、自らの手で勝ち取るべきものでした。（2）ユダ族とヨセフ族（特に、エフライム族）には、主要な土地が分割されました。これは、創世記49章にあるヤコブの預言の成就です。

ヨルダン川の東側の分割

ヨルダン川の東側は、モーセがまだ生きていたころに、マナセの半部族、ルベン族、ガド族に分割されていました。彼らが、牧畜に適した地を相続することを願ったからです。そのためには、他の9部族半とともにヨルダン川を越え、カナンの地征服のために戦うという条件が課せられました。その条件が満たされたので、ヨルダン川の東の土地はこれらの2部族半の所有地となりました。

レビ族には相続地は与えられませんでした。彼らの使命は、幕屋でレビ人として、また祭司として仕えることです。彼らは、幕屋の祭壇に献げられるものの中から生活の糧を得ましたが、これは祝福であると同時に呪いでもありました。民の霊性が健全であるなら、レビ人の収入も増えますが、民の霊性が後退し始めると、ささげ物が減り、彼らが受ける分も目減りします。レビ人の生き方は、人間的な頼みを断ち切り、神にのみ信頼して歩む信仰者の人生を象徴しています。

東側に定住した2部族半

ルベン族、ガド族、マナセの半部族という順で、詳細な場所の記述が出てきます。今の私たちにはなんの関係もないように見えますが、これはイスラエルの民にとっては極めて重要なリストでした。彼らは、すべての所有地は主からの賜物であり、与えられている目的に沿ってその土地を活用しなければならないことを学びました。彼らは、自分に所有権のある土地を確認すると同時に、隣人の権利を蹂躙してはならないことも学びました。

占い師バラムに関する記述が出てきます。かつてバラムは、イスラエルを呪おうとしましたが、それがうまくいかなかったので、次はモアブの娘たちを使ってイスラエルの民をバアル礼拝に誘い込みました。そのバラムが、剣で殺されています。イスラエルを呪う者は、必ず滅びます。

神の約束の中には、人間の側が条件を満たすなら成就するというものがたくさんあります。聖書を読む目的は、まだ実行していない神の命令がないかどうかを調べ、もし発見したなら、ただちにそれを実践することにあります。私たちの責務は、神から与えられた自らの領域を感謝して受け取り、その中で全力を尽くして生きることです。神の恵みと人間の努力は、車の両輪のようなものだということを覚えましょう。

ヨシュア記14章

イスラエルの子らは主がモーセに命じられたとおりに行い、その地を相続地として割り当てた。」

（ヨシュア記14・5）

この章から、以下のことを学びましょう。（1）「くじ」による土地の分割が、最も公正で、安心できる方法です。（2）カレブは、かつてモーセから与えられた約束を基に、ヘブロンを要求しました。（3）神が約束されたものを手に入れるために必要なものは、忍耐です。

カナンの地の分割

イスラエルには12部族がいました。ヨセフの子孫はマナセ族とエフライム族に分割されていましたので、それを2部族と数えると、合計13部族となります。ところが、レビ族には土地の割り当てがありませんでしたので、結局のところ、土地は12分割されることになりました。ルベン族、ガド族、マナセの半部族は、すでにヨルダン川の東側に所有地を得ていたので、カナンの地は残りの9部族半に分割されます。

土地の分割の様子を確認しましょう。アロンの第3子であるエルアザルが大祭司として立ち会い、ヨシュアも諸部族の一族のかしらたちとともに、そこにいました。こうして彼らは、主の御心に沿った分割を実行しました。相続地の面積は、人口比で決まりました。そのためにモーセは、エジプトを出てから2度目の人口調査をすでに行っていました。ただし、所有地がどこになるかは、「くじ」によって決まりました。この方法は、土地の究極的な所有者は主なる神であり、その神が各部族に土地を与えているのだということを、民に教えました。自分の知恵や欲望によって土地を選ぶより、「くじ」という主の摂理によって選ばれた土地を相続するほうが安心です。

カレブの要求

ユダ族が、ギルガルのヨシュアのところにやって来ました。彼らは、ユダ族の一員であるカレブの要求の後押しをすべく、ヨシュアのところに来たのです。当時カレブは85歳になっていました。そこから、年月の経過を計算すると次のようになります。(1)彼は40歳の時に、12人のスパイの1人としてカデシュ・バルネアからカナンの地の偵察に派遣されました。(2)その彼が85歳になっているというのは、カデシュ・バルネア事件から45年が経過したということです。(3)イスラエルの民が荒野を放浪した期間は38年間でしたから、カナンの地はすぐに征服されたのではなく、この状態になるまでに約7年かかったことになります。

カレブは、スパイとして派遣された時のことを証言しました。12人のスパイのうち、10人は民の心をくじきましたが、2人は主に従い通しました。それがカレブとヨシュアです。その時モーセは彼に、「あなたの足が踏む地は必ず、永久に、あなたとあなたの子孫の相続地となる」と約束しました。カレブはその約束を持ち出し、その成就を迫りました。彼は45年間、主の約束を信じ、主に従い通しました。そして彼は、自分は今も壮健で戦いに耐えることができると主張し、ヘブロンを与えてほしいと願い出ました。当時のヘブロンは、アナク人という強敵が住む、征服が非常に困難な町でした。しかしカレブは、そこの墓地に族長たちとその妻たちが葬られていたので、あえてヘブロンを要求したのです。ヨシュアはカレブを祝福し、彼にヘブロンを相続地として与えました。

この箇所から、神が約束されたものを獲得するのに必要なのは、忍耐だということを、学ぶことができます。今の時代のように、なんでもすぐに手に入る時代にあっては、忍耐心を働かせるのは容易なことでありません。しかし、永続性のあるものは、一朝一夕には完成しないことを覚えましょう。人材の育成もそれと同じです。神が私たちの人生に与えてくださるものは、1人ひとりにとって最善です。置かれた場所で、与えられた使命を忠実に果たせるよう、また、そのために必要な忍耐心が与えられるように祈りましょう。

ヨシュア記15章

ユダ部族の諸氏族がくじで割り当てられた地は、エドムの国境に至り、その南端は、南の方のツィンの荒野であった。（ヨシュア記15・1）

この章から、以下のことを学びましょう。（1）ヤコブの預言（創49章）どおり、ユダ族は卓越した地位を得ます。（2）カレブの弟オテニエルは、デビルを征服したことで、カレブの娘のアクサを妻として迎えます。（3）エブス人の町エルサレムは、ダビデの時代まで未征服のままで残されます。

ユダ族の境界

ユダ族は、カナンの地の南部に広大な領地を得ました。その境界線を見てみます。

（1）南の境界線―その南端は、ツィンの荒野です。

（2）東の境界線―塩の海（死海）で定まります。

（3）北の境界線―非常に複雑ですが、ベン・ヒノムの谷（エルサレムの西から南にかけて町を囲む谷）が境界線の1つとして上げられています。エブス人の町（後のエルサレム）は、境界線の北側にあった町です。
（4）西の境界線―大海（地中海）とその沿岸です。
ここで注目すべきは、ユダ族に12部族の中で最も傑出した地位が与えられていることです。ユダは、レアが産んだヤコブの第4子です。長子ルベンは父のそばめを寝取り、次男シメオンと三男レビは凶暴な行為で、ヤコブの後継者としてふさわしくないことを示しました。そこで、長子の権はヨセフに、傑出した地位はユダに与えられたのです。父ヤコブはそのことを臨終の床で預言しています（創49・8～12）。このユダ族から、メシアが誕生します。神の計画は、かくも一貫性のあるものです。

カレブの所有地

所有地割り当てのためのくじが引かれる前に、ヨシュアは、キルヤテ・アルバ（ヘブロン）をカレブの所有地として割り当てていました。それは、カレブ自身の要請によるものでした。85歳になっていたカレブは、約束どおりに、その地を征服しました。「カレブはそこからアナクの三人の息子、シェシャイ、アヒマン、タルマイを追い払った」とあります。カレブは歳を取っていても、壮健で確信をもって行動することができました。

次にカレブは、デビルという町を攻め取ろうとします。その時彼は、その町を取る者に自分の娘アクサを妻として与えると約束しました。ユダ族の長老の1人であるカレブの娘を娶ることは、非常な栄誉です。これを実現したのは、カレブの弟ケナズの子オテニエル（彼は最初の士師となります）です。彼は、約束どおりにアクサを嫁にもらいました。オテニエルとアクサは、カレブに申し出て、2つの泉を手に入れました。彼女は父に、「私にお祝いを下さい。ネゲブの地を私に下さるのですから、湧き水を下さい」と申し出ました。その結果彼女は、上の泉と下の泉を得ました。ネゲブは肥沃な地ですが、泉がなければ豊かな生活を送ることはできません。アクサは、知恵ある女性の見本です。

ユダ族の町々

ユダ族の町々が、5地区に分けて列挙されます。

（1）ネゲブの町々。ネゲブとは最南端の地域です。
（2）低地（シェフェラ）の町々。低地とは、海岸地区と山地の間にある地区です。
（3）海岸地区の町々。エクロン、アシュドデ、ガザなどが挙げられていますが、これらの町々は、ペリシテ人の町々です。
（4）山地の町々。
（5）荒野の町々。死海近辺の町々です。

注目すべき事項が2つあります。1つ目は、イエスが誕生したベツレヘムは山地にある町ですが、このリストの中には含まれていないことです。このことによって、ベツレヘムがいかに取るに足りない町であったかが分かります。次に、15章の最後に「エルサレムの住民エブス人を、ユダ族は追い払うことができなかった。エブス人はユダ族とともにエルサレムに住んだ。今日もそうである」とあることです。エルサレムの征服は、ダビデの時代になってから実現します。エブス人を撃破したダビデは、その町を統一王国の首都に定めます。「今日もそうである」という表現から、ヨシュア記が書かれたのは、ダビデの時代よりも前であることが分かります。

私たちの人生にも、神の命令を受けながら、未征服のままになっている砦があります。ダビデが信仰によってエブス人の町を征服したように、私たちもその砦を征服できるように、神の助けを求めましょう。

ヨシュア記16章

ヨセフ族、マナセとエフライムは自分たちの相続地を受け継いだ。(ヨシュア記16・4)

この章から、以下のことを学びましょう。(1)ヨセフ族に、カナンの地の中央部が分与されます。(2)ヨセフ族の中では、弟のエフライムが兄のマナセよりも先に、土地の分割に与ります。(3)エフライム族は、ゲゼルに住むカナン人を追い出すことができませんでした。

エフライム族の相続地

16章と17章は、1つの章として読むべきです。16章はエフライム族の相続地を、17章はマナセ族の相続地を取り上げています。

ヤコブの臨終の預言(創49章)によって、ユダ族とヨセフ族には特別な祝福が約束されました。その結果、ユダ族には傑出した地位(メシアを世に出す家系となる)が、ヨセフ族には長子の権が与えられました。それゆえ、最初にユダ族のためにくじが引かれ(15章)、次にヨセフ族のためにくじが引かれたのです(16章と17章)。

ユダ族とヨセフ族には、カナンの地の中央部が分与されました。それ以外の地区は、7部族に割り当てられます(ルベン族、ガド族は、ヨルダン川の東にすでに領土を得ていました。また、レビ族には割り当て地はありませんでした)。ヨセフ族が受けた領土は、カナンの地の中央山地でした。その領地は、南はダン、ベニヤミン、北はアシェル、イッサカル、ゼブルンに境を接していました。

ヨセフの第1子はマナセで、第2子はエフライムです。しかしヤコブは、手を交差させて、弟のエフライムを兄の先に立つ部族として祝福しました(創48章)。そのため、土地の分与に関しては、エフライム族がマナセ族よりも先に割り当てを受けています。

割り当てられた地を征服するのは、各部族の責任でした。エフライム族は、ゲゼルに住むカナン人を追い払わなかったとあります。ゲゼルが完全にイスラエルの手に入るのは、ソロモン時代になってからです。ゲゼルは、エルサレムの西北西30㎞に位置する古いカナン人の町で、海岸沿いの街道を守る重要な砦の町です。列王記第一９章16〜17節には、このようにあります。「かつてエジプトの王ファラオは、上って来てゲゼルを攻め取り、これを火で焼き、この町に住んでいたカナン人を殺して、ソロモンの妻である自分の娘に結婚の贈り物としてこの町を与えた。ソロモンはこのゲゼルを築き直したのである」

私たちの人生にも、自力では取り除くことのできない敵が存在します。しかし、終わりの日には、メシアによってすべての敵が征服されます。「それから終わりが来ます。そのとき、キリストはあらゆる支配と、あらゆる権威、権力を滅ぼし、王国を父である神に渡されます。すべての敵をその足の下に置くまで、キリストは王として治めることになっているからです。最後の敵として滅ぼされるのは、死です」（1コリ15・24〜26）。メシアによる勝利を確信し、自分に与えられた使命を全うしようではありませんか。

ヨシュア記17章

マナセ部族の地は次のとおりにくじで割り当てられた。マナセはヨセフの長子であった。マナセの長子で、ギルアデの父であるマキルは戦士であったので、ギルアデとバシャンが彼のものとなった。（ヨシュア記17・1）

この章から、以下のことを学びましょう。（1）モーセがツェロフハデの5人の娘たちに与えていた土地分与の約束は、そのまま実行に移されました。（2）エフライム族は、自分たちには1つのくじによる割り当て地しかないと不平を言いました（マナセ族は、ヨルダン川の東と西に割り当て地を得ていました）。（3）ヨシュアは、自分の努力で領土を拡張するように助言しました。

マナセ族の相続地

16章と17章は、連続した1つの章として読むべきです。16章はエフライム族の相続地を、17章はマナセ族の相続地を取り上げています。

マナセの半部族は、すでにヨルダン川の東側に広い土地を得ていましたが、残りの半部族にヨルダン川の西側の土地が分与されました。それは、エフライムの相続地に接する北側の土地でした。

マナセ族の中の諸氏族に、土地が割り当てられました。ツェロフハデという人が、息子のないままで死にました。彼には5人の娘たち（マフラ、ノア、ホグラ、ミルカ、ティルツア）がいました。彼女たちは、かつてモーセに訴え出て、相続地を要求したことがありました。モーセはその訴えを取り上げ、彼女たちに土地の分与を約束しました。そこで彼女たちは、その約束の実行を、祭司エルアザル、ヨシュア、族長たちに迫ったのです。当然、同じ部族の男性と結婚することを前提とした訴えです。その結果、彼女たちに相続が与えられました。

ここでも、占領できなかった町々の記述が出てきます。マナセ族もまた、カナン人が彼らの領地に住み続けることを許したのです。イスラエル人は、強くなってからもカナン人を苦役に使っただけで、完全に滅ぼそうとはしませんでした。これは、主がモーセを通して命じた内容とは明らかに異なります。その結果、次のような問題が出てくる可能性が残りました。（1）イスラエル人の宗教が、混合主義的な宗教に変質する危険性。（2）イスラエル人が偶像礼拝に巻き込まれ、背教の民となる危険性。（3）いつまでも戦いが継続し、ヨシュアが約束した安息が手に入らない危険性。以上の要素が、次の書である士師記の時代背景を形成していきます。

エフライム族の訴え

ヨセフ族がヨシュアに訴え出ます。ヨセフ族というのは、ここではエフライム族のことです。彼らは、分配された土地について不満を述べました。それは、マナセ族がヨルダン川の東西の2か所で領地を得ているのに、どうして自分たちには1つのくじによる割り当て地しかないのか、自分たちは人数の多い部族なのに、というものです。これに対してヨシュアは、森を開墾し、生活が可能になる地を広げるようにと助言します。しかし彼らは、山地は自分たちには狭すぎる上、平地のベテ・シェアンやイズレエルの平野に住んでいるカナン人たちは鉄の戦車を所有しているので、そこを征服することは不可能である、と反論します。これに対するヨシュアの助言は、森を開墾すると同時に、それらのカナン人たちを追い払わねばならない、というものでした。それほど人口が多くて実力があるなら、それくらいはできるだろうというのがヨシュアの言い分です。つまり、自らの努力で相続地を広げよということです。

ヨシュアの公人としての振る舞いに注目しましょう。彼はエフライム族出身ですが、自らの部族に優遇措置を与えるようなことはしていません。彼は、すべての部族を平等に扱っています。ここに、彼が指導者として信頼された理由があります。

エフライム族は、労せずして祝福を手に入れようとしました。ここに、信仰者が陥りやすい罠があります。バランスの取れた信仰者の態度とは、「神は恵みによって私たちに良きものを用意していてくださる。それゆえ、努力してそれを勝ち取るのだ」というものです。

私たちも、自分が置かれている土地は狭すぎると不平を口にすることがあります。自らの努力によって切り開くべき土地は、私たちの目の前に広がっています。信仰によって、領域を広げる努力をしようではありませんか。

ヨシュア記18章

「部族ごとに三人の者を出しなさい。私は彼らを送り出そう。彼らが立ち上がってその地を行き巡り、自分たちの相続地にしたがってその地について書き記し、私のところに戻って来るためである。彼ら自身でそれを七つの割り当て地に分割しなさい。ユダは南にある自分の地域にとどまり、ヨセフの家は北にある自分の地域にとどまる。」

（ヨシュア記18・4〜5）

この章から、以下のことを学びましょう。（1）ギルガルにあった幕屋は、シロに移されます。（2）7部族の土地所有への意欲は減退していました。ヨシュアは彼らを励まし、行動を起こすように命じます。（3）ベニヤミン族への土地の分与の背後に、神の摂理の御手を見ることができます。エルサレムは、ベニヤミン族の領地にある町です。

幕屋の移動

カナン入国以降ここまで、宿営はギルガルにありました。しかしそこは不便なところでしたので、宿営を中央部に移動させる必要が生じました。ユダヤ教の伝承では、イスラエルの民はギルガルに14年いたとされています。宿営を移動させるということは、幕屋を移動させることでもあります。ギルガルに代わって選ばれたのは、シロでした。幕屋は、預言者サムエルの時代にペリシテ人によってシロが征服されるまで、そこに建っていました。

シロはエフライム族の地にあり、ベテルの北北東15㎞に位置していました。エルサレムからも、さほど遠くない距離です。ヨシュア自身がエフライム族出身ですので、シロを選定したことは当然だったと思われます。もちろん、主からの指示もあったのでしょう。

他部族への土地分与

ルベン族とガド族、それにマナセの半部族は、ヨルダン川の東に土地を得ていました。ユダ族、エフライム族、残りのマナセの半部族は、カナンの地に割り当て地を得ました。残っているのは、7部族への土地の分与です（レビ族は除外されます）。すでにイスラエルの全部族を巻き込むような戦いは終わり、これから先は、部族単位で敵と戦う段階に入っていました。ヨシュアは、7部族の土地所有への気迫、意欲が後退しているのを目撃しました。そこで彼は、「あなたがたの父祖の神、主があなたがたに与えられた地を占領しに行くのを、あなたがたはいつまで延ばしているのか」と語り、7部族に新しいチャレンジを与えます。チャレンジの内容は、部族ごとに3人の者を選び、残された土地を調査し、それを7区分した上でくじを引くというものでした。その後、提案どおりのことが実行され、調査結果がシロにいるヨシュアのもとにもたらされました。ヨシュアは、主の前でくじを引き、イスラエルの7部族の割り当て地を確定しました。

ベニヤミン族への分与

残された7部族のうち、最初にくじを引いたのはベニヤミン族でした。ベニヤミン族に分与された土地は、北はヨセフ族（エフライム族）、南はユダ族の間に挟まれた場所でした。この土地がベニヤミン族に当たったのは、まさに神の摂理によることです。

ベニヤミンは、ヤコブとラケルの末子で、ヨセフの弟でした。そういう意味では、ベニヤミン族がヨセフ族の隣に置かれるのは当然でしょう。さらに、ベニヤミン族は、後にユダ族とともに南王国ユダを形成するようになります。ベニヤミン族がユダ族の北隣に置かれたのは、そのためです。ベニヤミン族に分与された土地は、他の部族と比べて小さいものでしたが、その領地は土地が肥えており、その上、重要ないくつかの町を含んでいました。ベテル、エリコ、エルサレム（エブスと呼ばれていた）などがそうです。エルサレムはユダ族の領地にあったと考える人が多いのですが、実際は、ベニヤミン族の町だったのです。土地の狭さに目が行けば不満が出るかもしれませんが、その重要性に着目するなら、感謝があふれるはずです。

どの時代にあっても、土地の相続や境界線の確認は、紛争の原因となり得る微妙な問題です。神は、境界線を明確にすることによって、部族間の争いが起こらないようにされました。各部族は、与えられた土地で満足すると同時に、他の部族の所有権を尊重するように導かれました。私たちはどうでしょうか。自分の賜物と他の人の賜物を比較し、否定的な思いになったことはないでしょうか。もしそうなら、神が取るに足りない者を顧みて、豊かな賜物を与えてくださったことを思い出しましょう。与えられている賜物を、その目的に従って用いることができるように、祈りましょう。

ヨシュア記19章

これらは祭司エルアザル、ヌンの子ヨシュア、そしてイスラエルの諸部族の一族のかしらたちが、シロにおいて会見の天幕の入り口、すなわち主の前で、くじによって割り当てた相続地である。彼らは地の割り当てを終えた。（ヨシュア記19・51）

この章から、以下のことを学びましょう。（1）シメオン族は、ヤコブの預言どおりに、ユダ族の領地の中に散らされた形で土地を得ました。（2）ゼブルンはイッサカルよりも若いのですが、先にくじを引きました。これもヤコブの預言どおりです。（3）ダン族は、最初に与えられた土地を征服することができず、北に移住しました。（4）ヨシュアの相続地から、指導者のあるべき姿を学ぶことができます。

シメオン族への分与

今、残りの7部族のためにくじが引かれています。最初のくじは、ベニヤミン族のために引かれました。第2番目のくじは、シメオン族のために引かれます。シメオンは、ヤコブとレアの第2子ですが、小部族でしたので、境界線が示された相続地を得ることはありませんでした。彼らは、ユダ族の相続地の中に自らの相続地を得ました。ヤコブは、シメオンに関して次のように預言していました。「のろわれよ、彼らの激しい怒り、彼らの凄まじい憤りは。私はヤコブの中で彼らを引き裂き、イスラエルの中に散らそう」（創49・7）。ベエル・シェバはユダ族の町でしたが（15・28）、この町をシメオン族も共有することになりました。

ゼブルン族、イッサカル族への分与

ゼブルンはヤコブの第10子で、レアとの間に生まれた第6子です。年齢的には、次のイッサカルよりも若いのですが、先にくじを引いています（第3番目のくじ）。ゼブルン族がイッサカル族よりも先になっている理由は、ヤコブの預言でそういう順番になっているからです。また、モーセの祝福の祈りでも、その順番になっています（創49・13、申33・18参照）。ゼブルン族の領地は、ガリラヤ湖の西方で、ナフタリ族とイッサカル族に挟まれた地域でした。

イッサカルは、ヤコブとレアの間に生まれた第5子です。イッサカル族は、ガリラヤ湖の南端からイズレエル平原の東部の地域を得ました。そこは、肥沃な平野が広がる素晴らしい地域です。

アシェル族、ナフタリ族、ダン族への分与

アシェルは、レアの女奴隷ジルパが産んだ子です。アシェル族の相続地は、東はナフタリ族、南東はゼブルン族に接する、カルメル以北の地中海に沿った地域です。そこには、大シドン、ツロ、アッコなどの有力な町々がありました。

ナフタリはヤコブの第6子で、ラケルの女奴隷ビルハが産んだ子です。ナフタリ族の相続地は、東はヨルダン川を挟んでマナセ族と接し、西はアシェル族、南はイッサカル族とゼブルン族に接していました。地域的には狭かったのですが、非常に肥沃で農業に適した地でした。

ダンはヤコブの第5子で、ラケルの女奴隷ビルハが産んだ子です。ダン族は最初、ベニヤミン族の西側の地に定住しようとしたのですが、その地の先住民の抵抗が強く、征服することができませんでした。そこで、最終的には北に移住し、ナフタリ族の北東の地に定住しました。

ヨシュアの相続地

ヨシュアは、エフライムの山地にあるティムナテ・セラフを得ました。そこは、何の変哲もない地、エフライム族が不平を鳴らした地です。カデシュ・バルネア事件では、不信仰な世代に対する神の裁きの宣言が下りましたが、ヨシュアとカレブだけはカナンの地への入国が約束されました。カレブは、ヨルダン渡河の後、最初にヘブロンを相続地として得ましたが、ヨシュアは、12部族の相続地が確定した後、最後に自らの相続地を得ています。

ヨシュアの土地相続から、指導者のあるべき姿を学ぶことができます。彼は、すべての仕事を終えた後、自分の土地を求めました。そこは、慎ましい土地（エフライムの山地にあるティムナテ・セラフ）でした。彼は最後まで意欲を失うことなく、老骨にむち打って、自分が得た地に町を建設しました。驚くべき開拓者魂です。

かくしてヨシュアは、各部族の思惑が入り乱れる非常に困難な「土地分割事業」を完成させました。公の職務に就くすべての人が、ヨシュアの人生から教訓を学ぶべきです。各界の指導者たちが、ヨシュアのごとく行動できるように、執りなしの祈りを献げようではありませんか。また、自分自身も利己的な思いから解放されるように祈りましょう。

ヨシュア記20章

「イスラエルの子らに告げよ。『わたしがモーセを通してあなたがたに告げておいた、逃れの町を定めよ。意図せずに誤って人を打ち殺してしまった殺人者が、そこに逃げ込むためである。血の復讐をする者から逃れる場所とせよ』」

（ヨシュア記20・2〜3）

この章から、以下のことを学びましょう。（1）逃れの町は、ヨルダン川の東に3つ、西に3つ設けられました。（2）過失によって人を殺した者は、逃れの町に逃げ込むことができました。（3）カナンの地のどこにいても、徒歩で半日ほど移動すれば、逃れの町に着くことができました。（4）逃れの町は、キリストの型です。

逃れの町

モーセは、カナン入国後に逃れの町を設けるようにと、イスラエルの民に命じていました（民35章、申19章参照）。逃れの町は、過失によって人を殺した者たちが、「血の復讐をする者」の手から逃れるために設けられたものです。合計6つの町が設けられました。ヨルダン川の東側には、ベツェル、ラモテ、ゴランの3都市、西側には、ケデシュ、シェケム、キルヤテ・アルバ（ヘブロン）の3都市です。これらの町々は、カナンの地のどこにいても、半日ほど歩けば到達できる場所にありました。

過失による殺人を犯した者は、町の門の入り口に立ち、町の長老たちにわけを説明します。長老たちは、その殺人者を自分たちの町に受け入れ、その人を町に住まわせます。もし復讐する者が後を追って来ても、決してその殺人者を渡してはなりません。

その殺人者は、会衆の前での裁きを受けるまで、あるいは、その時の大祭司が死ぬまでその町にとどまり、その後、自分の町に帰ることが許されました。

キリストの予表

逃れの町は、キリストの予表でもあります。どんな罪人であっても、罪を告白して悔い改めるなら、キリストはすぐそばにいてその人を助けてくださいます。逃れの町が半日以内の距離にあったことを思い出しましょう。サタンは、私たちの罪を糾弾します。サタンの迫りを感じた時、私たちはただちにキリストの内に逃げ込むことができます。逃れの町に逃げ込んだ人が解放される条件は、①会衆の前で裁きを受けるか、②その時の大祭司が死ぬかのいずれかです。私たちの大祭司であるイエスは、十字架上で死んでくださり、私たちを呪いや死から解放してくださいました。私たちが逃れるべき町とは、主イエス・キリストです。

逃れの町は、イスラエルの民だけでなく、異邦人のためにも設けられました。ここに、イスラエルの神の普遍的な人類愛を見ることができます。どのような人であっても、神に愛されています。今、主イエス・キリストに依り頼み、その愛の御手の中に自分のいのちを委ねようではありませんか。

ヨシュア記21章

イスラエルの子らの所有地の中で、レビ人の町は全部で四十八の町とその放牧地である。
（ヨシュア記21・41）

この章から、以下のことを学びましょう。（1）レビ人の町は合計48用意されました。（2）レビ人の町は、各部族の領地に分散して置かれました。レビ人たちが、霊的指導者として、主のみおしえを民に教えるためです。（3）レビ人の使命は、クリスチャンのそれと似ています。

レビ人のための48の町々

レビ人の相続地は、主ご自身です。彼らには他部族のように相続地が与えられませんでした。しかし、生活のために、レビ人の町が設けられました。

合計48の町とその周辺の放牧地が、各部族の領地内に用意されました。そのうち、13の町は祭司アロンの子孫たちに与えられ、残りの35の町はレビ人たちに与えられました。

35の町は、レビ人の3つの氏族に分与されました。具体的には、次のようになっています。

（1）ケハテ諸氏族は、ユダ族、シメオン族、ベニヤミン族、エフライム族、ダン族、西部のマナセ半部族の領地の中に町を得ました。

（2）ゲルション諸氏族は、イッサカル族、アシェル族、ナフタリ族、東部のマナセ半部族の中に町を得ました。

（3）メラリ諸氏族は、ルベン族、ガド族、ゼブルン族の中に町を得ました。ちなみに、逃れの町はすべてレビ人の町でした。

寄留者のような生活

レビ人たちは、カナンの地にあって寄留者のような生活をしました。当時、イスラエルの民のすべてが律法の巻物を所有できたわけではありません。そこで主は、レビ人たちを国中に配置し、彼らが霊的指導者として民衆に律法を教え、主の道を指し示すようにされたのです。かつてのレビ人の使命は、幕屋の維持と移動のための奉仕でした。しかし、定住生活に入ってからは、幕屋を移動させる必要がなくなり、その使命の内容が大きく変化しました。

レビ人の役割は、クリスチャンが果たすべき役割と似ています。イエス・キリストを救い主として信じた者は、地上においては寄留者のように生活します。また、各地に散らばって、神のことばを知らない人々に対する奉仕を行います。主イエスは、弟子の使命をこのように表現されました。「あなたがたは地の塩です。もし塩が塩気をなくしたら、何によって塩気をつけるのでしょうか。もう何の役にも立たず、外に投げ捨てられ、人々に踏みつけられるだけです」（マタ5・13）

地上での相続地はなくても、主ご自身が私たちの相続地となってくださいます。イエス・キリストから派遣された祭司として、この世に出て行こうではありませんか。

ヨシュア記22章

ルベン族、ガド族、マナセの半部族は、カナンの地にあるシロでイスラエルの子らと別れ、モーセを通して示された主の命により、彼らが得た自分の所有地、すなわちギルアデの地へ帰って行った。（ヨシュア記22・9）

この章から、以下のことを学びましょう。（1）ヨルダン川の東側に相続地を得ていた2部族半は、自分たちの土地に帰還します。すべての誓いを果たしたからです。（2）祭壇に関する問題が発生し、イスラエル12部族が分裂の危機に直面します。（3）迅速で、理性的な対応を取ることによって、試練が主をほめたたえる機会に変えられます。

2部族半の帰還

カナンの地征服に関しては、局部的な戦いは依然としてありましたが、全部族が一致して戦わねばならないような大きな戦いはなくなりました。そこでヨシュアは、ヨルダン川の東側に相続地を得ていた2部族半（ルベン族、ガド族、マナセの半部族）をその誓いから解き、彼らをその相続地に帰らせます。ヨシュアは彼らを送り出すにあたって、これからもモーセの律法を守り行うようにと諭します。次にヨシュアは、彼らを祝福し、分捕り物はヨルダン川の東側に残った人々と分けるように命じます。ヨルダン川東岸には、婦女子や老人を守るために残った男子たちがいました。彼らの労も報われなければならなかったのです。

2部族半の人々は、順境の時も逆境の時も、主の前に立てた誓いを最後まで守り通しました。それゆえ、ヨシュアから祝福のことばを受けて帰途に就くことができたのです。

祭壇に関する問題の発生

ヨルダン川の東側に相続地を得た2部族半と、ヨルダン川の西側に相続地を得た他の部族との間に、亀裂が走りました。原因は、前者がヨルダン川の西側のほとりに、遠くからでも見えるような大きな祭壇を築いたからです。当時、幕屋はシロに設置されていました（当然、祭壇もそこにあります）ので、東の2部族半のこの行為は、シロの祭壇に対抗するためのものであるかのように思えました。もしそうなら、12部族が分裂しかねないような重大な局面を迎えることになります。

西側の部族の者たちはシロに集まり、戦争の準備を始めます。問題が起こったなら、ただちにその解決に取り組むのは素晴らしいことです。しかも彼らは、いきなり武力に訴えるのではなく、相手方の話を聞き、真意を確かめようとしています。これもまた、見習うべきことです。

大祭司エルアザルの子ピネハスを団長に、10人の族長たちが交渉に向かいます。かつてイスラエルの民がバアル・ペオル事件（民25章）で偶像礼拝の罪に陥ったとき、ピネハスは大いに憤り、身を賭して当事者を処罰したことがありました。その彼にとって、異なった祭壇を築くことは見過ごしにできない出来事だったのです。

問題の解決

2部族半の弁明は、信仰告白から始まっています。つまり、イスラエルの神を離れたり、神に反抗したりする意図があるわけではないということを最初に宣言しているのです。軽はずみな姿勢で神の御名を口にすることは罪になりますが、ここでの告白には真実がこもっています。

彼らが恐れたのは、子どもたちの代になって、ヨルダン川の東側に住む民が疎外されるのではないかということでした。モーセもまた、ヨルダン川の東側で死に、約束の地に入ることはできませんでした。それから考えると、彼らの不安ももっともなことのように思えます。そこで彼らは、将来の不安を解消するために、遠くからでも見えるように、大規模な祭壇を築きました。それはいけにえを献げるためではなく、記念とするための祭壇です。

2部族半の弁明を聞いたピネハスと長老たちは、納得しました。調査団はヨルダン川の西に帰り、見たこと聞いたことをそのまま報告しました。報告を聞いた民もまた、満足し、神をほめたたえました。そして、その祭壇に「証し」という名前を刻み込みました。その意味は、「これは私たちの間での、主が神であることの証しだ」ということです。

最初は大問題になりそうだったことが、最後は主をたたえ、自分たちの間に主がおられることを体験する恵みの機会となりました。私たちもまた、主の助けをいただくなら、問題を祝福に変えることができます。謙遜になって、隣人との平和を求める人は幸いです。「平和をつくる者は幸いです。その人たちは神の子どもと呼ばれるからです」（マタ５・９）

ヨシュア記23章

ヨシュアは全イスラエル、その長老たち、かしらたち、さばき人たち、つかさたちを呼び寄せて彼らに言った。「私は年を重ねて老人になった。あなたがたは、自分たちの神、主が自分たちのために、これらすべての国々に行ったことをすべて見てきた。あなたがたのために戦ったのは、あなたがたの神、主である。」（ヨシュア記23・２〜３）

この章から、以下のことを学びましょう。（１）年老いたヨシュアは、イスラエルの民に遺言を残します。（２）約束の地で祝された生活を送るために必要なのは、律法を守り行うことです。律法から逸脱するなら、その地はイスラエルの民を吐き出します。（３）主との人格的交わりこそ、律法を実行するための力です。

ヨシュアの遺言（１）

ヨシュアは年を重ねて老人になっていました。彼は死を前にして全イスラエルを呼び寄せ、次のように語ります。（1）カナンの地征服の戦いは、主の戦いであり、主の勝利であった。（2）相続地として分割された土地の中には、まだ占領が完了していない地域もある。（3）自分が死んだ後も、神を信じて征服の事業を継続しなければならない。

次にヨシュアは、神からの祝福を受けるために以下の3点に注目せよと語ります。（1）モーセの律法を守り行い、そこから右にも左にもそれてはならない。（2）カナンの地に残っている異教徒たちの偶像礼拝に巻き込まれてはならない。（3）主にすがらなければならない。これは、熱心に、全人的に主なる神を信頼することを指します。

律法は単なる文字ではなく、神の御心の啓示です。本当の意味での律法遵守は、主なる神との人格的交流によってのみ可能となります。

ヨシュアの遺言（2）

ヨシュアは、イスラエルの民の力の源泉が神にあることを語ります。神から受けた力によって、彼らは一騎当千の働きをすることができました。それゆえ民は、主なる神を愛することに専念しなければなりません。

カナンの地は、アブラハム契約により、永遠にイスラエルの民の所有地です。この原則は、今も生きています。しかし、もしイスラエルの民が不信仰に陥るなら、彼らはその地から追放されることになります。つまり、所有権は不動であるが、その土地に住み、祝された生活ができるかどうかは、民の信仰にかかっているということです。ヨシュアは、もし、イスラエルの民が周辺の異教徒たちと結婚し、偶像礼拝に陥っていくなら、それらの異教の民は「罠」となり、「落とし穴」となり、「脇腹にむち」となり、「目にとげとなる」と警告しました。

ヨシュアの遺言（3）

ヨシュアは今までの歩みを振り返り、結論としてこう語ります。（1）主なる神は契約の神であり、ご自身の約束をすべて守られるお方である。（2）神の約束は、イスラエルの民のために1つもたがわずに実現した。（3）もし民が不真実になるなら、約束された良いことが実現したのと同様の確かさで、悪しきことが起こり得る。神は歴史の支配者であり、善には祝福を、悪には呪いをお与えになるお方である。

イスラエルの民は、神が歴史の支配者であることを知らなければなりません。私たちクリスチャンも、神の愛と恵みを信じると同時に、神を恐れることを学ぶ必要があります。

まとめ

ヨシュアは遺言の中で、以下の5点を強調しました。(1)モーセの律法を忠実に守るように。(2)カナンの地で行われている偶像礼拝に、決して巻き込まれることのないように。(3)カナンの地の先住民たちと雑婚関係に入り、彼らの風習を採用したり、その影響を受けたりすることのないように。(4)神を全人的に愛し、人格的交流によって律法を全うするように。(5)どんな時でも、主なる神にのみ信頼するように。

私たちにも神から与えられた使命があることを覚えましょう。その使命は、未完の状態にあります。地上生涯において、自分に与えられた使命をすべて果たすためには、従順な信仰が必要です。父なる神との人格的交流を楽しみ、そこから新しい力を受けようではありませんか。

ヨシュア記24章

「わたしは、あなたが労したのではない地と、あなたがたが建てたのではない町々をあなたがたに与えた。あなたがたはそこに住み、自分で植えたのではない、ぶどう畑とオリーブ畑から食べている。」（ヨシュア記24・13）

この章から、以下のことを学びましょう。（1）死を前にして、ヨシュアは遺言を語ります。（2）良きリーダーは、自ら手本を示すことで民を指導します。（3）シナイ契約と聖所が、イスラエル12部族をつなぎとめる役割を果たしました。（4）ヨシュアとエルアザルの死によって、出エジプトの出来事は終了します。

歴史の回顧

ヨシュア記は、シェケムでの契約更新の記事をもって終わります。この契約は、古代オリエントで一般的に行われていた宗主権契約の形式に則ったものです。

ヨシュアは、イスラエルの全部族をシェケムに集めました。シェケムは、彼がかつて祭壇を築いた場所です（ヨシ8章）。同じ場所に、アブラハムも祭壇を築いていました（創12章）。またここは、ヤコブが一族の者たちに偶像を投げ捨てるように命じた場所でもあります（創35章）。

ヨシュアによる歴史の回顧は、テラから始まり、アブラハム、イサク、ヤコブ、モーセによる出エジプト、そして約束の地での定住にまで及びます。イスラエルの民は、労苦せずして約束の地を手に入れ、そこで祝された生活を送ることができるようになりました。イスラエルの民の歴史は、まさに主なる神の恵みと奇跡の歴史です。ヨシュアはその歴史を回顧し、民に契約の更新を迫りました。

契約更新

ヨシュアは民に、主なる神に仕えるか、偶像の神々に仕えるかの選択を迫ります。もし主に仕えることを選ぶなら、誠実と真実をもってそれを実行しなければなりません。ヨシュアは、「私と私の家は主に仕える」と宣言しますが、このことばの中に、彼の指導者としての素晴らしさが輝き出ています。自らが率先して民の前に立つことこそ、良きリーダーの条件です。

民は、「私たちもまた、主に仕えます」と答えますが、ヨシュアは、「あなたがたは主に仕えることはできない」と応じます。これは、運命論的に主に仕えるのは不可能であるという意味ではなく、民の安易な姿勢を戒め、主に従うためには犠牲が伴うということを教えたものです。主は聖なる神、ねたむ神です。それゆえ、民の不信仰を裁かれます。「ねたむ神」とは、自己中心的なねたみではなく、愛に基づくねたみのことです。イスラエルの民が主に背くなら、それは夫婦関係における不貞行為と同じことです。神はそのような霊的不貞を許すことができないのです。それを聞いて民は、「いいえ。私たちは主に仕えます」と誓約します。これにより、民自身が自らの証人となりました。

1つの民としての統一性

共通の契約（シェケムで更新したシナイ契約）と共通の聖所を持っていることで、イスラエルの12部族は1つの民としての統一性を保つことができました。このことを後世に伝えるために、ヨシュアは、契約更新の事実を律法の書に記し、さらに、大きな石を記念として樫の木の下に立てました。

ヌンの子ヨシュアは110歳で死に、自らの相続地であるティムナテ・セラフに葬られました。そこは、ヨシュアの性格をそのまま反映させたような非常に慎ましい場所でした。

ヨシュアの死後も、彼の影響を受けた長老たちが生きている間は、民は主に従いました。しかし、次の時代（士師たちの時代）になると、霊的堕落が始まります。アロンの子、大祭司エルアザルも死にました。彼は、アロンがモーセに対して果たしたような役割を、ヨシュアに対して果たしていました。

モーセとアロンの召命から始まった出エジプトの歴史は、ヨシュアとエルアザルの死をもって終了します。しかし、カナンの地に定住したとはいえ、未征服の土地が残されており、完全な安息を得るには程遠い状態でした。完全な安息は、メシアの到来をもって実現します。イエスのヘブル名は、「ヨシュア」です。イエスこそ、究極的な解放者であり救い主です。私たちの場合も、地上生涯においては戦いが継続します。征服すべき土地が目の前に広がっていることを覚えましょう。メシアである主イエスが地上に再臨される日まで、信仰によって歩み続ける人は幸いです。

士師記1章

ヨシュアの死後、イスラエルの子らは主に尋ねた。「だれが私たちのために最初に上って行って、カナン人と戦うべきでしょうか。」（士師記1・1）

この章から、以下のことを学びましょう。（1）神から使命が与えられるとき、そのために必要な力も与えられます。（2）しかし、不信仰に陥るなら、その力を発揮することができなくなります。（3）神は、敵の存在さえもご自身の目的のために利用されます。

指導者不在の戦い

各部族は、割り当てられた地域を征服するように命じられていましたが、妥協する部族が出てきました。原因は、ヨシュアの死後、確固たる指導者が現れなかったことです。士師記のテーマは、指導者がいないことの悲劇です。

ユダ族は最強の部族で、シメオン族は最小の部族です。両者は互いに協力して戦いに勝利します。この時、敵の王であったアドニ・ベゼクが捕縛されます。彼は、自分は当然の報いを受けているのだと告白しています（7節）。罪と罰は均衡の取れたものだというのが、聖書の原則です。

エルサレムを巡る戦い

ヨシュアの時代に、南部都市連合の5王が殺されました。その中に、エルサレムの王も含まれていました。王の死後も町自体は存続していたのですが、ここに至ってようやく、ユダ族がエルサレムを滅ぼします。エルサレムはベニヤミン族の領地にありましたので、ユダ族はその管理をベニヤミン族に委ねました。しかし、弱小部族であるベニヤミン族は、その役割を果たすことができませんでした。エブス人たちはエルサレムを再建し、ダビデの時代まで抵抗を続けます。

エルサレム南西での戦い

ユダ族の戦いは、3つに区分されます。（1）エルサレムからヘブロンに至る中央丘陵での戦い、（2）南のネゲブの荒地での戦い、（3）西のペリシテの地と接するシェフェラ（低地）での戦い。

ヘブロンを征服したのはカレブですが、ユダ族がそこを征服したように書かれています。カレブは、デビルという町を攻め取る際、その町を取る者に自分の娘アクサを妻として与えると約束し、カレブの弟ケナズの子オテニエル（最初の士師）がそれを実現しました。オテニエルは、アクサをそそのかして、父カレブから畑を得ようとしましたが、アクサは、上の泉と下の泉を求めました。荒野では、水がなければ豊かな生活を送ることができないからです。

ケニ人の子孫

ケニ人は非イスラエル人でしたが、イスラエルの民の中に住むことを許されました。ケニ人は、モーセの舅であったミディアン人のイテロ（レウエル）の息子ホバブの子孫たちです。彼らは、ユダ族といっしょに、なつめやしの町（エリコ）からアラドの南にあるユダの荒野に上って行って、そこでユダ族とともに住みました。ケニ人たちは、イスラエルとは終始友好関係を保っていました。平和を求める者には祝福が与えられます。

ユダ族のその他の戦い

ユダ族とシメオン族は協力して、ツェファテに住んでいたカナン人を討ち、その町にホルマという名をつけました。以前イスラエルの民は、荒野の旅の終盤で同じ町を攻撃し、そこをホルマと呼んでいました。再度、同じ町を攻撃したわけです。さらにユダ族は、沿岸平野において、ガザ、アシュケロン、エクロンなどを征服しました。しかし、しばらくするとペリシテ人たちがそれらの町々を奪還し、イスラエルの民を苦しめるようになります。ユダ族は、さらに山地を占領しましたが、平地の住民は鉄の戦車を持っていたので、彼らを完全に追い払うことができませんでした。

北の部族による征服

ヨセフ族（恐らくエフライム族）は、ベニヤミン族の領地に属するベテルを征服しました。ベニヤミン族にできなかったことを、ヨセフ族が代わりに行ったのです。一方、マナセ族、エフライム族、ゼブルン族、アシェル族、ナフタリ族などは、それぞれの戦いにおいて次第にカナン人を追い払わなくなりました。ダン族の場合は、逆にカナン人に圧迫されるようになりました。

妥協した戦いは神の御心に反したことでしたが、神は、カナン人の存在を、イスラエル人の信仰を試すものとして利用されました。民が不信仰に陥った時には、神はカナン人を裁きの器として用い、民が悔い改めた時には、彼らをカナン人から救い出されました。

私たちも、試練を「自らの信仰を試すもの」として受け止めようではありませんか。試練があるからこそ、信仰が働くチャンスがあるのです。試練を喜んで迎える人は、真の信仰者です。

士師記2章

そのとき、主はさばきつかさを起こして、略奪する者の手から彼らを救われた。ところが、彼らはそのさばきつかさにも聞き従わず、ほかの神々を慕って淫行を行い、それらを拝んだ。彼らの先祖が主の命令に聞き従って歩んだ道から早くも外れて、先祖たちのようには行わなかった。

（士師記２・16〜17）

この章から、以下のことを学びましょう。（１）主の使いとは、受肉前の第２位格の神です。（２）ギルガルは、イスラエルの民が主との契約を更新した場所です。主の使いは、そこから上って来られました。（３）士師記では、ある霊的パターンが繰り返されます。そのパターンは、４段階から成っています。

妥協に対する裁き

カナンの地をイスラエルの民に与えるというのは、主の約束でした。しかし、その約束の受け手であるイスラエルの民は、カナン人（異教の民）をその地から追い出すことに失敗し、その上、彼らと契約を結び始めます。

主の使いが、ギルガルからボキムに上って来ました。主の使いとは、第2位格の神、つまり受肉前のメシアです。ギルガルというのは、ヨルダン渡河の直後に、ヨシュアが民に割礼を施し、過越の祭りを祝った場所です。また、ボキムとは、ベテルのことです（創35・8参照）。主の使いは、イスラエルの民が主と契約関係にあるにもかかわらず、この地の住民の祭壇を取り壊すことをせず、彼らと契約を結んでいることを糾弾します。これ以降、カナン人を追い出すための戦いに、主は参加されなくなります。カナン人はイスラエル人の敵となり、彼らの偶像はイスラエル人にとって罠となります。以上のことは、モーセの預言の成就です。

主の使いのことばを聞き、イスラエルの民は声を上げて泣きました。しかし、それは本当の悔い改めにはほど遠いものでした。これ以降、主がイスラエルの民に直接語りかける箇所が2度出てきますが（6・7～10、10・10～16）、その都度、民の霊的状態は悪化しています。

繰り返される霊的パターン

士師記の時代に繰り返されるある霊的パターンが紹介されます。そのパターンは、次の4段階から成っています。

（1）背信の段階。イスラエルの民は、バアル礼拝に取り込まれていきます。「バアル」とは、当時カナンの地で広く礼拝されていた豊穣神のことです。民の背信は、最初は混合宗教の形を取り、やがて主の礼拝の放棄へと進みます。（2）裁きの段階。主は、イスラエルの民が追放しなかった隣国の人々を用いて、ご自身の民を裁かれます。（3）悔い改めの段階。イスラエルの民は苦難の中から主に助けを呼び求めます。苦難の時に頼りになるのは、主なる神だけです。（4）士師による解放の段階。民の叫びを聞かれた主は、その都度士師を起こし、イスラエルの民が敵の手によって滅びるのを食い止められます。

民が抱えていた問題は、悔い改めが真実なものではなかったということです。そのため、彼らは同じ霊的パターンを繰り返すことになります。しかも、先に行けば行くほど、霊的な状態が悪化していくのです。ついに、サムソンの例に見るように、士師自体が堕落した性質を持つようになります。

先住民の役割

イスラエルの民は、無条件にカナンの地を相続したのではありません。その地に平安に住むためには、モーセの律法に従って生きるという責務が伴っていました。もし律法に忠実に生きるなら、彼らはその地にあって平和と繁栄を経験することになります。もし律法から外れるなら、苦境に陥ります。これが、カナンの地とそこに住むイスラエルの民の関係です。

カナンの地の先住民がもたらす問題は、イスラエルの民の不信仰から出たものです。しかし主は、それさえもご自身の計画が成就するためにお用いになりました。主の配剤の素晴らしさに感嘆するばかりです。私たちも、目先の現象によって一喜一憂する必要はありません。主はすべてを支配しておられるお方です。

「ああ、神の知恵と知識の富は、なんと深いことでしょう。神のさばきはなんと知り尽くしがたく、神の道はなんと極めがたいことでしょう」（ロマ11・33）

士師記3章

イスラエル人は、カナン人、ヒッタイト人、アモリ人、ペリジ人、ヒビ人、エブス人のただ中に住み、彼らの娘を自分たちの妻とし、また自分たちの娘を彼らの息子に与えて、彼らの神々に仕えた。
（士師記3・5〜6）

この章から、以下のことを学びましょう。（1）最初の士師オテニエルは、正しい手順を踏んで、民を解放へと導きます。（2）2番目の士師エフデになると、彼の内にある霊的欠陥が表面化します。（3）3番目の士師シャムガルは、粗末な武器で敵と戦い、大勝利を収めます。

最初の士師オテニエル

周辺の異民族は、イスラエルの民の不従順を裁くための器となり、民が主に聞き従うかどうかを試みる手段ともなりました。ヨシュアの世代とその次の世代の者たちは、戦争とはいかなるものであるかを知っていましたが、第3世代の者たちには戦争の経験がありませんでした。そこで、彼らにその機会が与えられます。戦争の経験は、イスラエルの統治形態が王制に移行するために、どうしても必要なものでした。

さて、3章では、士師記の霊的パターンが典型的な形で描かれています。（1）民の背信。彼らは主を忘れ、バアルやアシェラに仕えました。（2）主からの裁き。主は、クシャン・リシュアタイムを用いてイスラエルを苦しめます。（3）民の叫び。8年の苦しみの後、民は主に助けを求めて叫びます。（4）士師による救い。主は、オテニエルを起こし、彼を通してイスラエルの民を救われます。その結果、民は40年にわたる平和を享受することになります。

オテニエルは、イスラエルをさばき、その後、戦いに出て行きました。まず国内にあった混乱を整理し、問題を解決したということです。これは、手順としては正しいことです。なお、40年は1世代のことですが、これは、次の世代に悔い改めに基づく真の信仰を継承できなかったことを意味しています。

2番目の士師エフデ

エフデの物語にも、士師記の霊的パターンが見られます。このときは、モアブの王エグロンが裁きの器として用いられ、アンモン人とアマレク人が、その協力者となりました。エグロンは、「なつめやしの町」（エリコ）を占領し、18年間イスラエルの民を苦しめました。しかし主は、民の叫びに応えてベニヤミン人ゲラの子エフデを士師として起こされました。

エフデの戦略は、敵の王を油断させてから、隠した剣で討つというものでした。敵の王を討ったエフデは逃亡し、エフライムの山地でイスラエル人たちを招集した後、モアブ人に戦いを挑みました。この戦いは大勝利に終わり、これ以降イスラエル人は、80年にわたる平和を享受するようになります。80年というのは、士師記の中では最も長い平和の期間です。

しかし、エフデが採用した戦略は、主の御心とはかけ離れたものでした。オテニエルの時にはなかった霊的欠陥が、2代目の士師エフデの内に見られるようになりました。

3番目の士師シャムガル

シャムガルの物語には、士師記の霊的サイクルの記述がありませんが、同じサイクルがあったと推察されます。シャムガルという名は、フルリ系の名で、その意味は、「シミグ（神）が賜った」というものです（ヌジ文書にこの名が見られます）。さらに彼は、「アナトの子」と呼ばれています。アナトはカナン人の女神（戦争と性の神）の名で、バアルの姉妹に当たります。以上のことから、シャムガルをイスラエル人ではなくカナン人と考える学者もいますが、むしろカナン文化の影響がイスラエルの民に深く浸透していたと考えるべきでしょう。

シャムガルはペリシテ人と戦い、６００人を打ち殺しました。６００という数は、シャムガルが一生かかって殺したペリシテ人の総数でしょう。彼は、「牛を追う棒」を使って戦いました。それ以外に武器がなかったからです。この棒は、牛を使って耕作する際に牛を突くために使われていたものです。

シャムガルが粗末な武器で勝利を収めたのは、驚くべきことです。ここに、主の戦いにおける勝利の秘訣があります。私たちは、資金がない、物がない、場所がない、機会がないと言います。確かにそうかもしれませんが、それが決定的な問題なのではありません。問題は、私たちの側に信仰や幻がないことです。主の働きは、聖霊の励ましと導きによって進められるものです。日々の生活の中で無力感を覚えるとき、聖霊の力によって持ち運ばれることを祈り求めましょう。

士師記4章

シセラは自分の戦車すべて、すなわち鉄の戦車九百台と、彼と一緒にいた兵をみな、ハロシェテ・ハ・ゴイムからキション川に呼び集めた。デボラはバラクに言った。「立ち上がりなさい。今日、主があなたの手にシセラを渡される。主があなたに先立って出て行かれるではありませんか。」そこで、バラクはタボル山から下り、一万人が彼の後に従った。(士師記4・13〜14)

この章から、以下のことを学びましょう。(1)女預言者デボラは、バラクを指揮官に任命し、ヤビンとの戦いに勝利します。(2)ヤビンは戦車900台を所有していましたが、大雨のためにそれが役に立たなくなりました。(3)ヤエルという女性が、ヤビン殺害のために主に用いられました。

4番目の士師、女預言者デボラ

80年の平和の後、民は再び罪を犯します。今回は、ハツォルの王ヤビンが裁きの器として起こされました。ヨシュアの時代、この北方の要塞都市ハツォルは一度滅ぼされましたが、イスラエルの民がそこに定住しなかったために、カナン人が町を再建したものと思われます。ヤビンという名は、王朝の王の称号です。

デボラは12人の士師の中で唯一の女性です。彼女は女預言者と呼ばれていますが、旧約聖書では彼女のほかに、ミリアム（出15・20）とフルダ（2列22・14）が女預言者と呼ばれています。デボラは、エフライムの山地の南部、ラマとベテルの間で民の争いごとの調停をしていました。その彼女のところに、ガリラヤ地方からも人々が助けを求めて来ていました。祭司への信頼感を失った人たちが、神の声を聞くために女預言者デボラのところに来ていたのです。

デボラは、カナン人との戦いのための指揮官としてバラクを立てます。彼女は、バラクに2つのことを命じました。（1）タボル山に進軍せよ。（2）ナフタリ族とゼブルン族のうちから1万人を取れ。ハツォルは、ナフタリ族の領地にありました（バラク自身もナフタリ族に属していました）。ハツォルの王ヤビンとの戦いの主戦場は、イズレエルの平野です（ゼブルン族の領地に属していました）。

デボラの呼びかけに対し、バラクは、「もしあなたが私と一緒に行ってくださるなら、行きましょう」と答えています。そう答えた理由は、預言者であるデボラがともにいるなら、主の臨在が保証されると考えたからです。デボラはバラクの申し出を受け入れますが、勝利はバラクではなく、1人の女の手に売り渡されると預言します。敵の王を殺すという栄誉は、躊躇したバラクから取り去られ、1人の女性に与えられるということです。

イズレエル平原での戦闘

バラクがその軍を率いてタボル山に上ると、ヤビンの将軍シセラは、鉄の戦車９００台をキション川のほとりに招集し、合戦の陣備えをします。戦車部隊を中心に構成されていたシセラの軍勢は、平地での戦いを得意としていました。しかし、突然の大雨となり、水はけの悪いキション川の水がたちまち氾濫しました。頃合いを見計らってバラクがタボル山を下ると、その後に1万人の兵士たちが続きました。

シセラの戦車部隊は、ぬかるみに車輪を取られ、右往左往していました。バラクの軍勢は、敵の戦車部隊と陣営を襲い、残された者が1人もないほどに完璧に敵を打ち破りました。

この戦いには、主の特別な介入がありました。敵の将軍シセラは、900台に及ぶ自らの戦車を誇っていましたが、主は大雨によって戦車を無力化し、バラクに勝利をもたらされました。

ヤエルの手柄

将軍シセラは、徒歩でケニ人ヘベルの妻ヤエルの天幕に逃げました。ケニ人は一般的には親イスラエルですが、ヘベルだけは例外で、親カナン人の立場に立っていました。将軍シセラがヘベルの妻ヤエルの天幕に逃げ込んだのは、ヤビンとヘベルが平和条約を結んでいたからです。また、天幕に逃げ込んだ者を命懸けで守るというのが、遊牧民の習慣でした。天幕の中でシセラは安心して眠りに就きましたが、ヤエルはその機会を利用してシセラを殺害します。当時、女性に殺されることは実に不名誉なことと考えられていました。ヤエルがシセラを殺したのは、神に栄誉を帰すためです。

かくしてイスラエルに平和な40年が訪れるようになりました。詩篇には、「ある者は戦車を　ある者は馬を求める。しかし私たちは　私たちの神　主の御名を呼び求める」（20・7）とあります。主の御名を誇りとする者には、大勝利が与えられます。

士師記5章

「聞け、王たち。耳を傾けよ、君主たち。私、この私は主に向かって歌う。イスラエルの神、主にほめ歌を歌う。」（士師記5・3）

この章から、以下のことを学びましょう。（1）デボラは、実際に起こったことを韻文で表現しました。（2）この歌は、英雄賛歌ではなく、主へのほめ歌です。（3）戦いに参加した部族は賞賛され、参加しなかった部族は叱責を受けました。

デボラの歌（前半）

デボラの歌は、実際に起こったことを韻文で読み上げたものです。この歌は9連から成っています。

第1連（2～3節）。イスラエルの神、主がいかに大いなることをされたかを聞けという呼びかけが、異邦人の王や君主たちに対してなされます。この歌は、英雄賛歌ではなく、主へのほめ歌です。

第2連（4～5節）。主が戦士として表現されます。主が出て行くと、大地は揺れ、雲は水を滴らせ、山々はその前に揺れ動きました。天候を司る神とされていたバアルもこのような働きをすると信じられていましたが、ここでは、主はバアルをはるかに凌ぐ神であることが語られています。エジプトで偉大な奇跡を行われた神が、イスラエルの民とともに戦いに出て行かれたのです。

第3連（6～7節）。3番目の士師シャムガルによる勝利は、一時的なもので終わりました。カナン人たちはすぐに、イズレエル平原の通商路の通行を妨害し、農地を荒らし始めました。イスラエル人が苦境に陥った理由は、彼らが新しい神々を選び、偶像礼拝に陥ったからです。その苦境から民を救うために、デボラが「イスラエルの母」（女預言者）として立てられました。

第4連（9～13節）。デボラは、すべての者（指導者、富む者、貧しい者）に、公の集会に出て主の正しい御業を唱えるようと呼びかけます。第1連では、異邦人の王たちへの呼びかけが為されましたが、ここでは、イスラエル人への呼びかけがなされています。戦いの開始にあたり、デボラもバラクも主による霊的覚醒を必要としました。それが、「目覚めよ、目覚めよ」、また「起きよ」という呼びかけです。

デボラの歌（後半）

デボラの歌は9連から成っています。その後半です。

第5連（14～18節）。諸部族が賞賛を受けたり、叱責を受けたりしています。賞賛を受けたのは、エフライム族（デボラの部族）、ベニヤミン族、ゼブルン族（イズレエルの平野を領地に持っていた部族）、イッサカル族、ナフタリ族（バラクの部族）です。戦いに参加せずに叱責を受けたのは、ルベン族、ギルアデの民（ガド族とマナセの半部族）、ダン族、アシェル族です。ユダ族とシメオン族に関しては、賞賛も叱責もありません。恐らく彼らは、地中海沿岸地域でペリシテ人と戦っていたと思われます。この時、各部族がどのような態度を取ったかが末永く語り継がれるようになります。信仰と勇気を持って行動する者は、自らの名誉を守ることになります。

第6連(19～23節)。「天から、もろもろの星が下って来て戦った」とあります。恐らく、大雨が降ったことを指している表現だと思います。もし「星」という言葉を象徴的に解釈すれば、それは「天使」という意味になります。その場合は、天の軍勢がこの戦いに参加したことになります。いずれの解釈も可能です。キション川が氾濫し、カナン人の戦車部隊を困らせた様子が、このように歌われているのです。

第7連（24～27節）。ここでは、ケニ人ヘベルの妻がシセラを打ち取った様子が歌われています。ヤエルの行為を非難することばは、見当たりません。ヤエルは、夫の意図に反してイスラエルの側に付き、主への信仰を明らかにしたのです。

第8連(28～30節)。「イスラエルの母」デボラと、「シセラの母」とが対比されています。シセラの母は、息子の帰りが遅い理由を楽観的な推測によって説明しようとしています。しかし、彼女の息子は殺されたのです。

第9連（31節）。イスラエルに敵対する者は、主に敵対する者です。イスラエルを祝福する者は祝福を受け、イスラエルを呪う者は呪われるという、アブラハム契約の付帯条項が歌われています。

デボラの歌は、主に信頼して立ち上がる者には、必ず勝利が与えられることを教えています。この歌は韻文であるだけに、より一層読む者の心に迫ってきます。信仰によって行動する者の誉れは、末永く語り継がれます。私たちも、信仰の勇者としてその名をとどめることができますように。

士師記6章

主はギデオンに言われた。「わたしはあなたとともにいる。あなたは一人を討つようにミディアン人を討つ。」(士師記6・16)

この章から、以下のことを学びましょう。(1)神は、臆病なギデオンを士師として召されました。(2)神は、自己評価の低い人を「勇士」と呼ばれます。(3)ギデオンは、御心を確認するために何度も「しるし」を求めました。これは、新約時代の信者が模範とすべきものではありません。

ミディアン人による略奪

イスラエル人は再び罪を犯し、今度は、ミディアン人の攻撃を受けるようになります。ミディアン人は遊牧民ですので、土地の略奪に興味は持っていません。彼らは、数え切れないほどの家畜と天幕を持って上って来て、イスラエルの畑を食い荒らしました。その結果、イスラエル人たちは飢えに苦しみ、国家存亡の危機に直面しました。彼らは、悔い改めの第一歩として、主なる神に叫びました。神は、彼らの祈りに応えて1人の預言者を遣わします。預言者は、民の偶像礼拝の罪を厳しく糾弾しました。

ギデオンの召命

ギデオンが召命を受けたのは、ぶどうの踏み場(酒ぶね)の中で小麦を打っていたときでした。ミディアン人から身を隠すために、狭いところにいたのです。またこれは、収穫した小麦が少量しかなかったことを暗示しています。そこに主の使い(受肉前のメシア)が現れ、「力ある勇士よ、主があなたとともにおられる」と語りかけます。ギデオンは、自分は勇士とはほど遠い存在であると答えます。

消極的なギデオンに対して、主の使いは励ましのことばをかけます。そこでギデオンは、話している相手が神であるという「しるし」を求めます。主の使いは、ギデオンが用意した食事を火で焼き尽くし、ご自身が神であることを証明されます。ギデオンの問題は、「勇士よ」ということばが預言的なものであることを理解せず、現状にだけ目をとめていたことにあります。私たちも同じ問題を抱えています。

奉仕に立つ前の準備

どんな人でも、奉仕を始める前に霊的準備が必要です。霊的準備とは、主なる神との和解です。ギデオンの場合は、バアルの祭壇を破壊することが、士師として立つ前にどうしても必要な準備でした。ここで、主から4つの命令が下ります。(1)バアルの祭壇を取り壊す。(2)次に、主の祭壇を築く。(3)全焼のささげ物を献げる。「第2の雄牛」とは、若い雄牛に続く成熟した雄牛という意味でしょう。この雄牛は、神との和解をもたらすためのささげ物です。神との和解を経験していないなら、主の戦いに用いられることはありません。(4)アシェラ像を切り倒し、その木を燃やして全焼のささげ物を焼く。

ギデオンは、主の命令を実行に移しました。ただし、彼は秘密裏にそれを行いました。親族や町の人々の目を恐れたからです。それでも、主の命令に従ったという事実は変わりません。

偶像の破壊

翌朝、町の人々はバアルの祭壇が破壊されているのを発見し、動揺します。彼らは、ギデオンの父であるヨアシュに詰め寄り、「あなたの息子を引っ張り出して殺せ」と迫ります。主の働きを進めると、それに反対する人々が出て来ますが、同時に、奮い立つ人々も出て来ます。ここではヨアシュが正論を吐きます。「もしバアルが神であるなら、自分の祭壇が打ち壊されたのだから、自分で争えばよいのだ」。この出来事の後、ギデオンには「エルバアル」（バアルと争う者という意味）というあだ名が与えられました。

羊の毛の奇跡

ミディアン人とアマレク人、そして東方の人々が連合して、イスラエルの地に侵入して来ました。その時、主の霊がギデオンを覆いました。ギデオンが呼びかけると、ギデオンの分団のアビエゼル人と、ギデオンの部族であるマナセ族が応答しました。さらに、アシェル族、ゼブルン族、ナフタリ族が立ち上がりました。

ギデオンは、神の御心を確認するために、新たなしるしを求めます。羊の毛の上にだけ露が降りていて、土全体が乾いているようにというのが最初の願いです。主はこの願いを聞き届け、そのようにされました。それでも不安だったギデオンは、次に全く逆の願いをしますが、これもまた叶えられました。

ギデオンの一連の行動は、新約時代に生きる私たちが模範とすべきものではありません。私たちには、神のことばである聖書が与えられています。しるしを求めるのではなく、みことばに基づいて御心を判断する習慣を身に付けようではありませんか。

士師記7章

主はギデオンに言われた。「あなたと一緒にいる兵は多すぎるので、わたしはミディアン人を彼らの手に渡さない。イスラエルが『自分の手で自分を救った』と言って、わたしに向かって誇るといけないからだ。」(士師記7・2)

この章から、以下のことを学びましょう。(1)神は、献身した300人を用いて大軍を破ることができます。(2)ギデオンが用いた戦略は、神の知恵によって与えられたものです。(3)光を輝かせるためには、土の器を割る必要があります。クリスチャンは、ここから教訓を学ぶことができます。

ギデオンの300人

ハロデの泉のそばに陣を敷いたギデオンの軍は、最初3万2000人の兵士から成っていました。敵(ミディアン人)は、その真北、モレの丘沿いのイズレエルの平野に陣を敷いていました。恐れおののく者は帰れとの命令により、ギデオンの軍の中から2万2000人が帰って行きました。敵の兵士の数は13万5000人もいたのですから(8・10参照)、恐れる者が多くいたのもうなずけます。これで1万人の兵が残りましたが、主は、それでも多いと言われます。

次に主は、水の飲み方によって兵士を選抜するという方法を示されました。ほとんどの者が、犬が水を飲む時のように、口を直接水につけて飲みましたが、300人の者は手ですくって飲みました。この300人は、いついかなる状況にあっても、戦う準備ができていた勇士たちです。

夢による励まし

ギデオンは、たった300人で勝てるのだろうかと思案していました。そこで主は、彼に励ましをお与えになりました。ギデオンは、従者プラといっしょに敵の陣営に下って行き、ミディアン人が何を話しているかを探りました。そこでは、1人のミディアン人が仲間に、自分が見た夢の話をしていました。「私は夢を見た。見ると、大麦のパンの塊が一つ、ミディアン人の陣営に転がって来て、天幕に至り、それを打ったので、それは崩れ落ちて、ひっくり返った。こうして天幕は倒れてしまった」。「大麦のパンの塊」とは、イスラエルのこと、つまりギデオンの軍のことです。大麦は貧しい者の食物でした。当時のイスラエルは、ミディアン人の侵攻によって貧しくなっていました。また、「天幕」とは、ミディアン人の軍勢のことです。仲間のミディアン人は、この夢を次のように解釈しました。「神がギデオンの手にミディアン人の全陣営を渡された」。これを聞いたギデオンは、敵の陣営の中に自分に対する恐れが満ちていることを知り、大いに励まされました。

ギデオンの神経戦

主に信頼するなら、勝利の確信だけでなく、勝利するための戦略まで与えられます。ギデオンは、３００人を３隊に分け、全員に角笛、土器の壷、そしてたいまつを持たせました。これは敵に、自分たちは大群に囲まれていると思い込ませるための戦略です。ギデオンは、真夜中に敵の陣営に着き、番兵が交代したばかりの時を狙って攻撃を仕掛けました。（１）３００人が一斉に角笛を吹き鳴らす。（２）土器の壷を打ち砕く。この物音は、さらに敵を恐怖に追いやりました。（３）たいまつを左手に握る。今まで壷の中に隠れていたたいまつが、急に輝き始めたわけですから、ミディアン人たちは大軍に包囲されたと思ったことでしょう。（４）右手に持った角笛を吹き鳴らす。これは、敵の大軍が攻めて来ているとの印象を与えるためのものです。（５）「主のため、ギデオンのための剣」というときの声を上げる。「剣」とは比喩的に戦いを表したことばです。この時点では、ギデオンの軍勢は「剣」を持っていませんでしたが、ときの声によって、この戦いが主のものであることが明らかになりました。

敵は大混乱に陥り、ついに同士討ちを始めました。敵も味方も分からないような状況下で、とにかく自分を守るために必死になって武器を取ったのでしょう。敵が敗走を始めたため、ギデオンはナフタリ族、アシェル族、マナセ族から兵士を集めました。先に宿営に戻されていた９７００人も、招集されたことでしょう。

この戦略から教訓を学びましょう。ギデオンの

300人が角笛を吹いたように、私たちも福音のメッセージを高らかに宣言する必要があります。土器の器が割られて、中のたいまつが輝き出ました。私たちの場合も、内にある宝（福音の力）が輝き出るためには、土の器である私たち自身が砕かれる必要があります（2コリ4・6～7）。主がともにおられるなら、少数派であっても、必ず勝利することができます。

士師記8章

それからギデオンは、彼に従う三百人とヨルダン川を渡った。彼らは疲れていたが、追撃を続けた。
（士師記8・4）

この章から、以下のことを学びましょう。（1）エフライム族の不満に対して、ギデオンは謙遜な態度で応じました。（2）ギデオンは、主にある勝利を疑う者たちに復讐をしました。（3）豊かになったギデオンは、堕落の道をたどるようになります。

エフライム族の不満

エフライム族は、戦いの最終段階で参戦しました。彼らは、ミディアン人の2人の首長オレブとゼエブを捕えて殺しました。エフライム族の者たちは、なぜ最初から自分たちに声がかからなかったのかと、ギデオンを責めます。それに対してギデオンは、こう応じました。「アビエゼルのぶどうの収穫よりも、エフライムの取り残した実のほうが良かったではありませんか」。「アビエゼルのぶどうの収穫」

とは、ギデオンが最初に行った戦いのことです。「取り残した実」とは、敵の首長オレブとゼエブのことです。つまりギデオンは、エフライム族が得た残りの実のほうがはるかに優れていると語り、相手の怒りを静めたのです。知恵あることばは、人の怒りを静めます。

ギデオンの追撃と復讐

スコテまでやって来たギデオンは、兵士たちの空腹を満たすために、そこの住民にパンを求めます。スコテは、ガド族に割り当てられた地です。スコテの人々は、ギデオン軍に勝ち目がないと考え、パンを与えることを拒否します。ギデオンは復讐を宣言しますが、ここには、主の戦いは勝利で終わるという彼の信仰が表現されています。次にギデオンは、スコテから少し北にあるペヌエルという町でも同じことを要請しますが、ペヌエルの人々もギデオンの軍勢を侮辱します。

カルコル（ヨルダン川から東に約２５０キロ）で急襲に成功したギデオンは、ミディアンの2人の王ゼバフとツァルムナを捕縛し、わざわざスコテまで連行します。ギデオン軍の勝利を疑った人々の前に2人の王を置き、彼らを処罰するためです。しかし、ギデオンが茨や、とげをもって罰したのは、77人の長老たちだけでした。これは、町の人々を教育するための行為です。さらにギデオンは、ペヌエルでも同じことを行います。

ふたりの王の処刑

ミディアンの2人の王ゼバフとツァルムナは、かつてタボル山周辺の洞窟に隠れていたイスラエル人たちを虐殺したことがありました。虐殺された人たちは、ギデオンにとっては母方の兄弟たちだったようです。そこでギデオンは、殺された人たちの近親者として、ゼバフとツァルムナに対して「血の復讐」を行います。ギデオンは、長男エテルに刑の執行を命じますが、経験の浅いエテルは、恐れのあまり剣を抜くことができませんでした。２人の王は、ギデオン自身の手で処刑されることを求め、ギデオンは、その願いに応えます。

ギデオンのエポデ

イスラエル人は、ギデオンに王になってほしいと懇願しますが、ギデオンはそれを拒否します。彼は、イスラエルの王は主ご自身であることを知っていたのです。しかし彼は、分捕り物の中から金の耳輪を要求するという過ちを犯します。彼は、その金で大祭司の式服であるエポデを作ります。当時はシロに幕屋があり、そこで大祭司が仕えていました。ギデオンがエポデを身に着けたことは、シロの幕屋と大祭司を否定したという意味になります。やがてイスラエルの民は、そのエポデを偶像礼拝（淫行）の対象とするようになります。

ギデオンの死

ギデオンは、もとは貧しい生活をしていましたが、次第に裕福になり、最後は堕落します。彼は、王になることは拒否しましたが、実体は王のように振る舞っていました。彼には大勢の妻、息子、そばめがいました。彼は、そばめの息子にアビメレクという名を与えました。アビメレクとは、「私の父は王である」という意味です。

ギデオン自身は長寿を全うし、オフラにある父ヨアシュの墓に葬られました。彼が死ぬと、民はカナン人の豊穣神であるバアル・ベリテを慕って偶像礼拝を始めました。バアル・ベリテとは、「契約のバアル」、つまり「契約の主」という意味です。彼らはイスラエルの神を忘れ、カナン人の偶像を慕うようになったのです。

契約の神から離れるなら、私たちは神に対しても人に対しても、恩知らずの存在となってしまいます。「わがたましいよ。主をほめたたえよ。主が良くしてくださったことを何一つ忘れるな」（詩篇103・2）。日々神の恵みを思い出し、御名をたたえる人は幸いです。

士師記9章

こうして神は、アビメレクが兄弟七十人を殺して自分の父に行った、その悪の報いを彼に返された。神はまた、シェケムの人々のすべての悪の報いを彼らの頭上に返された。エルバアルの子ヨタムののろいが彼らに臨んだ。（士師記9・56〜57）

この章から、以下のことを学びましょう。（1）アビメレクの野望は、打ち砕かれます。（2）悪人は、栄華の絶頂にあって突如神の裁きに遭います。（2）神は、歴史の中に正義を実現されるお方です。

アビメレクの叛乱

エルバアル（ギデオン）が死ぬと、彼のそばめの子アビメレクは、自らが王になろうとします。彼は、シェケムの人たちを巧妙に言いくるめ、銀70シェケルを出させます。その金を使って粗暴なならず者たちを雇い、異母兄弟たち70人を虐殺しようとします。結局、末の息子ヨタムだけが助かります。アビメレクの残虐な計画を支援したシェケムの人たちの責任は重大です。

アビメレクは、シェケムにある石の柱のそばの樫の木のところで、王となります。ここは、ヨシュアの時代に、イスラエルの民が主との契約を更新した歴史的場所でした。

ヨタムの寓話

生き延びたヨタムは、寓話を用いてシェケムの町の人々の滅びを預言します。寓話に出てくるオリーブ、いちじく、ぶどうは、エルバアルを指しています。茨は、アビメレクのことです。王になってほしいという要請を木々から受けたとき、最初の3つの木は、本来の使命を捨てて王になるわけにはいかないと断ります。これは、エルバアルのことです。一方茨は、王になって欲しいという要請を受け入れます。これは、アビメレクのことです。茨は、木々たちの役に立つことはできません。それどころか、そこから火が出て、高価なレバノンの杉を燃やしてしまうというのです。これがヨタムの預言です。

エベデの子ガアル

3年間、アビメレクはシェケムとその周辺の町々を支配しますが、やがて、シェケムの者たちの裏切りに遭います。その背後には、神が送った悪霊の働きがありました。シェケムの者たちは、アビメレクを暗殺するために、待ち伏せる者たちを山々の頂に置きました。しかし、彼らの存在は街道の治安を悪化させ、それがアビメレクの耳にも届きます。

アビメレクに対抗して立ち上がるのが、エベデの子ガアルです。彼は、アビメレクの父がシェケム人ではなかったことを指摘し、シェケム人の国粋主義に訴えかけました。こうして反アビメレク勢力を結集し、自らが支配者になろうとしたのです。

アビメレクの反撃と復讐

ガアルとシェケムの町の人々の上に、神の裁きが下ります。裁きの器として用いられたのは、アビメレクです。神は、アビメレクの復讐心を用いて、ギデオンの息子69人を殺したシェケムの住民の罪を罰します。アビメレクは、ガアルとの戦いに勝利します。ガアルの兵士たちの多くが戦死し、彼自身もシェケムから追い払われます。シェケムの人々は、ガアルが町を追放されたことで戦いは終わったと考えました。しかしアビメレクは、翌朝野に出てきたシェケムの人々を襲い、町を破壊しました。生き残った者たちは、「シェケムのやぐら」と呼ばれる場所にあったエル・ベリテ（バアル・ベリテ）の宮の地下室にこもりますが、アビメレクが火をつけたので、全員焼死します。これは、「茨から火が出て、レバノンの杉の木を焼き尽くすだろう」と語ったヨタムの預言の成就です。

アビメレクの最期

アビメレクは、もう1つの反抗的な町テベツを攻撃します。その時、予期せぬ事が起こります。1人の女が、ひき臼の上石を取って、それをアビメレクの頭に投げつけたのです。瀕死の重傷を負ったアビメレクは、道具持ちの若者に自分を殺すように命じます。それは、女に殺されたと言われないようにするためです。アビメレクが死んだのを見たイスラエル人は、それぞれ自分のところに帰って行きました。

かくしてヨタムの預言は、すべて成就しました。シェケムの民の罪も、アビメレクの罪も、すべて裁かれました。神は、異教の王や民を裁きの器として用いて、歴史の中に正義を実現されるお方です。さらに、裁きの器として用いられた者自身が、自らの罪の裁きを受けます。アッシリア帝国も、バビロン帝国も、またローマ帝国も、イスラエルの民を裁く器として用いられましたが、最後は、自らの罪の裁きを受けました。全知全能の神を恐れることを学びましょう。神は、いかなる人間の帝国、政府よりも強いお方です。

士師記10章

イスラエルの子らは主に言った。「私たちは罪を犯しました。あなたが良いと思われるように何でも私たちにしてください。ただ、どうか今日、私たちを救い出してください。」。彼らが自分たちのうちから異国の神々を取り去って主に仕えたので、主はイスラエルの苦痛を見るに忍びなくなられた。（士師記10・15〜16）

この章から、以下のことを学びましょう。（1）聖書では、特記すべきことの少ない時代は、恵みに満ちた時代でもあります。（2）主への背信が、平凡な生活に感謝する人は幸いです。ペリシテ人とアンモン人の圧政を生み出しました。（3）真の悔い改めを表明するなら、神は私たちをあわれんでくださいます。（4）真の悔い改めには、行動が伴わなければなりません。

トラとヤイル

トラとヤイルに関しては、短い記述しかありませんが、それを読むと、強調点が「平和と繁栄の時代」にあるのが分かります。トラは6番目の士師です。彼は、アビメレクの時代に起こった混乱を静めました。彼はイッサカル族出身で、エフライムの山地にあるシャミルに住み、23年間イスラエルを裁きました。彼の死後、その遺体はシャミルに葬られました。

ヤイルはマナセの半部族出身で、7番目の士師です。ヨルダン川東岸のギルアデの地から士師が出るのは、これが初めてです。彼は22年間イスラエルを裁きました。彼には、30人の息子、30頭のろば、30の町がありました。ろばは高貴な身分の人の乗り物で、士師たちはろばに乗って各地を巡回しました。ヤイルは、富と権力を兼ね備えた士師であったようです。

トラとヤイルは、アビメレクのように王になろうとはしませんでした。彼らは、主から委ねられた使命を忠実に果たし、イスラエルの上に富と繁栄の時代をもたらしました。

背信と裁き

トラとヤイルによる45年の平和と繁栄の時代が終わると、再び背信の時代が訪れます。背信、裁き、苦悩の中からの叫び、というのが士師記のサイクルです。

イスラエル人は主を捨て、カナン人が信仰する神々に仕えました。この時代、イスラエルの民の霊性は、カナン人の偶像礼拝の悪影響を強く受け、堕落しました。民の背信に対して、主の怒りが激しく燃え上がります。主は、ご自身の民をペリシテ人とアンモン人の手に売り渡されました。ペリシテ人は、ヨルダン川の西側でイスラエル人を苦しめました。ペリシテ人からイスラエル人を救うために立てられたのが、サムソンです。一方、アンモン人はヨルダン川の東側でイスラエル人を苦しめました。アンモン人からイスラエル人を救うために立てられたのが、エフタです。

悔い改め

イスラエル人は主に助けを求めて叫びました。その時主は、それまでに起こった7つの異邦の民による圧迫と、そこからの救出について語り、最後は、「あなたがたが選んだ神々に助けを求めればよいではないか」と民を突き放されます。これは、強烈な皮肉です。イスラエルの民は、罪を告白し、主のあわれみを求めます。

真の悔い改めは、行動で表現する必要があります。イスラエルの民は、自分たちのうちから外国の神々（偶像）を取り除き、主に仕えるようになりました。それを見て、主は心を動かされました。「主はイスラエルの苦痛を見るに忍びなくなられた」（16節）とあります。主のあわれみは、いつの時代にも悔い改めた者の上に注がれます。

アンモン人との戦い

さて、アンモン人の軍勢がギルアデに陣を敷きました。イスラエル人もまたミツパに陣を敷きました。ギルアデの住民たちは、この戦いに勝利するためには、強力な指導者が必要であると感じていました。もしその指導者が勝利をもたらしてくれるなら、その者はギルアデ人の王になってもいいとさえ考えたのです。ここでも、「王制」に憧れるイスラエル人の姿が見え隠れします。

富と繁栄の時代は、特筆すべきことが少ない時代でもあります。しかし、それは決して悪いことではなく、むしろ歓迎すべきことです。人の視点と神の視点は異なります。私たちの人生のほとんどの部分は、特筆すべきことのない平凡な日々の積み重ねです。私たちは、平凡な日々を送れていることに感謝しているでしょうか。「当たり前」の中に隠されている神の恵みに目をとめる人は幸いです。

士師記11章

さて、ギルアデ人エフタは勇士であったが、彼は遊女の子であった。エフタの父親はギルアデであった。（士師記11・1）

この章から、以下のことを学びましょう。（1）神は私たちのために最善を行ってくださいます。それゆえ、誓いを取り引きの材料としてはなりません。（2）性急な誓いや一時的な感情による誓いは、避けるべきです。（3）エフタのひとり娘は「全焼のささげ物」となりましたが、これは「全的献身」と解釈すべきです。

遊女の息子エフタ

エフタの父はギルアデという名のギルアデ人でしたが、母は遊女でした。その出自のゆえに、彼は正妻の息子たちから差別を受け、最後はギルアデから追い出されます。トブという地に移り住んだエフタの周りに、ならず者が集まって来ました。彼らは、敵の領土に侵入し、略奪行為に及びます。これが、彼らを戦士として育てる結果になりました。

さて、アンモン人の軍勢がギルアデに陣を敷き、イスラエル人もミツパに陣を敷きました。強力な指導者が必要だと感じたイスラエル人は、エフタのことを思い出し、彼に首領になって欲しいと申し出ます。エフタは大いに反発しますが、長老たちのお詫びのことばを聞いて、その申し出を受け入れることにします。彼は、勝利は主から来ることを確認した後、もし勝利したなら、自分がギルアデ人のかしら（首領）になることを長老たちに認めさせます。

アンモン人との交渉

エフタは、アンモン人の王に使者たちを送り、平和的解決を求めます。ギルアデ（ヨルダン川東方）はイスラエル人の領土であると主張すると、アンモン人の王は、その地は出エジプトの際にイスラエル人に略奪されたものであると応答します。エフタは再び使者たちを遣わし、非常に論理的な弁明を展開します。

（1）神学的議論—イスラエルの神である主が、アモリ人を追い払い、ギルアデをイスラエル人に与えた。この戦いは人間的なものではなく、神の計画によるものであるがゆえに、アンモン人がその地を奪い返そうとするのは間違いである。

(2)政治的議論―かつて、モアブの王ツィポルの子バラクは、イスラエルと戦うことを断念した。アンモン人よりも強く、状況をよく理解していたモアブ人が戦いを断念したのであるから、アンモン人はなおさら戦いを挑むべきではない。

(3)時間的議論―イスラエルはカナン定住以来、ギルアデの地に300年以上も住んでいる。もし不満があるなら、なぜもっと早くそれを申し立て、土地を取り戻さなかったのか。今になって無理難題を言うのはおかしいではないか。

エフタの順序立てた説明を聞いても、アンモン人の王は納得しませんでした。心を頑なにし、神の警告に耳を傾けようとしない人は、愚か者です。

エフタの誓願

平和的解決は失敗に終わりました。戦いを前にしてエフタは、勝利した暁には、最初に迎えに出て来る者を「全焼のささげ物」として献げますと誓願を立てます。性急な誓いは、悲劇的な結果をもたらします。戦いに勝利したエフタが帰宅すると、最初に踊りながら出て来たのは、彼のひとり娘でした。その姿を見たエフタは、嘆き悲しみます。娘が子を残さなくなるということは、自分の名が絶えることです(モーセの律法によれば、これは正式な誓願ではないので、取り消すことができました。エフタがそれをしなかったのは、無知であったか、頑なであったかのいずれかです)。

エフタの娘がどうなったかについて、2つの意見があります。(1)彼女は、文字どおり「全焼のささげ物」として主に献げられた。(2)彼女は、終生幕屋で仕えるために全的献身をした。筆者は、後者の説を採用しています。その理由をいくつか挙げてみます。①エフタは聖霊が下った後に、この誓願を立てています。聖霊の影響下で、人間をいけにえとして献げる誓願をするのは考え難いことです。②モーセの律法自体が、人間のいけにえを禁じています(申12・31参照)。③エフタと娘は嘆き悲しんでいますが、そこでは「死」ではなく「処女性」が強調されています。つまり、彼女が子を産まない生活に入ることを嘆いたということです。

誓いのことばを口にするときは、注意しなければなりません。誓いは、神に何かをしていただくためではなく、すでに受けている恵みに対する応答として口にすべきものです。私たちに関しては、神の恵みを思い起こし、あらゆるときに主に感謝しようではありませんか。

士師記12章

「あなたがたが救ってくれないことが分かったので、私はいのちをかけてアンモン人のところへ進んで行った。そのとき、主は彼らを私の手に渡されたのだ。なぜ、あなたがたは今日になって、私のところに上って来て、私と戦おうとするのか。」

（士師記12・3）

この章から、以下のことを学びましょう。（1）心の高慢は、やがて滅びをもたらします。（2）エフライム人はエフタに挑戦し、結果的に4万2000人の戦死者を出します。（3）指導者の善政によって、平和な時代が到来します。

エフライム人の傲慢

箴言16章18節に、「高慢は破滅に先立ち、高ぶった霊は挫折に先立つ」とあります。心の高慢は、隣人との間に争いを生み、やがてその人を滅ぼします。

エフライム族は、マナセ族とともにヨセフ族から枝分かれした部族です。彼らには、出エジプトの頃から、自分たちこそ卓越した部族であるとの自負心がありました。その自負心が高ぶりとなって表面化することが度々起こりました。

ヨシュアの時代に土地の分割が行われた際、エフライム族はその結果に不満を漏らしました（ヨシ17・14～16参照）。また、ギデオンの時代にも、彼らは不満を口にしました（士8・1参照）。この時ギデオンは、彼らを宥めて平和的解決を図りました。そして3度目に、彼らはエフタに対して文句を言います。この時エフタは、強硬な姿勢で対応します。

エフライム族の不満とは、アンモン人と戦う際になぜ自分たちに声をかけなかったのかというものです。彼らは、エフタを家もろとも焼いてしまうと脅迫しました。それに対してエフタは、アンモン人と戦った際に、エフライム族に呼びかけたが出て来なかったと語り、自分を脅迫するのは筋違いであると反論します。エフライム族の人々は、ヨルダン川東岸に住むギルアデ人たちのことを、「エフライムとマナセのうちにいるエフライムの逃亡者だ」（新改訳3版）と言って、侮辱します。エフタは、異母兄弟たちから追い出されて逃亡者となった経験がありますので、この侮辱は彼の神経を逆なでしました。

ついに、あってはならない内紛が勃発します。ギルアデの人々はヨルダン川の渡し場を支配し、逃亡者がエフライム人かどうかを方言によって見分け、もしエフライム人ならその場で殺しました。この内紛で、4万2000人のエフライム人が倒れました。

3人の士師

10章1～5節で、トラ（6番目の士師）とヤイル（7番目の士師）について学びました。この2人に関しては、短い記述しかありませんでしたが、その強調点は「平和と繁栄の時代」ということでした。12章8～15節も、「平和と繁栄の時代」という視点から読むべきです。

イブツァンは、9番目の士師です。彼の出身地ベツレヘムは、ユダ族のベツレヘムではなく、ゼブルン族のベツレヘムであったと思われます。彼は一夫多妻制を実行し、30人の息子と30人の娘を儲けました。1人の娘しかいなかったエフタとは対照的です。彼は、息子と娘たちを自分の氏族以外の者たちと結婚させ、政略結婚によって平和を確保しようとしました。彼が士師として活動した期間は、7年でした。

　エロンは、10番目の士師です。彼はゼブルン人で、10年間士師として活動しました。それ以外の情報は書かれていません。

　アブドンは、11番目の士師です。彼はエフライム人で、8年間士師として活動しました。彼には、40人の息子と30人の孫がいました。アブドンは、孫たちが成人する姿も見たようです。というのは、その後に、「70頭のろばに乗っていた」という記述があるからです。当時は、ろばは高貴な人が乗る乗り物でした。平和な時代ならではの祝福が感じられます。


　3人の士師たちがイスラエルをさばいた25年間は、平和と繁栄の時代でした。幸いな人生とは、どのようなものなのでしょうか。特記すべき事件が少ないということは、幸いな人生の1つの特徴です。神が立てた秩序の中で、人々が良心を維持し、お互いにとって善となるような生活を志すなら、そこには幸いな社会と幸いな個人生活が実現します。日々神とともに歩み、死ぬ時も神との平和を確認しながらこの世を去る人こそ、幸いな人生を歩んだ人です。自分にとって幸いな人生とはどのようなものなのか、黙想してみましょう。

士師記13章

「見よ。あなたは身ごもって男の子を産む。その子の頭にかみそりを当ててはならない。その子は胎内にいるときから、神に献げられたナジル人だから。彼はイスラエルをペリシテ人の手から救い始める。」（士師記13・5）

この章から、以下のことを学びましょう。（1）神から祝福の約束を受けた者には、信仰と従順が要求されます。（2）サムソン誕生の予告を与えた主の使いは、受肉前のキリストです。（3）サムソンとイエス・キリストの間には多くの共通点があります。

サムソン誕生の予告

ダン族に属するマノアの妻は、不妊の女でした。その彼女に主の使いが現れ、男児誕生の告知を与えます。その子は、胎内にいる時から、神へのナジル人となります。ナジル人とは、「聖別された者」という意味です。告知の際に、①酒を飲まない、②汚れた物を食べない、③その子の頭にかみそりを当てない、という3つの命令が与えられます。ナジル人の誓願には、終生の誓願と、一定期間で終わるものとがありますが、サムソンは終生のナジル人です。息子が誕生するまでの期間、両親も一時的にナジル人として生きるように命じられました。

主の使いの顕現

マノアは、妻の報告を聞き、それが真実であることを信じました。しかし彼は、その子をどのように育てたらよいのか分かりませんでした。そこで彼は熱心に主に祈り、再びあの「神の人」を遣わし、指示を与えてほしいと懇願します。主は、マノアの祈りに答えてくださいました。しかし、今度もまた、「神の人」はマノアではなく、彼の妻に現れました。そこで彼女はすぐに夫を呼びに行き、その人物のもとに連れて来ます。

マノアとその妻は、未だに主の使いが誰なのか、理解していません。彼らの認識では、その人は預言者の1人に過ぎなかったのです。マノアがその人を食事に誘うと、その人は、食事ではなく全焼のささげ物を主に献げよと命じます。そこでマノアは、その人に名を尋ねます。その理由は、預言が成就したら、預言者としてその人をほめたたえるためです。その人は、「わたしの名は不思議という」と答えます。「不思議」ということばは、その人物が神であることを指しています（イザ9・6、詩139・6参照）。マノアは、子やぎと穀物のささげ物を取り、それを岩の上で主に献げました。主へのささげ物を献げる行為は、祭司にだけ許されたものでしたが、ここでは主の使いの命令がありますので、律法違反とはなりません。この時、そこにあった岩が祭壇の代わりになりました。

ささげ物を献げると、祭壇から火が出てそれを焼き尽くしました。これで、ささげ物が主に受け入れられたことが分かりました。その後主の使いは、祭壇の炎の中を天に上って行きました。その光景を見たマノアとその妻は、地にひれ伏します。マノアが、「自分たちは神を見たので必ず死ぬ」と言うと、妻は、主が全焼のささげ物を受け取られたのだから大丈夫だと応じます。妻のほうが、霊的な目が開いていたことが分かります。

サムソンの誕生

主の使いの約束どおり、マノアの妻は男の子を産み、その子にサムソンという名を与えます。サムソンとは、「太陽」ということばと関係のある名前です。彼はイスラエルの民を、ペリシテ人の圧制という闇から救い出す太陽となります。

その子は肉体的、知的、霊的に成長します。時が来たとき、彼は主の霊によって動かされ、ツォルアとエシュタオルの間のマハネ・ダンで活動を開始します。マハネ・ダンとは、「ダンの陣営」という意味です。ダン族の兵士６００人が宿営したことから、その名が付きました。

サムソンは、イエス・キリストの型です。サムソンとイエス・キリストには多くの類似点があります。（1）その出産が、通常とは異なる。サムソンの母は不妊の女でしたが、主の助けによって男児を身ごもりました。イエスの母マリアは、聖霊によってイエスを宿しました。（2）サムソンは「太陽の子」という名を与えられました。イエスは、「すべての人を照らすまことの光」（ヨハ１・９）と呼ばれています。（３）サムソンは主の祝福を受けて成長しましたが、イエスもそうでした。「イエスは神と人とにいつくしまれ、知恵が増し加わり、背たけも伸びていった」（ルカ２・52）。（４）そして、サムソンもイエスも、聖霊の力によって働きを展開しました。

ここには私たちへの教訓があります。聖霊に満たされて、神から与えられた使命を全うできるように祈ろうではありませんか。

士師記14章

彼は上って行って、父と母に告げた。「私はティムナで一人の女を見ました。ペリシテ人の娘です。今、彼女を私の妻に迎えてください。」

（士師記14・2）

この章から、以下のことを学びましょう。（１）聖書に記されていることがすべて、私たちの手本となるわけではありません。（２）サムソンの力は、聖霊によって与えられたものです。（３）主は、サムソンのような不完全な器を用いてご自身の計画を成就されます。

サムソンの願望

サムソンはティムナに下って行き、そこでペリシテ人の娘を見初めます。彼が住んでいたのはツォルアという山地の町ですが、ティムナは海岸平野にありました。彼はその女の容姿が気に入ったので妻にしたいと思ったのですが、これは、律法違反です。サムソンは聖別されたナジル人でしたが、ペリシテ人は無割礼で、ダゴンという偶像を礼拝する民でした。両親は結婚に反対しますが、サムソンは願いを取り下げようとはしません。両親は知らなかったのですが、彼の頑固な態度の背後には、神の摂理の御手がありました。主は、サムソンを用いてペリシテ人に裁きをもたらそうとしておられたのです。

獅子と蜂蜜

サムソンは、両親とともにティムナに下って行きます。当時は、親が婚約のアレンジをしました。途中でぶどう畑があったため、サムソンだけが寄り道をしたようです。ぶどうを食べるためだと思われます。ぶどう畑に来ると、1頭の若い獅子が彼に襲いかかってきました。主の霊が激しく彼の上に下ったので、彼はまるで子やぎを引き裂くように、その獅子を引き裂きました。その後彼は両親と合流し、ティムナの女に会いに行きます。サムソンは、彼女のことが気に入りました。

「しばらくたってから」とは、およそ1年後のことでしょう。婚約期間が終わり、結婚式を挙げる時が来ました。サムソンは、ティムナの女と結婚するためにその町に下って行きました。彼は、獅子の死骸がどうなっているかを確かめるために、脇道に入って行きました。すると、獅子の死骸はミイラ化し、蜜蜂が巣を作っていました。彼はその蜜を手でかき集め、歩きながら食べました。そして、蜜をどこから得たかは話さずに、それを両親に与えました。

結婚式での謎かけ

サムソンは、7日間の祝宴を催します。ペリシテ人たちは、サムソンに30人の若者（花婿の付添人）を付けましたが、これは彼を監視するためだったと思われます。サムソンは、祝宴の客に向かって謎かけをします（これは古代ギリシアの習慣ですペリシテ人たちは、ギリシア系の民族でした）。もし謎が解けたら、亜麻布の着物30着と晴れ着30着を与えるが、解けなかったら、彼らがサムソンに同じものを与えるという合意が成立しました。その謎とは、「食らうものから食べ物が出た、強いものから甘い物が出た」というものです。通常、謎というものは、論理的に考えれば答えが見つかるものですが、この謎は、本人にしか分からないものでした。

いくら考えても分からないので、ペリシテ人たちはサムソンの妻に脅しをかけ、謎の秘密を探らせます。彼女はサムソンに泣きすがり、ついに7日目にその秘密を聞き出します。ペリシテ人たちは答えました。「蜂蜜よりも甘いものは何か。雄獅子よりも強いものは何か」。サムソンはこう応答しました。「もし、私の雌の子牛で耕さなかったなら、あなたがたは私の謎を解けなかっただろうに」。答えも応答も、2行詩の形式を取っています。「私の雌の子牛」とは、サムソンの妻のことです。

サムソンは別のペリシテ人の町アシュケロンに下り、そこの住民30人を打ち殺し、着物をはぎ取って、謎を解いた者たちに与えました。アシュケロンとティムナは35キロも離れていたので、相互の情報交換はなかったのでしょう。サムソンは父の家に帰り、彼の妻は別の男の妻となりました。しかしサムソンには、結婚を破棄したという意識はありませんでした。

サムソンは武器を持たないで獅子を引き裂きました。彼は、ナジル人である自分には特別な力が与えられていることを自覚したはずですが、ナジル人の誓願に違反したことを数多く行いました。死骸に触れたこと、死骸から集めた蜜を食したことなどがそれです。まさに、彼の霊性は混乱していたのです。「私は、したいと願う善を行わないで、したくない悪を行っています」(ロマ7・19)。真の解放は、聖霊の力によって与えられます。日々、聖霊の力によって生きることを学ぼうではありませんか。

士師記15章

そのとき、彼はひどく渇きを覚え、主を呼び求めて言った。「あなたは、しもべの手で、この大きな救いを与えてくださいました。しかし今、私は喉が渇いて死にそうで、無割礼の者どもの手に落ちようとしています。」（士師記15・18）

この章から、以下のことを学びましょう。（１）私たちの敵は、私たちの最も弱いところを攻めて来ます。（２）サムソンは、ろばのあごの骨でペリシテ人１０００人を打ち殺しました。主の霊が彼に下ったからです。（３）神のしもべは、霊的にも肉体的にも渇きを覚えることがありますが、神は、癒やしの泉を用意してくださいます。

ペリシテ人の農作物の破壊

サムソンがティムナに帰還した時期は「小麦の刈り入れの時」、つまり5月頃のことでした。このときサムソンは、1匹の子やぎを持参しています。これは、通い婚の制度が前提となった記述です。通って来る夫は、みやげ物を持参するのが当時の習慣です。

サムソンの妻は、すでに別の男の妻となっていました。彼女の父は、妹を妻にしてはどうかと提案しますが、サムソンは激怒します。彼は、ジャッカル３００匹にたいまつを取りつけて麦畑の中に放ち、その年の収穫を焼き尽くしてしまいます。これは、ペリシテ人の経済にとって大打撃となりました。

怒ったペリシテ人たちは、サムソンの妻とその父を焼き殺しました。それを知ったサムソンは、さらに怒り、今度は妻と義父を殺した人々を殺しました。なんとも乱暴な話です。その後彼は、エタムの岩の裂け目に住むようになります。彼がそこに住んだのは、恐れのゆえではなく、さらなる復讐の機会をうかがうためでした。

レヒでの戦い

ペリシテ人たちは、サムソンを攻撃することを恐れ、復讐のためにユダの人々を攻めます。レヒはユダ族の領地にあった町です。ユダの人々は、ペリシテ人が攻め上って来た理由がサムソンにあることを知り、エタムの岩の裂け目にいるサムソンを訪ねます。ユダの人々3000人は、サムソンとともに敵と戦うのではなく、サムソンの行為を責めました。これにより、ユダの人々の霊性がここまで堕落していたことが明らかになりました。彼らは、2本の新しい綱でサムソンを縛りました。

同胞たちによって縛られたサムソンの姿を見た時、ペリシテ人たちは大いに喜びました。戦わずしてサムソンを捕縛することができたからです。しかし彼らは、主の霊の力を理解していませんでした。主の霊がサムソンに激しく下り、綱は火のついた亜麻糸のように解け落ちました。自由になったサムソンは、真新しいろばのあご骨で、ペリシテ人1000人を打ち殺しました。

サムソンの渇き

神の僕は、時として孤独な戦いを強いられ、霊的にも肉体的にも渇きを覚えるような状況に置かれることがあります。サムソンもまた、そのような体験をしました。

ユダの人々は、サムソンによってペリシテ人から解放されたのですが、そのサムソンに援助の手を差し伸べようとはしませんでした。サムソンは、非常な喉の渇きを覚え、主に助けを求めます。彼は、ペリシテ人に対する勝利は、主から与えられたものであることをよく認識しています（使命は認識しているが、必ずしもその使命に忠実とは言えないのが、サムソンの欠点です）。

彼は、のどが渇いて死にそうだと叫んでいますが、その意味は、このままではペリシテ人と戦うことができなくなり、殺されてしまうということです。神は直ちにその祈りに答え、レヒ（サムソンが敵の死体を積み上げた場所）にあるくぼんだ所を裂かれました。すると、そこから水が出ました。サムソンは、その水によって元気を回復し、生き返りました。その後、サムソンを敵に渡した人たちが、彼を指導者として仰ぐようになります。サムソンは20年間、士師としてイスラエルを裁きました。

サムソンが水を飲んだ場所は、「エン・ハ・コレ」と命名されました。その意味は、「呼ばわる者の泉」です。詩篇34篇6～7節には、「この苦しむ者が呼

ぶと　主は聞かれ　すべての苦難から救ってくださった。主の使いは　主を恐れる者の周りに陣を張り　彼らを助け出される」とあります。これは、すべてのクリスチャンに与えられている祝福の約束です。渇いて死にそうになった時、神は私たちにも「エン・ハ・コレ」の体験、「アドナイ・イルエ（主の山に備えあり）」の祝福を与えてくださいます。苦難の日に、神に叫ぶ人は幸いです。

士師記16章

彼女が「サムソン、ペリシテ人があなたを襲って来ます」と言ったとき、彼は眠りから覚めて、「今度も前のように出て行って、からだをひとゆすりしてやろう」と言った。彼は、主が自分から離れられたことを知らなかった。（士師記16・20）

この章から、以下のことを学びましょう。（1）サムソンは、自分の力の秘密をデリラという女に明かします。（2）髪の毛を剃り落とすのは、ナジル人の特権を放棄することです。（3）獄中に囚われていた期間は、悔い改めの機会となりました。（4）主の栄光をあざけったペリシテ人たちは、神の裁きを受けました。

ガザに下るサムソン

サムソンの行動には種々の問題がありますが、それでも彼は、信仰の人と呼ばれています（ヘブ11・32）。なぜでしょうか。サムソンの時代は、私たちが生きている時代とは違います。神の御心はまだ完全には啓示されておらず、道徳基準も低いところにありました。また、神はサムソンのような問題の多い器を用いてご自身の業を行われるということも、考慮に入れておく必要があります。

ガザは、ペリシテの5大都市の中では最南端の町です。この町でサムソンは、遊女を見つけて、彼女のところに入ります。ガザの人々は、サムソンを捕らえようと町の門で一晩中待機しましたが、サムソンは真夜中頃に起き、町の門の扉と2本の門柱を引き抜いて、それを肩に担いでヘブロンに面する山の頂まで運びました。勝利した軍が、敵の門の扉を運び去るのは、当時の習慣です。

サムソンを捕らえるための陰謀

その後サムソンは、ソレクの谷に住むデリラという女を愛します。少なくとも、彼女はサムソンが愛した3番目の女です。恐らくペリシテ人でしょうが、名前はセム系です。ペリシテ人の領主たちは、彼女にサムソンの力の秘密を見つけて欲しいと依頼します。

サムソンの力の秘密は、彼がナジル人であり、主とつながっているという点にありました。彼は、デリラの探りに対して最初は嘘を言いますが、次第に危険域に踏み込み始めます。そして遂に、髪の毛を剃り落とされたら力がなくなることを明かしてしまいます。ここでの注意点は、髪の毛に力があるのではなく、彼がナジル人であることに力の秘密があるということです。髪の毛を剃り落とされるということは、彼がナジル人でなくなり、主からの力を受けられなくなることを表しています。

サムソンの捕縛

デリラの手引きにより、ペリシテ人たちは寝ているサムソンの髪の毛7房を剃り落とします。眠りから覚めると、サムソンから神の力は去っていました。捕縛されたサムソンは、目をえぐり出され、ガザに連れて行かれます。ガザは、以前サムソンがその門の扉を運び去ったことのある町です。獄中でのサムソンは、青銅の足かせを掛けられ、石臼を引かされました。石臼を引くのは、婦人の仕事です。この仕事は、サムソンにとって最大の辱めとなりました。

獄中生活は、自らの行動を反省する期間、ナジル人としての立場を回復する期間となりました。

サムソンの死

ペリシテ人たちは、自分たちの神ダゴンに感謝するために宴会を催しました。その宴会には、ペリシテの5人の領主と、数多くの男女が集いました。サムソンは、見世物としてその場に連れ出されました。彼は、自分の手を握っている若者に、宮を支えている2本の中柱に寄りかからせてくれと頼みます。再び力が与えられるようにと祈ったサムソンは、2本の中柱を、力を込めて引きました。すると、宮が崩れ落ち、その中にいた領主たちと民全体が圧死しました。サムソンは、獄中での悔い改めを通して、ナジル人としての立場を回復したのです。**主**は、サムソンの復讐心を満足させるために力を注いだわけではありません。**主**の栄光をあざけり、**主**の民イスラエルを苦しめたペリシテ人の罪を裁くために、サムソンに超自然的な力を付与されたのです。

サムソンの人生はパラドックスに満ちています。どんな強敵にも勝つことのできた彼が、最も弱い存在である女性に負けたのです。また、ナジル人の誓願を立てながら、触れてはならない獅子の死骸の中から蜜を取って食べたのです。そして、最大のパラドックスは、そのように欠点の多い器を、**主**がご自身の計画のために用いられたという点です。

神の恵み深さを思い出し、感謝しようではありませんか。神は欠けの多い私たちを育て、ご自身の御業のために用いてくださいます。

士師記17章

そのころ、イスラエルには王がなく、それぞれが自分の目に良いと見えることを行っていた。（士師記17・6）

この章から、以下のことを学びましょう。（1）士師記の時代、人々は自分の目に良いと見えることを行っていました。（2）エフライム族のミカは、律法違反を繰り返しますが、自分は主の祝福を受けていると思い込んでいます。（3）金銭的利得を追い求める者は、信仰の難破を経験するようになります。

ミカとその偶像

17章から21章は、ヨシュアが死んだ直後のイスラエルの状況を記録しています。指導者をなくした民が、いかに堕落した状態になるかが描かれています。17章6節は、その要約です。「そのころ、イスラエルには王がなく、それぞれが自分の目に良いと見えることを行っていた」。この章で登場するミカは、エフライムの山地出身でした。ミカというのは、「誰が主のようであろうか」という意味ですが、彼はその名に反して主を無視した行動を取ります。

エフライムの山地にシロという町がありました。当時、幕屋はシロにありましたが、近くに幕屋があるといっても、ミカはなんら良い影響を受けていません。彼は母から銀1100枚を盗みましたが、母の呪いのことばを聞いて恐ろしくなり、それを返しました。異教的な宗教観では、呪いは呪われた人の上にとどまるとされており、特に両親の呪いは、一番恐れられていました。

これ以降も、モーセの律法に違反する行為が、連続して行われます。（1）母は、その銀を聖別して主に献げると言いながら、それを実行せず、自分の思うように使いました。（2）彼女は、銀200枚を取って彫像と鋳造を造り、それらの像をミカの家に安置しました。（3）ミカは自分の家に神の宮を持っていましたが、これもまた律法違反です。神の宮は、主が命じた場所に設置しなければなりません。この当時は、それがシロだったのです。（4）彼はまた、エポデ（祭司用の服）とテラフィム（家の守護神）を作り、自分の息子の1人を祭司に任命していました。これもまた、律法違反です。

ミカとその祭司

さて、ユダのベツレヘムに一時滞在していたレビ人の青年がいました。彼はユダ族ではなく、レビ族の出身です。ベツレヘムはレビ族の町ではなかったので、彼は滞在する所を求めて旅を続け、エフライムの山地のミカの家に至ります。ミカは、その青年がレビ人であること知り、彼に懇願します。「私と一緒に住んで、私のために父となり、また祭司となってください」。父とは、尊敬を込めたことばで、ここでは霊的導き手という意味です。その対価として、毎年、銀10枚、衣服一揃い、そして生活費を支給するというのです。レビ人の青年は、その申し出を受け入れ、ミカの家に住むことにしました。それまではミカの息子が祭司を務めていたのですが、息子に代わって、このレビ人がミカの個人的な祭司として任命されました。ミカは、これを主からの祝福であると自分勝手に解釈しますが、それは大きな誤解です。本来祭司は、レビ族の中のアロンの子孫から出ます。レビ人だからというだけで、祭司になれるわけではないのです。ミカは、自分勝手に神の宮を設置し、そこに偶像を安置しました。さらに、資格のないレビ人を祭司に任命しました。これら一切のことは、主の目には忌むべきことでしたが、ミカはそれを主の祝福と捉えました。なんという思い込みでしょうか。

真の信仰と迷信とは違います。自分勝手な信仰生活をしている人は、偶然良いことがあると、それを神から祝福の証拠と解釈します。しかし、それは迷信であって、聖書信仰とは相容れないものです。神の御心に背いた生活をしているなら、遅かれ早かれ、神の裁きをその身に受けるようになります。

イスラエル人の信仰のカナン化は、祭司制度にまで及んでいました。ミカの迷信の上に、やがて神の裁きが下ろうとしています。迷信から解放される唯一の方法は、聖書を学び、神の御心を理解することです。自分の信仰の中に、迷信的要素がないかどうか、吟味してみようではありませんか。

士師記18章

そこでダン族は、彼らの諸氏族全体の中から五人の者を、ツォルアとエシュタオルから勇士たちを派遣し、土地を偵察して調べることにした。彼らは五人に言った。「行って、あの地を調べなさい。」五人はエフライムの山地にあるミカの家まで行って、そこで一夜を明かした。（士師記18・2）

この章から、以下のことを学びましょう。（1）ダン族は、新しい地を求めて北に移動します。（2）彼らは、ミカの家にあったエポデやテラフィム、偶像や彫像を略奪し、偽の祭司を雇い入れます。（3）ダン族は、ライシュを征服し、その地をダンと命名します。ダンは、偶像礼拝の地として知られるようになります。

ダン族の偵察隊

17章はミカの家の背教の記録、18章はダン族の背教の記録です。「そのころ、イスラエルには王がいなかった」という記述に注目しましょう。国をまとめ、方向性を示す指導者がいないなら、民はどこまでも堕落して行きます。

ヨシュアの時代に、ダン族にも相続地が割り当てられました（ヨシ19・40～48参照）。しかし、その割り当て地はペリシテ人が住む地中海沿岸地域でしたので、彼らはその地を征服することができませんでした。そこで彼らは、5人の偵察隊を派遣して別の候補地を探らせます。

偵察隊は、途中でエフライムの山地のミカの家に立ち寄ります。そこでレビ人の若者に会い、この旅が成功するかどうか、神にお伺いを立てて欲しいと願います。シロにある幕屋に行って、正式な祭司を通して神に聞くべきなのですが、彼らはそれをしていません。偽の祭司の返事は、「安心して行きなさい。あなたがたのしている旅は、主がお認めになっています」というものでした。実にいいかげんな返事です。

5人の者は北に進み、ライシュ（ヘルモン山の南麓付近）に至ります。そこの住民は安らかに住んでいました。そこで偵察隊は、ライシュの征服は容易であるとの報告をもって、同族の者たちの所に帰ります。この話は、ヨシュア記のカナン征服戦争に似ていますが、その実質は全く異なります。カナン征服戦争は信仰の戦いですが、ダン部族の戦いは、不信仰の結果生じた戦いです。

ダン部族の移動

ライシュは、近隣から援軍が来る心配のない地でした。今でも、ヘルモン山の南麓は水が豊富で、開墾可能な土地が広がっています。武装した600人が、移動する群の先頭に立ちました。偵察隊が、ミカの家にエポデ、テラフィム、彫像、鋳像などがあることを身内の者たちに告げたので、武装した600人は、それを盗むためにそこにやって来ました。彼らは脅しをかけ、目的のものを盗みます。さらに、レビ人の若者を誘惑し、祭司として雇い入れます。この若者は、主人を裏切り、偶像を盗み、自分にとって最も有利だと思える選びをしました。彼は、裏切り者で盗人です。私たちの大祭司である主イエスは、それとは全く正反対のお方であることを覚えましょう。

ライシュ征服

ミカは、近所の者たちを集め、ダン族に追いつきます。しかし、多勢に無勢ですので、そのまま引き下がるしかありませんでした。ここには、ミカの罪に対する神の裁きがあります。ミカが所有していた偶像は、彼が母親から盗んだ銀によって作られたものです。その偶像が、今度は彼の手から盗まれたのです。

ダン族は、平穏で安心し切っている民を襲い、さしたる苦労もなくライシュを征服しました。そして、部族の名にちなんで、そこにダンという名を付けます。ダンは、イスラエル12部族の北限の地となりました。さらに彼らは、その地に、ミカの家から奪ってきた偶像を立てました。後の時代にイスラエルが南北王朝に分裂すると、北王国の王ヤロブアムは、ダンとベテルに金の子牛を設置するようになります。ダンは伝統的に偶像礼拝で有名な町になりました。

もしミカが、これを切っ掛けに真の神に立ち返ったとするなら、この事件は彼にとっては幸いだったということになります。不幸なのは、ダン族です。彼らは、ミカの家にあった偶像を手に入れたのは祝福だと思ったのですが、それがそうではありませんでした。彼らは、北王国がアッシリアによって滅ぼされるまで、偶像礼拝に束縛された部族となります。私たちの人生にも、これと似たようなことが起こります。悲劇が起こった場合、それを祝福に変えられるかどうかは、私たちの信仰次第です。信仰によって正しい道を選ぶ人は、幸いです。

士師記19章

イスラエルに王がいなかった時代のこと、一人のレビ人が、エフライムの山地の奥に寄留していた。この人は、側女として、ユダのベツレヘムから一人の女を迎えた。（士師記19・1）

この章から、以下のことを学びましょう。（1）王が存在しない士師記の時代は、道徳が大きく崩壊した時代です。（2）ベニヤミン族の町ギブアの住民たちは、男色の罪に染まっていました。（3）そばめを失ったレビ人は、問題解決のために、彼女の死体を12分割してイスラエルの12部族に送りました。

1人のレビ人の旅

19〜21章の出来事は、時代的にはアロンの子エルアザルの子ピネハスが大祭司を務めていた頃、つまり士師記の時代の初期に起こったものです。一連の出来事は、イスラエル人の生活や価値観がいかにカナン文化の影響を受けていたかを示しています。ここに見られる道徳の崩壊は、大昔の話ではなく、まさに現代の課題でもあります。罪人は、裁きの日には神の前に立ちおおすことができません。感謝なことに、クリスチャンである私たちは、キリストにあって神との平和をいただいています。

「イスラエルに王がいなかった時代のこと」（1節）とあります。強調点は、律法や法的秩序を実行に移す権威が国内に存在しなかったという点にあります。1人のレビ人が登場しますが、彼は定住しないで放浪者として生活しています。これ自体が律法違反です。彼は、そばめとしてベツレヘムから1人の女を娶りますが、彼女は夫を嫌い、実家に帰ってしまいます。そこで彼は、彼女を迎えにベツレヘムに向かいます。長時間その家に引き止められた後、このレビ人は、ようやくそこを出立します。彼は、カナン人の町を避け、ベニヤミン族の町ギブアで夜を過ごすことにしました。

この町で起こる事件は、創世記19章に記されたソドムでの出来事とよく似ています。レビ人の一行は、町の広場に座りますが、この町の者たちは邪悪で、誰も旅人の一行を家に迎えようとはしません。当事の習慣からすると、これは異常なことです。夕暮れになって、ようやく1人の老人が彼らを家に迎え入れました。この老人は寄留者で、この町の邪悪な習慣には染まっていませんでした。彼は、ギブアがいかに危険な町であるかを知っていました。

ギブアでの暴行

神の民イスラエルの中に、ソドムと同じ状況が現れていることに、驚きを禁じ得ません。町のよこしまな者たちは、老人の家の客となったレビ人を求めて、戸を叩き続けました。彼らは、男色の罪に染まっていたのです。そこで老人は、自分の娘とレビ人のそばめを外に出すから、好きなようにしたらよいと提案します。自分の家の客となった者は、どんな犠牲を払ってでも守るというのが当時の習慣ですが、この老人はそれを破り、聖書が容認する限界を超えたことを行っています。最後はレビ人自身が、まるで犬でも掴むように自分のそばめを掴み、家の外に出しました。ここでは、人間の尊厳は無視されています。町の住民たちは、そのそばめを犯し、夜通し暴行を加えました。この女にとってはまさに生き地獄だったのです。

12部族の応答

レビ人は、この女が死んだとは思っていなかったようです。朝になると、この女に「立ちなさい。さあ行こう」と声をかけています。何と冷淡なことばでしょうか。しかしこの女は、すでに死んでいました。そこでレビ人は、女の死体を12の部分に切り分け、国中に送りました。後の時代になって、サウルもまた同じことをするようになります（1サム11・7参照）。しかし、サウルが12の部分に切り分けるのは、牛の死骸であって人の死体ではありません。

死骸を12の部分に切り分けたということは、その一部がベニヤミン族にも送られたということです。レビ人は、ベニヤミン族も怒りを共有してくれると思ったようですが、後で見るように彼の予想は外れました。衝撃を受けたイスラエルの諸部族は、問題解決のためにミツパに集合します。

「王がいない時代」は、「神の教えを忘れた時代」でもありました。神から離れるなら、人はどこまでも堕落して行きます。主イエスのことばを思い出しましょう。「わたしにとどまりなさい。わたしもあなたがたの中にとどまります。枝がぶどうの木にとどまっていなければ、自分では実を結ぶことができないのと同じように、あなたがたもわたしにとどまっていなければ、実を結ぶことはできません」（ヨハネ15・4）。主イエスにとどまるとは、みことばにとどまることです。

士師記20章

「今、ギブアにいるあのよこしまな者たちを渡せ。彼らを殺して、イスラエルから悪を除き去ろう。」しかしベニヤミン族は、自分たちの同胞イスラエルの子らの言うことを聞こうとしなかった。

(士師記20・13)

この章から、以下のことを学びましょう。(1)この内戦は、ベニヤミン族の罪を裁くための戦いです。(2)悔い改めなかったベニヤミン族は、部族滅亡の危機に直面します。(3)この戦いでは、主が先頭に立たれました。なぜなら、これは主の戦いだからです。

ミツパの集会

イスラエル人の中に、前代未聞の事件が起こりました。切り分けられた死体の一部を受け取った全部族は、ミツパに集まり、問題解決のための話し合いを行います。この場合は、明らかにギブアの住民が罪を犯したという前提での話し合いです。

イスラエルの全部族から、40万人の兵士たちが集会に参加しました。これは、イスラエルのほぼ全軍です。そばめを殺されたレビ人は、ギブアに滞在した夜に起こった出来事を説明しますが、彼は、自分がそばめを家の外に放り出したことについては触れていません。自分に都合の悪いことは伏せておきたいというのが、人間の性質です。イスラエル人たちは、報復戦を戦うことを即座に決定し、ギブアに対して攻め上ろうとしました。

初めに彼らは、ベニヤミン族に対して、ギブアにいるよこしまな者たちを渡すように要請します。ベニヤミン族が当然応じてくれるだろうと思ったからです。しかし、事態は予想に反した展開になりました。ベニヤミン族の者たちがギブアに集まり、イスラエル人と戦う準備を始めたのです。

町々から2万6000人が召集され、ギブアの町からも700人の精鋭が集められました。ベニヤミン族の中には、石投げの名手が700人いました。ここに至って、イスラエルの11部族の40万人と、ベニヤミン族の2万6700人がぶつかり合う構図が出来上がりました。

主の戦い

どの民族であっても、お互いを殺し合うことになる内戦は辛いものであり、痛みの記憶がいつまでも残るものです。それでも同胞を相手に戦わなければならないなら、そこには人間の正義ではなく、神の義がなければならないはずです。

イスラエル人のベニヤミン族に対する戦いは３回にわたって行われ、最初の戦いでは、イスラエル人２万２０００人が戦死しました。２回目の戦いでも、イスラエル人１万８０００人が戦死します。３回目の戦いで、イスラエル人は敵をおびき出す戦略を採用し、ベニヤミン族の兵士２万５１００人を殺しました。この時ベニヤミン族で逃れた者は、６００人だけでした。つまり、この戦いによって、１つの部族がほとんど消滅してしまったのです。

イスラエル人は、ベニヤミン族の町々をすべて破壊しました。これは、ヨシュアがエリコに対して行ったのと同じことです。かつてカナン人に対して行われた「聖絶」という行為が、今度は12部族の１つであるベニヤミン族に対して行われたのです。このことから、イスラエル人たちがこの戦いを、「主の戦い」と認識していたことが分かります。

結局この戦いは、イスラエルの罪を裁くための戦いでした。罪人である私たちの上にも、神の聖なる怒りが下ります。しかしその怒りは、御子イエスの上に向けられました。主イエスは、「まことに、まことに、あなたがたに言います。わたしのことばを聞いて、わたしを遣わされた方を信じる者は、永遠のいのちを持ち、さばきにあうことがなく、死からいのちに移っています」（ヨハ５・24）とお語りになりました。今、罪赦され、神と和解した者とされていることを、神に感謝しようではありませんか。主イエス・キリストを通して神との平和を持っている人は、幸いです。

士師記21章

そのころ、イスラエルには王がなく、それぞれが自分の目に良いと見えることを行っていた。
（士師記21・25）

この章から、以下のことを学びましょう。（1）性急な誓いは、悲劇をもたらすことがあります。（2）間違った誓いをしたと気付いた場合、神の前に悔い改めを告白し、軌道修正をすることは知恵です。（3）士師記の時代は、王のいない時代、それぞれが自分の目に良いと見えることを行っていた時代です。

愚かな誓い

性急に誓ったり、発言したりしたために、後悔した経験はありませんか。21章では、イスラエル人が性急な誓いを立てたことを悔いています。彼らがどのようにその問題を解決したのか、見てみましょう。

イスラエル人はベニヤミン族との戦いを目前に控え、2つの誓いを立てました。最初の誓いは、自分たちの娘をベニヤミン族に嫁がせないというもの、次の誓いは、ミツパに上って来ない者（町）は必ず殺されなければならないというものでした。その背後には、部族連合の戦いに参加しないのは、重大な裏切り行為だという認識がありました。

最終的にイスラエル人は戦いに勝ちましたが、事態が落ち着くと、ベニヤミン族が消滅しかかっているという悲しい現実があることに気づきました。ベニヤミン族は、女性も子どもも殺され、残っているのは男子６００人だけでした。しかし、その６００人に嫁を与えることはできません。自分たちの娘をベニヤミン族に嫁がせないという誓いがあったからです。そこで彼らは、この戦いに出て来なかったヤベシュ・ギルアデ（ヨルダン川東岸の町）を聖絶し、処女４００人を見つけてシロの陣営に連れ帰り、ベニヤミン族の６００人に与えます。

シロの娘たち

それでもまだ、２００人の娘が不足していました。そこで、驚くべき案が採用されました。シロの娘たちが祭り（おそらく過越の祭りでしょう）のときに踊りに出て来るのを待って、それを襲ったのです。この踊りは、モーセの姉のミリアムが出エジプトの際に踊った踊りを真似たものです。ベニヤミン族の200人は、踊りに出て来た娘たちを略奪した上で、彼女たちを自分の妻として、自らの部族の再建に取りかかりました。

イスラエル人が採用した解決策が最善のものであったかどうか、大いに疑問があります。性急な誓いが間違っていたことを認め、代償のささげ物を献げ、神の赦しを乞うことのほうが、より良い方法に思えます。しかし、こういうことが起こるのが、士師記の時代の特徴です。イスラエル人は、王のいない時代、めいめいが自分の目に正しく見えることを行っていたのです。

この章からどのような教訓を学ぶことができるでしょうか。間違いを犯したと分かったときには、それを悔い改め、軌道修正をすることこそ知恵です。私たちが自らの罪を言い表すなら、神は私たちをすべての罪から清めてくださいます。

ルツ記1章

その人の名はエリメレク、妻の名はナオミ、二人の息子の名はマフロンとキルヨンで、ユダのベツレヘム出身のエフラテ人であった。彼らはモアブの野へ行き、そこにとどまった。（ルツ記1・2）

この章から、以下のことを学びましょう。（1）神が与えた地を離れることは、危険なことです。（2）ナオミは、約10年後にルツとともに故郷ベツレヘムに帰還します。（3）ルツは、イスラエルの神への信仰によって、契約の民に加えられます。

モアブ人の2人の嫁

ルツ記の物語は、士師記の時代に起こったものです。ユダのベツレヘムの人エリメレクは、この地を襲った飢饉で困窮し、家族を連れてモアブの野に一時避難する決心をします。しかし、神から与えられた地を離れることには、大きな危険が伴います。

移住して間もない頃、エリメレクが死にました。ナオミは、残された2人の息子マフロンとキルヨンを女手1つで育てます。10年ほどして、2人はモアブの女を妻に迎えます。オルパとルツがそれです。しかし、この2人の息子もまた死にます。

ナオミの決心

ナオミは、主がカナンの地を祝福し、豊かな収穫を与えてくださったことを人づてに聞きます。彼女は、故郷に帰還することを決意し、2人の嫁といっしょに帰途に就きますが、途中で心を翻し、2人の嫁を実家に帰す決断をします。2人の嫁にとって一番幸せなのは、再婚相手を探してモアブで生活することだと判断したからです。

ナオミの説得によって、オルパはモアブの地に戻って行きました。しかしルツは、ナオミにすがり、実家に帰ろうとはしませんでした。ナオミは、なぜ2人の嫁をユダの地に連れて行かなかったのでしょうか。もし連れて帰れば、真の神を礼拝する機会を彼女たちに提供できたはずです。しかし、ユダの地での生活は容易なものではなく、そこで生きるためには、自発的な選びが必要です。また、イスラエルの神を礼拝することについても同じことが言えます。真の礼拝は、自発的なものでなければなりません。それで、選択権を彼女たちに与えたのです。

ルツの信仰

オルパは、ナオミに説得されてモアブの野に帰って行きました。彼女は善良な女で、なんの悪意もありません。故郷を愛する愛のほうが勝っていただけです。しかし、ルツはそうではありませんでした。彼女には、姑ナオミへの愛、イスラエルの民への愛、そして、イスラエルの神への愛がありました。

ルツの決意のことばはとても重要です。彼女は、「お母様が行かれるところに私も行き、住まれるところに私も住みます。あなたの民は私の民、あなたの神は私の神です」(16節)と宣言しています。彼女のことばを意訳すると、「主なる神がイスラエルの民と交わした契約の中に自分も入りたい、その神の恵みの中で生き、そして死んで行きたい」ということです。異邦人の女が、この信仰告白によってイスラエルの民が受ける祝福に与ることになりました。

ナオミの帰還

苦難にあった時は、苦難の意味を考えるよりも、苦難に対してどのような態度を取ったら良いのかを考えるべきです。ナオミはルツを伴ってベツレヘムにたどり着きました。わずか10数年の間に、彼女は夫と2人の息子を亡くし、故郷に戻って来ました。彼女は自分のことを、「ナオミ(快い)」ではなく、「マラ(苦しみ)」と呼んで欲しいと言います。なぜなら、満ち足りて出て行ったが、素手で帰って来たからです。

ナオミがベツレヘムに帰って来たのは、大麦の刈り入れの頃、つまり春先です。彼女は、自分が出会った苦難は、全能者の御手によるものであると理解していました。そう思えるなら、希望はあります。全能者の御手があるなら、一時的な試練は必ず祝福へと変えられるからです。ナオミのそばには、ルツという嫁がいました。ルツは、ナオミの悲しみを喜びに変えることになる人物です。さらに、ナオミが帰郷した時期が、大麦の刈り入れの頃であったことも、その後の話の展開に有利に働きます。

神は、ナオミとルツを見捨ててはおられませんでした。「あなたがたが経験した試練はみな、人の知らないものではありません。神は真実な方です。あなたがたを耐えられない試練にあわせることはなさいません。むしろ、耐えられるように、試練とともに脱出の道も備えていてくださいます」（1コリ10・13）。このことばは、昔も今も、真理です。私たちにも「ルツ」が用意されています。それがなんであるか、信仰の目をもって探してみようではありませんか。

ルツ記2章

ルツは出かけて行って、刈り入れをする人たちの後について畑で落ち穂を拾い集めた。それは、はからずもエリメレクの一族に属するボアズの畑であった。（ルツ記2・3）

この章から、以下のことを学びましょう。（1）神は小さな出来事を用いて、ご自身の計画を推進されます。（2）ボアズはキリストの型です。（3）ルツは、自分に与えられた境遇の中で、精一杯生きようとしました。その姿勢が、彼女に祝福をもたらしたのです。

落ち穂拾い

ルツは姑のナオミといっしょにベツレヘムに移り住み、貧しい生活を送るようになりました。彼女の素晴らしい点は、与えられた境遇の中で精一杯生きようとしたことです。

彼女は、落ち穂拾いに行かせてほしいと、ナオミに願い出ます。モーセの律法は、貧しい者と寄留者のために、落ち穂拾いを許可しています（レビ19・9～10、23・22、申24・19）。落ち穂拾いとは、収穫が終わった畑に落ちている麦の穂を集めることです。ルツは寄留者で貧しい生活を送っていましたが、それでも、落ち穂拾いに出かけるためには、かなりの勇気と謙遜が必要だったと思われます。

彼女は、他人の世話になって生活することを拒否しました。自分の手で働いたもので生きようとしたのです。落ち穂拾いの規定が与えられている理由も、そこにあります。ナオミは、ルツの申し出を受け入れ、感謝の気持ちを込めて彼女を送り出します。

ルツが行った畑は、ボアズという人の所有地でした。彼は、エリメレクの一族に属する人、つまり、ナオミの夫の親戚に当たる人で、町の有力者でした。単に資産家というだけでなく、律法をよく理解し、人格的にも優れた人物であったということです。この2人の出会いは、神の人類救済計画を大きく前進させるものとなります。

ボアズとの出会い

労働者たちと親しいあいさつを交わしながら自分の畑にやって来たボアズは、かいがいしく落ち穂拾いをしている女に目をとめます。世話係の若者に彼女は誰かと尋ね、それがナオミといっしょにモアブの野から帰って来たモアブの女のルツであることを知ります。ボアズは、ルツの献身的な姿に感動し、彼女を大切に扱うようにしもべたちに命じます。ボアズには、身分や人種によって人を差別するということがなかったのです。

ルツの立場に立って、この箇所を読んでみましょう。すると、ボアズがキリストの姿を予表していることが分かるはずです。ボアズはルツに、「あなたがその翼の下に身を避けようとして来たイスラエルの神、主から、豊かな報いがあるように」と語りかけています。私たちクリスチャンは、イエス・キリストを通してイスラエルの神の翼の下に避け所を見出した者たちです。

食事の時、ボアズはルツに、パン切れを酢に浸して食べるように勧め、さらに炒り麦を取って彼女に与えました。これら一連の行為は、最後の晩餐でのイエスの行いを思い出させます。

帰宅したルツ

その日ルツは、大麦1エパ（23リットル）を集めることができました。彼女はそれを持って家に帰り、ナオミに見せます。それとは別に、十分に食べてから残しておいた炒り麦もナオミに与えます。ルツが知恵ある女であることは、すでに食物を蓄え始めていることからも分かります。驚いたナオミは、ルツが行った畑の所有者の名を尋ねます。そして、それがボアズであることを知って、さらに驚きます。ボアズがナオミの近親者で、買い戻しの権利のある親戚の1人だったからです。ルツは、ボアズがこれからも自分の畑に来るように、よその畑には行かないようにと語っていたことを、ナオミに告げます。ナオミはそれを聞いて喜び、ルツにそうするように勧めます。

毎年最初に収穫するのは大麦です。次に小麦が続きます。ルツはその両方の収穫を経験しました。彼女は、昼間はボアズの畑を離れず、夜は姑のナオミのもとに帰ってそこで暮らしました。その忠実さが、さらなる祝福を生むことになります。

ボアズはキリストの型です。ボアズの畑に出て行くとは、キリストの畑に出て行くことでもあります。以下の点を自問自答してみましょう。自分は最近、誰の畑で落ち穂を拾っていただろうか。その畑には、平安と義の実が落ちていただろうか。その畑で、どのような人格的成長と信仰の成長を経験しただろうか。

イエスは私たちにこう語っておられます。「わたしは世の光です。わたしに従う者は、決して闇の中を歩むことがなく、いのちの光を持ちます」（ヨハ8・12）

ルツ記3章

姑は言った。「娘よ、このことがどう収まるか分かるまで待っていなさい。あの方は、今日このことを決めてしまわなければ落ち着かないでしょうから。」（ルツ記3・18）

この章から、以下のことを学びましょう。（1）ルツは、律法の規定に従って、ボアズに買い戻しを要求しました。（2）ボアズは人格者であり、公明正大に行動することを選びました。（3）イエス・キリストは、受肉を通して私たちのために「贖いの権利のある者」となってくださいました。

ナオミの助言

当時、麦打ち場は畑に隣接した小高い岩地に設けられるのが一般的でした。朝夕の風が吹く頃、農夫たちは打った麦を空に向かって放り投げ、実と殻をふるい分けていました。もみ殻は風によって運び去られ、麦の実だけが岩地に落ちます。麦打ち場は戸外にあったため、収穫された麦が盗まれないように、雇い人か主人が寝泊まりして見張る必要がありました。ナオミは、その夜ボアズがそこで寝泊まりすることを知っていたようです。彼女はルツに、ボアズが夕食を終えて寝込んだなら、その足元に密かに忍び込むように助言します。

モーセの律法は、人が子を残さずに死んだ場合、買い戻しの権利のある者がその妻を娶り、死んだ者の名を残すようにと命じています（申25・5～10）。ルツの夫マフロンは、子を残さないまま死にました。つまりルツには、ボアズに買い戻しを要求する権利があるということです。そのことを理解したルツは、「私におっしゃることはみないたします」と返事をしています。彼女のこの従順が、大きな祝福を生むことになります。やがて彼女はボアズと結婚し、オベデという子を産みます。そのオベデからエッサイが生まれ、エッサイからダビデが生まれます。ダビデは、イエスの先祖となった人物です。

打ち場での一夜

この箇所に書かれているのは、不道徳なことではありません。ルツはモーセの律法と姑の助言に従って行動し、ボアズもまた、モーセの律法に従って、ことを最善の方向に運ぼうとしています。

ルツはボアズに対して、「私はあなたのはしためルツです。あなたの覆いを、あなたのはしための上に広げてください。あなたは買い戻しの権利のある親類です」と願い出ています。「覆い」と訳されていることばは、衣の「裾」のことで、直訳すると「翼」です。イスラエルの神の翼の下に避け所を求めて来たルツは、今やボアズが主から与えられた避け所であると信じて、その翼の下に身を寄せようとしています。

ナオミもルツも、ボアズよりももっと近い買い戻しの権利のある親類がいることを知らなかったようです。そこでボアズはそのことを明らかにし、すべてが律法どおりに公明正大に行われるように計画を練ります。もし優先権のある親類が買い戻しを決意すれば、ルツはその人の妻となります。ボアズはすべてを主の御手に委ねたのです。ここに、信仰者としてのボアズの姿があります。ボアズはルツに優しいことばをかけ、朝まで彼女をそこで休ませました。その夜、打ち場にいたのは、ボアズとルツだけではありません。主がともにおられました。

ルツの報告

ボアズは配慮のある人格者です。妙な噂が立つことを恐れた彼は、夜明け前の暗い時間に、ルツを送り返しています。また彼は、大麦6杯をルツに持たせ、それを姑のナオミへの贈り物にした後、すぐさま行動を起こしています。一方ルツは、すべてのことをなし終え、ナオミにその報告をしました。ルツにできたのは、座して待つことだけとなりました。

私たちにとってのボアズとは、イエス・キリストです。主イエスは、私たちの命を買い戻す権利のある方として、この地上に来てくださいました。そして、十字架の上で代価を払って贖いの業を完成させてくださいました。「キリストは、すべての人の贖いの代価として、ご自分を与えてくださいました。これは、定められた時になされた証しです」（1テモ2・6）とあるとおりです。

人生には、自分の努力や頑張りではどうしようもないことが多くあります。自分の役割を終えたなら、あとは主イエスに委ねることを学びましょう。ルツのように、座して待つ信仰を身につけるなら、私たちの魂は平安で満たされるはずです。

ルツ記4章

近所の女たちは、「ナオミに男の子が生まれた」と言って、その子に名をつけた。彼女たちはその名をオベデと呼んだ。オベデは、ダビデの父であるエッサイの父となった。」（ルツ記4・17）

（1）ボアズは、当時の習慣に従って、公開の取り引きを行います。（2）買い戻しの権利のある親戚は、ルツを娶ることを断りました。（3）ボアズは、合法的にルツを娶りました。ここには、イスラエルの神に対する彼の信仰が表明されています。（4）ボアズとルツから、ダビデの祖父となるオベデが誕生します。

買い戻しを断る親類

ボアズはさっそく町の門のところに座り、買い戻しの権利のある親類の人を待ちます。町の門は、防衛上必要なだけでなく、会議の場となったり、裁判所となったり、市場となったりしました。ボアズはここで公開の取引を行おうとしたのです。そこに、その親類の人がやって来ました。ボアズは、10人の長老をそこに招いていました。法的に重要な評決を下すためには、10人という人数が必要とされました。長老とは、町の役職を指す用語です。

ボアズは、モアブの野から帰って来たナオミが、亡き夫エリメレクの畑を売ることにしていると話を持ちかけます。親戚の人は、その畑を一旦は買う意志を見せますが、「モアブの女ルツも買わねばならない」と聞かされると、前言を翻します。

ボアズによる買い戻し

当時のイスラエルでは、取引を終えるに際して、相手に「履き物」を脱いで渡す習慣がありました。それを行うと、取引が完了します。ボアズは、10人の長老たちとそこに集まっていた町の住民たちの前で、自分がルツを買い戻したことを宣言します。彼は、「死んだ人の名を、その身内の者たちの間から絶えさせないため」に、ルツを買い戻したのです。ここには、ボアズのイスラエルの神への信仰、すなわち復活信仰が表現されています。

町の人々と長老たちは、この結婚の証人となりました。彼らはボアズの信仰をたたえ、祝福のことばを贈りました。ユダヤ人の意識では、サラ、ラケル、レアの3人が、「民族の母」として特別視されます。それで、ラケルとレアの名がここに出てくるのです。「どうか、主がこの娘を通してあなたに授ける子孫によって、タマルがユダに産んだペレツの家のように、あなたの家がなりますように」（12節）。タマルとユダの間には、親子ほどの年齢の開きがありました。ボアズとルツの間にも年齢差があったと思われます。ボアズ自身は、ペレツの子孫でした。

ルツ記の結末

ボアズは信仰によってルツを娶りました。それは神の計画であると同時に、ボアズ自身の主体的な選びの結果でもありました。私たちクリスチャンは、神から離れて何かを行えるわけではありませんが、同時に、神のロボットでもありません。神の御心を確認しつつ、日々道を選び取っていくところに、クリスチャン生活の醍醐味があります。

ルツもまた、信仰の人でした。彼女は、ボアズに買い戻されることを受け入れました。それは受動的な行為ですが、それもまたルツが選んだことでした。その結果、彼らに男の子が与えられ、その子の子孫からメシアが誕生するようになります。ルツの選びは、イスラエル人だけでなく、異邦人にとっても祝福をもたらすものとなったのです。

ペレツの家系──オベデ、エッサイ、ダビデ

ルツが産んだ子は、オベデと命名されました。「仕える者」という意味で、近所の女たちがその子につけたあだ名でした。その名のとおり、オベデは主の計画に仕える僕となり、人類救済計画の中で重要な役割を果たすようになります。オベデはエッサイの父となり、そのエッサイから、ダビデが誕生するのです。

ユダは、死んだ息子の嫁であったタマルによって、ペレツとザラを得ました。ペレツ以降の系図は、ヘツロン、ラム、アミナダブ、ナフション、サルマ、ボアズ、オベデ、エッサイと続きます。そしてエッサイの息子の中の第8子として誕生するのが、ダビデです。

ベツレヘムは小さな町でしたが、ダビデが誕生したことにより、「ダビデの町」と呼ばれるようになります。この町は、世界中の人々から記憶される栄光ある町となります。神は、小さな者（ルツ）と小さな町（ベツレヘム）を、高く引き上げてくださいました。神は、私たちのような小さき者のためにも、驚くような計画を持っておられます。そのことを覚え、神に感謝しようではありませんか。

サムエル記第一　1章

ハンナの心は痛んでいた。彼女は激しく泣いて、主に祈った。そして誓願を立てて言った。「万軍の主よ。もし、あなたがはしためての苦しみをご覧になり、私を心に留め、このはしためを忘れず、男の子を下さるなら、私はその子を一生の間、主にお渡しします。そしてその子の頭にかみそりを当てません。」（サムエル記第一　1・10〜11）

この章から、以下のことを学びましょう。（1）神は、ご自身の計画を進めるために、信者を一時的に試練の中に置かれることがあります。（2）自己犠牲の伴った信仰の祈りは、神に聞かれる祈りです。（3）神の前で誓ったことは、実行しなければなりません。

エルカナのふたりの妻

エルカナには、ハンナ（恵みという意味）とペニンナ（真珠という意味）という2人の妻がいました。ハンナが不妊であったことから2人の妻の間に確執が生まれ、本書の物語は思わぬ方向に展開し始めます。当時の認識では、不妊は「神の裁きが下ったもの」と見なされました（申7・14が根拠）。しかし、すべての不妊がそうなのではありません。神の時が来るまで、一時的に不妊の状態にとどめられる婦人たちがいました。ハンナがその好例です。人間的に不幸と思えることの背後に、神の深い計画が隠されています。

ハンナの祈り

エルカナは律法に忠実な人で、毎年シロに上り、主を礼拝し、いけにえを献げていました。そして、そのいけにえの中から自分の取り分を受け取り、家族とともに祝いの食事をしていました。その際、彼はハンナに2倍の量（あるいは、最良の部分）を与えていました。不妊で苦しむ彼女を慰め、自分の愛を伝えるためでした。一方ペニンナは、夫が自分よりもハンナを愛しているのを見て、ハンナを憎むようになります。ペニンナの陰湿ないじめは毎年続き、ついにハンナは悲しみのあまり、祝宴の食事さえ喉を通らなくなります。

いけにえを献げた後の食事が終わってから、ハンナは立って主の家に近づき、そこで主に祈りながら激しく泣きました。彼女は、祈りの中で主に誓願を立てました。もし男の子が授けられたなら、その子を一生幕屋で主に仕える者として献げる、という誓願でした。

聞かれた祈り

祭司エリは、最初、ハンナがぶどう酒に酔っているのだと誤解しました。しかし彼は、ハンナの答えを聞いて率直に自分の過ちを認め、彼女を祝福しました。「安心して行きなさい。イスラエルの神が、あなたの願ったその願いをかなえてくださるように」。ハンナは、そのことばを信じて帰途に就きました。彼女は食欲を回復し、その表情も以前のような悲しみに満ちたものではなくなりました。祭司エリがハンナにかけたことばは、祈りでしょうか、預言でしょうか、あるいは、単なるあいさつでしょうか。いずれの可能性もありますが、重要なのは、ハンナがそれを信仰によって受け取ったという点です。

やがてハンナはみごもり、男の子を産みます。彼女はその子に、「サムエル」という名をつけます。「神が聞いてくださった」という意味です。彼女は、自分の祈りが聞かれたことをいつまでも覚えておくために、その名を付けたのです。

息子を献げるハンナ

夫のエルカナは、毎年主の家に上ることを習慣としていました。ハンナも夫に付いて宮に上っていたのですが、息子が誕生してからは、そうすることを拒みました。彼女は、幼子が乳離れするまではその子を手元に置き、それから主の働きのために献げようとしたのです（当時の習慣では、幼子はおよそ3歳で乳離れをしていたようです）。

ハンナはおよそ3年にわたり、サムエルを自らの手で養育しました。後にイスラエルの指導者となるサムエルにとって、その3年間は人生の基礎作りの期間となりました。敬虔な母の愛によって育てられた人は、なんと幸いなことでしょうか。

息子を主の働きに献げるために、エルカナの一家はシロにあった幕屋に上りました。ハンナは祭司エリに、自分は息子を主に献げるが、それは主に約束したとおりであると伝えます。彼女は、その子が主から与えられた子であることを知っていたのです。その子を主に献げるとは、本来主のものである子を、主にお返しすることです。私たちの場合も、同じことが言えます。献身も献金も、主から受けたものを主にお返しすることです。献げることについて、もう一度自己吟味をしようではありませんか。

サムエル記第一 2章

一方、少年サムエルは、主にも人にもいつくしまれ、ますます成長した。(サムエル記第一 2・26)

この章から、以下のことを学びましょう。(1)ハンナの賛歌は、人生の逆転劇について歌っています。マリアの賛歌も同じテーマを取り上げています。(2)ハンナの賛歌は、メシア的王国を預言しています。メシアという用語が、この賛歌の中に初めて登場します。(3)神へのささげ物を自らの利得のために利用する者は、神の裁きに遭います。この罪により、エリの家系は没落します。

ハンナの賛歌

ハンナは、その賛歌の中で、息子の誕生ではなく、それを可能にしてくださった主ご自身を誇っています。「角」とは、力を象徴しています。つまり彼女は、主によって力が与えられたことを誇っているのです。さらに彼女は、主からの「救い」を喜んでいます。「救い」とは、不妊からの解放を指しています。

さらにハンナは、警告のことばも語っています。人は、主の前で高ぶったり、横柄なことばを口から出したりしてはなりません。人の行為が良いか悪いかの判断は、全知全能の神がなさるからです。

この賛歌には、主がもたらす人生の逆転劇の例がいくつか出てきます。強い勇士と弱い者との対比、裕福な者と貧しい者の対比、不妊の女と多産の女の対比などがそれです。また、メシア的王国の預言も出てきます。貧しい者が栄光の位を継ぐようになるのは、メシア的王国が到来して以降のことです。その王国の中央に君臨されるお方が、「王」であり、「主に油そそがれた者」(メシア)です。ここでメシアという用語が初めて登場します。ハンナは、はるか先に実現するメシア的王国を、聖霊によって予見することができたのです。

エリの息子たちの罪

エリの息子たちは、罪を犯していました。(1)いけにえの中から、祭司の取り分(胸肉ともも肉)以外の部分を奪っていた。(2)脂肪を焼いて煙にする前にやって来て、煮た肉ではなく生の肉を要求した。彼らの罪について、聖書は、「主へのささげ物を侮った」と書いています。ささげ物は、罪人が神との関係を回復するための恵みの手段として与えられたものです。それを侮るなら、罪が赦される道は完全に断たれます。これは、罪人を悔い改めに導く聖霊を冒涜するのと同質の罪です。

サムエルと両親の忠実な歩み

サムエルは幼いながらに、自分にできる範囲で主の前に仕えていました。「亜麻布のエポデ」は、祭司が身にまとう衣です。サムエルの母は、毎年主の宮に上る際、成長する息子サムエルのために新しい上着を持参しました。エルカナとハンナは、サムエルとの交流を継続し、親としての務めを果たしました。幼子もまた、忠実に奉仕を続けました。与えられた奉仕に忠実であるなら、奉仕の場は拡がります。

エリの叱責

エリの息子たちは、不品行の罪も犯していました。エリが彼らを叱っても、なんの効果もありません。神は、いつまでも彼らの罪を見逃しにすべきではないと考え、「神の人」をエリのもとに遣わされます。「神の人」とは、初期の預言者を指すことばです。神の人はまず、神がアロンの家系を祭司に選び、彼らを祝福されたことを指摘します。それから、エリの家が犯している3つの罪を厳しく糾弾します。(1)エリの息子たちは、主へのささげ物を軽くあしらっている。(2)エリは、主よりも自分の息子たちを重んじている。(3)エリの家は、民が献げるいけにえの最上の部分で、私腹を肥やしている。

エリの家に裁きが下ることが預言されます。その預言は、イスラエルがペリシテ軍に打ち負かされ、神の箱が奪われた時に成就します(4・10〜18参照)。エリの家系は、イタマル氏族に属していましたが、その家系が没落して以降、大祭司職はエルアザル氏族に引き継がれます。この氏族もまたアロンの家系に属していましたので、アロンの子孫が祭司となるという神の約束は、保持されました。

神は預言者を通してエリに、「わたしを重んじる者をわたしは重んじ、わたしを蔑む者は軽んじられるからだ」とお語りになりました。ここで、主イエスのことばを思い出しましょう。「だれでも、このような姦淫と罪の時代にあって、わたしとわたしのことばを恥じるなら、人の子も、父の栄光を帯びて聖なる御使いたちとともに来るとき、その人を恥じます」(マコ8・38)。みことばを誇りとして歩む人は、幸いです。その人は、主イエスからおほめのことばをいただくようになります。

サムエル記第一　3章

主が来て、そばに立ち、これまでと同じように、「サムエル、サムエル」と呼ばれた。サムエルは「お話しください。しもべは聞いております」と言った。（サムエル記第一3・10）

この章から、以下のことを学びましょう。（1）サムエルは、幼い頃から主の声を聞く訓練を受けました。（2）真の預言者とは、主が語られることばをそのまま伝える人です。（3）サムエルの出現により、預言者の時代が始まりました。

移行期

この時代は、モーセ・ヨシュアの時代が終わったものの、まだ預言者の時代が到来していない移行期に当たります。「主のことばはまれにしかなく、幻も示されなかった」というのは、そのことを示しています。

大祭司エリの目は、見えなくなっていました。これは、肉体の目が見えなくなっていたことと同時に、霊的な目もかすんでいたことを表しています。エリは、自分の息子たちの暴走を食い止めることができませんでした。「神のともしびが消される前であり」とは、神の宮の燭台の火が辛うじて燃え続けていたことと、イスラエルの民の間にまだ真の信仰者が残っていたことを指しています。当時サムエルは、神の箱が安置されていた主の宮で寝ていました。この少年が、預言者の時代を招き入れ、民の間に霊的なともしびを燃え立たせる器となるのです。

主イエス誕生の前にも、似たような移行期がありました。旧約時代と新約時代の中間期がそれです。その時代、預言者の系譜は途絶え、神のことばが下ることも皆無でした。その霊的暗闇を打ち破るのが、メシアの先駆者として出現するバプテスマのヨハネです。

サムエルの召命

少年サムエルは、祭司エリの内弟子として仕えていました。その彼に、主からの呼びかけがありました。最初彼は、エリが自分を呼んでいるものと思い、エリのところに行きます。そのような勘違いが3度続きます。この時のサムエルは、主の声と人間の声を聞き分けることができなかったのです。霊的に鈍くなっていたエリも、同じ事が3度も続くので、ようやく主がサムエルを呼んでおられることに気づきます。エリにとっては、主が自分にではなく少年サムエルに語りかけたのは、残念なことだったでしょう。しかし彼は、少年の霊的成長を妨害することなく、指導者として正しい指示を出しました。

サムエルに主からの4度目の呼びかけがありました。「サムエル。サムエル」と名前が2度呼ばれました。名前が2度呼ばれるのは、語られる内容が重要であることを示しています。サムエルは、「お話しください。しもべは聞いております」と答えます。主がサムエルに告げた内容は、非常に厳しいものでした。「エリの息子たちの罪と、親としてそれを放置した罪のために、エリの家は必ず裁かれ、その咎は償うことはできない」。サムエルは、これをエリに伝えるのを恐れました。

翌朝、サムエルは、いつものように主の宮の扉を開ける作業を行いました。彼は、主から受けた預言のことばをエリに語るのを恐れたのですが、エリは、神罰にかけてすべてを話すようにと、サムエルに迫ります。サムエルは、主が語られた内容をそのままエリに伝えます。エリは、「その方は主だ。主が御目にかなうことをなさるように」と語り、サムエルが告げた内容をそのまま受け入れます。

預言者サムエル

サムエルは、肉体的にも霊的にも成長し、立派な成人となりました。真の預言者の特徴が、彼に伴っていました。それは、主がともにおられたということと、そして、彼の預言がすべて成就したということです。申命記18章22節には、真の預言者のしるしが記されています。預言者が主の名によって語っても、そのことが起こらず、実現しないなら、それは偽預言者です。

主は再び、シロでサムエルに現れます。語りかけの内容は、ペリシテ人との戦いに関するものでした。それまでは、主からの幻やことばは久しく途絶えていたのですが、主は再び、サムエルという1人の預言者を通してイスラエルの民に語り始めます。これが、預言者の時代の幕開けとなりました。

少年サムエルは、幼い頃から主の声を聞くことを学び始めました。主の声は、聞けば聞くほど、より鮮明に聞こえてきます。幼子の霊的訓練を怠ってはなりません。また私たちも、デボーションを通して、主の声を聞く訓練を自らに課そうではありませんか。

サムエル記第一 4章

兵が陣営に戻って来たとき、イスラエルの長老たちは言った。「どうして主は、今日、ペリシテ人の前でわれわれを打たれたのだろう。シロから主の契約の箱をわれわれのところに持って来よう。そうすれば、その箱がわれわれの間に来て、われわれを敵の手から救うだろう。」

(サムエル記第一 4・3)

この章から、以下のことを学びましょう。(1)神の箱を戦場に持ち込むのは、迷信的行為です。(2)エリの死とピネハスの妻の死は悲劇的なことですが、そこには、希望を抱かせる要素もありました。(3)神の箱が奪われても、イスラエルの神が捕虜となったわけではありません。

ペリシテ人との戦い

ペリシテ人は、シロの西方約30㎞のアフェクという場所に陣を敷き、イスラエル人は、その東方のエベン・エゼル近辺に陣を敷きました。最初の戦いで、イスラエルは打ち負かされ、約4000人の戦死者を出します。長老たちは、主の臨在がなかったから敗北したのだと考え、シロにある神の箱を戦場に運び込むことにします。これは、迷信的行為です。神の箱は、神の臨在を象徴する「しるし」に過ぎません。イスラエルの民が神に忠実であるなら、神の箱のあるなしにかかわらず、主は彼らに勝利をお与えになります。

神の箱の到着

神の箱が戦場に到着した時、全イスラエルは歓声を上げました。その声を聞いて、ペリシテ人たちは動揺しました。彼らは、神の箱が陣営に到着したことを知ると、非常に恐れました。イスラエルの神が、300年前（出エジプトの時代）に10の災害をもってエジプトを打ったことを、記憶していたからです。

この戦いでもイスラエル人は敗北します。彼らは、歩兵3万人を失い、その上、神の箱まで奪われます。当時、戦争は民族の神々の戦いと思われていましたので、ペリシテ人の神々のほうがイスラエルの神よりも強かったということになります。当時は、勝利した側が敵の偶像を記念品として持ち帰っていました。イスラエルの場合は偶像がないので、それに代わるものとして神の箱が持ち去られました。エリの2人の息子、ホフニとピネハスは、預言どおりに死に絶えました。

エリの死とピネハスの妻の出産

1人のベニヤミン人が、戦況報告のために戦場から走ってシロに着きました。エリは、敗戦の報告も、2人の息子の死の報告も、冷静に受け止めることができましたが、神の箱が奪われたという知らせには耐えることができませんでした。あまりの衝撃に、彼はあお向けに倒れ、首を折って死にました。

エリは、40年にわたって祭司、また裁きつかさとしてイスラエルの民を導きましたが、最後は悲惨な死を遂げました。しかし、悲惨な死の中にも希望を抱かせる要素がありました。それは、サムエルという後継者を育てたことです。また、息子たちの運命よりも、神の箱がどうなるかに深い関心を払っていたことです。この2点から、エリが霊的な人物であり、救いに与っていた信仰者であることがうかがえます。

敗戦の知らせは、臨月を迎えていたピネハスの妻にも衝撃を与えました。彼女は、神の箱が奪われ、しゅうと（エリ）と夫（ピネハス）が死んだという知らせを聞いた時、陣痛が起こり、身をかがめて男の子を出産しました。人々は、死にかけている彼女を励ましましたが、彼女にはなんの助けにもなりませんでした。彼女は、「栄光がイスラエルから去った」と言い、誕生した息子に「イ・カボデ」（栄光がない）という名を付けました。彼女の死も悲惨なものですが、ここにも希望を抱かせる要素があります。彼女は、しゅうとの死や夫の死よりも、神の箱が奪われたことに衝撃を受けています。エリ同様、彼女もまた霊的な救いを体験していたと思われます。彼女は、「栄光はイスラエルから去った」と2度叫んでいますが、そのことばは、部分的に正しく、部分的に間違っています。神の箱はペリシテ人によって奪われましたが、それがペリシテ人の領土にとどまるのは、一時的なことです。また、神の栄光がイスラエルを去るのは、エゼキエルの時代になってからのことです（エゼ8～11章）。

神の箱が奪われても、イスラエルの神が捕虜になったわけではありません。主は諸国の神々にまさって大いなるお方です。ペリシテ人がそのことを体験的に知る時が間もなくやって来ます。私たちも、神の忍耐を神の弱さと取り違えてはなりません。今、全知全能の神の前にひれ伏し、恐れおののきつつ礼拝を献げようではありませんか。

サムエル記第一　5章

次の日、朝早く彼らが起きて見ると、やはり、ダゴンは主の箱の前に、地にうつぶせになって倒れていた。ダゴンの頭と両手は切り離されて敷居のところにあり、胴体だけがそこに残っていた。
（サムエル記第一 5・4）

この章から、以下のことを学びましょう。（1）イスラエルの神は、偶像の前にひれ伏すことのないお方です。（2）ペリシテ人たちは、イスラエルの神の偉大さを、痛みを通して学びました。（3）偶像に信頼を置く者の最後は、滅びです。

アシュドデに運ばれた神の箱

ペリシテ人たちは、5つの都市からなる都市連合を形成していました。神の箱は最初、その都市連合の1つであるアシュドデという町に運ばれました。そこには、偶像神ダゴンの神殿がありました。ダゴンとは、カナン人の豊穣の神です。その偶像をペリシテ人たちが取り入れ、国の守護神としました。彼らは、奪った神の箱をダゴンの神殿に運び、ダゴンのかたわらに安置しました。それは、イスラエルの神がダゴンよりも下位に置かれていることを誇示するためでした。ところが、翌朝とんでもないことが起こります。偶像神ダゴンが、神の箱の前で、うつぶせに倒れていたのです。これは、ダゴンがイスラエルの神にひれ伏している状態です。驚いたペリシテ人たちは、すぐにダゴンを元の位置に戻しました。

次の日には、さらに状況が悪化します。ダゴンが地にひれ伏しているのは前日と同じですが、今度は、頭と両手とが切り離されて敷居のところにあり、胴体だけがそこに残っていたのです。つまり、ダゴンが無力化されたということです。この事件は、ペリシテ人たちの記憶に鮮明に残ったようです。その後彼らは、敷居（ダゴンが辱められた場所）を踏まずにダゴンの神殿に入ることを習慣とするようになりました（本書の執筆時点では、その習慣が続いていた）。

主の御手がさらに伸ばされます。アシュドデとその地域の人々が、腫物で打たれ苦しみ出したのです。誰が見ても、イスラエルの神の裁きが下っているのは明らかでした。そこでアシュドデの人々は、こう結論づけます。「イスラエルの神の箱を、ここに留めておくべきではない。その神の手が、ダゴンを攻撃し、私たちを苦しめるから」。彼らは、神の箱を別の町に移す計画を立てます。

ガテとエクロンに運ばれた神の箱

アシュドデの人々は問題を協議するために人を遣り、５都市連合の緊急会議を要請します。５都市の領主全員が集まって協議した結果、神の箱はガテに運ばれることになりました。ガテは、５都市連合の中心都市です。ガテの領主には、最大都市としての自負心があったのでしょう。あるいは、アシュドデの人々のふがいなさを見下し、「神の箱など怖くない」という傲慢な思いになったのかもしれません。

神の箱がガテに運び込まれると、アシュドデで起こったのと同じことが起こりました。彼らは腫物で打たれ、あらゆる階級の人々、年齢の人々が、死んでいきました。恐怖を覚えたガテの住民たちは、直ちに神の箱をエクロンに送ることにします。

こうして、エクロンに歓迎せざる客がやって来ました。神の箱が町に着いた時、エクロンの人々は、「私と私の民を殺すために、イスラエルの神の箱をこっちに回して来たのだ」と大声で叫びます。エクロンでも大恐慌が起こり、死者が続出します。死ななかった者は、腫物で打たれ大いに苦しみます。

再び、都市連合の会議が招集されます。領主たちが出した最終的な結論は、神の箱をイスラエルの地に返すというものでした。

ペリシテ人たちは、苦難を通して貴重な教訓を学びました。それは、イスラエルの神に勝る神々はないという教訓です。イスラエルの神は、人間が弁護しなくても、ご自身でその力と権威を証明することのできるお方です。私たちも、置かれている状況がいかに悲観的に見えても、神の支配は揺るがないことを覚え、神の御名をほめたたえようではありませんか。偶像に信頼を置く者は、必ず辱めを受けます。「わたしが主である。ほかにはいない。わたしのほかに神はいない」（イザ45・5）。主なる神に信頼する人は、幸いです。

サムエル記第一　6章

ペリシテ人は祭司たちと占い師たちを呼び寄せて言った。「主の箱をどうしたらよいでしょうか。どのようにして、それを元の場所に送り返せるか、教えてください。」（サムエル記第一 6・2）

この章から、以下のことを学びましょう。（1）神の導きにより、神の箱はイスラエルの地（ベテ・シェメシュ）に帰還します。（2）ベテ・シェメシュの人たちは、主を恐れることを忘れ、神の箱の中を見てしまいます。（3）不敬の罪のゆえに神の裁きが下り、多くの人たちが死にます。（4）彼らは、神の箱を別の場所に移動させようとしますが、これは間違った判断です。

祭司と占い師の進言

神の箱はペリシテ人の野に7か月もありました。つまり、ペリシテ人たちはその期間、腫物によって苦しめられたということです。ようやく、ペリシテの領主たちは重い腰を上げ、ダゴンの祭司たちや占い師たちに、神の箱をもとの所に送り届ける方法を尋ねます。

祭司たちと占い師たちの進言の内容は、異教の習慣に基づくものでした。償いのためのささげ物を付けて送り返すのは、盗品を返す時の習慣です。ささげ物の内容は、ペリシテ人の5大都市の数に対応したもの、つまり、「5つの金の腫物と5つの金のねずみ」でした。彼らを苦しめた腫物は、ねずみが感染源となる「そけい部のリンパ腺の腫れ」だったようです。

占い師たちは、出エジプトの歴史に言及し、心を頑なにしてはならないと進言します。ペリシテ人たちの間に、出エジプトの歴史の記憶が残っていたことが分かります。占い師たちの提案は、神の箱を新しい車に載せ、乳離れしていない子牛を持つ2頭の雌牛に、その車を引かせるというものでした。雌牛は子牛を恋しく思うものですが、その本能に逆らってイスラエルの地に向かうなら、この災害はイスラエルの神から出たものだと断言できます。

神の箱の帰還

ペリシテ人たちは、新しい車に神の箱と償いのためのささげ物を載せ、それを2頭の雌牛に引かせました。雌牛は、子牛恋しさに鳴きながら、ベテ・シェメシュに向かって真っ直ぐに進みました。雌牛は、母性本能よりも創造主に従ったのです。ペリシテの領主らの目には、イスラエルの神が雌牛を導いていることがはっきりと分かりました。

ベテ・シェメシュは、エクロンの東方約10㎞にある国境の町です。牛車は、ベテ・シェメシュ人ヨシュアの畑に着き、そこで止まりました。これを見たベテ・シェメシュの人々は大いに喜び、さっそく車を割って薪とし、その雌牛を全焼のささげ物として主に献げました。イスラエル人たちは、ささげ物のためには、血の犠牲が必要であることを知っていたのです。

ベテ・シェメシュで全焼のささげ物を献げることの当否について考えてみましょう。幕屋があったシロの町はすでに破壊されていましたので、祭司がいけにえを献げる限り、ベテ・シェメシュであっても許されました。またこの雌牛は、「くびきを付けたことのない牛」でしたので、いけにえとして適格でした。ベテ・シェメシュの人々は、それ以外のいけにえも主に献げました。その様子を見ていた5人のペリシテの領主たちは、その日のうちにエクロンに帰りました。

不敬罪

ベテ・シェメシュは祭司の町でしたが、ここでもペリシテの町々で起こったのと同じように、主の裁きが住民たちに下ります。しかし、裁きの理由は全く異なります。ベテ・シェメシュの人たちは、神の箱の中を見ました。これは、律法違反です（民4・20）。神の前に不敬虔な態度を取ったために、ベテ・シェメシュの人たちの上に裁きが下りました。

その後もベテ・シェメシュの人たちは、誤った判断を下します。彼らは、「だれが、この聖なる神、主の前に立つことができるだろう」と言い、別の場所（キルヤテ・エアリム）に神の箱を移動させようとします。これは、愚かな判断です。なぜなら、祝福の源である神の箱を、自らの手で放棄しているからです。もし、彼らが敬虔な態度で神の箱を守っていたなら、彼らの町は大いに祝されたはずです。彼らが為すべきことは悔い改めであって、主の箱を追放することではなかったのです。

多くの人たちが、ベテ・シェメシュの人々と同じ過ちを犯しています。神のことばによって罪を指摘されたとき、みことばそのものを遠ざけようとしてはなりません。私たちに必要なのは、悔い改めです。ベテ・シェメシュの人たちの失敗から教訓を学ぶ人は、幸いです。

サムエル記第一 7章

箱がキルヤテ・エアリムにとどまった日から長い年月がたって、二十年になった。イスラエルの全家は主を慕い求めていた。

（サムエル記第一 7・2）

この章から、以下のことを学びましょう。（1）神の箱は、キルヤテ・エアリムのアビナダブの家にとどまります。（2）神の箱は、キルヤテ・エアリムでの霊的覚醒と、エベン・エゼルでの勝利をもたらします。（3）勝利の理由は、民が偶像を捨て、主に立ち返ったことです。（4）サムエルは、後継者を育てながら、士師、預言者、祭司として生涯主に仕えました。

キルヤテ・エアリムにとどまった神の箱

神の箱が移動した経路は、次のようでした。シロ↓アフェク（戦場）↓ペリシテ人の町々↓ベテ・シェメシュ↓キルヤテ・エアリム。キルヤテ・エアリムは、ベテ・シェメシュからエルサレムに向かう途中にある町です。この町の人々は、主の箱を町で一番高い所にあるアビナダブの家に運び、そこに安置しました。さらに、アビナダブの息子エルアザルを聖別し、主の箱を守らせました。これは、祭司としての聖別ではなく、主の箱の見張り役に任命したということです。

そこではなんの事故も起こらず、20年の歳月が流れますが、その期間も、ペリシテ人の脅威は続きました。苦難は、イスラエルの民に霊的渇望をもたらしました。人々は、主からの新しい啓示と幻を待ち望むようになったのです。それに対する神からの答えが、サムエルという預言者の派遣です。

サムエルはイスラエルの全家に、偶像を捨て、ただ主にのみ仕えるように命じます。そうすれば、主はペリシテ人の脅威からイスラエル人を救い出してくださるというのです。民は直ちにその勧めに応答し、偶像を除き去りました。

ペリシテ人に対する勝利

イスラエルの全家がミツパで集会を開いているのを見たペリシテ人は、先制攻撃を仕掛けて来ました。敵の攻撃を恐れたイスラエル人は、サムエルに、とりなしの祈りを要請します。

サムエルが全焼のささげ物を献げていたちょうどその時、ペリシテ人の攻撃が始まりました。しかし主は、大きな雷鳴をとどろかせてペリシテ軍を混乱させ、イスラエルに大勝利をもたらされました。ペリシテ人に対する勝利は、まさに「主の勝利」でした。そこでサムエルは、主に感謝を表すために、ミツパとエシェンの間に1つの記念の石を置きました。その石は、「エベン・エゼル（助けの石）」と名づけられました。「エベン・エゼル」ということばは、イスラエルの民が解放を経験した時に語る「合いことば」となりました。

これ以降、イスラエルに4つの祝福が訪れます。（1）40年にわたるペリシテ人の支配が終わりました。（2）イスラエルは、失っていた領土を取り返しました。エクロンからガテに至る地域がそれです。（3）サムエルが生きている間、ペリシテ人との戦いが止みました。戦いが再開されるのは、サウル王の時代になってからです。（4）イスラエル人とアモリ人との間に平和が訪れました。この時期イスラエルは、西のペリシテ人とも、東のアモリ人とも戦う必要のない平穏な時代を過ごすことができました。

サムエルの巡回

「サムエルは、一生の間、イスラエルをさばいた」。彼は、息子たちに権限を委譲した後も、かなりの権威を持って行動しました。さらに、サウルを王に任命してからも、士師としての働きを継続し、契約の民を導きました。

サムエルは毎年のように、ベテル、ギルガル、ミツパを巡回し、各地で士師としての務めを果たしました。また彼は、これら3つの町に「預言者のための学校（塾）」を設立し、後継者の育成に力を注ぎました。さらに、巡回が終わると出身地であるラマの家に帰り、そこでも士師としての任務を果たしました。レビ族出身の彼は、ラマに祭壇を築き、祭司としてそこでささげ物を献げました。ラマに祭壇が築かれていたのは、幕屋のあったシロの町が破壊されてから、エルサレムが首都となるまでの間の期間です。

サムエルは、新約時代が到来することを預言した者の1人です。ヘブル人への手紙11章32節では、サムエルは神を喜ばせた信仰者の1人として紹介されています。私たちもまた、後継者の育成に力を注ぎつつ、生涯現役を目指して前進しようではありませんか。信仰者に引退はありません。サムエルの信仰に倣い、生涯現役を貫く人は幸いです。

サムエル記第一 8章

しかし民は拒んで、サムエルの言うことを聞こうとしなかった。そして言った。「いや。どうしても、私たちの上には王が必要です。そうすれば私たちもまた、ほかのすべての国民のようになり、王が私たちをさばき、私たちの先に立って出陣し、私たちの戦いを戦ってくれるでしょう。」
（サムエル記第一 8・19〜20）

この章から、以下のことを学びましょう。（1）イスラエルの民は、神政政治を嫌い、王制を求めました。(2)問題の本質は霊的堕落にあったのですが、民は王がいないことが問題なのだと身勝手な判断を下しました。（3）神は許容的御心をもって、民の願いを聞き入れました。（4）神が用意しておられた王は、ユダ族の青年ダビデでした。

王を求める人々

当時サムエルは、65〜70歳になっていました。高齢者が後進に道を譲るのは、悪いことではありません。彼は、2人の息子たちを士師に任命し、ベエル・シェバに派遣しました。南部は息子たちに任せ、自分は北部に専念するつもりだったのです。長男の名はヨエル（「主は神である」という意味）、次男の名はアビヤ（「主は私の父」という意味）でした。彼らは父サムエルとは異なり、わいろを取ってさばきを曲げていました。

イスラエル12部族の長老たちがサムエルのもとに集まり、王を与えてほしいと要求します。その理由は3つあります。（1）サムエルは高齢になり、その息子たちは道を外している。（2）他国の人々はみな、王を持っている。（3）自分たちには、軍事的リーダーが必要である。

サムエルはこれを不快に感じ、主に祈ります。主からの回答は、次の4点でした。（1）民の言うとおりにせよ。（2）彼らの要求は、サムエルを退けたのではなく、神を退けたのである。（3）これは、この民の歴史上いつも起こってきたことである。（4）民を治める王の権利を民に知らせせよ。

王の権利

民は、王の要求がどれほど厳しいものになるかを、理解していませんでした。そこでサムエルは、民が負うことになる責務と犠牲について詳しく説明します。（1）王は息子たちを召集し、戦士として使役する。（2）娘たちを取り、王宮で仕えさせる。（3）新たに税を徴収する。その結果、民は重税で苦しむ。(4)奴隷や家畜の中から最上のものを取り、自分の仕事をさせる。（5）それまで民が持っていた自由は、かなりの程度制限される。

将来、悪王が現れたとき、民は重圧に耐えかねて主に助けを呼び求めるようになります。しかし主は、その叫びには応答されません。なぜなら、王制への移行は、彼ら自身が望んだことだからです。

民の応答

サムエルは、王の権利について民に説明しましたが、民は耳を傾けず、他のすべての国民のようになるために、王を求めました。「王が私たちをさばき」とありますが、これは、各部族のリーダーによる分散統治から、1人の王が国を支配する体制への移行です。彼らは、王が先頭に立って戦いを導いてくれることを期待したのです。

主はサムエルに、「彼らの言うことを聞き、彼らのために王を立てよ」と命じます。これは、「許容的御心」と呼ばれるものです。民の頑なさゆえに、主が譲歩されたということです。サムエルは民に、彼らの要求が主に聞き届けられたことを伝え、民をそれぞれの町に送り返します。

イスラエルの民の罪とは、神を退け、人間の王に頼ろうとしたことです。また、神の時を無視して王を求めたことです。神は、イスラエルに王が必要になることをご存知で、そのための人材を用意しておられました。それがダビデです。しかし、当時のダビデは王になるには若過ぎました。それで、サウルが王に選ばれるのです。神の時を待てない者は、必ず墓穴を掘ることになります。

神からの究極的な答えは、ホセア書13章9～11節に書かれています。「イスラエルよ、あなたは滅ぼされる。あなたの助け手である、わたしに背いたからだ。では、あなたの王はどこにいるのか。すべての町のうちで、あなたを救う者は。あなたをさばく者たちはどこにいるのか。かつてあなたが『私に王と高官たちを与えよ』と言った者たちは。わたしは、怒ってあなたに王を与え、また憤ってこれを奪い取る」。この預言は、バビロン捕囚の際に成就します。自らの不信仰を棚に上げて、人間的な方法に頼ろうとするのは危険なことです。イスラエルの民を反面教師とし、神に信頼することの幸いを確認しようではありませんか。

サムエル記第一 9章

サムエルがサウルを見るやいなや、主は彼に告げられた。「さあ、わたしがあなたに話した者だ。この者がわたしの民を支配するのだ。」

（サムエル記第一 9・17）

この章から、以下のことを学びましょう。（1）神は、小さな出来事を通してサムエルとサウルの出会いを用意されました。（2）私たちには、雌ろば(日常茶飯事）よりも、より関心を払うべき大きな使命（神への奉仕）があります。（3）重要な決断は、時が来るまで心の中にとどめておくべきです。

忠実な息子サウル

サウルは、ベニヤミン部族の出身で、キシュの息子です。彼は父から、いなくなった雌ろば数頭を捜しに行くように命じられます。彼は、エフライムの山地からベニヤミン人の地に至るまで、およそ40～50㎞の距離を巡り歩きますが、雌ろばを発見することができませんでした。しかし、彼のこの忠実さが、サムエルとの出会いを生むことになります。
サウルは、父が自分たちの安否を気遣うといけないと考え、家に戻ろうとしますが、連れのしもべが知恵ある提案をします。この町（ラマ）には神の人がいるから、そこに行って、どこを捜したら良いか教えてもらおうというのです。当時は、預言者ではなく、予見者ということばが使われていました。

神の摂理

サウルとしもべは、水汲みに来た娘たちに、予見者がその町にいるかどうかを尋ねます。すると彼女たちは、サムエルはいけにえを献げるために、ちょうど町に来ていると答えます。神殿が建っていなかった時代ですので、祭司が高き所（祭壇）でいけにえを献げることは、許されていました。
ここで、神の摂理がいかに素晴らしく働いているかを確認してみましょう。（1）イスラエルの民は、王を求めました。(2)神の人物選定作業の始まりは、キシュの雌ろばが数頭いなくなるという出来事でした。（3）息子のサウルがそれを捜しますが、見つかりませんでした。（4）諦めて家に帰ろうとした時、しもべが予見者のもとに行くことを提案しました。しかも彼は、贈り物に使う銀4分の1シェケルを持っていたのです。（5）ちょうどその日、サムエルがラマに来ていました。（6）そして、サムエルとサウルが町の中央で出会います。

サムエルとの出会い

サムエルは、あるベニヤミン人が訪ねて来ることを、啓示によってあらかじめ知らされていました。サムエルがこの青年を見るやいなや、主がお語りになりました。彼こそイスラエルの王となる人物であると。サムエルは、自分が予見者であることを告げ、いけにえを献げた後に持たれる食事会にサウルを誘います。また、雌ろばはすでに見つかっていることを告げ、心配すべきは雌ろば数頭のことではなく、王として民に仕えることであると進言します。さらにサムエルは、王権はサウルに与えられると預言します。これを聞いて、サウルは驚きます。彼は、自分は最小部族であるベニヤミン族に属しており、自分の家族も取るに足りないものだと語ります。主は、その謙遜な姿を喜ばれました。

上座での食事

いけにえを献げた後に食する記念の食事には、招待された者だけが列席を許されました。その席でサムエルは、サウルと連れのしもべを上座に据え、祭司の食する分であった「もも肉とその上にある部分」（レビ7・32〜33参照）を、サウルの前に置きました。これは、サムエルがサウルのためにわざわざ取り分けておいたものです。この破格の扱いに、列席者だけでなく、サウル自身も大いに驚いたことでしょう。

食事が終わると、サムエルとサウルは町に下り、ある家の屋上で2人だけで対話しました。このときサムエルは、主から受けていた啓示の内容をサウルに伝えたと思われます。

翌朝早く、サムエルはサウルを町外れまで見送り、主からの啓示の内容について、より詳細に語ります。連れのしもべに先を行かせ、2人だけで話を進めました。サウルに王権が与えられていることは、この段階では公にせず、2人だけの秘密にされました。

サムエルとサウルの出会いは、神の摂理によって実現したものです。摂理とは、「神の見えざる御手」のことです。日常的な出来事の背後に、神の御手があります。その御手に運ばれて日々の生活を送っている人は、幸いです。きょうも平安の内を歩もうではありませんか。神は、私たちに必要な出会いを、摂理によって用意しておられるのですから。

サムエル記第一 10章

主の霊があなたの上に激しく下り、あなたも彼らと一緒に預言して、新しい人に変えられます。これらのしるしがあなたに起こったら、自分の力でできることをしなさい。神があなたとともにおられるのですから。（サムエル記第一10・6～7）

この章から、以下のことを学びましょう。（1）神の霊がサウルの上に激しく下ると、彼もまた預言者の一団の間で預言しました。（2）自信のなさと傲慢とは、表裏一体です。（3）サウルが王になったことを認めるグループと、それに反発するグループが生まれました。前者は、イスラエルの残れる者（真の信仰者）です。

神の霊による預言

サムエルは、サウルの頭に油を注ぐと、3つのことを預言します。これらの預言は、その日のうちにすべて成就しますが、最後のものが一番重要なので、その内容が特に詳細に解説されています。

サウルは、ギブアで預言者の一団に出会い、そこで神の霊の注ぎを受けます。この時、サウルもまた預言を語り始めます。その変化が余りにも劇的であったため、彼を知っていた者たちは、驚き呆れてこう言います。「キシュの息子は、いったいどうしたことか。サウルも預言者の一人なのか」。このことばには、敬意と軽蔑の両方が含まれています。

サウルの叔父は、雌ろば捜索の旅から戻って来たサウルに、旅の様子について質問します。この時サウルは、雌ろばについてのサムエルの預言だけを語り、自分が王として油注がれたことについては沈黙を守ります。

サウルの選出

サムエルは民をミツパに集め、王を選出する儀式を行います。まず歴史を回顧し、イスラエルの神はイスラエルの民をエジプトから連れ上ったお方であることを確認します。さらに、王を求めるのは、真の王である神ご自身を退ける行為であることを、再度宣言します。

くじによって、ベニヤミン族が取り分けられました。それ以降は、くじではなく、ウリムとトンミム（大祭司の胸に入れられていた2つの石）が用いられたと思われます（出28・30）。答えが「イエス」なら石が光り、「ノー」なら光らなかったと言われています。ウリムとトンミムを用いた結果、マテリの氏族、キシュの家族、そしてサウルという順番で取り分けられました。ところが、サウルを捜してもその姿が見当たりません。もう一度神に問うたところ、「彼は荷物の間に隠れている」という答えがありました。これは、主からの直接的啓示だと思われます。サウルの態度は、謙遜ではなく、自信のなさを表すものでした。自信がないことと、傲慢であることは、表裏一体です。サウルを連れて来てみると、威風堂々とした体格を持った人物であることが分かりました。そこで人々は非常に喜び、歓喜の声を上げて彼を王として受け入れました。民は、サウルの外見が良かったという理由だけで、感動したのです。

サウルの沈黙

サムエルは民に王の責任を告げ、これを文書化して、主の前（契約の箱の中）に納めました。この文書は、王国の憲法に相当するものです。それからサムエルは、民をみな自分の家に帰らせました。まだ王宮がなかったので、サウルもギブアにある自分の家に帰りました。

自信のない新王サウルに対して、2つの異なった反応が見られました。（1）「神に心を動かされた勇者たちは、彼（サウル）について行った」。（2）「しかし、よこしまな者たちは、『こいつがどうしてわれわれを救えるのか』と言って軽蔑し、彼に贈り物を持って来なかった」。「神に心を動かされた勇者たち」とは、この時代の真の信仰者たちです。彼らは、サウルに傾倒したというよりも、今サウルを盛り立てることが主の御心であると確信したのです。一方、サウルを拒否した人たちは、「よこしまな者たち」と呼ばれています。彼らは主の御心を理解せず、いつも利己的に動いている人たちです。軽蔑されても、サウルは黙っていました。彼は、今は忍耐と沈黙の時であることを知っていたのです。

人類救済計画は、どの時代にあっても、「イスラエルの残れる者」と呼ばれる真の信仰者たちの手によって推進されます。今も神は、真の信仰者たちを呼び集めておられます。アブラハムの信仰に倣う人たちこそ、真の信仰者です。私たちも、自分が「神に心を動かされた勇者」なのか、「よこしまな者」なのか、自己吟味をしようではありませんか。神の御心に反発する人は、愚か者です。神に立てられているリーダーを支える人は、知恵ある者です。

サムエル記第一 11章

ちょうどそのとき、サウルが牛を追って畑から帰って来た。サウルは言った。「民が泣いているが、いったい何が起こったのか。」彼らは、ヤベシュの人々のことばを彼に告げた。サウルがこれらのことばを聞いたとき、神の霊がサウルの上に激しく下った。彼の怒りは激しく燃え上がった。
（サムエル記第一11・5〜6）

この章から、以下のことを学びましょう。（1）アンモン人の王ナハシュとの戦いは、サウルの王としての実力を試す出来事となりました。（2）サウルは、主からの知恵と力によって、イスラエルの民を総動員することができました。（3）サウルは、彼を受け入れなかった者たちに寛容な心を示し、王としての資格があることを証明しました。

ヤベシュ・ギルアデの包囲

ヨルダン川の東岸にあるヤベシュ・ギルアデという町が、アンモン人の王ナハシュによって包囲されました。ヤベシュの住民たちは、和平条約を申し入れましたが、ナハシュは、無理難題を押しつけてきました。「右の目をえぐり取ること」が契約の条件だというのです。7日間の猶予をもらったヤベシュの長老たちは、イスラエル全土にこの悪い知らせを伝え、助けを求めます。

ヤベシュの使者たちは、まず血縁関係のあったベニヤミン族の町ギブアにやって来ます（士21章参照）。そこは、王となったサウルの出身地でもありました。ヤベシュからの使者たちの知らせを聞いたギブアの住民たちは、自分たちと近い関係にある町があまりにも屈辱的な事態に直面していることを知って、声を上げて泣きました。そこに、サウルが牛を追って畑から帰って来ました。

アンモン人との戦い

王になったとはいえ、サウルは依然としてごく普通の農夫としての生活を続けていました。民はサウルに、アンモン人がヤベシュに課した無理難題を報告します。その報告を聞いたサウルに、神の霊が激しく下ります。旧約聖書においては、神からの使命を受けた特定の人物の上に聖霊が下りました。神の霊によって、サウルの怒りは激しく燃え上がりました。これは、聖霊による「義憤」です。サウルは、受け取ったすべての者がショックを受ける品物を各部族に送りつけます。それが、切り裂かれた牛の死骸の一部です。これによって、サウルはイスラエルの全部族に非常召集をかけたのです。

この召集に応答して、大勢の民が集まって来ました。場所は、ヤベシュからヨルダン川を挟んで西へ25㎞ほどの位置にあるベゼクです。集まった人数は、イスラエルの人々が30万人、ユダの人々が3万人です。援軍が来ることを知らされたヤベシュの人々は、大いに喜びました。

サウルは翌日、民を3組に分け、夜明けに奇襲をかけて昼まで攻撃を続けました。その結果、アンモン人は大敗を喫します。サウルは戦争経験のない王でしたが、その彼がこの戦いに勝利できた理由は、聖霊によって知恵と力が与えられたからです。

サウルの王権の更新

戦いに勝った民は、その勢いで、以前サウルの即位に賛同しなかった者たちを死刑にしようと提案します。しかしサウルは神に栄光を帰し、彼らの提案を退けます。これは、神の知恵による寛大な処置でした。復讐は何の益ももたらしません。

サウルはすでにミツパで王としての認定を受けていましたが、ギルガルで王権の更新が行われます。ギルガルは、かつて約束の地に入ったイスラエルの民が、割礼の儀式を再開した記念の地です。民は、主の前に交わりのいけにえを献げ、「契約の食事」を食して、サウルが王になったことを喜びました。この日の喜びは、サウルの賢明な決断によってもたらされたものです。彼は、生来の短気な性格を制御し、寛容な心を示しました。また、この勝利を自分の手柄にせず、「主がイスラエルにおいて勝利をもたらしてくださった」と語り、主に栄光を帰しました。このように、サウルの王としての歩みは、最初は申し分のないものでした。

サウルは戦争経験のない王でしたが、その彼がこの戦いに勝利できた理由は、聖霊によって知恵と力が与えられたからです。神の使命を果たそうとするとき、恐怖心が湧いてくることがよくあります。そのような時、聖霊の導きを信じて一歩踏み出す人は幸いです。怒りではなく、寛容な心を示す人は、平和をもたらす人です。

サムエル記第一 12章

「主は、ご自分の大いなる御名のために、ご自分の民を捨て去りはしない。主は、あなたがたをご自分の民とすることを良しとされたからだ。私もまた、あなたがたのために祈るのをやめ、主の前に罪ある者となることなど、とてもできない。私はあなたがたに、良い正しい道を教えよう。」

（サムエル記第一 12・22～23）

この章から、以下のことを学びましょう。（1）この章で士師の時代が終わります。サムエルは、最後の士師です。（2）主は、サムエルの説教が真実なものであることを証明するために、雷を伴った季節外れの雨を降らせました。（3）主は、人間の王を求めたイスラエルの民を、契約に基づく愛によって愛されました。

サムエルの告別説教

サウルの王権が更新された段階で、サムエルの士師としての役割は終わりました。そのことを感じ取ったサムエルは、告別説教を語ります。その内容は、次のようなものです。（1）自分は不本意ではあったが、民の要求を受け入れて、王を立てた（1サム8・7によれば、これは主の命令に従った行為でもありました）。（2）サウルが王として立てられた今、高齢になった自分の役割は終わった。（3）これまでの長い士師生活の中で、何か1つでも不当にその地位を利用して行った悪事があるなら、それを今ここに持ち出してほしい。もしそういう事実があるなら、自分は害を与えた人に弁償しよう。

民は、そういう事実はただの1つもないと宣言し、主ご自身と油注がれた者（サウル王）がその証人であると答えます。

士師の時代から王政へ

サムエルは、歴史からの学びによって、民に教訓を与えようとします。かつてイスラエルの民がエジプトにあって苦難の中から主に叫んだとき、主はモーセとアロンを遣わされました。また、約束の地に定住した民が偶像に仕えるようになったとき、主は、「裁きの手段」となる敵を起こされました。しかし、民が悔い改めて主に叫んだとき、主は士師たちを起こして民を救われました。これらの歴史的出来事を通して分かるのは、イスラエルの民を解放したのは人間ではなくて、主ご自身であるということです。

サムエルは、主が王であるのに、人間の王が欲しいと言い張ったのは罪であることを指摘します。彼らは、イスラエルの王である主を退け、人間の王を欲したのです。しかし主は、そんな民の上に王を置くことに同意されました。これは、許容的御心というものです。そのようにして置かれた王が、サウルです。王が置かれた後も、モーセの律法は生き続けています。主の祝福を得るためには、王も民も主の律法に忠実に歩まなければなりません。それが、主の御声に従うということです。

サムエルは、自らの説教が主から出たものであることを明確に印象づけるために、奇跡を願い求めます。時は、小麦の刈り入れ時、今でいうと5月末から6月にかけての時期です。本来、この時期に雨は降りません。しかし、サムエルが祈ると、時期外れの雨が雷を伴って降ってきました。民は大いに恐れ、主を退けて人間の王を求めたことを悔い改めます。死を恐れた彼らは、執りなしの祈りをサムエルに求めます。サムエルは彼らにこう答えます。（1）恐れてはならない。今後、偶像礼拝を離れて主にのみ仕えるように。（2）主の恵みと選びは変わらない。これは、アブラハム契約に基づく神の不変の愛である。（3）サムエル自身に関しては、今後も祈りを止めることはない。（4）それゆえ、王制になって以降も、主を恐れ、誠実に主に仕えるように。もし悪を重ねるなら、民も王も滅ぼし尽くされる。

サムエルは、士師としての役割を終えましたが、祭司、預言者としての役割は保持しました。彼は、士師としては最後の人物、預言者としては最初の人物です。彼の前にも預言者と呼ばれる人物はいましたが、職制としての預言者はサムエルが最初です。士師の時代は12章で終わり、13章から王制が始まります。

サムエルは、激動の時代にあってイスラエルの民を1つにまとめる役割を果たしました。いかなる時代にあっても、不動の価値観と確信を持って生きる人は幸いです。私たちは、どうでしょうか。自分に与えられた使命を自覚し、その使命を忠実に果たしているでしょうか。サムエルの生き方から、教訓を学ぼうではありませんか。

サムエル記第一 13章

「しかし、今や、あなたの王国は立たない。主はご自分の心にかなう人を求め、主はその人をご自分の民の君主に任命しておられる。主があなたに命じられたことを、あなたが守らなかったからだ。」（サムエル記第一 13・14）

この章から、以下のことを学びましょう。（1）サウルは自己判断で、祭司にしか許されていないことを行います。（2）その不従順に対して、神の裁きの宣言が下ります。（3）圧倒的に不利な戦いを勝利に導くのは、ヨナタンという1人の信仰者です。

ペリシテ人の脅威

12章と13章の間には、かなりの時間の経過があります。その間に、海岸平野に居住していたペリシテ人たちは、山地にまで進出するようになっていました。

サウルは３０００人の常備軍を擁し、２０００人は自分のもとにとどめ、残りの１０００人は息子のヨナタンに委ねていました。このヨナタンが、ゲバにいたペリシテ人の守備隊長を打ち殺したことから、戦いが始まります。イスラエルの民はサウルの召集に応え、ギルガルにいたサウルのもとに集結して来ました。ペリシテ軍は戦車3万、騎兵6000、歩兵に至っては海べの砂ほどの人数を擁していました。それを見たイスラエルの民は、戦意喪失状態に陥りました。ある者は、洞穴、岩間、地下室、水溜めなど、姿を隠せる場所を探し、ある者は、ヨルダン川の東側のガドとギルアデの地に逃れました。サウルとともにギルガルにとどまった者もいましたが、彼らは震えていました。

信仰のテスト

戦いの前に、サムエルを通していけにえを献げる必要がありました。サムエルはサウルに、先にギルガルに下り、自分が到着するまで7日間待つように命じていました（10・8）。この7日間が、サウルが主に忠実な王であるかどうかを試す機会となります。ペリシテ人との戦いを目前に控えたサウルは、サムエルの到着を待ちました。ところが、時の経過とともに、兵たちが戦列を離れ始めました。これは、サウル王にとって深刻な事態です。サムエルが来ないことにしびれを切らしたサウルは、自らが祭司となって全焼のささげ物を献げます。この時、約束の7日間はまだ満ちていませんでした。

祭司でない者がいけにえを献げるのは、重大な律法違反です。到着したサムエルがそのことを指摘すると、サウルは罪の告白もせずに、口実を並べ立てます。この時、サウルが信仰のテストに失敗したことが明らかになりました。サムエルは、サウルは王座から退けられ、その代わりに、主の御心にかなう人が立てられると宣言します。

劣った武器

サムエルがギルガルを去ると、最初3000人いた兵士が、およそ600人に激減していました。サウルの軍には指揮官が2人いました。サウル自身と息子のヨナタンです。この時点では、ヨナタンはサウルと合流し、ミクマスの近くのゲバにいました。一方ペリシテ人は、豊富な兵力を誇っていました。彼らは3組の略奪隊を西、北、南に送り、イスラエル人には勝ち目がないような状況を作り出していました。

　両者の間には、武器の優劣差がありました。ペリシテ人の装備は鉄器時代を反映させたものでしたが、イスラエル人の装備は未だに青銅器時代にとどまっていました。鉄器に関しては、ペリシテ人は巧妙な政策を実施していました。彼らは鍛冶屋を独占し、イスラエル人に武器を作らせないようにしていたのです。そればかりか、農具の製作も独占し、農具の直し賃として1ピム（3分の2シェケル）という高額を要求していました。そのため、イスラエルで剣や槍を持っているのはサウルとヨナタンくらいで、その他の者たちは、原始的な武器しか持っていませんでした。サウルは、王になった段階で、早急にこの事態を改善すべきでしたが、そうはなりませんでした。これは、彼の判断ミスです。

　この戦いは、どう見ても勝ち目のないものでしたが、イスラエルの軍勢の中に1人、勇気と信仰を兼ね備えた若者がいました。それが、ヨナタンです。ヨナタンは、客観的判断を下す能力と主への信仰を兼ね備えた人物でした。


　1人の信仰者の存在が、共同体の運命に大きな影響を与えます。私たちは、自分が置かれている状況を嘆いたり、劣勢の戦いに不平不満を言ったりしてはいないでしょうか。他の人を変えようとするのではなく、まず自分の信仰を吟味しようではありませんか。ヨナタンの信仰に倣う人は、幸いです。

サムエル記第一 14章

そのようなある日、サウルの息子ヨナタンは、道具持ちの若者に言った。「さあ、この向こう側のペリシテ人の先陣の方へ行こう。」しかし、ヨナタンは父にそのことを知らせなかった。
（サムエル記第一14・1）

この章から、以下のことを学びましょう。（1）ヨナタンは、主の御手によってペリシテ人との戦いに勝利します。（2）サウルは、愚かにも「断食の誓い」を民に強要します。（3）サウルの愚かな誓いは、息子のヨナタンを危機に陥れます。（4）主とともに歩むことを知らない者は、平安な人生を歩むことができません。

信仰による勝利

サウルは、次にどのように動けばよいのかわからない状態にありました。その戦況を打ち破ったのがヨナタンです。ペリシテ人は海洋民族なので、敵が切り立った岩を登って攻撃を仕掛けてくるとは思っていなかったのでしょう。ヨナタンは、「上って来い」という敵の呼びかけを主の導きと信じ、攻撃を開始します。その日ヨナタンは、20人ほどのペリシテ人を打ち殺し、敵の陣営を恐怖に陥れました。この戦いの背後には、神の御手がありました。大地震は、そのしるしです。

サウルは、戦況が好転したので、神の御心を問わないで、戦場に乗り込むことにしました。戦場に到着すると、ペリシテの陣営は同士打ちによって大恐慌に陥っていました。かくして、ヨナタンによって始められた信仰の戦いは、イスラエルの大勝利につながりました。

サウルの愚かな誓い

サウルは、「夕方、私が敵に復讐するまで、食物を食べる者はのろわれよ」と、断食の誓いを兵士たちに強要しました。食事は時間の浪費になると考えたからです。森の中には、あちこちに蜜の滴りがありましたが、それを食べる者はいませんでした。誓いを破ることを恐れたからです。しかし、誓いの席にいなかったヨナタンだけは、蜜を食べて元気を回復しました。その後、誓いの内容を知ったヨナタンは大いに驚き、父の愚かさを批判します。断食は時間を無駄にしないための方策ですが、それよりも、時間を費やして食事をすることの方が賢明です。日々のデボーションが重要である理由も、それと同じです。

敵をミクマスからアヤロンまで追撃したイスラエルの民は、断食のために疲れ切っていました。彼らは、禁止期間が終わるとすぐに、分捕り物の家畜に飛びかかり、血のままでその肉を食べました。これは律法違反です。サウルの愚かな誓いが、民にこのような罪を犯させたのです。

ヨナタンの危機

サウルは明け方までにペリシテ軍を全滅させることを提案し、民はそれに同意します。しかし、祭司アヒヤの進言によって、主の御心をウリムとトンミムによって確かめることになりました。その日、主からはなんの答えもありませんでした。サウルはその原因を、「誓い」を破った者がいるからだと判断し、直ちに犯人捜しを行います。くじは絞られていき、ついにヨナタンが取り分けられました。

サウルがヨナタンに説明を求めると、ヨナタンは、自分がしたことを正直に告白します。サウルは息子ヨナタンに死の宣告を下しますが、民の側から激しい反対が起こったため、ヨナタンの命は助かりました。戦いは中止され、イスラエルの民は敵を撃破する絶好の機会を逃しました。

サウルの統治のまとめ

サウルは、周辺の諸民族との戦いを展開しました。北はダマスコの北方にあるツォバの諸王との戦い、東はヨルダンの向こうの地に住むアンモン人やモアブ人との戦い、南は荒野に住むエドム人との戦い、そして、西は海岸平野にいたペリシテとの戦い。遊牧民であるアマレク人との戦いだけは、他の民族との戦いとは区別して書かれています。

サウルの息子たち3人の名が挙がっています。この箇所には出ていませんが、4人目はイシュ・ボシェテです（2サム2・8参照）。彼が、サウルの後継者として残されます。サウルの娘たちの名はメラブとミカルで、ともにダビデと関係のある女性たちです。サウルは常に戦いに備え、勇士を探しては召し抱えていました。

王となってからのサウルは、戦いに明け暮れました。神を第一としない者の人生は哀れです。より高い成功や栄華をいつも追い求めている者は、今を楽しむということを学ばないからです。それに対して、神とともに歩む者は、将来に希望を持っているだけでなく、今という時を楽しむことを知っています。栄華を求めながらそれを手に入れることのできなかったサウルの人生から、何を学ぶことができるか、黙想してみましょう。

サムエル記第一 15章

「わたしはサウルを王に任じたことを悔やむ。彼はわたしに背を向け、わたしのことばを守らなかったからだ。」それでサムエルは怒り、夜通し主に向かって叫んだ。（サムエル記第一15・11）

この章から、以下のことを学びましょう。（1）サウルは主への不従順のゆえに、王位から退けられます。（2）アマレク人の王アガクは、サムエルによって聖絶されます。（3）神は、いけにえよりも従順を喜ばれます。

主の命令

15章は、なぜサウルが王としての資格を奪われることになったのかを解説しています。主はサウルに、アマレクを聖絶せよとお命じになりました。この命令は、アブラハム契約を前提に考えなければ理解できないものです。イスラエルを祝福する者は祝福を受け、イスラエルを呪う者は呪われるというのが、アブラハム契約の付帯条項です。遊牧民であるアマレク人は、エサウの子孫です。彼らは、エジプトを出て荒野を旅するイスラエルの民を背後から襲い、落伍者を切り崩すという卑劣な行為に出たことがありました。その事件から、すでに400年ほどが経過していましたが、主はそれを記憶しておられました。

不従順の罪

サウルはアマレクの町に出陣しましたが、すぐには攻めないで、戦いの前にケニ人に逃げるようにとの勧告を与えました。ケニ人は、モーセの義理の兄弟ホバブの子孫で、出エジプトの際にはイスラエルを助け、定住後もイスラエルに対しては友好的な姿勢を示しました。そのため、サウルは彼らに善意を示したのです。これは、アブラハム契約の付帯条項の祝福の側面が成就したものです。

サウルはアマレクを打ち、エジプトの東にまで至りました。しかしサウルは、アマレク人の王アガグを生け捕りにし、殺そうとはしませんでした。また、家畜に関しても、肥えた羊や牛の質の良いもの、子羊とすべての良いものを惜しみ、これらを聖絶せず、値打ちのないものだけを聖絶しました。

サムエルへの主からのことば

「わたしはサウルを王に任じたことを悔やむ」と書かれています。これは、擬人法です。「悔やむ」ということばは、人間の視点ではなく、神の視点から解釈しなければなりません。サウルには条件つきの約束が与えられていたのですが、サウルがその条件に違反したため、約束は破棄されました。それが、「わたしは悔やむ」ということばの意味です。

サムエルは、サウルが王として成功することを心から願っていました。それで彼は、無理だと知りながらも、夜通しサウルのために執りなしの祈りを献げたのです。しかし、そんなサムエルに対するサウルの振る舞いは、実に軽薄なものでした。

サウルの後悔と聖絶の成就

神を恐れるよりも人を恐れるというのが、罪人の常です。そのような罪人に、民を導けるはずがありません。サウルは、主を礼拝しに行くからとサムエルに同行を求めましたが、サムエルはこれを断ります。サウルがサムエルを引きとめようとして上着の裾をつかむと、その上着は2つに裂けてしまいます。それを見たサムエルは、裂けた上着を象徴的に解釈し、これは王国が引き裂かれてサウルよりもすぐれた隣人に与えられる「しるし」であると宣言します。「すぐれた隣人」とは、ダビデのことです。

サウルが無視した聖絶の命令を、サムエルが実行します。サムエルの前に連れて来られたアガグは、命が助かったと思ったかもしれませんが、サムエルは彼の罪を見逃しませんでした。アガグは多くのユダヤ人の女たちから子を奪ってきました。今やアガグの母が、子を失う番になるのです。アガグはサムエルによって、ずたずたに切り裂かれ、これによって主が命じたアマレク人の聖絶が成就しました。

その後、サムエルはラマに帰り、サウルはギブアに帰ります。これが2人の地上での最後の別れとなりました。かくして、サウルの治世は実質的な終わりを迎えます。

15章22～23節は韻文になっています。韻文には、サムエルの感情のほとばしりがあります。（1）全焼のいけにえや、その他のいけにえよりも、従順であることを主は喜ばれる。（2）不服従や反逆は、占いの罪や偶像礼拝の罪に等しい重罪である。（3）サウルは主のことばを退けたので、主もサウルを王座から退けた。

神が求めておられるのは、幾多のささげ物ではなく、私たちの心であり、全的献身です。それこそ、私たちにふさわしい霊的礼拝です。サウルを反面教師として、教訓を学ぼうではありませんか。

サムエル記第一16章

主はサムエルに言われた。「彼の容貌や背の高さを見てはならない。わたしは彼を退けている。人が見るようには見ないからだ。人はうわべを見るが、主は心を見る。」（サムエル記第一16・7）

この章から、以下のことを学びましょう。（1）人は外面を見ますが、神は内面をご覧になります。（2）神は、ご自身の選びの器に神の霊を注ぎ、使命遂行のために必要な力をお与えになります。（3）ダビデは、イエス・キリストの型です。

サムエルのベツレヘム訪問

時代は、サウルからダビデに移行しつつありま す。神は、サムエルをベツレヘム人エッサイのところに遣わします。ベツレヘムの長老たちは、サムエルが来たのを見て恐れました。サムエルが裁きのために来たのではないかと考えたからです。サムエルは、自分は平和なことのために来たと答えます。

サムエルは、エッサイとその息子たちを聖別した後、いけにえを献げる儀式に招きます。この儀式は、その後に開かれる宴会とセットになっていました。その宴席に、エッサイの息子たちが招かれました。

エッサイの息子たち

エッサイには8人の息子たちと2人の娘たちがいました。最初に現れたのは、長男のエリアブです。彼は、サウル王のように背が高く、容貌の優れた者でした。サムエルは彼を見て、「確かに、主の前で油を注がれる者だ」と思いました。不思議なことですが、サムエルほどの人物でも、外見に囚われることがあるのです。その時主は、あの有名なことばを語られました。「彼の容貌や背の高さを見てはならない。…人はうわべを見るが、主は心を見る」。この原則は、今も生きています。神は、私たちの心の状態に常に関心を払っておられます。

次に現れたのは、次男のアビナダブです。彼もまた、選びの器ではありませんでした。続いて、三男シャンマ以下、4人の息子たちが次々に登場しますが、いずれも主が選んだ人物ではありませんでした。

神の選びの不思議さに注目しましょう。神は、父エッサイからほとんど無視されていた末の息子を選んでおられました。取るに足りない者に恵みを注ぎ、ご自身の器としてくださるのが神の方法です。

8番目の息子ダビデ

8番目の息子は、羊の番をしていました。サムエルはその子が来るまで、食事を始めないで待ちました。その子は、見目麗しく、心も清く、神の御旨にかなっていました。主はサムエルに、「さあ、彼に油を注げ。この者がその人だ」とお命じになりました。この時点では、油注ぎの目的がなんであるかは明かされていません。

サムエルは兄弟たちの真ん中で、その子に油を注ぎました。彼の名はダビデと言いました。その意味は、「愛された者」です。ダビデは、イエス・キリストの型です。油注ぎを受けたダビデの上に、主の霊が激しく下りました。ダビデに、王としての知恵、勇気、判断力、信仰などが与えられたのです。

サムエルは安心してラマの自分の家に帰り、その後安らかに地上生涯を終えました。

竪琴を弾く戦士

主に背を向けたサウルと、油注ぎを受けたダビデの差は、劇的なものでした。主からの悪い霊がサウルを襲います。悪霊の攻撃を受けたサウルに、不安、うつ状態、自殺願望、被害妄想の幻聴、などの症状が表れました。そこで家来たちは、今で言う「音楽療法」です。家来の中に、たまたまダビデのことを知っている若者がいて、ダビデを推薦しました。この出来事の背後に、神の摂理の御手があります。

その若者は、ダビデのことを琴の名手、勇士、戦士、物事の判断ができる人、体格の良い人として紹介しました。ダビデはまだ戦いに出たことはなかったのですが、ライオンや熊などの野獣と戦い勝利していたので、戦士と呼ばれたのでしょう。王宮に呼ばれたダビデは、サウルのお気に入りとなり、道具持ちとして召しかかえられます。ダビデが次期王として油注ぎを受けていることは、サウルはまだ知りません。ダビデは「音楽療法士」として宮廷に住むようになりますが、それはまた、王になるための訓練でもありました。

主ご自身がダビデを選ばれたことを覚えましょう。私たちも、外面的にはこの世から評価されないような存在かもしれませんが、イエス・キリストにあって神に選ばれた者です。選ばれた証拠として、聖霊による証印が押されています。神の霊に導かれる人は誰でも、神の子です。

サムエル記第一 17章

ダビデはペリシテ人に言った。「おまえは、剣と槍と投げ槍を持って私に向かって来るが、私は、おまえがそしったイスラエルの戦陣の神、万軍の主の御名によって、おまえに立ち向かう。」

(サムエル記第一 17・45)

この章から、以下のことを学びましょう。(1)ダビデはキリストの型であり、ゴリヤテは反キリストの型です。(2)ダビデは、使い慣れた武器を取って勝利しました。(3)ダビデは、この戦いが「主の戦い」であることを知っていました。

ゴリヤテの挑戦

ペリシテ人は、エフェス・ダミムという場所(ベツレヘムの西方約25㎞の地点)に陣を敷きました。彼らは、代表戦士による決着をイスラエル人に提案し、その代表として、巨人ゴリヤテを送ってきました。ゴリヤテは、身長が3m近くもあり、さらに、50㎏を超える青銅の鎧で完全武装をしていました。

その巨人を見て、イスラエル人は非常に恐れました。

父の使者として戦場へ

エッサイには8人の息子たちがいましたが、長男エリアブ、次男アビナダブ、三男シャンマは、すでに兵役に就いていていました。巨人ゴリヤテは、40日にわたって朝と夕暮れに姿を現し、イスラエルの軍勢を罵倒しましたが、エッサイの息子たちは、毎日その声を聞いて震えていました。しかし、ここである転機が訪れます。

エッサイは、ダビデに手土産を委ね、それを千人隊長に届けるように命じます。この手土産には、息子の無事を願う父の思いが込められています。翌朝、ダビデは手土産を持って戦場に出かけ、そこで驚くべき光景を目撃します。それは、イスラエル軍を罵倒する巨人ゴリヤテと、彼を恐れて動こうとはしないイスラエル兵たちの姿です。ダビデは、聖なる憤りを覚えました。

戦士ダビデ

義憤に燃えるダビデのことばが、サウルの耳に届きます。ゴリヤテと戦う決意を示すダビデを見て、サウルは躊躇します。その理由は、ダビデが戦歴のない若者だからです。しかしダビデは、こう食い下がります。（1）今まで自分の羊を守るために野獣と戦ってきたが、すべて勝利した。（2）今回の戦いは、「生ける神の陣をそしった」ゴリヤテとの戦いである。神が助けてくださらないはずがない。

納得したサウルは、ダビデを戦場に送ることに同意します。サウルは、自分の武具をダビデに与えますが、ダビデはそれを脱ぎ捨て、使い慣れた武器で戦うと主張します。いかに粗末なものであっても、使い慣れた武器が最も有効です。

ゴリヤテは、年若いダビデを見て蔑み、ペリシテ人の神々の名によってダビデを呪いました。ゴリヤテの言動から見えてくるのは、傲慢と過信です。一方ダビデは、ゴリヤテと自分を比較して、次のように語っています。（1）ゴリヤテは、剣と、槍と、投げ槍を持って、戦おうとしている。しかし自分は、ゴリヤテがそしった万軍の主の名によって戦う。（2）主はゴリヤテに勝利させてくださる。そして、彼の遺体は、空の鳥、地の獣の餌となる。その結果、地上の諸国が、イスラエルに真の神がおられることを知るようになる。（3）自分が頼るのは、剣や槍ではなく、「万軍の主の御名」である。

ダビデの戦法

ダビデの戦法は、石投げを用いて相手の額を狙うというものです。額を石で打たれたゴリヤテは、地に倒れました。ダビデは、彼の剣を奪ってとどめを刺し、首を切り落としました。ゴリヤテの剣が、彼の首を胴体から切り離したのです。これほどの屈辱はないでしょう。これを見たペリシテの軍勢は総崩れ状態となりました。その日、多くのペリシテ人がイスラエル人の追撃によって打たれ、空の鳥や地の獣のえじきとなりました。ダビデが預言したとおりです。

サウルは将軍アブネルに、ダビデの出自を尋ねました。ゴリヤテを倒した者には娘を与え、その父の家には税を課さないと約束していたからです。しかし、アブネルはダビデが誰なのか知りませんでした。そこでサウルは直接ダビデに語りかけ、彼がベツレヘム人エッサイの子であることを発見します。これまでにもサウルはダビデを知っていましたが、それは単に音楽療法士として知っていただけで、それ以上の知識はなかったのです。

ダビデの信仰に注目しましょう。彼は、この戦いが「主の戦い」であることを認識していました。また、主の栄光が現れるために、自らの貧しい姿や武器を誇りとしました。私たちも、キリストの力が私たちを覆うために、自らの弱さを誇ろうではありませんか。

サムエル記第一 18章

主が彼とともにおられたので、ダビデは、行くところどこででも勝利を収めた。彼が大勝利を収めるのを見て、サウルは彼を恐れた。イスラエルもユダも、皆がダビデを愛した。彼が彼らの先に立って行動したからである。

（サムエル記第一18・14〜16）

この章から、以下のことを学びましょう。（1）ヨナタンのダビデに対する愛は、主イエスの私たちへの愛の型です。（2）習慣的に聖霊を拒み続けるなら、その人は悪霊に支配されるようになります。（3）ねたみ心を持つ人は、猜疑心が強くなります。（4）サウルの娘ミカルは、ダビデの嫁となります。

兄弟契約

サウルは、ダビデを召し抱え、王宮に住まわせることにしました。サウルの子ヨナタンは、ダビデを自分と同じほどに愛し、彼と兄弟契約を結びます。契約のしるしとして、ダビデに自分の上着や武具一式を与えました。ダビデがヨナタンの武具や上着を着けて行動するのを見た民は、2人が兄弟契約を結んだことを理解しました。ダビデは、ヨナタンから非常に高い評価と栄誉を受けましたが、決して傲慢にはなりませんでした。彼の上に、神の守りの御手があったからです。私たちも、傲慢の罪から守られるように、神の守りを願い求めましょう。

ヨナタンはダビデの活躍を喜びましたが、サウルはそうではありませんでした。彼は、ダビデを脅威と見なすようになりました。切っ掛けは、女たちの歌です。「サウルは千を討ち、ダビデは万を討った」。それを聞いて、サウルは怒りました。聖霊が去った後、サウルの心は、ねたみ、猜疑心、恐れなどによって支配されるようになりました。

槍の攻撃

サウルの状態はますます悪化し、ついに、家の中で狂いわめくまでになります。ダビデは、竪琴を手にしてサウルに仕えようとしましたが、サウルは、槍を手にしてダビデを刺し殺そうとしました。なんという対比でしょうか。サウルが槍を投げつけると、ダビデは2度も身をかわしました。ダビデの身のこなしが素早かったということですが、それと並行して、神の御手による守りがありました。

サウルは、ダビデを千人隊長に任命して、戦場に送りました。危険な場所に置いて、戦死させようとしたのです。しかしダビデは、すべての戦いにおいて勝利を収めました。その理由は、「主が彼とともにおられた」からです。

メラブとの結婚話

サウルはダビデに、ペリシテ人との戦いで勇敢に戦ってくれるなら、娘のメラブを与えると約束します。本来この約束は、すでに実行されていなければならないものです。ゴリヤテを殺した者には、自分の娘を与えると約束していたからです。恐らくダビデは、自分を戦死させようとするサウルの策略に気づいていたのでしょうが、謙虚な態度で王の申し出を受け入れます。

ダビデは約束を実行に移しますが、この時もまたサウルは約束を破ります。彼は、メラブをメホラ人のアデリエルという男に与えたのです。

ミカルとの結婚

サウルのもう1人の娘ミカルは、ダビデを愛していました。それを知ったサウルは、ミカルをダビデに嫁がせようとします。しかしダビデは、それを断ります。「経済的に貧しいので花嫁料が払えない。その上、自分は身分の低い者だ」というのが断りの理由です。サウルは、「花嫁料はいらない。その代わりに、ペリシテ人の陽の皮百を王に与えよ」と、結婚の条件を提示します。つまり、金銭ではなく、戦果をもって花嫁料とせよということです。サウルは、100人のペリシテ人と戦って、そのすべてに勝利するのは不可能だと考えたのです。ところがダビデは、定められた期限が過ぎる前に部下とともに出て行き、要求された数の2倍の陽の皮を持ち帰り、サウルに献上します。サウルはしぶしぶ、ミカルをダビデに与えました。

ミカルは完全にダビデの側に付きました。このことを通して、主がダビデとともにいることがさらに鮮明になりました。

ダビデの人生には、ある霊的原則が見られます。それは、神が与えた計画が成就するまでは、決して死なないということです。ダビデには、イスラエルの王になるという預言が与えられていました。その預言が成就するまでは、ダビデが死ぬことはあり得ないのです。

すべてのクリスチャンには、神からの使命と計画が与えられています。そして、それが成就するまでは、死ぬことはないのです。きょうも、神の御手の中で安らぎつつ、この世に出て行こうではありませんか。

サムエル記第一 19章

ダビデは逃げて、難を逃れ、ラアマのサムエルのところに来た。そしてサウルが自分にしたこと一切をサムエルに告げた。彼とサムエルは、ナヨテに行って住んだ。（サムエル記第一19・18）

この章から、以下のことを学びましょう。（1）サウルは、主によって選ばれた器であるダビデを迫害します。悪魔がメシアを迫害する構図と似ています。（2）苦難の日には、神は援助者を起こしてくださいます。（3）ねたみ心を放置しておくと、やがてそれは殺意に変わります。ねたみは、芽が小さい内に刈り込むべきです。

ダビデ暗殺計画

サウルは、家来を使ったダビデ暗殺計画を立て、それを、息子ヨナタンや家来の全部に告げます。サウルは、ヨナタンとダビデが兄弟契約を結んでいることを知りませんでした。ヨナタンはその情報をダビデに伝え、安全な場所に身を隠すように忠告します。さらに彼は、父サウルに対してダビデの功績を熱心に語り、もしダビデを殺すなら、大罪を犯すことになると、父を説得します。サウルは心を動かされ、「主は生きておられる。あれは殺されることはない」と答えます。これは、主の名による誓約です。

しかし、ダビデがペリシテ人との戦いに勝利すると、サウルは再び嫉妬の炎を燃え上がらせます。そこに付け入ってきたのが悪霊です。サウル自身が悪霊を招き入れた結果、再びダビデに対して殺意を抱くようになったのです。彼は、自分が主の名によって立てた誓いを忘れ、もとの哀れな姿に戻りました。

刺客の派遣

次にサウルが考え出したのは、刺客の派遣でした。彼らは、ダビデを見張り、朝になってから殺すように命じられました。ダビデの妻となっていたミカルが、動き出します。彼女は、帰宅したダビデを窓からつり降ろし、避難させました。これは、エリコの遊女ラハブがイスラエル人のスパイを逃がしたのと同じ方法です（ヨシ2章）。次にミカルは、テラフィム（偶像）と山羊の毛で編んだものを衣服で覆い、ダビデが病気で寝ているかのように見せかけます。彼女が偶像を所有していたことから、サウルの家は、未だに偶像礼拝から解放されていなかったことが分かります。

ミカルはダビデのために時間稼ぎをしたのですが、やがて、刺客を欺いたことがばれてしまいます。父サウルからの追求に彼女はこう答えました。「あの人が、『逃がしてくれ。私がどうしておまえを殺せるだろうか』と私に言ったのです」。つまり、自分はダビデに脅迫されたので、こうするしかなかったということです。

ヨナタンとミカルの違いに注目しましょう。ヨナタンは正々堂々と、ダビデが正しいことを父に進言しました。しかしミカルは、自分を守るためにダビデを悪者に仕立てました。

放浪者ダビデ

およそ10年に及ぶダビデの放浪生活が始まります。この期間は、人間的に見れば人生の荒野でしたが、神の視点から見ると、信仰を訓練するための恵みの期間でした。ダビデは、イスラエルの王となるために必要な訓練を通過させられたのです。

放浪生活に入ったダビデは、まずサムエルを訪ねます。ラマは、ギブアの北方約５㎞の地点にあります。そこがサムエルの住んでいた町です。ラマのナヨテには、サムエルが設立した預言者のための訓練施設がありました。ダビデはそこにとどまることにしました。それを知ったサウルは、早速使者たちを遣わして、ダビデを捕えようとします。ところが、不思議なことに彼らは預言を始めたのです。これは、祝された預言ではありません。神の裁きによって彼らは茫然自失し、ダビデを暗殺するという当初の目的を忘れてしまったのです。第２次、第３次の使者たちにも同じことが起こりました。全員が、神の裁きを受け、預言を語り始めたのです。

ついにサウル自身が出向くことになりました。しかし彼にも、同じことが起こりました。彼も、裁きの結果としての預言を語り始めました。そして、着物を脱ぎ、一昼夜の間、裸で倒れていました。これは、彼の上に神の裁きが下ったという証拠です。


サウルが気づいていなかったのは、ダビデの上には神の守りがあるので、彼が殺されることはないという点です。神の計画に反抗するのは、恐ろしいことです。神の御心がどこにあるのかをよく吟味し、神の計画に沿って人生の選びをしようではありませんか。神の御心に従うことが、最も安全な道であることを覚えましょう。

サムエル記第一　20章

ヨナタンはダビデに言った。「安心して行ってください。私たち二人は、『主が、私とあなた、また、私の子孫とあなたの子孫との間の永遠の証人です』と言って、主の御名によって誓ったのです。」そして、ダビデは立ち去った。ヨナタンは町へ帰って行った。（サムエル記第一20・42）

この章から、以下のことを学びましょう。（1）ダビデとヨナタンが結んだ兄弟契約は、神が私たちと結ばれた契約の素晴らしさを示す良き例です。（2）ヨナタンは、最後まで兄弟契約を守り通しました。（3）ダビデもその契約を守り、ヨナタンの子孫に好意を示しました。（4）地上の別れは悲しいものですが、神を信じる者には再会の希望があります。

ヨナタンのもとに来るダビデ

サウルが裸のまま地に倒れている間に、ダビデはラマのナヨテから逃げ出し、ヨナタンのもとにやって来ました。ダビデはヨナタンに窮状を訴えかけ、「私と死との間には、ほんの一歩の隔たりしかない」と語ります。

2日間続く新月祭が近づいていました。そこでダビデは、新月祭の祝いを無断で欠席するという提案をします。もしサウルがそれをとがめるなら、それはダビデに対して殺意を抱いていることの証拠となります。ダビデは、もし自分に死ぬべき咎があるのなら、サウルよりむしろヨナタンの手にかかって死にたいと言います。それに対してヨナタンは、父の意向を確かめ、その結果を必ずダビデに報告すると約束します。

友情契約の更新

ヨナタンは、ダビデこそ選びの器であると信じていました。そこでヨナタンは、たとい自分が死ぬようなことがあっても、自分の家には恵みを施してほしいとダビデに懇願します。この時、この兄弟契約は、ダビデ個人とではなく、ダビデの家と結ばれたものになりました。ダビデは、最後までこの契約を守ります（2サム9章で、ヨナタンの子メフィボシェテがダビデの保護を受けるようになります)。ヨナタンは、父サウルの意図を確かめた後、3本の矢を「しるし」として射ると約束します。その矢が、連れて来た子どもよりも手前に落ちたなら、安心しても良いという「しるし」です。その矢が、子どもよりも向こうに落ちたなら、それは危険だという「しるし」です。

ダビデを弁護するヨナタン

いよいよ新月祭になり、食事の席が設けられました。食卓には、サウル、ヨナタン、そして将軍のアブネルが座っていましたが、ダビデの席は空になっていました。最初サウルは、ダビデは身を汚したのだろうと考えました(レビ15・16)。ところが、翌日になってもダビデの姿が見えません。サウルがその訳を問うと、ヨナタンは、ダビデがベツレヘムまで行かせてほしいと願い出たので許可したと答えます。

サウルは激怒し、本心を明かします。怒りの理由は、ダビデが王である自分よりも家族を重んじたことにありました。また、自分を無視して、ベツレヘム行きの許可をヨナタンからもらったことも問題でした。しかし、最大の問題は、ダビデを殺す好機を失ったことにありました。サウルはヨナタンを汚いことばで罵倒しますが、ヨナタンは率直に自分の疑問を父にぶつけ、ダビデを擁護します。怒りに燃えたサウルは、自分の息子ヨナタンさえも殺そうとします。

ダビデとヨナタンの別離

翌朝、ヨナタンは打ち合わせておいた場所に出かけ、父サウルが確かに殺意を抱いていることをダビデに伝えます。伝える方法は、かねて取り決めておいたとおりです。ヨナタンは、矢を子どもの向こうに放ちました。それは、ダビデにとっては良くない「しるし」でした。ヨナタンがその場から子どもを立ち去らせると、ダビデが姿を現し、両者は涙ながらに別れのあいさつを交わしました。この別離は、2人にとって非常に辛いものでした。

ダビデとヨナタンの契約は、兄弟契約というものです。ヨナタンは、決してダビデを裏切らないと約束し、ダビデは、自分が王になってもヨナタンの家系を抹殺しないと約束しました。

約束が軽く扱われる時代に住んでいる私たちにとっては、聖書に書かれている約束の重みを十分に理解するのは容易なことではありません。本来、約束（契約）とは非常に厳粛なものです。ダビデとヨナタンの契約を通して、聖書に啓示されている契約の重みを理解する人は幸いです。アブラハム契約も新しい契約も、永遠に破棄されることはありません。それゆえ、神の国とその義を求めつつ、この世に出て行こうではありませんか。

サムエル記第一 21章

ダビデはノブの祭司アヒメレクのところに来た。アヒメレクは震えながら、ダビデを迎えて言った。「なぜ、お一人で、だれもお供がいないのですか」。（サムエル記第一21・1）

この章から、以下のことを学びましょう。（1）ダビデは、祭司アヒメレクのもとに逃げ込み、必要を満たすために嘘をつきます。（2）次に、ガテの王アキシュのもとに行き、気が変になったように振る舞います。（3）試練の日に神に信頼するなら、不名誉で惨めな策を採用する必要はなくなります。（4）試練は、信仰が成長するための機会ともなります。

ノブに逃げ込むダビデ

シロの町が破壊されて以降、幕屋はノブに移されていました。そこでダビデは、祭司の町ノブに逃げ込むことにしました。ダビデが1人で来たのを見て、祭司アヒメレクは不安を覚えます。ダビデほどの身分の者が、ひとり旅をすることなどあり得ないからです。「なぜ、お一人で、だれもお供がいないのですか」と尋ねられて、ダビデは、サウルからの秘密の命令を帯びて旅をしている、若い者とは別の場所で落ち合うことにしていると、偽りを語ります。

ダビデが「パンを与えてほしい」と言うと、アヒメレクは、本来なら祭司のみが食べることのできる「聖別されたパン」（臨在のパン）を、ダビデに与えます。ただしこのパンは、儀式的に汚れた者は食べてはならないので、ダビデとその部下たちが汚れていないことを確かめてから、与えています。神の律法は、人を束縛するためではなく、生かすために与えられています。祭司アヒメレクは、律法よりも憐れみの心を重視しました。彼のこの決定は、主イエスからも支持されています。弟子たちが安息日に麦の穂を摘んで食べたとき、イエスはこの逸話を例に挙げて、弟子たちを弁護しています（マタ12・1〜8参照）。

その日、サウルのしもべドエグも、ノブにいました。彼はエドム人です。このドエグという男の密告により、祭司の町ノブに大虐殺の惨事が起ることになります。

この頃、ダビデの信仰は揺らいでいました。彼は、保身のために、アヒメレクに嘘を言いました。また、パンのほかに武器も求めました。ゴリヤテの剣がそこに置かれているのを知り、喜んでそれを受け取りました。ゴリヤテとの戦いでは、石投げと数個の小石しか取らなかったのに、ここでは剣を取っています。そこに、ダビデの信仰の揺らぎを見ることができます。

ガテでのダビデ

さらにダビデは、ペリシテの5大都市の1つガテまで逃れます。この町は、ゴリヤテの故郷でもありました。ゴリヤテの剣を帯びて、ダビデがガテに入るとは、なんという皮肉でしょうか。彼には、ガテの王アキシュは信頼できるという、なんらかの確信があったのでしょう。

しかし、ダビデの正体は、すぐにペリシテ人にばれてしまいます。彼らは、ペリシテ人の英雄ゴリヤテを石投げ器だけで打ち倒したダビデのことを、よく覚えていたのです。彼らはダビデのことを、「かの地の王」と呼びました。実際はサウルが王なのですが、ペリシテ人たちにとっては、ダビデこそ王のように見えたのです。正体がばれたダビデは、ガテの王アキシュを非常に恐れ、気が変になったように振る舞い、やっとの思いでそこを逃げ出します。ここにも、ダビデの信仰の揺らぎが見えます。

私たちが学ぶべき教訓は、試練は信仰を育てるための機会となるということです。ダビデにとっては、逃亡者としての体験が、主への信頼を生み出す力となりました。

詩篇56篇、34篇

その後ダビデは、主の前に悔い改めを言い表します。主への信頼を回復した彼は、珠玉の詩篇を2つ書きます。それが詩篇56篇と34篇です。読む順番は、まず56篇、次に34篇がいいと思います。

人生で遭遇する苦難は、麗しいものを生み出す原動力となります。もしダビデがこの苦難に遭っていなければ、これらの詩篇が生まれていなかったことを思い、苦難に対する自らの姿勢を正そうではありませんか。不信仰から始まったことは、より深刻な問題へと私たちを追い込んでいきます。そのような場合は、悔い改めを通して原点に立ち返ることが必要です。神のことばに対する単純な信仰こそ、最終的に私たちを勝利へと導く力です。

サムエル記第一 22章

預言者ガドはダビデに言った。「この要害にとどまっていないで、さあ、ユダの地に帰りなさい。」それで、ダビデはそこを出て、ハレテの森へやって来た。（サムエル記第一22・5）

この章から、以下のことを学びましょう。（1）逃亡者ダビデのもとに勇者たちが集い始めます。（2）猜疑心の強いサウルは、常に不安にさいなまれました。（3）神は、悪人ドエグを用いて、エリの家の罪を裁かれました。（4）ダビデとともにいる人には、身の安全が保証されます。

アドラムからモアブへ

ガテを抜け出たダビデは、ベツレヘムの南西約20㎞にあるアドラムの町に避難します。町の周辺には多くの洞穴があり、格好の隠れ場を提供していました。そこに、ダビデの親族や、サウルの統治に不満を募らせていた者たち400人ほどが集まって来ました。

ダビデは、年老いた両親のことを心配しました。老人には過酷な環境だったからです。そこで彼は、家族を連れてモアブのミツパに行き、モアブの王に両親を託します。

その後、モアブの要害にいたダビデのもとを預言者ガドが訪れ、重要な預言を語ります。「この要害にとどまっていないで、さあ、ユダの地に帰りなさい」。ダビデが召された地はユダの地です。そこでしか、御霊の油注ぎは与えられません。

ダビデの従順な姿に注目しましょう。彼は危険を承知の上で、ユダの地に向かいました。御心の場所にいることが、最も安全だと考えたからです。

ドエグの密告

ダビデが捕まらないので、サウルのいらだちは日増しに募りました。サウルはギブアで、重臣たちに不満を漏らしました。彼は、被害妄想と自己憐憫の虜になっていました。この時、サウルに取り入ろうとする人物が現れました。それが、エドム人ドエグです。彼は、祭司アヒメレクがダビデに示した好意について証言しましたが、その中の「彼（ダビデ）

のために主に伺って」という部分は正確ではありません。ドエグの発言は、祭司アヒメレクをダビデと同罪に陥れるためのものでした。その結果、サウルはアヒメレクを疑いの目で見るようになります。

祭司たちの虐殺

祭司たち全員を自分のところに呼び寄せたサウルは、最初からアヒメレクがダビデと共謀したと決めつけて詰問します。アヒメレクは、順序立ててダビデを弁護し、さらに自らの潔白も主張しますが、サウルは聞く耳を持ちません。彼は近衛兵たちに、直ちに祭司たちを処刑するように命じます。サウルよりも正常な意識を持っていた近衛兵たちは、命令に従おうとはしませんでした。そこでサウルは、エドム人ドエグに死刑の執行を命じます。彼は、その場で祭司85人を虐殺しました。さらに、祭司の町ノブを打ち、老若男女を問わず、乳飲み子、家畜のいのちまで奪いました。

サウルが祭司たちを虐殺し、ノブの町の住民を皆殺しにしたのは、決して赦されることではありません。しかし、この惨事には別の側面もあります。神は、サウルの悪しき行動を容認することによって、エリの家への裁きを実行されました（サムエル記第一2章には、エリの家に裁きが下ることが預言されていました）。理解できないような悲劇が起こっても、神を疑ったり、非難したりしてはなりません。いつか必ず、神の深いご計画が分かるようになるからです。

エブヤタルの逃亡

ドエグによる殺戮を逃れた者が1人いました。それが、アヒメレクの息子エブヤタルです。彼はダビデのもとに来て、サウルがドエグによって祭司たちを虐殺したことを告げます。悲惨な報告を耳にしたダビデは、責任の大部分が自分にあることを認め、ただちにエブヤタルの保護を申し出ます。自分といっしょにいれば、その人は安全であることを確信していたからです。

かくして、エリの家の唯一の生き残りである祭司エブヤタルは、ダビデの保護下に置かれました。祭司を保護するのは、王の役割です。その役割が、サウル王から逃亡者ダビデの手に移りました。その結果、ダビデは祭司を通して主の御心を求めることができるようになりました。このことの背後に、神の摂理の御手があります。

「神を愛する人たち、すなわち、神のご計画にしたがって召された人たちのためには、すべてのことがともに働いて益となることを、私たちは知っています」（ローマ8・28）。この真理は今も有効です。私たちがなすべきことは、神を愛し続けることです。ダビデの子であるイエス・キリストとともに歩む人には、幸いな生涯が約束されています。

サムエル記第一 23章

ダビデは、荒野にある要害に宿ったり、ジフの荒野の山地に宿ったりした。サウルは、毎日ダビデを追い続けたが、神はダビデをサウルの手に渡さなかった。（サムエル記第一23・14）

この章から、以下のことを学びましょう。（1）ダビデは、主の御心を確認してから、行動を起こしました。（2）ダビデとヨナタンの関係は、イエス・キリストと私たちの関係の予表です。（3）「仕切りの岩山」は、神の摂理の御手の象徴です。

ケイラの住民の救出

ダビデのもとに、ケイラがペリシテ人に襲われているという知らせが入ります。ダビデはすでに王としての信頼を受けていることが分かります。ダビデは、行動を起こすべきかどうか思案し、主にお伺いを立てました。祭司エブヤタルが、ウリムとトンミムを使って御心を求めると、ペリシテ人を打ってケイラを救えという答えがありました。ところが、部下たちが強く反対したので、ダビデは再度お伺いを立てます。主からの答えは、全く同じでした。その上、勝利の約束まで付け加えられました。全員が納得したところで、ダビデはペリシテの陣地を攻撃し、大勝利を収めました。ダビデの軍は、ケイラの住民を救い、ペリシテ人の家畜を分捕り物にしました。これは、放浪生活をする者にとっては、大きな助けとなりました。

ケイラの住民の裏切り

サウルのもとに、ダビデがケイラにいるという知らせが届けられます。この時サウルは、「神は彼を私の手に渡された」と叫びますが、これは誤った判断による自己解釈です。私たちに関しては、こういう自己解釈は避けたいものです。

ダビデのもとにも、サウルが攻撃の準備をしているという知らせが届けられます。ダビデは再び主の導きを求めます。ダビデは2つの質問をしました。（1）ケイラの住民は、恩人である自分を裏切り、サウルの手に渡すだろうか。（2）サウルはケイラを攻めるために上って来るだろうか。

ウリムとトンミムは、1度に1つの問いしか答えることができません。まず2番目の問いに、「イエス」という答えがありました。そこでダビデは、1番目の質問を再度しました。それに対する答えもまた、「イエス」でした。主からの回答を得たダビデは、ただちにケイラを離れ、ジフの荒野に向かいます。当時、ダビデの軍勢はおよそ６００人になっていました。

兄弟契約の更新

ダビデは、サウルに復讐するのではなく、神の時と方法に身を委ねていました。ジフの荒野は、交通の要衝の地であり、遠くまで見通しのきく戦略的地でもありました。そこに、ヨナタンがやって来ます。彼は、神の御名によってダビデを力づけました。これは、兄弟契約の更新です。ヨナタンは、ダビデがイスラエルの王になることを知っていました。そして、神の計画が成就する前にダビデが死ぬようなことはないと確信していました。つまり、神の計画を完全に受け入れていたということです。その点が、サウルとの大きな違いです。ヨナタンの訪問は、ダビデにとっては大いなる励ましとなりました。

仕切りの岩山

ジフ人がサウルのところに来て、ダビデが自分たちのところに隠れていると密告しました。恐らく、祭司の町ノブの二の舞になることを恐れたのでしょう。それを聞いたサウルは、非常に喜びます。

当時ダビデは、ジフの南約10㎞のところにあるマオンの荒野にいましたが、サウルの軍勢が討伐に出て来ると聞き、すぐに行動を起こします。追跡軍と逃亡軍が、山の両側を行進しました。両軍が出くわすのは、今や時間の問題です。しかしその時、サウルのもとに、ペリシテ軍が侵入して来たという知らせが届けられます。サウルは、やむなく引き返さなければならなくなります。この山は、「仕切りの岩山」と呼ばれました。その山が、神の摂理的御手の象徴となったからです。ダビデは神の保護を受け、サウルは神の祝福の外に押しやられました。

危機を脱出したダビデは、死海の西岸にあるエン・ゲディの要害に移り住むようになります。

ダビデは、この時の体験を詩篇54篇で歌っています。テーマは、「主の御名による救い」です。この詩篇は、「セラ」を区切りとして、前半が神への嘆願、後半が神への感謝となっています。ダビデは、沈黙の中で神の声を聞き、自らの祈りが答えられたとの確信を持ったのです。

ダビデの祈りは、私たちの祈りでもあります。「主の御名を呼び求める者はみな救われる」（ロマ10・13）。きょうも、この御名に信頼を置いて歩もうではありませんか。

サムエル記第一24章

彼は部下に言った。「私が主に逆らって、主に油注がれた方、私の主君に対して、そのようなことをして手を下すなど、絶対にあり得ないことだ。彼は主に油注がれた方なのだから。」
（サムエル記第一24・6）

この章から、以下のことを学びましょう。（1）ダビデが隠れていた洞窟にサウルが入って行ったのは、神の摂理によることです。（2）ダビデは、自分を迫害する者を赦しました。彼は、イエス・キリストの型です。（3）見せかけの悔い改めは、状況をさらに悪化させます。

摂理の御手

エン・ゲディの荒野は、死海西岸にあります。いくつもの泉と洞窟があるため、逃亡者が身を隠すには最適な地形となっています。ダビデは、およそ600人の部下を連れて、そこに身を隠します。

ペリシテ人討伐から帰還したサウルは、ダビデがエン・ゲディの荒野にいるという知らせを受け、3000人の精兵を率いてそこに向かいます。そこに到着したサウルは、用を足すために1人で洞穴に入って行きます。この洞窟は、夜間に羊の群を入れておくためのものですが、その奥に、ダビデと数人の部下が潜んでいました。

部下たちは、神がサウルをダビデの手に渡したと解釈し、サウルを殺害するようダビデに進言します。ダビデは立ち上がり、用をたしているサウルの上着の裾をこっそり切り取りました。これは、殺す機会はあったが、そうはしなかったという証明になります。この後ダビデは、王の上着の裾を切り取ったことで心を痛めました。部下たちはなおもサウル殺害を主張しましたが、ダビデは彼らを説き伏せ、そうはさせませんでした。

ダビデはなぜ良心の痛みを感じたのでしょうか。この時点では、サウルは完全に神の御心に敵対していました。だからといって、それが油注ぎを受けた王を殺してもよいという理由にはなりません。サウルの上着の裾を切り取る行為は、不遜で無礼な行為です。ダビデは、サウルを裁くのは神であることに思いを馳せました。

ダビデの弁明

洞穴から出たサウルに、ダビデは後方から呼びかけます。彼は、「王よ」と呼びかけ、臣下として地にひれ伏します。依然として、サウルをイスラエルの王と認めていたことが分かります。そして、感動的な弁明をサウルの前に展開します。（1）自分には反逆心は全くない。自分が王を殺そうとしているというのは、根拠のないうわさである。（2）王を殺す機会が訪れたが、自分はそうはしなかった。それどころか、王を殺せと言い張る部下たちを説き伏せた。（3）切り取った上着の裾は、自分に殺意がないことの証明である。（4）反逆の意思も殺意もない自分を、王はなぜ追い回すのか。

次にダビデは、主が自分とサウルの間に立って、どちらに非があるかを判定して欲しいと願います。最後に、自分を卑下して、「死んだ犬」、「1匹の蚤《のみ》」と呼びます。つまり、サウルの追跡に値しない存在であるというのです。

サウルの願い

弁明を聞いたサウルは、感動のあまり声を上げて泣きます。そして、ダビデが正しいことと、そのダビデに自分は悪い仕打ちをしてきたことを認めます。さらに、ダビデが自分を殺さなかったのは、ダビデに悪意がない証拠であることも認めます。最後に、善を行ったことの報いとして、主がダビデに幸いを与えられるようにと祈ります。

サウルは、サムエルの預言どおりに、次の王はダビデであることを認めました。さらに、ダビデが王になったときには、自分の子孫を滅ぼすことのないようにと懇願しました。中東では、王朝が交代した場合、旧王朝の家系に属する者たちを抹殺するのが一般的でした。ダビデは、サウルの願いを受け入れました。ダビデにとっては、それはヨナタンと結んだ兄弟契約の内容そのものでした。

サウルの罪の告白は、一時的なもので終わります。この告白は、いわゆる「罪の悔い改め」とは異なります。自らの罪を認めて涙しても、真の悔い改めに至らない場合が多くあります。憎しみの心は一時的に眠りに就いたような状態になりますが、再び目覚めると、前よりもさらに激しく燃え上がります。聖霊による内面の変化がないなら、状況はさらに悪化します。

パウロは、「割礼を受けているか受けていないかは、大事なことではありません。大事なのは新しい創造です」（ガラ6・15）と書いています。イエス・キリストを信じ、新生した私たちは、「新しい創造」を体験した者たちです。日々、御霊に導かれて歩むことを志そうではありませんか。

サムエル記第一 25章

「イスラエルの神、主は生きておられる。主は私を引き止めて、あなたに害を加えさせなかった。もし、あなたが急いで私に会いに来なかったなら、きっと、明け方までにナバルには小童が一人も残らなかっただろう。」

（サムエル記第一 25・34）

この章から、以下のことを学びましょう。（1）主を恐れないナバルは、愚か者です。（2）ナバルの妻アビガイルの知恵あることばによって、ダビデは正気を取り戻します。（3）アビガイルは、ダビデとともに苦しむ道を選びます。

愚か者ナバル

サムエルの死によって、イスラエルの歴史は士師の時代から王政に移行します。

ここで、ナバルという男が登場します。ナバルとは「愚か者」という意味ですが、これは「あだ名」だと思われます。彼は、カルメルで羊の毛の刈り取りの祝いをしていました。祝いの時期には、貧しい者たちに施しをするという習慣がありました。ダビデは、ナバルの家畜を守ってきたという実績に基づいて、施しを受けようとします。10人の若者を遣わしているのは、ナバルに敬意を表するためですが、同時に、相当な施しを期待してのことです。ナバルが道理の分かる男であるなら、受けた恩義に感謝して、相当な礼を差し出すはずです。しかし彼は、ダビデの使者たちを侮辱し、そのまま追い返します。報告を受けたダビデは激怒し、ただちに報復に向かいます。

ナバルの妻アビガイル

ナバルには、アビガイルという聡明な妻がいました。1人の若者が、事の次第を彼女に報告します。彼女は、何が起こったかを瞬時に理解し、ただちに行動を開始します。夫に内密で6つの贈り物を用意し、それをろばの背に乗せて、若者たちに先導させました。

ダビデは、ナバルの家の者は幼児に至るまですべて抹殺するつもりでした。本来彼は、寛容な心を持った器の大きな人物なのですが、この時は、感情のコントロールが効かなくなるほど怒りに満たされていました。しかし、ナバルの一家を抹殺すれば、サウルがノブの祭司たちを虐殺したのと同じ罪を犯すことになります（1サム22・19）。

アビガイルがダビデとその部下に出会います。彼女の執りなしのことばは、実に感動的です。（1）彼女は、まず自らの罪を告白しました。ダビデが遣わした若者たちに気づかなかったのは、自分の罪だというのです。（2）その上で、贈り物をもって自らの罪を償おうとしています。（3）また、夫のことを気にかけないで欲しいと嘆願しています。（4）さらに、ダビデが主の戦いを戦っていることを認めています。これは、ペリシテ人を相手にした戦いのことです。その上で、ナバルへの報復は単に復讐の戦いであり、ダビデの名声を汚すことになると言います。（5）ダビデがイスラエルの王となることを確信していた彼女は、血塗られた手で王座に就くべきではないと進言します。なんと知恵あることばでしょうか。

ダビデの悔い改め

ダビデは、彼女の執りなしのことばを聞いて、自分を取り戻します。（1）アビガイルを送ってくださったのは、イスラエルの神である。（2）彼女のことばによって、自分は血を流すという罪から免れた。（3）ウリムとトンミムによって主の御心を確かめなかったのは、自分の罪である。

ダビデは、彼女が持って来た贈り物を受け取り、その願いをすべて聞き入れました。翌朝、妻から詳しい話を聞いたナバルは、気を失って倒れました。それから10日後に、彼は死にました。主の裁きが下ったのです。

アビガイルへの求婚

ナバルが死んだという知らせを聞いて、ダビデは主をほめたたえました。そして、適当な時間を置いてから、使者を通してアビガイルに求婚しました。使者を遣わしたのは、断られた場合に恥を被ることのないようにするためですが、同時に、彼女が自由意志で決断することができるようにするためでもありました。

アビガイルはすぐに行動を起こしました。彼女は、「さあ。このはしためは、ご主人様のしもべたちの足を洗う女奴隷となりましょう」と語っています。ダビデの最初の妻はミカル、次の妻はアヒノアム、そして3番目がアビガイルとなりました。

アビガイルは、先にある栄光のゆえに、ダビデとともに苦しむことを選びました。私たちもまた、将来の祝福を信じてキリストとともに苦しむことを選ぶ者たちです。私たちは、キリストが王の王として地上に帰って来られることを信じています。知恵ある選びをする人は、幸いです。

サムエル記第一 26章

「今日、私があなたのいのちを大切にしたように、主は私のいのちを大切にして、すべての苦難から私を救い出してくださいます」

(サムエル記第一26・24)

この章から、以下のことを学びましょう。(1)ダビデは、再度サウルのいのちを救います。(2)サウルの悔い改めは、表面的なものです。(3)時が来れば、神は御心どおりのことを行われます。この信仰を持つ者は、不正な手段を用いるという誘惑から解放されます。

サウルのいのちを救うダビデ

ジフは、ユダのカルメルの北方数㎞にある町ですが、ここの住民たちは、ダビデがそこにいることをサウルに密告します。報告を受けたサウルは、再び精鋭3000人を率いて、ダビデ討伐に向かいます。

サウルの軍は、ハキラの丘で、道の傍らに陣を敷きました。ダビデは、夜中に単独でサウルの陣営に忍び込み、サウルと将軍アブネルが寝ている場所を確認します。

次にダビデは、ヒッタイト人アヒメレクと甥のアビシャイを伴って、再びサウルの陣営に忍び込みます。サウルは熟睡していました。それを見たアビシャイは、サウルを殺そうと提案します。ダビデが手を下さなくても、自分が槍で一突きにするというのです。この申し出は、ダビデにとっては大きな誘惑でした。サウルを殺せば、すべての問題からただちに解放されます。しかしダビデは、アビシャイの申し出を拒否しました。主ご自身が、最善のタイミングでサウルを滅ぼされるという確信があったからです。

ダビデは、サウルの枕もとにあった槍と水差しを取っただけで、サウルの陣営から去ります。槍は権威の象徴です。普通なら、侵入者が動く物音がすれば目が覚めるはずですが、みな眠り込んでいました。その理由は、主が彼らを深い眠りに陥れたからです。

将軍アブネルへの叱責のことば

十分な距離を置いてから、ダビデはサウル王にではなく、将軍アブネルに呼びかけました。彼は、アブネルが有能な戦士であることを認めた上で、王を守らなかった罪を指摘しました。その証拠として、槍と水差しを示しました。最初アブネルは、それがダビデの声であることに気づかなかったようですが、サウルは分かっていました。

ダビデは、自分の無実を再び主張します。再び自分を「1匹の蚤」と呼び、そのような無価値な者を追跡しても意味がないと訴えかけます。「どうか今、私の血が主の御顔から離れた地に流されることがありませんように」ということばに注目しましょう。「主の御顔から離れた地に」とは、主の臨在（シャカイナグローリー）のない地（異邦人の地）に追いやられるということです。それは、ダビデにとっては霊的な死を意味しました。

サウルの謝罪

ダビデの弁明を聞いて、サウルは心を動かされました。サウルは再び自らの愚かさを告白し、ダビデを招きます。しかしダビデは、サウルがすぐに心変わりすることを知っていましたので、その招きには応じません。彼は、槍を取りに来るよう誰か若者に命じてくださいと言い、自分は主に油注がれた者に手を下したくないと表明します。彼は、「今日、私があなたのいのちを大切にしたように、主は私のいのちを大切にして、すべての苦難から私を救い出してくださいます」と語ります。そのことばを聞いて、サウルはダビデを祝福します。

かくして2人は、別々の道を進むことになりました。ダビデは放浪生活を続け、サウルは自分の王宮に戻って行きました。これが、2人にとって最後の別れとなります。

放浪生活の間、ダビデがどのような原則で行動したかを見てみましょう。（1）彼は、戦うことを恐れませんでしたが、無益な戦いは避けたいと願っていました。（2）彼は、サウル王に手を下すことを恐れました。サウルが主に油注がれた者だからです。（3）彼は、同胞のユダヤ人を殺すことをできるだけ避けていました。内戦を激化させる意図はなかったのです。（4）彼は、政府を転覆させるような活動はいっさいしていません。これもまた、主への恐れから出たことです。（5）彼は、自分に付き従う者たちを守ることを最優先課題としました。
以上の行動原則の背後にあるのは、主への全き信頼です。主に信頼し、主に裁きを委ねた人こそ、あらゆる状況の中を生き延びることのできる人です。ダビデは、幾多の試練や悲しみを通過した後、王座に着きました。ダビデは、主イエスの型です。主を恐れ、主に裁きを委ねる人は、幸いです。

サムエル記第一 27章

ダビデは心の中で言った。「私はいつか、今にサウルの手によって滅ぼされるだろう。ペリシテ人の地に逃れるよりほかに道はない。そうすれば、サウルは、イスラエルの全領土内で私を捜すのをあきらめ、こうして私は彼の手から逃れられる。」
（サムエル記第一 27・1）

この章から、以下のことを学びましょう。（1）神の約束を信じていても、信仰が揺らぎ、御心から外れた道に進むことがあります。（2）約束の地から離れたダビデは、主の守りからも離れました。ここに、ダビデと主イエスの大きな違いがあります。（3）ペリシテの地に寄留するダビデは、日陰者としての生活を余儀なくされます。

ペリシテの地に下るダビデ

ダビデは、サウルの手から逃れるために、ペリシテの地に下ることを決意します。彼を動かしたものは、サウルに対する恐れです。イスラエルの地から去ることをあれほど恐れたダビデが、ここでは、いともたやすくペリシテの地に下ろうとしています。イスラエルの地を去れば、サウルは自分を捜さなくなるだろうと考えたからです。しかしこの判断は、不信仰に基づくものでした。不信仰による行動は、後になって様々な問題を引き起こすことになります。この霊的原則は、私たちにも当てはまります。

ダビデは、2人の妻(アヒノアムとアビガイル)と600人の部下を連れて、ガテの王であるアキシュのもとに身を寄せます。つまり、外国人傭兵としてペリシテ人に自らを売り込んだということです。ダビデがガテに逃げ込んだことを知ったサウルは、ダビデ追跡を断念します。つまり、サウルは本当には悔い改めていなかったということです。

ダビデには、将来彼がイスラエルの王になるという啓示が与えられていました。神の御心の中を歩むなら、その約束は必ず成就します。つまり、ダビデは王になるまで決して死ぬことはないということです。これが、信仰に基づく判断です。私たちの場合も、死を恐れる必要はありません。私たちに与えられた神の計画がすべて成就するまでは、決して死なないからです。

ダビデは信仰の人でしたが、ここでは、自分の判断で行動を開始します。ペリシテの地に避難することは、大きな問題でした。そこは、神の守りがない地だからです。

ツィクラグでのダビデ

ダビデはガテの王アキシュに、次のように願い出ます。「もし、私があなたのご好意を得ているなら、地方の町の一つの場所を私に下さい。そこに住みます。どうして、このしもべが王国の都に、あなたと一緒に住めるでしょう」。ダビデは、自分のような者が王の都であるガテに住むのは、恐れ多いことだと謙遜な態度を見せましたが、その真意は、ガテから適度な距離を置いた所に住んで、ペリシテ人の監視の目を逃れるという点にありました。また彼は、部下たちがペリシテ人と同化することを恐れました。

ガテの王アキシュは、ダビデにツィクラグの町を与えました。この町は、ガテから30㎞ほど南にあり、ガテとの間には適度な距離がありました。そこは、本来シメオン族の領地の一部でしたが、当時は、ペリシテ人に占領されていました。

略奪の旅

ツィクラグを本拠としたダビデは、部下たちを率いて略奪の旅に出かけます。彼が討ったのは、ゲシュル人、ゲゼル人、アマレク人などです。この討伐は、実はヨシュアや士師たちの時代に完成しておくべきものでしたが、皮肉なことに、不信仰に陥ったダビデがそれを行っているのです。

ダビデは、アキシュに報告するときには事実を隠し、イスラエルの町々を略奪したかのように見せかけました。嘘が発覚しないよう、ダビデは、略奪した町の住民を皆殺しにしていました。アキシュはダビデの報告を信用し、ダビデが長く自分に仕えてくれるものと思い込んでいました。

結局ダビデは、ペリシテ人の地に1年4か月の間、とどまることになります。その間のダビデの生活は、決して祝されたものではありませんでした。彼は霊的にも道徳的にも、日陰者としての生活を送るようになります。

私たちの場合はどうでしょうか。約束の地から離れた生活をしていないか、自己吟味をしてみましょう。約束の地から離れるとは、この世と妥協した生活をすることです。悔い改めによって、御心の道に立ち返る人は、幸いです。

サムエル記第一 28章

サウルは主に伺ったが、主は、夢によっても、ウリムによっても、預言者によってもお答えにならなかった。（サムエル記第一 28・6）

この章から、以下のことを学びましょう。（1）サウルは、主の御心を求めて霊媒師の女を訪問します。（2）霊媒師は、死者の霊と交信しているかのように見せかけますが、実態は悪霊との交信です。（3）霊媒師の女は驚きます。本物のサムエルが地から上って来たからです。（4）サムエルは、サウルとその息子たちの死を予告します。

サウルの恐れ

ダビデは約束の地から離れ、ガテの王であるアキシュのもとに身を寄せています。この当時のダビデの生活には、一貫性がありませんでした。そして、予想どおり、ダビデを窮地に追い込む出来事が起こります。ペリシテ人が、イスラエルとの本格的な戦いに着手することになったのです。ダビデは板挟みになりました。

ペリシテ人は、ガリラヤ湖の南西約30㎞の地点にあるシュネムに集結し、サウルは、シュネムの南にあるギルボア山に陣を敷きます。これは、戦車攻撃から身を守るための布陣です。敵の陣営を見て、サウルは恐れました。すでにサムエルは死んでいたので、サウルには危機に際して相談できる人がいません。そこで彼は主にお伺いを立てたのですが、夢によっても、ウリムによっても、また預言者によっても、主からの答えは来ませんでした。彼が考えた最後の手段は、霊媒の女を訪れることでした。

霊媒の女

エン・ドルにいた霊媒の女は、警戒心を解こうとはしませんでした。しかし、サウルが主にかけて誓ったために、彼の願いを聞き届けることにします。サウルは、サムエルを呼び出してほしいと頼みます。

霊媒師は、死者の霊を呼び出して、その霊と交信すると言われていましたが、実際に起こっていたのは、死者を装った悪霊との交信です。女はいつものように霊媒を始めますが、予想外のことが起こりました。(1)本物のサムエルが登場したので、女は驚いて大声で叫びました。(2)女は、依頼人がサウル王であることに気づき、「あなたはなぜ、私をだましたのですか。あなたはサウルですね」と語りました。(3)女には、地から上って来る人の姿が見えました。彼女はその姿を描写して、「神々しい方」、「年老いた方」、「外套を着ておられます」と語りました。その説明を聞いて、サウルはサムエルが地から上って来たことを知り、ひれ伏しておじぎをしました。「地」とは、死者の魂が行く場所である「よみ(シオール)」のことです。

サムエルのメッセージ

神は、サウルの願いに応えて、サムエル本人を遣わされました。サムエルが、「なぜ、私を呼び出して、私を煩わすのか」と抗議すると、サウルは、自分は困り果てているが、神からの答えがないと伝えます。

サムエルは率直に託宣を伝えます。(1)サウル自身が言うように、確かに主は彼から離れてしまわれた。(2)またサウルが自覚しているように、主は彼の手から王位をはぎ取って、ダビデに与えられた。(3)この責任は、サウルにある。彼は、主の御声に聞き従わず、ことごとく主に反抗してきた。(4)サウルとその息子たちは、翌日のペリシテ人との戦いで戦死する。

サウルは、死後のサムエルに励ましと助言を求めましたが、彼が得たのは、自分の死を予告する恐ろしい託宣でした。

サウルの最後の食事

恐ろしい託宣を受けたサウルは、その場に倒れます。託宣に恐怖を感じたからですが、それだけではありません。彼は、まる1日、食事をしていなかったのです。霊媒の女は、押し問答の末に、サウルに食事をすることに同意させます。サウルとその家来たちは食事をし、肉体的な力を得てから戦場へ戻って行きました。

絶望的な託宣を聞いて、サウルは大きな衝撃を感じました。しかし、彼は悔い改めることも、神のあわれみを求めることも、また、犠牲のいけにえを献げることもしていません。さらに、自分とともに死ぬことになる息子たちのことや、ペリシテ人に征服されることになる民のことは､気にかけていません。彼は、最後まで利己的な人物でした。神は、真実な祈りであるなら、どんな罪人の祈りでも聞いてくださいます。イエスに赦しを求めた十字架上の罪人のことを思い出しましょう。「神へのいけにえは　砕かれた霊。打たれ　砕かれた心。神よ　あなたはそれを蔑まれません」（詩篇51・17）

サムエル記第一29章

「この男は、皆が踊りながら、『サウルは千を討ち、ダビデは万を討った』と歌っていたダビデではないか。」（サムエル記第一29・5）

この章から、以下のことを学びましょう。（1）イスラエルの地を去ったダビデは、ペリシテ人とイスラエル人の間にあって、板挟みに遭います。（2）ダビデは、ペリシテ人の4人の首長たちに疑われたために、結果的に苦境から解放されます。（3）サウルとその息子たちは、この戦いで戦死します。ダビデがこの戦いに参加しなかったのは、主の御心です。

拒否されたダビデ

ペリシテ人は、アフェクに全軍を召集し、イスラエル人はイズレエルにある泉のほとりに陣を敷きました。ペリシテ人の軍勢は、5大都市国家の連合軍から成っていました。各都市には首長（王）がいて、その首長たちが自軍を率いて行進しました。5人の首長の1人が、ガテのアキシュです。その軍勢の最後にダビデとその部下が付き従っていました。それを見た他の首長たちは、「このヘブル人は何者か」と問います。「ヘブル人」ということばは、異邦人がイスラエル人を指す場合によく使ったものです。アキシュは、ダビデのために弁解をします。ダビデがアキシュとともにいたのは、実際には1年4か月ですが、アキシュは誇張して2年と言いました。彼のことばから、ダビデがいかに巧妙に振る舞っていたかが分かります。

4人の首長たちは、アキシュのことばを聞いて猛反対します。彼らは、ダビデが戦いの最中に寝返って戦功を立て、それによって主君サウルと和解する可能性があると判断したのです。確かに、ダビデにはイスラエル人と戦うつもりはありませんでした。むしろ、いつこの苦境から逃れられるだろうかと、思案していたのです。

この状況から、教訓を学びましょう。（1）ダビデは約束の地から離れたために、自分を危険な場所に置いてしまいました。（2）彼は、人を極端に恐れるようになりました。ペリシテ人の4人の首長たちは、ダビデの敵でありながら、ダビデに祝福をもたらしました。彼を板挟みの状態から解放したのです。この出来事の背後には、主の御手があります。主は敵の首長たちを用いて、ダビデを解放したのです。

アキシュの説明

アキシュはダビデを呼び、なぜ彼を戦場に連れて行けないかを説明します。ペリシテ人の領主でありながら、アキシュは実に人の良い人物だったようです。ダビデのことを完全に信頼し切っています。見方を変えれば、それだけダビデが完璧に相手を欺いていたとも言えるでしょう。

異教の王アキシュが、「主は生きておられる」と語っています。彼はペリシテ人の神を持ち出さずに、ダビデの神の名を呼んでいます。これは、彼が誠実に事態の釈明をしようとしていることを表しています。またアキシュは、自分としてはダビデに行動をともにして欲しいと願っているが、他の領主たちがそれに反対していると告げます。結論として、他の領主たちを怒らせないために、穏やかにツィケラグに帰って欲しいと告げます。

ダビデの演技

この申し出に、ダビデは内心ほっとしたはずですが、アキシュに対しては、いっしょに行けないのは心外であると答えます。しかし最後は、アキシュの願いを聞き入れて、翌朝早く、ツィクラグへ帰って行きました。かくしてダビデは、努力することなしに、板挟みから解放されました。

ダビデには、同胞のイスラエル人と戦う意思は全くありませんでしたが、戦いの中でペリシテ人を攻撃するのも、非常に危険なことでした。この時点では、ダビデはまだ気づいていませんでしたが、この戦いで、サウルとその息子たちが戦死することになっていました。これが、主のご計画でした。もしダビデがペリシテ人と戦って、サウルを助けたとしたら、それは主のご計画に反する行為になります。ペリシテ人の領主たちの異議申し立てによって、ダビデはこの戦いから解放されました。これが、主の御心だったのです。

私たちの人生においても、神は同じように働いておられます。神は、私たちの敵を用いて、私たちを解放することができるお方です。「あなたがたが経験した試練はみな、人の知らないものではありません。神は真実な方です。あなたがたを耐えられない試練にあわせることはなさいません。むしろ、耐えられるように、試練とともに脱出の道も備えていてくださいます」（1コリ10・13）。ハレルヤ！　主よ、感謝します。

サムエル記第一 30章

ダビデは大変な苦境に立たされた。兵がみな、自分たちの息子、娘たちのことで心を悩ませ、ダビデを石で打ち殺そうと言い出したからだった。しかし、ダビデは自分の神、主によって奮い立った。
（サムエル記第一 30・6）

この章から、以下のことを学びましょう。（1）不信仰のゆえに、ダビデは苦難をその身にもたらしました。（2）神は、悔い改めた者を赦し、その者を新しい力で満たしてくださいます。（3）神から与えられる機会を手に入れる最善の方法は、愛の実践です。

略奪されたツィクラグ

3日目にツィクラグに帰ってみると、大変なことが起こっていました。アマレク人が町を焼き払い、女と子どもを連れ去っていたのです。ダビデの2人の妻も、連れ去られていました。絶望した民は、ダビデを石で打ち殺そうと言い出します。ダビデにとっては、予期せぬ危険が迫ってきたのです。しかし彼は、主によって力を得ます。「しかし、ダビデは自分の神、主によって奮い立った」とあるとおりです。

彼が約束の地を離れてペリシテ人の地に下ったのは、信仰が後退したからでした。彼は今、蒔いた種の刈り取りをしています。我に返ったダビデは、主に対する信頼を回復します。彼は、祭司エブヤタルに命じて、エポデを持って来させます。ウリムとトンミムによって、主にお伺いを立てるためです。本来であれば、ペリシテ人の地に下る前に、これをしなければならなかったのです。主からの答えは、略奪隊を追えというものでした。

追撃

追撃は、2段階で行われました。最初は、600人がダビデに従いましたが、ベソル川まで来た時、200人が先に進めない状態になりました。ダビデは、彼らをそこに残し、残りの400人を率いて追撃を続けます。

途中で、瀕死のエジプト人を見つけます。彼は、アマレク人の奴隷ですが、病気のために置き去りにされていたのです。ダビデは、彼に食糧を与え、そのいのちを助けました。生き延びた奴隷は、貴重な情報源となり、道先案内人となりました。神がくださる機会は、往々にして、予期せぬ姿を取ってやって来ます。その機会を捉える秘訣は、愛です。この奴隷に愛を示したことで、ダビデは重要な情報を手に入れることができたのです。

奇襲の成功

奴隷の案内で進んで行くと、お祭り騒ぎをしているアマレク人の宿営に到着しました。彼らは、ペリシテ人の地やユダの地から多くの分捕り物を奪い、安心し切っていました。ダビデの軍勢は、奇襲攻撃を仕掛けます。戦いは丸1日続きましたが、アマレク人の中で逃げることができたのは、らくだに乗った400人だけでした。ダビデは、2人の妻を始めとして、部下の全家族、また全財産を奪い返すことができました。それればかりか、奪われた以上のものを、戦利品として獲得することができたのです。部下たちは羊や牛の前を歩きながら、「これはダビデの戦勝品だ」と叫びました。

新しい掟

戦後処理をどうするかは、常に大きな問題です。その中の1つに、褒賞をどうするかというテーマがあります。ダビデの部下の中には、「よこしまな者たち」が混じっていました。彼らは、ベソル川にとどまった200人に対して、家族は取り戻してもいいが、持ち物は取り戻せないと言い張ります。それに対してダビデは、戦いに参加した者もそうでない者も、公平な分配に与ることができると宣言しました。理由は、すべて神の恵みによって成ったことだからです。

この「恵みの法則」は、イスラエルの「掟」となり、「定め」となりました。この原則は、新約時代にも当てはまります。戦いに参加する者とは、宣教師や牧師たちです。とどまる者とは、背後で祈りと献金によって伝道活動を支える信者たちです。「恵みの法則」を適用すれば、天国において主から受ける褒賞は、両者全く同じだということになります。

次に、ダビデの器の大きさを示す出来事が起こります。彼は、大量の分捕り物（家畜の群）を独占することなく、これまでの逃避行の最中に世話になった町々に配りました。しかも、「主の敵からの戦勝品の一部です」と声をかけて贈ったのです。

ダビデは、不信仰のためにその身に苦難を招きました。しかし信仰に立ち返ったとき、身に余るほどの祝福を主から受けることができました。「悪しき者は自分の道を、不法者は自分のはかりごとを捨て去れ。主に帰れ。そうすれば、主はあわれんでくださる。私たちの神に帰れ。豊かに赦してくださるから」（イザ55・7）とあるとおりです。

サムエル記第一 31章

こうしてその日、サウルと三人の息子、道具持ち、それに彼の部下たちはみな、ともに死んだ。
（サムエル記第一 31・6）

この章から、以下のことを学びましょう。（1）戦いに敗れたサウルは、自らいのちを絶ちます。（2）ペリシテ人たちは、サウルとその息子たちの死体をさらし者にします。（3）ヤベシュ・ギルアデの住民たちは、それらの死体を奪還し、手厚く葬ります。サウルとその息子たちに敬意を表するためです。

サウルの死

ペリシテ人とイスラエル人の戦いが始まります。結果は、イスラエル人の大敗でした。イスラエルの軍勢は敵の前から退却し、ギルボア山に逃げ込みますが、そこで大勢の者が刺し殺されます。

ペリシテ人たちは、サウルとその息子たちを狙い撃ちにしました。サウルの息子４人のうち、イシュ・

ボシェテ（エシュバアル）は戦争に参加していませんでしたので助かりましたが、残りの3人（ヨナタン、アビナダブ、マルキ・シュア）は、全員戦死しました。サウルは、ペリシテ軍の射手たちから集中攻撃を受けて瀕死の重傷を負いました。なぶり殺しにされることを恐れた彼は、道具持ちに、とどめを刺してくれるように願いますが、道具持ちは躊躇します。そこでサウルは、道具持ちが持っていた剣を取り、その上に倒れ伏して自害します。サウルが死んだのを見届けた道具持ちも、主君の後を追います。

道具持ちがサウルを殺すのを恐れたのは、正常な感覚です。私たち日本人には、サウルが自害したことを容認する傾向があると思います。その死を名誉ある最期と称える人もいるかもしれません。しかし覚えておきたいのは、これは自殺行為だということです。いかなる場合でも、自殺を美化するようなことがあってはなりません。

イスラエル人の逃走

この日の戦いは、完敗でした。その様子を見て、イズレエルの谷の北側にいたイスラエル人も、ヨルダン川の東側にいたイスラエル人も、ともに町々を捨てて逃走しました。その後にペリシテ人がやって来て、そこに住むようになりました。イスラエルの人々が築いてきた町々が、敵の手に渡ったのです。

この章で、サウルの生涯は幕を閉じます。彼は、最初はすばらしいスタートを切りましたが、小さな不従順を積み重ね、最後は、主に反抗することが彼の習慣になりました。彼は、自分で蒔いた種の刈り取りをしたのです。天の父は、私たちがこのような最期を迎えることを望んではおられません。今、熱心に悔い改め、主に立ち返りましょう。

ヤベシュ・ギルアデの住民による埋葬

翌日、ペリシテ人は死体から武具をはぎ取ろうとして戦場に出て行き、サウルと3人の息子たちの死体を発見します。彼らはサウルの首を切り、武具をはぎ取ります。サウルの死は、彼らにとっては「吉報」です。彼らは、その吉報をペリシテ人の偶像の宮にもたらします。この勝利は、ペリシテ人の神々の勝利でもあるからです。サウルの首は、ダゴンの神殿にさらされ（1歴10・10参照）、武具は、アシュタロテの神殿に納められました。死体の首から下の部分は、ベテ・シャンの城壁に打ち付けられました。この町は、ヨルダン川から５㎞ほど西に入ったところにあります。

実は、サウルの３人の息子たちの死体も、ベテ・シャンの城壁に打ち付けられていました。それらの死体を奪還したのは、ヤベシュ・ギルアデの住民たちです。この町は、32年前に、サウルによって窮境から救い出されたことがありました（１サム11章参照）。住民たちは、それを覚えていたのです。彼らは、片道25㎞ほどの道を夜通し歩き、サウルと息子たちの死体を奪還し、ヨルダン川の東にまで運んで来ました。そして、それらの死体を火葬に付しました。火葬はイスラエル人の習慣ではありませんが、これ以上死体が蹂躙されることのないようにしたのだと思われます。彼らは、遺骨をその地に葬り、７日間断食して、サウルとその息子たちに敬意と哀悼の意を表しました。

サウルとその息子たちの魂が、死後どうなったかは記されていません。それを詮索するのは、私たちの役目ではありません。私たちにとって重要なのは、自分の魂が死後どこに行くかについて確信を持つことです。主イエスは、「からだを殺しても、たましいを殺せない者たちを恐れてはいけません。むしろ、たましいもからだもゲヘナで滅ぼすことができる方を恐れなさい」（マタ10・28）とお語りになりました。主イエスを信じて、父なる神と和解した人は幸いです。

サムエル記第二1章

「イスラエルよ、君主は　おまえの高き所で殺された。ああ、勇士たちは倒れた。」

（サムエル記第二1・19）

この章から、以下のことを学びましょう。（1）神に栄光を帰す者は、敵が滅びても、それを喜ぶべきではありません。（2）虚偽の報告で報奨を得ようとしたアマレク人は、自らが蒔いた種の刈り取りをさせられます。（3）ダビデは、サウルとヨナタンをたたえる歌を作ります。（4）ダビデとヨナタンの友情関係は、主イエスと私たちの関係に似ています。

サウル戦死の報告

ダビデのもとに1人のアマレク人がやって来て、サウルの死について虚偽の報告をします。当時ダビデは、心が不安定な状態にありましたが、すべてを神の御手に委ねていました。彼は、サウルの死を望んでいたわけでも、王になることを願っていたわけでもありません。しかし、サウルが戦死したことで、状況が急展開を迎えます。

ダビデがアマレク討伐から帰還して3日目に、アマレク人の若者が、喪に服した姿で戦場からやって来て、サウルが戦死したことを伝えます。ダビデが、サウルと息子たちの戦死をどのようにして知ったのかと尋ねると、若者は、サウルが死にそうになっているのを見て、とどめを刺したと答えます。そして、奪って来た王冠と腕輪を証拠品として差し出します。彼は、ダビデがサウルの死を喜び、とどめを刺した自分に報奨を与えてくれるだろうと予想したのです。

処刑

ダビデは、自分の衣をつかんで裂きました。家来たちも同じようにしました。これは、深い悲しみと哀悼の意を表す行為です。アマレク人の若者の予測とは反対に、ダビデは深く悲しみ、夕方まで断食しました。

若者は、報奨に与るどころか、その場で処刑されてしまいました。彼は「寄留者の子」です。ということは、サウル王の臣下なのです。ところが彼は、自分の口で、主に油注がれたサウルにとどめを刺したと証言しました。これは虚偽の報告でしたが、ダビデは若者が持って来た王冠と腕輪を見て、その報告を信じたのです。若者は、自らが蒔いた種の刈り取りをしました。

ダビデの高潔な人格と信仰は、神を知らない異邦人には理解できないものです。ダビデは主を恐れ、主によって油注がれた王を尊んでいました。また、ヨナタンとの友情契約を重視していました。

ダビデの哀歌

ダビデは、サウルとヨナタンのために哀歌を作り、ユダの子らに教えるように命じます。この哀歌は、イスラエルの詩歌集『ヤシャルの書』に載せられ、「弓」という名で歌い継がれるようになります。この哀歌は、3連から構成されています。「ああ、勇士たちは倒れた」ということばが、各連の始まりとなっています。

（1）第1連（19～24節）。ダビデは、大きな悲しみをそのまま歌っています。①この知らせをペリシテの地にもたらしてはならない、ペリシテ人の娘たちが喜び踊り、勝ち誇ることのないために、と歌っています。②ダビデは、ギルボアの山々を呪っています。露は夏に、雨は冬に山々に水を提供するものです。それが断たれるようにというのです。もちろんこれは、詩的表現であって、実際に山々が枯れたということではありません。③「サウルの盾に油も塗られなかった」とあります。これは、サウルがまるで油注ぎを受けていない一般人のように死んで行ったことを表しているのでしょう。④ダビデは、事実を曲げたり誇張したりして、サウルをたたえているのではありません。称賛すべき部分だけを取り上げて歌っているのです。サウルとヨナタンは、一生涯離れることなくともに戦った立派な戦士、愛されるべき勇士でした。これは、事実です。⑤サウルは、イスラエルの民に物質的祝福を与えるために、心を尽くして戦いました。

（2）第2連（25～26節）と第3連（27節）。①ダビデは、親友ヨナタンの死を悼んでいます。生前の愛と友情を思い、「あなたの愛は、私にとって、女の愛にもまさって、すばらしかった」と歌っています。これは、異性間の愛とは全く異なった種類の愛です。②ダビデとヨナタンの間にあった友情契約は、主イエスと私たちの間にある契約、愛を想起させます。

ダビデはヨナタンをこよなく愛していましたが、主イエスもまた、私たちをこの上もなく愛しておられます。その愛に対する唯一正当な応答は、「愛による応答」です。今、「あなたはわたしを愛するか」と問われる主イエスの声に耳を傾けようではありませんか。

サムエル記第二2章

この後、ダビデは主に伺った。「ユダの町のどれか一つへ上って行くべきでしょうか。」主は彼に「上って行け」と言われた。ダビデは、「どこに上ればよいでしょうか」と聞いた。主は「ヘブロンに」と言われた。（サムエル記第二2・1）

この章から、以下のことを学びましょう。（1）ダビデがユダ部族の王になり、イシュ・ボシェテがそれ以外の部族の王になります。（2）ダビデの家とサウルの家の対立は7年半も続きますが、ダビデは、忍耐を通して王として成長します。（3）好戦的な人は、自分にも周りの人たちにも悲劇をもたらします。平和を作り出す人は幸いです。

ヘブロンでの即位

ダビデは、ユダ部族の中心の町ヘブロンで「ユダの家の王」として即位します。「イスラエル全家の王」となるのは、まだ先のことです。

ヤベシュ・ギルアデは、サウルが王としての権威を確立する切っ掛けとなった町ですが（1サム11章参照）、この町の人々がサウルを葬ったという知らせがダビデにもたらされます。この町は、北の10部族に属しており、ダビデとは敵対関係にありましたが、ダビデは、本来はダビデは、住民たちの勇敢な行為をたたえました。ここには、南北の部族を和解させ、自らが統一王国の王となるというダビデの意図が表れています。

イシュ・ボシェテの即位

サウル軍の将軍アブネルは、サウルの息子イシュ・ボシェテを王として擁立します。本名はエシュバアル（バアルの火という意味）ですが、「バアル」という偶像神の名が入っているため、その部分を「ボシェテ（恥）」に置き換えていたのです。「イシュ・ボシェテ」とは、「恥の人」という意味です。彼がイスラエル王国の王として即位して以降、ダビデの家とサウルの家の間で内戦状態が続くことになります。ダビデが統一王国の王になるのは、7年半後のことです。ダビデは、忍耐を通して、よりすぐれた王となることを学びました。

若者の闘技

イシュ・ボシェテの将軍アブネルは、サウルの従兄弟にあたる人物です。彼は、ユダ地方を攻め取るために、軍を率いてギブオンに向かいます。一方、ダビデの将軍はツェルヤの子ヨアブです。ツェルヤはダビデの姉ですから、その子のヨアブは、ダビデにとっては甥にあたります。ヨアブもまた軍を率いて出て行きました。

両軍が、ギブオンの池のそばで出会い、にらみ合いが続きました。アブネルは、双方から若者たちを出して闘技させようと提案します。双方から12人の代表戦士が出されますが、結果は悲惨な相打ちに終わります。これをきっかけに、両軍は全面戦争に突入します。

アサエルの死

戦いは、熾烈なものとなりました。ダビデの軍が優勢になると、敵の将軍アブネルは、前線から退却を開始します。その場に、ダビデの3人の甥たちがいました。将軍ヨアブ、その弟であるアビシャイ、アサエルがそれです。アサエルは、カモシカのように足が速いことで知られていました。彼は、一心不乱にアブネルの後を追いました。しかし、戦いに関してはアブネルのほうが数段上手です。それをよく知っていたアブネルは、2度にわたり警告を発し、将軍ヨアブの肉親を殺すのは忍びないから別の方向に行けと告げます。しかしアサエルは、その警告を無視します。そこでアブネルは、アサエルを押しとどめようとして、槍の石突き（刃ではない側）で下腹を突きます。アブネルに殺意はなかったのですが、アサエルの走る速度が余りにも速かったため、槍は背中まで突き抜けてしまいます。

停戦

戦いに破れた将軍アブネルは、アンマの丘でベニヤミン人を集め、追撃して来るヨアブの軍に向かいます。ヨアブの軍がなおも攻撃しようと身構えているのを見て、アブネルは停戦を提案します。その提案を聞いたヨアブは、内戦の愚かさを認識し、それを受け入れます。ヨアブの兵士たちは、槍で殺されたアサエルの遺体を運び、ベツレヘムにある彼の父の墓に葬ります。

朝には元気だった兵士たち380名が、日暮れには亡くなっていました。将軍アブネルは、停戦を呼びかける際に「その果ては、ひどいことになるのを知らないのか」と論じていますが、これは、ギブオンの池のそばで闘技を始める前に、自分自身に語りかけるべきことばでした。

好戦的な態度は、自分にも相手にも想像以上の被害をもたらします。怒りの感情が湧いてきた時は、主イエスの忍耐を思い出そうではありませんか。「平和をつくる者は幸いです。その人たちは神の子どもと呼ばれるからです」ということばの意味を黙想してみましょう。

サムエル記第二3章

サウルの家とダビデの家の間には、長く戦いが続いた。ダビデはますます強くなり、サウルの家はますます弱くなった。（サムエル記第二3・1）

この章から、以下のことを学びましょう。（1）平和の人ダビデは、サウルの家の将軍アブネルの提案を受け入れます。(2)ダビデの家の将軍ヨアブは、アブネルを憎み、暗殺します。（3）ヘブロンは逃れの町の1つですが、皮肉にも、このような悲劇が起きてしまいました。（4）主イエスこそ、私たちの「逃れの町」です。

ダビデの6人の息子

その後の内戦の様子は、1節に要約されています。ダビデ側は戦うごとに優勢になり、イシュ・ボシェテ側は戦うごとに劣勢になりました。

ダビデに、6人の妻から6人の息子たちが生まれました。その中で特に注目すべきは、アムノンとアブサロムです。この2人は、後に大事件を起こすようになります。この事件をきっかけに、ダビデとアブサロムの親子関係に亀裂が入ります。その原因を作ったのは、多くの妻を持ったダビデ自身です。

アブネルの台頭

サウルの家では、将軍アブネルが勢力を増していました。彼は、サウルのそばめであったリツパという女と関係を持ちます。これは、自らを王とするに等しい行為です。イシュ・ボシェテがその行為を追求すると、アブネルは激怒し、これからはダビデを支持する側に回ると言い放ちます。その剣幕に恐れをなしたイシュ・ボシェテは、一言も返すことができませんでした。

アブネルはダビデに使者を送り、自分がダビデ王国の中で主要な地位に就けるなら、全イスラエルをダビデの支配下に移してもよいと伝えます。これに対してダビデは、サウルの娘ミカルを連れて来るなら、話に乗ると応じます。ダビデとミカルの仲は強制的に引き裂かれていましたが、法的には、彼女は依然としてダビデの妻でした。もしミカルがダビデの子を産むなら、サウルの家とダビデの家は和解へと向かうはずです。ミカルは、夫パルティエルから引き離され、ダビデのもとに返されます。

アブネルは、イスラエルの長老たちやサウルの出身部族ベニヤミン人たちと会い、ダビデを全イスラエルの王とするための根回しを行います。彼は、20人の部下を引き連れヘブロンにいたダビデを訪問し、具体的な話を進めます。ダビデは、彼を歓迎するための祝宴を催しました。つまり、彼の提案を受け入れたということです。身の安全を保証されたアブネルは、安堵しながら帰路に就きました。

ダビデは平和の人でした。イシュ・ボシェテの王国が弱体化しているわけですから、武力を行使することもできたはずです。あるいは、ヘブロンに来たアブネルを暗殺することもできたでしょう。しかし彼は、平和的解決を選びました。

アブネル暗殺

ダビデの将軍ヨアブは、たくさんの分捕り物を持ってヘブロンに戻って来ました。彼は、アブネルが歓待を受け無事に帰って行ったことを聞かされ、激怒します。彼はダビデのもとに行き、アブネルが来たのはスパイ行為のためであったのに、なぜ彼を帰したのかと抗議します。ヨアブが激怒したのは、将軍としての自分の地位が危なくなることを恐れたからです。また、弟のアサエルがアブネルによって殺されていたので、個人的な恨みもありました。

ヨアブは直ちに使者たちを派遣し、ダビデには秘密でアブネルをヘブロンに連れ戻します。そして、何も知らずに引き返して来たアブネルを、門の内側に引き込み、だまし討ちにします。この時、弟のアビシャイもこの陰謀に加担しました。

ダビデの哀歌

ダビデは、この偉大な戦士が卑劣な手段で殺されたことを悼み、哀歌を作りました。さらに、その遺体を丁寧に葬りました。葬送の列には、ヨアブや部下たちも参加させましたが、これは、ヨアブに対する罰です。ダビデの一連の行為は、アブネル暗殺が彼から出たものではないことを全イスラエルに告げ知らせるためのものです。ここに、ダビデの知恵があります。

ダビデはヨアブに罰則的な行いをさせましたが、

それ以上のことはしていません。実は、これが将来に禍根を残すことになります。皮肉なことに、ヘブロンは6つあった「逃れの町」の1つです。本来は、このような惨事が起こらないために「逃れの町」が用意されていたのですが、そこで暗殺事件が起こってしまいました。

逃れの町は、キリストを予表しています。私たちの救い主イエスは、確かな御手をもって私たちを守ってくださいます。今この方に信頼を置こうではありませんか。

サムエル記第二4章

サウルの子イシュ・ボシェテは、アブネルがヘブロンで死んだことを聞いて、気力を失った。全イスラエルもおじ惑った。（サムエル記第二4・1）

この章から、以下のことを学びましょう。（1）2人の略奪隊長は、サウルの後継者イシュ・ボシェテを暗殺し、その首をダビデのもとに持って来ます。（2）ダビデは、このような蛮行を喜ぶ人ではありません。この2人はただちに処刑されます。（3）ダビデは、両手に障害を持つメフィボシェテを厚遇し、ヨナタンとの約束を守ります。

弱体化するイシュ・ボシェテ

イシュ・ボシェテを王座に据え、サウルの家の軍隊を動かしてきたのは、将軍アブネルでした。しかし、そのアブネルがヘブロンで暗殺されてしまいます。強力な支持者を失ったイシュ・ボシェテは、大いに落胆し、急速に統率力をなくして行きます。うろたえたのは、イシュ・ボシェテだけではありません。民全体がそうでした。イシュ・ボシェテの王国は、崩壊寸前の状態に陥りました。弱体化したイシュ・ボシェテの暗殺を企てる者が出てきました。略奪隊長バアナとレカブがそれです。彼らは、ベニヤミン族のベエロテ人リンモンの息子たちでした。

メフィボシェテ

イシュ・ボシェテが退けられるとするなら、サウルの家を再興する可能性のある子孫として、誰が残されているのでしょうか。ヨナタンの子、メフィボシェテがその人物です。彼は、サウルの孫に当たります。

サウルとヨナタンの悲報が届けられた日に、当時5歳であったメフィボシェテは、乳母の不注意によって手から落とされ、両足に障害を持つ身となりました。この事故によって、彼が王位に就く可能性はなくなりました。まだ先の話ですが、ダビデは、メフィボシェテがヨナタンの息子であるという理由で、彼を厚遇するようになります。ダビデは、ヨナタンとの友情契約を忘れてはいなかったのです（1サム20・14〜16、2サム9章参照）。

かくして、ダビデが統一王国の王になる日は、ますます近づいてきました。しかしダビデは、あくまでも神の方法で、神が定めた時に王になろうと決めていました。目的が正しければ、手段が正当化されるというわけではありません。ダビデの忍耐心、主への信頼、義を求める姿勢から、私たちも教訓を学ぶことができます。

暗殺と報復

略奪隊長レカブとバアナは、イシュ・ボシェテの暗殺を決行します。ヨアブがアブネルを暗殺したのは、ユダ族の者がベニヤミン族の者を殺したという事件でした。今回の場合は、ベニヤミン族内部で起こる暗殺事件ですから、事態はより深刻です。

レカブとバアナは、イシュ・ボシェテが昼寝をしているところに忍び込み、彼を突き殺した上、その首をはねました。彼らはその首を持って一晩中ヨルダン渓谷を歩き、ヘブロンにいるダビデのもとにやって来ました。彼らは、ダビデが喜ぶと堅く信じて、その首を進呈しました。当然、なんらかの報奨がもらえるのではないかという期待がありました。

彼らは、ダビデの前でへつらいのことばを語りました。「ご覧ください。これは、あなたのいのちを狙っていたあなたの敵、サウルの子イシュ・ボシェテの首です。主は今日、わが主、王のために、サウルとその子孫に復讐されたのです」。ダビデは、このような蛮行を歓迎するような人物ではありません。かつてダビデは、サウルの王冠と腕輪を持ってサウルの死を告げ知らせに来たアマレク人を処罰したことがありました（2サム1章参照）。しかも今回は、寝床の上で行われた殺人です。ダビデが黙っているはずがありません。ダビデは彼らの責任を問い、若者たちに命じて彼らを処刑します。彼らの遺体は、手と足が切り離され、ヘブロンの池のほとりで木に吊るされました。しかし、イシュ・ボシェテの首は、ヘブロンにあるアブネルの墓に丁寧に葬られました。

ダビデは、「主は生きておられる。主は私のたましいを、あらゆる苦難から贖い出してくださった」と告白しています。預言者サムエルから「王となる」という預言を受けてから、それが実現するまでの間、彼は実に様々な試練に遭ってきました。また、これから先も幾多の患難が待ち構えています。しかし彼は、神が用意された方法でしか前に進もうとはしませんでした。神の御心に沿って前進する人こそ、最後に勝利者となります。私たちも、ダビデの忍耐から教訓を学ぼうではありませんか。忍耐とは、神の御心に対する応答です。

サムエル記第二5章

イスラエルの全長老はヘブロンの王のもとに来た。ダビデ王はヘブロンで、主の御前に彼らと契約を結び、彼らはダビデに油を注いでイスラエルの王とした。（サムエル記第二5・3）

この章から、以下のことを学びましょう。（1）ダビデは、全イスラエルの王となります。（2）ダビデは、エブス人の町を征服し、そこを新しい都とします。（3）ツロの王ヒラムは、王宮建設への協力を申し出ます。（4）ダビデは、主の命令に従うことによって、ペリシテ人に対して大勝利を収めます。

統一王国の王

イスラエルの全部族は、長老たちをダビデのもとに派遣し、こう語ります。（1）自分たちとダビデは、同胞である。（2）サウル王の時代から、イスラエルの実際の指導者はダビデであった。（3）ダビデが統一王国の王となることは、主ご自身の預言である。

ダビデは彼らを温かく迎え、彼らと契約を結びます。イスラエルの長老たちはダビデに油を注ぎ、彼を統一王国の王としました。

新しい都エルサレム

ダビデが新しい首都として選んだのは、エルサレムでした。この町は、3方を山に囲まれた天然の要害でした。また、ユダ族とベニヤミン族の境に位置し、どの部族にも偏らない場所でした。さらに、ギホンの泉から豊かな水が湧き出していました。

当時この町には、エブス人たちが住んでいました。彼らは、「この町は難攻不落なので、盲人でも足の不自由な者でも、守り切ることができる」と豪語していました。しかし、ダビデの軍は、将軍ヨアブの指揮のもとに地下水道を抜けてこの町に侵入し、これを陥落させました。ダビデは、この要害を「ダビデの町」と名づけ、城壁を築いてさらに堅固な都としました。

王宮の建設に関しては、ツロ（今のレバノン）の王ヒラムが協力を申し出ます。彼は、杉材、大工、石工を送ってきました。ダビデの偉大さを認め、敵に回るよりも友人となったほうが得策であると判断したからです。つまり、ダビデと友情契約を結んだということです。

多くの妻

ダビデには6人の妻がいましたが、エルサレムに移ってから、さらに多くの妻とそばめを娶ります。これは、申命記17章17節の違反です。この罪は、やがて深刻な呪いをダビデの家にもたらすことになります。その子ソロモンも、父ダビデと同じ罪を犯すようになります。

バテ・シェバがダビデに生んだ子どもは、シャムア、ショバブ、ナタン、ソロモンの4人ですが、特に重要なのは、ナタンとソロモンです。

ソロモンは、父の王位を継承し、神殿を建設するようになります。彼は、その名が示すとおり「平和の子」です。一般的には、ソロモンはメシアであるイエスの先祖となったと考えられていますが、彼は、イエスの義父ヨセフの先祖ではありますが、イエスの肉体的先祖ではありません。イエスと血のつながりがあるのは、ナタンです。ナタンの名は、マリアの系図に登場します（ルカ3・31）。

ペリシテ人との戦い

ダビデがイスラエルの王となったことを知ったペリシテ人たちは、攻撃を仕掛けてきます。ダビデは要害に立てこもり、主の導きを求めます。ペリシテ人たちは、レファイムの谷を通ってエルサレムに攻め上って来ました。ダビデは、主の導きに従って敵を攻撃し、圧倒的な勝利を手に入れました。

ペリシテ人たちは、再度レファイムの谷から攻め上って来ました。ダビデは、前回と同じ戦略を採用すればよいとは考えませんでした。戦略ではなく、主の臨在こそが勝利をもたらす秘訣であることを知っていたからです。ここには、私たちへの教訓があります。主にお伺いを立てると、今度は全く別の戦略が示されました。敵の背後に回り、バルサム樹の茂みの前から攻撃せよというのです。その命令に忠実に従ったダビデは、ペリシテ人を海岸平野に追い払うことができました。

「バルサム樹の茂みの上で行進の音が聞こえた

ら、そのとき、あなたは攻め上れ」という命令に注目してみましょう。行進の音とは、風がバルサム樹の枝を揺らす音です。主の軍勢が行進する音のようにも聞こるので、「行進の音」と言われています。霊的には、主の軍勢がダビデの先に立って行進していることを啓示する音です。

私たちの耳には、「主の軍勢の行進の音」が聞こえているでしょうか。主の声を聞き分けるのは、各人の責任ですが、1つ言えるのは、主の戦いに勝利するためには、主の方法と主のタイミングによらなければならないということです。主の臨在による勝利を経験する人は、幸いです。

サムエル記第二6章

ダビデとイスラエルの全家は、竪琴、琴、タンバリン、カスタネット、シンバルを鳴らし、主の前で、すべての杉の木の枝をもって、喜び踊った。

（サムエル記第二6・5）

この章から、以下のことを学びましょう。（1）神の箱をエルサレムに運び上る計画は、失敗に終わります。律法に従った方法を採用しなかったからです。（2）律法の命令を確認したダビデは、慎重に神の箱をエルサレムに運びます。（3）ダビデは、神の箱の前で、エポデを着て踊ります。（4）ミカルはその姿を蔑んだので、子を産むことなしに生涯を終えます。

神の箱の移動

王権を確立したダビデは、次に神の箱（契約の箱）をエルサレムに運び上ることを計画します。この時まで、神の箱はキルヤテ・エアリムのアビナダブの家に安置されたままでした。ダビデは隊長たちと合議し、神の箱の移動に関して賛意を得ます（1歴13・1～4参照）。ダビデは、神の箱をエルサレムに運び上ることを国家的な事業と位置づけたのです。このために、精鋭3万人が招集されました。この人数は、ペリシテ人との戦いで動員した兵士の数と同じです。大規模な隊列を組んだのは、この事業がどれほど重要なものであるかを民に示すためです。

ウザの割り込み

神の箱は新しい牛車に載せて運ばれました。それを御したのが、アビナダブの子、ウザとアフヨです。ダビデとイスラエルの全軍は、賛美と踊りをもって箱を運び上りました。しかし、箱を牛車に載せて運ぶのは律法違反です。神の箱は、レビ人の中のケハテ族に属する者たちが、肩に担って運ぶべきものでした。また、ケハテ族の者であっても、この聖なる箱に触れるなら必ず死ぬとの警告も与えられていました（民4・14～15）。

途中で、牛がよろめいて箱を引っくり返しそうになりました。驚いたウザは、とっさに神の箱に手を伸ばします。その瞬間、主は彼を打たれました。民の大歓声は、一瞬のうちに恐怖の沈黙に変わりました。主の裁きを恐れたダビデは、神の箱をガテ人オベデ・エドムの家に回します。この人物は、ケハテ族のコラ人に属していました（1歴26・1～4参照）。

再挑戦

この事件の後、ダビデは自省と黙想のために3か月間を費やしました。モーセの律法を詳細に調べ、今後の導きを求めました（1歴15・12～15参照）。そんなとき、オベデ・エドムの家が祝福されているという知らせが届きます。励まされたダビデは、再度神の箱を都に迎えようと決心します。

今度は、レビ人たちが神の箱を肩に担ぎました。彼らが6歩進んだとき、主の怒りが下って来ないことを確かめたダビデは、いけにえを献げて主を礼拝しました。彼は王服を脱ぎ、亜麻布のエポデをまといました。エポデは祭司が着る服ですが、祭司の民イスラエルの王となった彼が、それを着てもおかしくはありません。と言っても、ダビデが祭司の役を果たしたということではありません。この時ダビデは、主の前で力の限り踊りました。これは、神を礼拝するための踊りです。

ミカルの決別

ダビデが踊るのを見て、ミカルは彼を蔑みました。一方ダビデは、神の箱を所定の天幕の真ん中に安置した後、いけにえを献げ、民を祝福して贈り物を与えました。これによって、すべての民がその日は特別な喜びの日であることを認識することができました。

ダビデは、家族を祝福するために王宮に戻って来ました。その時、ダビデの喜びに水を差したのが、ミカルです。彼女は、こう言ったのです。「イスラエルの王は、今日、本当に威厳がございましたね。ごろつきが恥ずかしげもなく裸になるように、今日、あなたは自分の家来の女奴隷の目の前で裸になられて」。なんという皮肉でしょうか。ダビデは、「主は、自分のような卑しい者を選んでくださったのだから、その前で喜ぶのは当然である」と答えました。

この日以来、ダビデがミカルと床をともにすることはありませんでした。そのため、ミカルには生涯子どもが与えられませんでした。本来は、ミカルの息子が王位を継承するはずでしたが、彼女に子がなかったため、バテ・シェバの子が王位継承権を手に入れることになります。

神の箱がエルサレムにあるということは、主の臨在がいつもそばにあるということです。この箱は、イエス・キリストの象徴でもあります。私たちには、神の箱よりもさらにすばらしい祝福が与えられています。それは、死者の中から復活し、今も生きておられるキリストの臨在のことです。

サムエル記第二7章

『しかしわたしの恵みは、わたしが、あなたの前から取り除いたサウルからそれを取り去ったように、彼から取り去られることはない。あなたの家とあなたの王国は、あなたの前にとこしえまでも確かなものとなり、あなたの王座はとこしえまでも堅く立つ。』」（サムエル記第二7・15〜16）

この章から、以下のことを学びましょう。（1）ダビデは主のために家を建てることを願います。（2）しかし主は、ダビデに祝福を与えると約束されます。その内容が、ダビデ契約です。（3）ダビデ契約は、サムエル記第二7章と歴代誌第一17章に出てきます。前者はソロモンに焦点を合わせたものであり、後者はメシアに焦点を合わせたものです。

ダビデの願い

ダビデは、ツロの職人たちが建設した豪華な王宮に住むようになりましたが、神の箱は粗末な天幕に安置されたままでした。彼の心は、痛みました。彼は、神の箱のために恒久的な建物（神殿）を建設したいと、預言者ナタンに打ち明けます。この時ナタンは、主にお伺いを立てることなしに、主観的な判断で賛成します。

ダビデ契約

その夜、主はナタンにお語りになりました。その内容をダビデ契約といいます。この契約は、非常に重要なものです。（1）ダビデは主のために家（神殿）を建てようと企てているが、逆に主がダビデのために一つの家（王朝）を造られる。（2）ダビデの身から出る世継ぎの子が、ダビデの死後、王国を確立するようになる（世継ぎの子とはソロモンです）。（3）その子が、将来神殿を建てるようになる。（4）王国の王座は永遠に続く。（5）もしその子が罪を犯すなら、主は彼を懲らしめる。（6）この契約は永遠の契約であり、その子から恵みが取り去られることはない。

サウルとソロモンの罪を比較すると、偶像礼拝に走ったソロモンの罪のほうが大きいのですが、ソロモンから王座が奪われることはありません。契約に基づく神の愛のゆえに、そうなります。

並行記事（1歴17・7〜14）

サムエル記第二7章の記事は、ダビデの子ソロモンに焦点を合わせた内容となっています。並行箇所である歴代誌第一17章は、メシアであるイエスに焦点を合わせた内容となっています。「あなたの日数が満ち、あなたが先祖のもとに行くとき、わたしはあなたの息子の中から、あなたの後に世継ぎの子を起こし、彼の王国を確立させる」（1歴17・11）とあります。「あなたの息子の中から」世継ぎの子が出るというのは、ダビデの子孫からメシアが出るという預言です。事実、メシアは、肉体的にはダビデの息子ナタンの家系から出るようになります（ルカ3・31の系図を参照）。さらに、サムエル記第二7章の記事では、「彼が不義を行ったときは、わたしは人の杖、人の子のむちをもって彼を懲らしめる」となっています。ソロモンには罪を犯す可能性があったので、こう預言されているのです。それに対して、歴代誌第一17章の記事では、懲らしめるという預言が抜けています。メシアが罪を犯すことなどあり得ないからです。

サムエル記第二7章では、3つのことが永遠に続くと約束されています。（1）ダビデの家（王朝）、（2）ダビデの王国、（3）ダビデの王座がそれです。それに対して、歴代誌第一17章では、4つのことが永遠に続くと約束されています。最初の3つはサムエル記第二7章の約束と同じです。4番目の約束は、メシアは永遠に立てられるというものです（14節）。

感謝の祈り

主の約束に感激したダビデは、御前で祈り始めます。彼は、自分にはそのような恵みを受ける資格がないことを告白します。また、主がこれまでにイスラエルの民のためにしてくださったことを思い起こし、御名をほめたたえます。さらに、地上の民族の中からイスラエルを選び、その民をエジプトから救い出し、その上にご自身の名を置かれたことのゆえに、神を賛美します。

ダビデが受けた祝福にまさる祝福が、新約時代のクリスチャンに与えられています。エペソ人への手紙3章6節にはこのようにあります。「それは、福音により、キリスト・イエスにあって、異邦人も共同の相続人になり、ともに同じからだに連なって、ともに約束にあずかる者になるということです」。神はキリストにあって私たちを選び、贖い、神の子としてくださいました。この信仰を、子どもたちに継承しようではありませんか。神の愛と恵みを信じ、家族と子孫の上に神の祝福が注がれるように祈りましょう。

サムエル記第二8章

ダビデは全イスラエルを治めた。ダビデはその民のすべてにさばきと正義を行った。

（サムエル記第二8・15）

この章から、以下のことを学びましょう。（1）ダビデは、ペリシテ人を征服し、さらにモアブ人に勝利します。（2）シリア（アラム）の征服は、2段階で実現しました。（3）ダビデは、戦利品や貢ぎ物を将来の神殿建設のために蓄えます。（4）公義を行うダビデはキリストの型であり、ダビデの忠実な家来たちはクリスチャンの型です。

ペリシテ人とモアブ人

この章は、ダビデ王国がいかにして確立されたかを説明しています。最初に出てくるのが、ペリシテ人の征服です。ペリシテ人たちは、長年にわたり、イスラエルの脅威となっていました。しかし遂に、ダビデは彼らを屈服させ、メテグ・ハ・アンマ（ペリシテの主要都市ガテとそれに属する村落の意味。

1歴18・1参照）を彼らの手から奪いました。

次に、モアブ人に対する勝利が記されています。モアブを征服したとき、ダビデはモアブ人（恐らく男子の兵士たち）の3分の2を殺し、3分の1を生かしておきました。モアブはもともと、ダビデと友好関係にありました。逃亡生活の間、ダビデは自分の両親をモアブの王に委ねるほどでした。ダビデが3分の2を殺した理由は不明ですが、恐らく、なんらかの謀反があったのでしょう。3分の2に下ったのは厳しい裁きであり、3分の1に下ったのは恵みです。

パウロはこう警告しています。「ですから見なさい、神のいつくしみと厳しさを。倒れた者の上にあるのは厳しさですが、あなたの上にあるのは神のいつくしみです。ただし、あなたがそのいつくしみの中にとどまっていればであって、そうでなければ、あなたも切り取られます」（ロマ11・22）。神の恵みにとどまり続けようではありませんか。

アラム人

アラム人の征服は、2段階で実現しました。（1）最初は、北方の小国ツォバの征服です。ツォバは、アラム人の王国で、ユーフラテス川流域にまでその勢力圏を広げていました。ツォバの王レホブの子ハダドエゼルは、一度失った領土を回復しようとして出陣しましたが、ダビデによって討たれました。このときダビデは、多くの兵士を捕虜にしました。山岳地帯の戦いでは、戦車や馬は必要ありません。そこでダビデは、１００頭だけを残して、すべての馬の足の筋を切りました。(2)ダマスコのアラム人は、ツォバの王ハダドエゼルが攻撃されていることを聞き、援軍を送ります。しかしダビデは、この戦いにも勝利し、２万２０００人を討ちました。勝利したダビデは、北方の守りを固めるために、その地に守備隊を置きました。

かくして、ペリシテ人と並ぶ仇敵であったアラム人が、ダビデ王国の朝貢国となりました。聖書は、ダビデの勝利の理由をこのように説明しています。「主は、ダビデの行く先々で、彼に勝利を与えられた」（6節）。主がダビデに勝利を与えたのです。ダビデはそのことを熟知していました。詩篇の中で彼は、主への感謝を繰り返し歌っています。「王は　軍勢の大きさでは救われない。勇者は　力の大きさでは救い出されない。軍馬も勝利の頼みにはならず　軍勢の大きさも救いにはならない。見よ　主の目は主を恐れる者に注がれる。主の恵みを待ち望む者に」（詩33・16〜18）

王国の繁栄

ハマテは、ダマスコの北方およそ１５０㎞のところにある都市国家です。彼らはアラム系の民族で、その王はトイといいました。ツォバの王ハダドエゼルと敵対関係にあったトイは、ダビデがツォバを撃退したことを喜び、王子のヨラムを派遣して祝福のことばを伝えました。さらにトイは、銀、金、青銅の器などをダビデに贈りました。ダビデは、これらの贈り物を他の諸国からの戦利品とともに聖別して、主に献げました。これは、息子ソロモンが神殿を建設するための資材となりました。

さらにダビデは、アラム人1万８０００人を討ち殺し、エドム全土に守備隊を置きました。そして、ダビデ王国が繁栄し、正しい政治が行われるために、有能な補佐官たちを任命しました。

イスラエルの民を平等に扱い、常に正しい裁きを行ったダビデの姿は、キリストの予表です。王国が繁栄するためにダビデに仕えた臣下たちの姿は、私たちクリスチャンの予表と見ることができます。地上において神の御心が成るために、自ら進み出て、主なるキリストにお仕えしようではありませんか。

サムエル記第二9章

ダビデは言った。「サウルの家の者で、まだ生き残っている人はいないか。私はヨナタンのゆえに、その人に真実を尽くしたい。」

（サムエル記第二9・1）

この章から、以下のことを学びましょう。（1）ダビデは、ヨナタンとの友情契約を守るために、サウル家の子孫であるメフィボシェテを捜し出し、彼に恵みを施します。（2）メフィボシェテは、ダビデの食卓に連なることを許されました。（3）ダビデとメフィボシェテの関係は、主イエスと私たちの関係の型です。

メフィボシェテへの恵み

当時の中近東の習慣では、王朝の安定を図るために前王朝の子孫を抹殺するのが一般的でした。しかし、神を恐れ敬うダビデは、それとは正反対のことをします。背景にあるのは、ヨナタンとの友情契約です。ダビデは、サウル家の生き残りを捜し出し、その者に神の恵みを施そうとします。

ダビデは、サウル家の有力な管理人ツィバを見いだし、彼から、ヨナタンの息子で足の不自由なメフィボシェテが生存しているという情報を得ます。メフィボシェテは、ロ・デバルのマキル家の世話になっていました。彼は、殺されるのではないかと恐れながらダビデのもとに来て、その前にひれ伏します。しかし彼は、ダビデから夢のような提案を受けます。ベニヤミンの地にある祖父サウルの土地が、すべて返還されるというのです。さらに、ダビデの賓客として、王の食卓で食事をしてもよいという許可まで受けます。

ダビデは、自らサウル家の子孫を捜し出し、ヨナタンとの約束を果たそうとしました。私たちも、まだ実行していない人との約束、神との約束がないかどうか、自己吟味をしてみましょう。神は、約束したことを実行する人を助け、祝福してくださいます。

サウルの家系の存続

メフィボシェテへの約束を実行するために、ダビデはサウル王の召使いであったツィバを呼び寄せ、こう命じます。(1)サウル王の土地はすべてメフィボシェテに返還される。(2)大家族を擁するツィバは、返還されたサウル家の土地を耕し、サウル家の生計を立てねばならない。彼には15人の息子と20人のしもべがいましたので、かなりの広さの土地を耕すことができました。(3)メフィボシェテに関しては、ダビデの食卓に連なるためにエルサレムにとどまることになる。

ツィバはダビデの命令を受け入れ、それを実行に移します。メフィボシェテにはミカという幼子がいましたが、この子は成長して多くの子孫を儲け、彼によってサウルの家系が何世紀にもわたって存続することになります(1歴9・41〜44参照)。

かくしてメフィボシェテは、まるで王子の1人のように、ダビデの食卓に連なるようになりました。彼はダビデと食事をともにするために、先祖の地にではなく、エルサレムに住みました。ダビデとメフィボシェテの関係は、主イエスとクリスチャンの関係の型です。ダビデは主イエスの姿を、メフィボシェテは私たちクリスチャンの姿を予表しています。ダビデはメフィボシェテを恵みによって取り扱い、常に自らの食卓に連なることを許しました。これは「慈善の行為」ではなく、「栄誉ある地位の付与」です。私たちにも、これと同じことが起こります。

主イエスは、霊的に死んでいた私たちを恵みによって生かしてくださいました。また、神の子としての地位と特権を与え、常に私たちとともにいると約束してくださいました。私たちはすでに、キリストの食卓に連なる者とされています。やがてその特権は、さらに明確な形で成就するようになります。メフィボシェテがダビデに感謝を表したとするなら、私たちはその何倍、何十倍もの感謝を、主イエスを通して父なる神に表すべきです。私たちには、人知を超えた祝福が与えられています。

サムエル記第二10章

ハダドエゼルに仕えていた王たちはみな、彼らがイスラエルに打ち負かされたのを見て、イスラエルと和を講じ、イスラエルに仕えるようになった。アラム人は恐れて、再びアンモン人を助けようとはしなかった。(サムエル記第二10・19)

この章から、以下のことを学びましょう。(1)アンモン人の新王ハヌンは、ダビデの善意を疑います。(2)邪悪な者の助言を受け入れる人は、愚か者です。(3)ダビデの将軍ヨアブは、自ら先頭に立って敵と戦い、勝利します。(4)神に敵対する民(アンモン人)の側に付くなら、自らの身に滅びを招くことになります。(5)ダビデには領土拡張の野望はありませんでしたが、結果的に領土は拡がります。

ダビデへの侮辱

(1)この章は、8章3~12節で簡単に記されていた戦いの背景と内容を、詳細に記録しています。(2)さらに、ダビデとバテ・シェバが犯す罪の舞台設定を行っています。そういう意味で、非常に大切な章です。

アンモン人の王ナハシュが死にました。かつて彼は、サウル王と戦ったことがありました(1サム11章参照)。サウルの敵であったナハシュは、ダビデを親切に扱ったようです。ダビデはナハシュの親切を思い起こし、王位を継承したナハシュの子ハヌンに弔問の使節を送りました。しかしハヌンは、ダビデの善意を誤解し、逆に侮辱的な行為に出ました。ハヌンに悪影響を与えたのは、猜疑心の強い家来たちでした。彼らは、ダビデの使節たちのひげを半分そり落とし、衣も尻の辺りまで切り取りました。そのことを聞いたダビデは、人を遣わし、ひげが伸びるまでエリコにとどまるように命じます。これは、部下に対するダビデの思いやりです。

連合軍に対する勝利

アンモン人は、ダビデと戦うために、アラムの諸王国から戦車や兵を雇い入れます。ダビデは、アンモン・アラム連合軍と戦うために、ヨアブを将軍とした大軍を派遣します。敵は二手に分かれて、ヨアブの軍を迎え討つための準備を整えます。アンモン人は門の入り口に陣を敷き、アラム人は別の野に陣を敷きました。これは、ヨアブの軍を前後から挟み撃ちにする作戦です。それに対してヨアブは、精鋭部隊を結成し、自らそれを率いてアラム人の軍勢に立ち向かう準備をします。残りの兵士たちは弟のアビシャイに委ね、アンモン人に向かわせます。この戦いは、ヨアブの軍の大勝利で終わります。アラム人は敗走し、それを見たアンモン人は、町に逃げ込みます（今のヨルダンの首都アンマン）。ここでヨアブは追撃の手を緩め、エルサレムに帰還します。恐らく、戦いに適さない季節になっていたからでしょう。これで、ダビデが罪を犯す舞台が整いました。

アラムへの勝利

アラム人たちは、一度は敗北しましたが、そのまま引き下がりはしませんでした。彼らは、ユーフラテス川の川向こうの同胞にまで呼びかけ、大集団を組んでヘラムまでやって来ました。この大軍を率いたのは、ハダドエゼルの将軍ショバクでした。この戦いでは、ダビデ自らが全イスラエルを率いてヨルダン川を渡り、敵を迎え撃つことになりました。この戦いでも、ダビデは大勝利を収めます。ダビデの軍はアラム人たちを敗走させ、多くの兵士たちを殺しました（戦車兵７００と騎兵4万とありますが、騎兵というのは歩兵の間違いでしょう。写本を書いた書記のミスだと思われます）。さらにダビデは、将軍ショバクも殺しました。アラムの王たちはみな、敗戦という事実を受け止め、ダビデに降伏して和平条約を結びました。その結果、彼らがアンモン人の援軍として出陣することはなくなりました。

この勝利によって、ダビデはその勢力圏をユーフラテス川の彼方にまで拡げました。ダビデ自身は、領土拡大の欲望をもって他国に戦いを挑んだことはありませんが、防衛の戦いを繰り広げているうちに、王国の領土が拡大したのです。これは、創世記15章18節の成就です。「その日、主はアブラムと契約を結んで言われた。『あなたの子孫に、わたしはこの地を与える。エジプトの川から、あの大河ユーフラテス川まで』」。さらにこれは、ヨシュア記1章4節の成就でもあります。

私たちは、誰の味方になるのかという点において、十分に注意を払う必要があります。もし神に敵対する者の側に付くなら、その人が滅びる時には、私たちも滅びてしまいます。神の約束は永久に変わることがありません。ダビデの子である主イエスに付く者は、幸いです。

サムエル記第二11章

ある夕暮れ時、ダビデが床から起き上がり、王宮の屋上を歩いていると、一人の女が、からだを洗っているのが屋上から見えた。その女は非常に美しかった。（サムエル記第二11・2）

この章から、以下のことを学びましょう。（1）ダビデは、姦淫の罪を隠すために、ウリヤ殺害というさらに大きな罪を犯します。（2）人の目はごまかせても、神の目をごまかすことはできません。（3）心からの悔い改めだけが、罪の問題を解決する唯一の方法です。

姦淫の罪

「年が改まり」とは、冬が過ぎ去って春が来た、つまり、戦争可能な季節になったということです。ダビデは、アンモン人との戦いを再開するために、将軍ヨアブを指揮官として派遣します。しかし自分は、エルサレムの王宮にとどまります。ここにはダビデの気の緩みが見えます。

罪を犯す際の3つのステップに注目しましょう。(1)ダビデは、見てはならないものから目をそらさず、凝視しました。1人の美しい女(バテ・シェバ)が、からだを洗っているのが、王宮の屋上から見えました(これは、月の汚れを清めるための洗いです)。(2)ダビデは、その女について情報を集めました。(3)さらに、女を王宮に召し入れ、床をともにしました。

忠実なウリヤ

バテ・シェバは、妊娠したことをダビデに知らせます。驚いたダビデは、隠蔽工作に走ります。彼女の夫であるウリヤを戦場から呼び戻し、家に帰らせようとします。しかしウリヤは、その誘いには乗りません。彼は異邦人(ヒッタイト人)でしたが、改宗ユダヤ教徒となっていました。彼の名前の意味は、「主は私の光」です。ダビデはこれほどに忠実な部下を持っていたのです。

ダビデの行動は、常軌を逸したものとなります。彼の内には、主への恐れや義に対する飢え渇きが無くなっていました。彼は、ヨアブへの手紙を持たせて、ウリヤを戦場に送り返します。その手紙には、敵の手によって戦死するような位置にウリヤを配属せよとの命令が記されていました。しかしヨアブは、ダビデが命じた方法とは別の方法でウリヤを殺します。この出来事を境に、ダビデとヨアブの関係に微妙なずれが生じます。

ダビデへの報告

ダビデが命じた殺害方法は、「ウリヤを激戦の真っ正面に出し、彼を残してあなたがたは退き、彼が討たれて死ぬようにせよ」というものでした。しかしヨアブは、敵の最強の兵がいる所にウリヤを配置し、城壁の上から射かけてくる矢によって彼が戦死するように仕向けました。この方法では、ウリヤ以外にも多くの兵士が死ぬことになりますが、ヨアブにとってそれは些細なことでした。

この戦術は、過去の戦争の教訓に照らし合わせても愚かなものでした(士9章では、城壁に近づき過ぎたアビメレクが、女が落とした石で殺されています)。「城壁に近づきすぎてはならない」というのは戦いの定石ですが、ヨアブはその定石を無視したのです。
多くの戦死者が出たという報告を受けたとき、ダビデは、「なぜそんなに町に近づいて戦ったのか」と激怒しますが、ウリヤも死んだという知らせを聞くと、すべてを理解します。それどころか、「あなたは町をいっそう激しく攻撃して、それを全滅させよ」と語り、ヨアブを激励しました。

バテ・シェバの結婚

夫の死を知らされたバテ・シェバは、7日間喪に服します。喪が明けると、ダビデはすぐに人を遣り、彼女を王妃として王宮に迎え入れます。時間を置くと、姦淫によって彼女が身ごもっていたことが明るみに出てしまうからです。その後バテ・シェバは、男の子を産みます。ダビデには悔い改めに必要な時間がたっぷり与えられていたのですが、彼は自分からは動こうとはしませんでした。

ことはダビデの思惑どおりに運び、すべてが収まったように見えましたが、神はすべてをご存知でした。「ダビデが行ったことは主のみこころを損なった」。ダビデとバテ・シェバは、死罪にあたる姦淫の罪を犯したのです。さらに、罪を覆い隠すために、ウリヤ殺害の罪まで犯しました。その過程で、多くの戦死者が出ました。

1つの罪が次の罪を生み、さらにその罪が、より大きな罪を生みます。どこかで、罪のサイクルを断ち切る必要があります。私たちにとっての希望は、主イエスの愛と恵みです。自らの罪を告白し、真の悔い改めを言い表す者には、主からの赦しが与えられます。心に罪責感を抱いているなら、ただちに主イエスを通して父なる神に立ち返ろうではありませんか。

サムエル記第二12章

ダビデはナタンに言った。「私は主の前に罪ある者です。」ナタンはダビデに言った。「主も、あなたの罪を取り去ってくださった。あなたは死なない。（サムエル記第二12・13）

この章から、以下のことを学びましょう。（1）ダビデは、ナタンから罪を指摘されるまでは、自分の真の姿が見えていませんでした。（2）悔い改めによって罪は赦されますが、自分が蒔いた種の刈り取りは残ります。（3）ソロモンの名は、イエス・キリストによってもたらされる「平和」を象徴しています。

預言者ナタン

ナタンは王宮付きの預言者で、王に対して神の代理人として助言したり、警告したりすることができました。彼は、ある富んだ男のたとえ話を語ります。それを聞いたダビデは、激しく怒り、その男の死刑と4倍の弁償（出22・1参照）を宣言します。ダビデは、その男が自分自身であることに気づいていませんでした。これが、私たち人間の姿です。

ナタンは、「あなたがその男です」と宣言し、ダビデの罪を糾弾します。ダビデは、あらゆる点において豊かな者とされていましたが、それにもかかわらず、主に対して罪を犯しました。彼は、十戒の中の少なくとも3つの戒に違反しました。第6戒（殺人の罪）、第7戒（姦淫の罪）、第10戒（むさぼりの罪）。

ダビデの罪に対して、主から判決が下ります。（1）剣を不当に用いたダビデの家に、次々と剣の害が及ぶようになる。（2）ダビデの妻たちは彼から取り上げられ、ごく身近な者に与えられるようになる。（3）ダビデは隠れて罪を犯したが、その身近な者は、白昼公然とダビデの妻たちを犯すようになる。

ダビデの悔い改め

ダビデは、即座に自らの罪を告白します。告白の内容は、詩篇51篇に詳しく書かれています。彼は、3つのことを認めました。（1）自分が犯した罪は、何よりも主に対するものであった。（2）自分には、弁解の余地がない。（3）罪の結果、聖霊が取り去られ、神の臨在から切り離された。

ナタンはただちに、罪の赦しを宣言します。しかし、罪が赦されるということと、自分が蒔いた種の刈り取りをするということは、別問題です。ナタンは、バテ・シェバから産まれてくる子の死を予告します。

バテ・シェバが産んだ子は、病気になりました。ダビデは、この病気が主によるものであることを知っていましたが、それでも、癒やしを求めて神に祈りました。断食し、徹夜の祈りを献げ、地に伏して願い続けました。この子が死ぬまでの7日間は、悔い改めを深めるための時間となりました。その子が死ぬと、ダビデは起きて身を洗い、主を礼拝し、それから食事を取りました。主の取り扱いを、そのまま黙して受け取ったのです。

ソロモンの誕生

ダビデは妻を慰め、正式な夫婦関係の中で彼女を愛しました。やがて2人の間に第2子が与えられ、その子は「ソロモン」と命名されました。「平和な」という意味です。この名は、神と人の間に平和な関係ができたこと、また、ソロモンの治世は平和な時代になることを暗示しています。ソロモンの平和な治世は、イエス・キリストによってもたらされる「平和」を予表しています。

アンモン人に対する勝利

ここで話は、アンモン人との戦いに戻ります。将軍ヨアブは、アンモン人の都ラバを包囲し、これを陥落させる寸前まで行きました。ここで彼は、ダビデに出陣を要請します。その理由は、自分の手柄にしないためです。ダビデはその要請に応じ、出陣します。

ダビデがアンモン人の捕虜たちをどのように扱ったかについては、次のように書かれています。「彼はその町にいた人々を連れ出して、石のこぎりや、鉄のつるはし、鉄の斧を使う仕事に就かせ、また、連れて行って、れんが作りの仕事をさせた」。

この聖句は、2種類の解釈が可能です。（1）ダビデは、アンモン人たちを強制労働に就かせた。（2）ダビデは、彼らを拷問にかけた。どちらの意味も可能です。拷問にかけるとは残酷な気がしますが、これは「同じ呪いをもって報いる」という原則（1サム11・2、アモ1・13参照）を適用したものです。

いずれにしても、ダビデの仕打ちは非常に厳しいものでした。心に平安がないなら、他者に対して厳しくなります。神の愛と赦しによって心が満たされているなら、他者に対しても寛容になれます。自分は今、他者に対して優しく振る舞っているだろうかと、自問自答してみましょう。

サムエル記第二13章

その後のことである。ダビデの子アブサロムに、タマルという名の美しい妹がいた。ダビデの子アムノンは彼女に恋をした。

（サムエル記第二13・1）

この章から、以下のことを学びましょう。（1）アムノンは妹タマルを犯した後、彼女を憎むようになります。（2）アブサロムは、策略によってアムノンを殺害します。（3）ダビデは怒っただけで、具体的な対応策を講じようとはしませんでした。これが先に行ってから、問題を作ることになります。

アムノンの恋心

13章以降、ダビデの生涯は坂道を転がり落ちて行きます。問題の根源は、彼が犯した「姦淫と殺人の罪」です。

ダビデにはタマルという美しい娘がいました。アムノン（彼女の異母兄）は、彼女を恋い焦がれますが、２人で会う機会はありませんでした。彼は、妹タマルのゆえに苦しみ、病気になるほどでした。そんな彼に、甘言する者がいました。従兄弟のヨナダブです。アムノンは、その甘言に従って、父ダビデに妹タマルを自分のもとに送ってくれるように懇願します。彼は、父ダビデが子どもに甘いという点を利用したのです。

アムノンは、自分の家にやって来たタマルと寝ようとします。彼女は、近親結婚は禁じられていることを知っていましたので、なんとか思いとどまらせようとしますが、アムノンは力ずくで彼女を犯してしまいます。欲望を満足させた彼は、それまでの恋心よりも激しい憎悪の念を抱くようになります。タマルは、処女である王女が着る長服を裂き、灰をかぶり、頭に手を置き、泣き叫びながら帰って行きました。

兄アブサロムの復讐

彼女が帰宅すると、アブサロム（同じ母から生まれた兄）は、こう問いかけます。「おまえの兄アムノンが、おまえといっしょにいたのか」。これは、間接的な質問です。妹が被害を受けたことを理解したアブサロムは、心配するなと語ります。つまり、自分で復讐しようと思わなくても良いという意味です。それ以降タマルは、結婚することなく、寡婦のように暮らします。

事の一部始終を知ったダビデは、激怒しますが、問題を解決するための行動は起こしませんでした。バテ・シェバ事件という弱みを抱えていたので、性的な罪に対しては、厳しい態度を取りにくかったのだと思われます。

2年後、アブサロムはアムノン殺害の計画を実行に移します。彼はまず、父であるダビデ王とその家来たちを羊の毛の刈り取りの祝いに招きます。もちろん、ダビデが断るのを予測してのことです。案の定、ダビデは断りました。特定の息子の招待に乗るのは、えこひいきになってしまうからです。そこでアブサロムは、長兄アムノンを代理として送って欲しいと頼みます。ダビデはためらいましたが、アブサロムが執拗に願ったため、ついにアムノンも含めて王子全部をその祝いに参加させることにします。

アブサロムの罪深さに注目してみましょう。（1）彼は、殺人を犯すのに最もふさわしくない時と場を選びました。本来は喜びと感謝を表すべき場が、虐殺の現場となりました。(2)さらに彼は、アムノン殺害を自分に仕える若い者たちに命じました。自分の罪に、部下たちを巻き込んだのです。(3)「この私が命じるのではないか。強くあれ。力ある者となれ」ということばの背後には、自分が王位継承者であるという野心が潜んでいます。

アブサロムの逃亡

王子たちがまだ道の途中にいるのに、うわさだけが先にダビデの耳に届きました。彼は、王子たち全員が殺されたと聞いて、悲嘆のどん底に落とされますが、ダビデの兄弟シムアの子ヨナダブが、正確な情報を伝えます。彼は、死んだのはタマルを犯したアムノンだけであると、得意げにダビデに報告しました。

アブサロムは、母方の祖父(ゲシュルの王アミフデの子タルマイ)のもとに逃げ、そこに3年間身を寄せます。その後イスラエルに帰還しますが、ダビデと再会するのはさらにその2年後になります。不思議なことに、ダビデはアブサロムに特別な愛情を感じていたようです。このことは、後にアブサロムがダビデに反乱を起こした時も、変わりませんでした。

注目すべきは、息子に対して甘いダビデの態度です。タマルが強姦されたときもそうでしたが、今回も、アブサロムに対して何の対応もしていません。この甘さが、後になって問題を作るのです。子どもが問題を起こしたとき、どのように行動すべきか、主からの知恵を求めましょう。親は、義と愛の両面を示す必要があります。信仰による判断を、神は祝福してくださいます。

サムエル記第二14章

ツェルヤの子ヨアブは、王の心がアブサロムに向いていることを知った。（サムエル記第二14・1）

この章から、以下のことを学びましょう。（1）アブサロムの処置について、ダビデは優柔不断な態度を取っていました。（2）将軍ヨアブの執りなしによって、両者は和解します。（3）しかしアブサロムは、真の意味での和解はしていませんでした。彼は、自分が王になるための準備を始めます。

ダビデのジレンマ

ダビデはアブサロムとの和解を願いつつも、法的正義に違反することをしたくないと考えていました。将軍ヨアブは、事態を打開するために一計を案じます。彼は、テコアに住む「知恵のある女」を呼び寄せ、彼女の口にことばを授けます。この女は、喪中のやもめを装い、王のところに行って判断を仰ぎます。訴えの内容を要約すると、「兄弟殺しの犯人を死刑にすべきか、あるいは許すべきか」というものでした。

彼女の訴えを聞いたダビデは、「家に帰りなさい。あなたのことで命令を出そう」と語り、時間を稼ごうとします。しかし彼女は食い下がり、その場でダビデから判決を引き出します。判決は、殺人犯であるその息子を赦すというものでした。彼女は、その判決を基に「本論」に入ります。（1）もし殺人犯を赦すというなら、追放されたままになっているアブサロムも赦すべきではないか。（2）アブサロムを赦さないのは、イスラエル王国の後継者をもう1人抹殺するのと同じである。これは、神の民に対する背信行為である。（3）アブサロムを罰したところで、死んだアムノンが生き返るわけではない。（4）あなた自身が神の恵みによって赦されたのだから、手遅れになる前に、アブサロムを赦すべきである。

ダビデの赦し

ヨアブの入れ知恵があったことを見抜いたダビデは、アブサロムの帰還を許可するとヨアブに伝えます。ヨアブは、アブサロムの帰還があたかも王にとっての利益ではなく、自分にとっての利益であるかのように振る舞いました。家来としてのヨアブの心構えには、大いに学ぶべきものがあります。彼は、王の決定を大いに喜び、直ちにゲシュルに行ってアブサロムを連れ戻します。しかしダビデは、エルサレムへの帰還を許しただけで、自分と面会することまでは許しませんでした。この判断が正しいかどうかは、疑問です。彼は、厳しく対処しなければならない時に優柔不断な態度を見せ、赦しの心を見せなければならない時に厳しい態度で接しました。彼の態度には一貫性がないのです。

アブサロムの美貌

アブサロムの美貌は、「足の裏から頭の頂まで非の打ちどころがない」ほどのものでした。彼には3人の息子がいましたが、全員若くして死に、世継ぎとはなれませんでした（2サム18：18）。ひとり娘には、タマルという名が付けられました。アムノンによって犯された美貌の妹と同じ名です。タマルの娘マアカは、レハブアム王の妻になります（2歴11・20）。

アブサロムに関しては、肉体的な美貌が語られるだけで、信仰や知恵に関する言及は一切ありません。

ダビデとアブサロムの和解

エルサレムに帰還してから約2年間、アブサロムは自宅で軟禁状態になっていました。業を煮やした彼は、王への執りなしを頼もうとして、ヨアブに2度も使いを送ります。しかしヨアブは、それに応じませんでした。腹を立てたアブサロムは、ヨアブの大麦畑に火を放ちます。驚いて駆け付けたヨアブに、アブサロムは、このままではゲシュルに留まっていたほうがよかったと、不平をぶつけます。

ヨアブは重い腰を上げ、アブサロムと面会するようダビデに進言します。それを受けて、ダビデはアブサロムを王宮に呼び寄せます。アブサロムが王の前にひれ伏すと、ダビデ王は彼に口づけをします。つまり、アブサロムを赦し和解したということです。こうして、形式的には両者の間に和解が成立しました。しかしこの和解は、真実なものではありませんでした。アブサロムは、依然としてダビデに対して敵意を抱いていました。彼は、イスラエルの民の心を自分に向けさせるために動きます。

いつの時代にも、見せかけだけの信者がいます。パウロはこのように警告を発しています。「犬どもに気をつけなさい。悪い働き人たちに気をつけなさい。肉体だけの割礼の者に気をつけなさい。神の御霊によって礼拝し、キリスト・イエスを誇り、肉に頼らない私たちこそ、割礼の者なのです」（ピリ3・2〜3）。本物と偽物を見分ける目を神からいただこうではありませんか。

サムエル記第二15章

その後、アブサロムは自分のために戦車と馬、そして自分の前に走る者五十人を手に入れた。

（サムエル記第二15・1）


この章から、以下のことを学びましょう。（1）野望を抱いたアブサロムは、ヘブロンで謀反を起こします。（2）ダビデはイエス・キリストの型です。（3）ダビデに反抗する者は、イエスを拒否するイスラエルの民の「型」です。（4）ダビデに忠実な者は、イエスを信じるクリスチャンの型です。

アブサロムの野望

アブサロムは、王位を奪うために4つの策を講じます。（1）自分こそ王位継承者であることを印象付けようとします。（2）裁判を求めて王のもとにやって来るすべての民を朝早く途中で迎え、今の王制では正統な裁判は不可能だと、ダビデを批判します。（3）自分が「さばきつかさ」になれば、正しい裁判ができると吹聴します。（4）あいさつしてくる者を抱きかかえて口づけし、親近感を演出します。野心家のアブサロムは、これらの策を講じて、人々の心を盗んでいきました。

アブサロムの謀反

アブサロムは、4年かけて謀反の準備をした後、主への誓願を果たすという理由で、ダビデからヘブロン行きの許可を取り付けます。真の目的は、その地で王として即位することにありました。ヘブロンが選ばれた理由は、3つあります。（1）そこは、彼が誕生した地です。（2）ダビデはヘブロンで王となり、そこから統一王国の王となるための歩みを開始しました。その真似をしたのです。（3）ヘブロンはユダ部族の中心都市です。もし内戦になれば、ダビデの側に付いて戦う兵士は、主にヘブロンから集まって来るはずです。その前に、自らヘブロンに乗り込むことで、住民を支配下に置こうとしたのです。

彼は、イスラエルの全部族に密使を派遣し、自らの謀反に加わるように呼びかけます。ダビデの議官（アドバイザー）アヒトフェルは、すでにこの謀反に加担していました。

ダビデの都落ち

アブサロムがヘブロンで謀反を起こしたことが伝えられると、ダビデは直ちにエルサレムから逃れるという決断を下します。エルサレムを流血の惨事から守るためですが、兵を集めるために時間を要すると判断したからでもあります。家来たちは、ダビデの決定に従うという意志表示をしました。彼らは、ダビデを愛しており、ダビデが再びエルサレムに帰還すると信じたのです。

家来たちは王の傍らを進み、親衛隊は王の前を進みました。親衛隊全員が、ペリシテの地から来た兵士たちでした。注目すべきは、ガテから来た600人です。その長は、ガテ人イタイでした。ダビデは、傭兵になったばかりのイタイに、自分に付いて来る必要はないと語りますが、イタイは、ダビデの神である主の御名によって誓約します。イタイのダビデに対する忠誠は、モアブの女ルツが姑のナオミに示したそれによく似ています。

祭司ツァドクとエブヤタル、そして、すべてのレビ人たちは、神の箱を携えてエルサレムから出て来ました。ダビデは、その箱を町に戻すように命じます。彼は、目に見えるしるしではなく、主ご自身に信頼を置いていたのです（詩3・3参照）。彼は、祭司ツァドクとエブヤタルに、エルサレムに帰ってスパイ役を務めるように命じます。彼らの息子のアヒマアツとヨナタンが連絡係を務めることになりました。

アヒトフェルがアブサロムの参謀となっているとの報告を受けた時、ダビデは、アヒトフェルの助言を愚かなものにしてくださいと祈りました。そして、この祈りはただちに聞かれました。

ダビデがオリーブ山頂たどり着いた時、王の友（相談役）フシャイが同行するために現れます。ダビデは、老齢のフシャイは放浪生活には足手まといになる、それよりもアブサロム側の情勢を探るスパイの働きをしてほしいと要請します。こうして、フシャイは王宮で入手した情報を祭司ツァドクとエブヤタルに伝え、それがアヒマアツとヨナタンによってダビデのもとに届けられることになりました。

これら一連の出来事の背後には、種々の「型」が隠されています。（1）ダビデはイエス・キリストの「型」です。（2）アブサロムやイスラエルの民は、イエスを拒否するイスラエルの民の「型」です。（3）ダビデに忠実なイスラエルの民は、メシアニック・ジューの「型」です。（4）さらに、ダビデに忠実な異邦人の兵士たちは、異邦人クリスチャンの「型」です。いかなる時にも主イエスを愛し、主イエスに従う人は、幸いです。

サムエル記第二16章

シムイは呪ってこう言った。「出て行け、出て行け。血まみれの男、よこしまな者よ。主がサウルの家のすべての血に報いたのだ。サウルに代わって王となったおまえに対して。主は息子アブサロムの手に王位を渡した。今、おまえはわざわいにあうのだ。おまえは血まみれの男なのだから。」
(サムエル記第二16・7～8)

この章から、以下のことを学びましょう。(1)ツィバは、メフィボシェテの見せかけのしもべです。彼は、利己的な動機で、主人を裏切ります。(2)ダビデの家来は、ダビデを罵ったシムイを殺すことを提案しますが、ダビデはそれを許しません。ダビデは、キリストの型です。(3)アブサロムは、主にお伺いを立てないで、人間の助言に耳を傾けます。

ダビデとツィバ

ダビデがオリーブ山からユダの荒野に下って行くと、かつてサウルのしもべの1人であったツィバがやって来ます。彼は、かつてダビデがサウルの家の生き残った者について尋ねた時、ヨナタンの子メフィボシェテがいることを告げた人物です。そのツィバが、食糧を持って来て、ダビデに贈ります。ダビデが、「あなたの主人の息子(メフィボシェテ)はどこにいるのか」と問いうと、ツィバは、メフィボシェテがサウル王国の復活を画策しているかのような発言をします。しかしこれは、メフィボシェテの印象を悪くするための嘘です。その嘘を額面どおりに受け取ったダビデは、メフィボシェテを憤り、彼に属する財産のすべてをツィバに与えると約束します。ツィバは、善良そうに見せかけながら内面が腐っている人物の典型です。彼のような偽善者は、どこにでもいるものです。

ダビデとシムイ

エリコに向かう途中のバフリムで、サウル一族の者でシムイという人物が現れます。彼は、今ダビデが受けている災いは、サウル一族の血を流した罪に主が報いられたものだと断言します。しかし、これは事実ではありません。これまでダビデは、サウルの家の者の血を流さないように細心の注意を払ってきました。

ダビデの甥（ツェルヤの子）アビシャイが、「この死んだ犬」（シムイのこと）の首をはねさせてくださいと申し出ますが、ダビデはそれを許可しません。彼は、呪いのことばの背後に、主の御手を見ていたのです。息子のアブサロムが自分のいのちを狙っているくらいだから、サウルの身内（ベニヤミン人）のシムイが自分を呪うのは当然であろうというのが、ダビデの理解でした。と同時に、主が自分の心を見て、呪いに代えて善を報いてくださるであろうという期待もありました。先のことになりますが、シムイは悔い改めてダビデの前にひれ伏し、ダビデもまたエルサレムに無事帰還するようになります（19・18～23）。

アブサロムの助言者たち

当時イスラエルで最も知恵ある助言者（参謀）との評価を得ていたのは、フシャイ（ダビデに忠実なしもべ）とアヒトフェル（邪悪な助言者）です。アブサロムがエルサレムに入城するのを歓迎した人々の中に、フシャイがいました。アブサロムは彼を疑いの目で見ますが、フシャイは、自分はダビデ同様にその息子にも忠誠を尽くすと答え、アブサロムの信頼を得ます。

アブサロムは、次に何をすべきかについて、アヒトフェルに助言を求めます。彼の助言は、ダビデのそばめたちと通じるようにということでした。父のそばめたちと寝れば、親子関係は修復不能となり、アブサロムの家来たちも覚悟を決めるようになるというのです。アブサロムは、王宮の屋上に天幕を張り、白昼公然と父のそばめたちと関係を持ちました。当時の中近東では、新王は前王のハーレム（後宮）をそのまま継承するのが習慣になっていましたが、これは、選民イスラエルにとっては恥ずべき行為でした。レビ記18章8節は、このような行為を禁じています。と同時に、これはダビデに与えられた裁きの預言の成就でもありました（12・11～12）。

当時、アヒトフェルの助言は、まるで神からの託宣であるかのように受け取られていました。しかし、アヒトフェルの助言は邪悪で、フシャイの助言は意図的に愚かなものばかりでした。アブサロムは、神の箱の前にひざまずいて、神からの知恵を求めるべきでした。しかし彼は、人間の助言に頼りました。そこに、彼の愚かさがあります。神の御心を確かめないで先に進む人は、愚か者です。アブサロムの愚かさから教訓を学ぶ人は、幸いです。

サムエル記第二17章

アブサロムとイスラエルの人々はみな言った。「アルキ人フシャイの助言は、アヒトフェルの助言よりも良い。」これは、主がアブサロムにわざわいをもたらそうとして、主がアヒトフェルのすぐれた助言を打ち破ろうと定めておられたからである。（サムエル記第二17・14）

この章から、以下のことを学びましょう。（1）アブサロムは反キリストの型であり、ダビデはキリストの型です。アブサロムは主に油注がれた王を攻撃します。(2)アヒトフェルの急襲作戦が棄却され、フシャイの総攻撃作戦が採択されたのは、神の摂理によることです。（3）予期せぬ助け手となることを志す人は、神の目に幸いな人です。

アヒトフェル対フシャイ

アブサロムがエルサレムへの進軍を開始すると、ダビデは取るものも取らずにユダの荒野に逃れます。エルサレムに入城したアブサロムは、ダビデのそばめたちと白昼公然と関係を結びます。これは、参謀アヒトフェルの助言によるものです。

アヒトフェルは、その夜のうちにダビデを急襲すべきであると提案します。彼自身が、精兵から成る急襲隊を指揮するというのです。もしそれが実現すれば、ダビデの軍勢にとって大打撃となります。それに対して、もう1人の参謀フシャイは、「このたびアヒトフェルの進言した助言は良くありません」と言い、ダビデに時間の余裕を与える提言を行います。「数え切れないほどの兵士を集め、アブサロム自身が指揮を執って総攻撃をかけるべきである」というのです。この提言は、アブサロムと民全体に受け入れられました。

アヒトフェルの急襲作戦が棄却され、フシャイの総攻撃作戦が採択されたのは、実に不思議なことです。これは、主の御手によることです。アブサロムではなく、ソロモンがダビデの後継者になるというのが、主の計画です。その計画が成就するために、神はアブサロムの判断力を鈍らせたのです。

危険に遭遇する使者たち

宮廷内にいるフシャイからの情報が、次のような経路でダビデに伝達されます。フシャイ→ツァドクとエブヤタル（祭司たち）→女奴隷→ヨナタンとアヒマアツ（祭司の息子たちでエルサレムの外にとどまっていた）→ダビデ。

フシャイは、アブサロムが心変わりしてダビデを急襲することを恐れました。そこで彼は、速やかにヨルダン川を渡るようにとダビデに伝えます。ところが途中で、情報の中継者であったヨナタンとアヒマアツが1人の若者にその姿を見られてしまいます。彼らは、急いでバフリムにある同志の家に逃げ込み、井戸の中に身を隠します。同志の妻は、井戸の上に覆いを広げ、その上に麦をまき散らして、彼らを匿います。こうして難を逃れた2人は、無事にダビデのもとに着きます。ダビデは、フシャイの助言を受け入れ、夜のうちにヨルダン川を渡ります。

参謀アヒトフェルは、自分の案が棄却された瞬間、この戦いは敗北で終わると確信したようです。彼は、故郷の町ギロに帰り、家を整理してから首をくくりました。

骨肉の戦い

ダビデは、ヨルダン川を渡りマハナイムに到着します。そして、そこを拠点として戦闘体勢を整えます。アブサロムも大軍を招集した後、ヨルダン川を渡って来ました。この時、ダビデ側の将軍はヨアブでした。一方アブサロムは、アマサを将軍に任じました。アマサは、アブサロムにとってもヨアブにとっても、従兄弟に当たる人物です。

骨肉の戦いに巻き込まれたダビデは、どれほど苦しんだことでしょうか。そのダビデのもとに、予期せぬところから助けの手が差し伸べられました。3人の人物が、大量の物資を持ってダビデを見舞ったのです。アンモン人ショビ、メフィボシェテの世話をしていたマキル、老人バルジライがそれです。「(彼らは)寝台、鉢、土器、小麦、大麦、小麦粉、炒り麦、そら豆、レンズ豆、炒り豆、蜂蜜、凝乳、羊、チーズを、ダビデと彼とともにいた民の食糧として持って来た」。食物の蓄えがなかったダビデにとって、これは何よりの贈り物でした。この3人がしたことは、いつまでも聖書の記録に留められることになりました。

今、主イエスのこのことばを思い起こしましょう。「すると、王は彼らに答えます。『まことに、あなたがたに言います。あなたがたが、これらのわたしの兄弟たち、それも最も小さい者たちの一人にしたことは、わたしにしたのです。』」(マタイ25・40)。予期せぬ助け手となることを志す人生は、冒険と幸いに満ちた人生です。

サムエル記第二18章

王は身を震わせ、門の屋上に上り、そこで泣いた。彼は泣きながら、こう言い続けた。「わが子アブサロム。わが子、わが子、アブサロムよ。私がおまえに代わって死ねばよかったのに。アブサロム。わが子よ、わが子よ。」

（サムエル記第二18・33）

この章から、以下のことを学びましょう。（1）ダビデは、息子アブサロムを緩やかに扱うように、3人の指揮官に命じます。（2）残忍なヨアブは、木の枝に宙づりになったアブサロムを槍で突き殺します。（3）息子が戦死したことを聞いたダビデは、号泣します。ここには、父の愛のほとばしりがあります。

戦闘

ダビデは、全部隊を3つの分隊に分け、ヨアブ、アビシャイ、イタイにその指揮を委ねます。ダビデ自身は、部下たちの願いを聞き入れ、町にとどまります。この時ダビデは、3人の指揮官に、アブサロムを緩やかに扱うように命じます。これは、すべての民の知るところとなります。もしアブサロムを殺すなら、それは王への背信行為となります。

ダビデの部下たちは、ギルアデ側のエフライムの森を戦場に選びました。この森での戦いで、アブサロム軍は大敗を喫し、2万人が戦死します。半数以上が、沼に足を取られたり、洞窟に迷い込んだりして、死にました。イスラエルの民は、主に油注がれた者に反抗して立ち上がるなら、どのような災難を身に受けるか身をもって体験しました。

アブサロムの死

らばに乗って森を走り抜けていたアブサロムは、樫の木の枝に頭を取られ、宙づりになってしまいます。ある兵士がそのことを将軍ヨアブに報告すると、ヨアブは、なぜそのまま放置したのか、いのちを奪っていたなら、褒賞を与えて昇進させてやったのにと叱責します。しかしその兵士は、自分はダビデの命令に忠実に振る舞ったのだと反論します。ヨアブは、その兵士を残したままアブサロムのもとに直行し、宙づりになっていたアブサロムの心臓を槍で突き刺します。ここにも、ヨアブの残虐な性質が表れています。ダビデの命令を守ったあの兵士のほうが、正しかったのです。私たちも、この兵士が王に対して抱いた畏怖の念を、王の王であるイエス・キリストに対して抱くべきです。

アブサロムが死ねば、それで戦いは終わります。ヨアブが角笛を吹いて戦いの終結を知らせると、兵士たちが引き返して来ました。アブサロムは深い穴に投げ込まれ、その上に、石塚が積み上げられました。これは、死者を辱める行為です(ヨシ7・26参照)。アブサロムは、エルサレム近郊の「王の谷」に記念碑を立てていました。これは、若くして死んだ3人の息子たちを記念するための柱でした。この記念の柱が、彼にとっては墓の役割を果たすようになります。

ダビデの悲嘆

アヒマアツは、足の早い伝令で、性格も良い人物でした。彼は、戦勝の吉報をダビデにもたらす役を自分にさせてほしいとヨアブに申し出ます。しかしヨアブは、今回の報告にはアブサロム死亡の悲報も含まれているため、クシュ人(エチオピア人)の伝令を派遣することにします。外国人なら、ダビデの怒りを買うことはないと判断したからです。ところが、アヒマアツが食い下がったため、ヨアブは、アヒマアツがクシュ人の後を追うことを許可します。アヒマアツは、ヨルダンの低地を選んで走りました。距離的には遠くなりますが、クシュ人の伝令が走った山岳コースよりも走りやすい道です。そして彼は、途中でクシュ人を追い抜きます。

ダビデは、2つの門の間に座り、吉報を待っていました。最初の伝令がアヒマアツであると確認された時、ダビデは、彼は良い男だから良いニュースを持って来たに違いないと思います。王の前にひれ伏したアヒマアツは、アブサロムの死には触れずに、戦勝報告だけをします。王からアブサロムの安否を聞かれると、彼は曖昧な返事をします。彼は、クシュ人よりも先に着いて、戦勝報告だけをしようと考えていたのです。続いて到着したクシュ人に、ダビデは再びアブサロムの安否を尋ねます。するとクシュ人は、アブサロムが死んだことを王に報告します。

アブサロムの死によって、ダビデは打ちのめされました。ダビデが深く悲しんだことを非難する人もいますが、この姿の中に、父なる神のイメージを見て取る人もいます。天の父もまた、罪人の姿を見て涙しておられます。天の父は、御子イエスを十字架にかけることによって私たちに対する愛を明らかにされました。「神は愛なり」というのは真実です。

サムエル記第二19章

すべてのユダの人々は、あたかも一人の人のように心を動かされた。彼らは王のもとに人を遣わして、「あなたも家来たちもみな、お帰りください」と言った。（サムエル記第二19・14）

この章から、以下のことを学びましょう。（1）自分よりも上位の者に忠告するときは、慎重にことばを選ぶ必要があります。しかしヨアブは、ダビデに対して無礼な態度を取りました。（2）アブサロムの死後、ダビデの復権を求める声が高まりました。人々は、ダビデの忠実な働きを思い出し、それを評価したのです。（3）ダビデは、平和的な解決を最優先させました。

ダビデの復権

ダビデが悲嘆に暮れている様子を見て、将軍ヨアブが抗議します。（1）王のしていることは、王とその家族のためにいのちがけで戦った家来たちを辱めることである。（2）すぐに出て行って、家来たちにねぎらいのことばをかけてやってほしい。でなければ、1人残らず王のもとから去ってしまうだろう。

自分よりも上位の者に忠告するときは、敬意を払いつつ、慎重にことばを選ぶ必要があります。しかしヨアブのことばは、そうではありませんでした。ダビデは、ヨアブに対する不信と怒りの感情を内に秘めたまま、民の前に姿を現します。

ダビデの復権に向けて事態は急変します。イスラエルの10部族は、アブサロムが戦死したと聞き、謀反に荷担した指導者たちの責任を激しく追求します。そして、ダビデの復権に向けて動き始めます。このときダビデは、エルサレムに凱旋し、反逆者たちを処罰することもできたのですが、そうはせず、平和的な方法を選びます。それは、ユダ部族の者たちからの歓迎を受けて、都に帰還するという方法です。準備のために祭司ツァドクとエブヤタルが派遣され、ユダの長老たち（謀叛に加担した張本人たち）の説得に当たります。このときダビデは、ヨアブに代えて、敵軍の将だったアマサを将軍に取り立てると約束します。これは、自分には報復と刑罰を行う意図がないことを表明するための方策でした。

ダビデの寛容

ダビデを迎えるために真っ先にやって来たのが、かつてダビデを口汚く罵ったシムイです。彼は王の前にひれ伏し、赦しを請いました。ダビデは、寛容な心で彼を赦しました。

メフィボシェテは、ダビデの都落ち以来、爪も髭も伸ばし放題、衣服も同じものを着たままの状態でした。ダビデが、なぜいっしょに来なかったのかと詰問すると、メフィボシェテは、召使いツィバの欺きにあったと弁明します。さらにメフィボシェテは、「しかし、王様は神の使いのような方ですから、お気に召すようにしてください」と答えます。「神の使いのような方」とは、真実と嘘とを見分けることのできる方という意味です。ツィバの嘘を見抜いたダビデは、地所を全部ツィバに与えるという先の裁決を撤回し、メフィボシェテとツィバでそれを2分するようにという裁定を下します。ダビデには、逃亡先でツィバの恩義に与ったという思いがあったのでしょう。この裁定に対し、メフィボシェテは実に謙遜な態度を取りました。これが、彼の本当の姿です。彼はダビデの復権を自分のこと以上に喜んだのです。

ユダとイスラエルの言い争い

ダビデはヨルダン川を渡り、西岸のギルガルへと進みます。一行を護衛するために、ユダのすべての民とイスラエルの民の半分がともに進みました。その時、イスラエルのすべての人がダビデのもとにやって来て、抗議しました。彼らは、ユダの人々が自分たちに相談せず、ダビデをエルサレムに戻そうとしていることに腹を立てたのです。これは、自分たちの存在が無視されたという抗議です。それに対するユダの人々の反論は、「ダビデは自分たちの身内だから、親しく付き合うのは当然だ」というものでした。同族関係を強調するユダの人々に対して、イスラエルの人々は部族の数の多さ（10部族）と、王座復帰を最初に言い出したのは自分たちだという点を強調します。かくして、この言い争いは激しい論争へと発展していきました。

ユダの人々の激しいことばが、火に油を注ぐ結果となりました。自分の側に分があると思えるような場合でも、激しいことばを語ってはなりません。それは相手の怒りを引き起こすだけでなく、神を悲しませるからです。「柔らかな答えは憤りを鎮め、激しいことばは怒りをあおる」（箴15・1）。柔らかな答えを口に出す人は、幸いな人間関係を築くことができます。

サムエル記第二20章

すべてのイスラエルの人々は、ダビデから離れ、ビクリの子シェバに従って行った。しかし、ユダの人々はヨルダン川からエルサレムまで、自分たちの王につき従って行った。

（サムエル記第二20・2）

この章から、以下のことを学びましょう。（1）ヨアブはアマサを殺害し、全軍の長としてシェバの反乱を制圧します。（2）アベル・ベテ・マアカという町に1人の知恵ある女がいました。彼女は、問題（シェバの存在）を取り除くことによって、町を救いました。（3）ダビデがヨアブを処罰することができなかったのは、弱みを握られていたからです。

シェバの反乱

ダビデを歓迎する雰囲気は、シェバの反乱によって破壊されます。シェバは、ヘブルの詩の形式で、「自分たちにはダビデ王国に割り当て地がない、だから自分たちの天幕に帰り、独立国を建てよう」と呼びかけます。不満を抱いていたイスラエル諸部族はただちに呼応し、シェバに従いました。結局、ヨルダン川からエルサレムまでダビデ王に付き従ったのは、ユダ部族だけでした。

エルサレムに帰還したダビデは、ハーレムの回復に着手します。しかし彼は、そばめたちと関係を持とうとはしませんでした。また、彼女たちを別の男性に嫁がせることもしませんでした。彼女たちは、監視付きの家で、やもめとしてその余生を送らなければなりませんでした。彼女たちは、ダビデの罪の犠牲者だったと言えるでしょう。

アマサの暗殺

ダビデは新しく将軍となったアマサに対して、3日のうちにユダの兵士を招集し、エルサレムに戻って来るように命じます。しかし、アマサは期限内に帰還することができませんでした。そこでダビデは、ヨアブの弟アビシャイを代役に立て、シェバの討伐に取りかかります。ダビデがヨアブを全軍の長に任命しなかったのは、アブサロムを殺害したヨアブに不信感を抱いていたからです。

追撃隊は、エルサレムの北方約10㎞にあるギブオンまでやって来ました。そのときアマサがやって来て、追撃隊に合流しようとします。ヨアブは、剣が偶然抜け落ちたかのように見せかけ、それを拾い上げて、アマサの下腹部を突き刺して殺します。ヨアブの部下の1人が、「ヨアブにつく者、ダビデに味方する者は、ヨアブに従え」と叫び、ヨアブとアビシャイの立場を逆転させます。かくしてヨアブは、邪魔者となったアマサを殺し、自力で将軍の地位を奪還しました。

ヨアブは有能な戦士ですが、性格は極めて残虐でした。しかしダビデは、一度もヨアブを処罰することができませんでした。彼に弱みを握られていたからです。ダビデの命令に従ってバテ・シェバの夫ウリヤを殺害したのは、ヨアブでした。

シェバの最期

反逆者シェバは、イスラエル最北端に近い町アベル・ベテ・マアカに立てこもりました。ヨアブは塁を築き、城壁を突き崩して町に突入する計画を立てます。その時、1人の知恵ある女が町の中からヨアブに語りかけます。彼女は、「なぜイスラエルの母である町（つまり、イスラエルで一番洞察力を持った由緒ある町という意味）を滅ぼそうとするのか」と問いただします。彼女の問いかけの背後には、申命記20章10～15節の規定があります。「あなたが、ある町を攻略しようとしてその町に近づいたときには、まず降伏を勧めなさい。……」。ヨアブは、反逆の元凶であるシェバさえ渡してくれるなら、町は滅ぼさないと約束します。するとこの女は、知恵を尽くして町の住民を説得し、シェバの首をはねさせて、それをヨアブのもとに投げ落とします。こうして反乱は収まりました。

この女の知恵に注目しましょう。知恵とは、具体的な問題に直面したときに発揮される判断力のことです。知恵があるかどうかは、性別、地位、年齢、学歴などとは関係がありません。彼女は、問題点(反逆者シェバ）を取り除くことによって、町全体を救いました。

ヨアブの復帰

戦いが終結したので、人々はそれぞれ自分の家に帰って行きました。ヨアブはエルサレムのダビデ王のもとに帰り、そこで再び、全軍の長になります。ダビデは生涯、ヨアブに対して厳しい措置を断行することができませんでした。バテ・シェバ事件の弱みを握られていたからです。ヨアブを断罪するのは、ダビデの子ソロモンです。

サタンもまた私たちの弱みを握り、それを神の前に訴えます。イエス・キリストだけが、サタンが仕掛けた罠から私たちを救い出すことができます。主イエスの血潮は、なんとありがたいことでしょうか。

サムエル記第二21章

彼らはサウルとその息子ヨナタンの骨を、ベニヤミンの地のツェラにあるサウルの父キシュの墓に葬り、すべて王が命じたとおりにした。その後、神はこの国の祈りに心を動かされた。

（サムエル記第二21・14）

この章から、以下のことを学びましょう。（1）サウルの一家が犯した罪のゆえに、3年のききんが襲います。（2）血を流した罪は、その罪を犯した者の血を流すことによってしか解決されません。（3）年老いたダビデには、忠実な部下たちが与えられていました。

3年の飢饉

21～24章は、サムエル記の補遺の部分に当たりますが、その内容は、必ずしも時間順ではありません。この地に、3年間もききんが続きました。原因は、サウルとその一族が、ギブオン人たちを殺したことにありました。ギブオン人たちは、イスラエル人と契約を結び、平和に暮らす権利を得ていました（ヨシ9・3〜27参照）。しかしサウルは、聖絶すべきアマレク人を助け、助けるべきギブオン人を殺戮し、地を汚しました（民35・33参照）。

ダビデは、ギブオン人を呼び寄せ、問題解決の方法を探ります。ギブオン人たちは、この問題は金銭や報復によって解決できるようなものではないと答えます。そこでダビデが自分は何をすべきかと問いかけると、彼らは、サウルの子孫7人を差し出してほしいと答えます。注目すべきは、この要求は復讐心から出たものではないという点です。問題の本質は、契約が破られ、約束の地が汚されたことにあります。それを知っていたダビデは、やむなく彼らの要求を受け入れます。

ここには、罪の問題を解決するための方法が記されています。血をもって罪を贖うという方法は、イエス・キリストの十字架を予表するものです。私たちの罪も、イエスの血の犠牲がなければ赦されないものでした。

天からの雨

処刑すべき7人を選択するのは、ダビデにとっては苦渋に満ちた務めでした。彼は、ヨナタンの子メフィボシェテをその候補から外しました。彼が選んだのは、（1）サウルの死後、将軍アブネルと通じた前歴を持つサウルのそばめリツパの2人の子ども、（2）ダビデの妻になる予定であったのに、アデリエルの妻になってしまったサウルの娘メラブの5人の子ども、計7人でした。この7人は、大麦の刈り入れの始まった頃（今の4月頃）に山の上で死刑となり、さらし者にされました。彼らの処刑が公にされたことで、主の憤りが静められました。

彼らの遺体は、野ざらしになっていました。それを猛禽と野獣の被害から守ったのが、リツパでした。彼女は、およそ半年間、岩の上で見張りを続けました。雨季（10月）になって、天からの雨が降りました。つまり、主の怒りが静まり、この地が癒やされたということです。雨を喜び、またリツパの行為に感動したダビデは、それまでそのままになっていたサウルとヨナタンの埋葬に着手します。ヤベシュ・ギルアデにあったサウルとヨナタンの骨が運ばれ、さらし者にされた7人の遺骨とともに、ベニヤミン族の地にあるサウルの父キシュの墓に葬られました。これらのことはすべて、神を喜ばせました。

ダビデの最後の戦い

15～22節の内容は、アブサロムの反乱の前に起こった出来事です。敵はペリシテ人ですが、これは、ダビデが自ら戦場に出て指揮を執る最後の戦いとなりました。この戦いで、ダビデはガテ出身の巨人ゴリヤテの親族イシュビ・ベノブによって、危うく殺されそうになりました。この時ダビデを救ったのが、アビシャイです。ダビデの部下たちは、ダビデが殺されそうになったことにショックを覚え、今後は戦いの前線に出ないようにと懇願します。ダビデの存在は、イスラエルの「ともしび」そのものだったのです。しかし、ダビデが活躍できなくても、彼の部下たちが不足を補って余りある働きをしました。ゴリヤテの子孫である巨人たちを打ち殺した勇士が、4人いました。（1）ツェルヤの子アビシャイ（ダビデの甥）、（2）フシャ人シベカイ、（3）ベツレヘム人ヤイルの子エルハナン、（4）ダビデの兄弟シムアの子ヨナタン。

すべての人が、最後の戦いである「死との戦い」に直面するようになります。そのとき、ダビデがそうであったように、私たちにも強力な助け手が与えられます。それはイエス・キリストご自身です。「しかし、これらすべてにおいても、私たちを愛してくださった方によって、私たちは圧倒的な勝利者です」（ローマ8・37）。死との戦いに備える人生を歩んでいる人は幸いです。

サムエル記第二22章

彼は言った。「主よ、わが巌、わが砦、わが救い主よ、身を避ける、わが岩なる神よ。わが盾、わが救いの角、わがやぐら、わが逃れ場、わが救い主、あなたは私を暴虐から救われます。」

（サムエル記第二22・2〜3）

この章から、以下のことを学びましょう。（1）ダビデは、自らの解放の経験を歌いました。（2）ダビデの経験は、すべての信者の経験と合致します。（3）私たちには、神をたたえるべき理由が、いくつもあります。

この詩の特徴と神のご性質

ダビデは、主をたたえる歌を歌いました。ここでは、2つの方法で神への賛美が献げられています。（1）神の性質を列挙し、そのゆえに神をたたえる。（2）神のわざを思い出し、それゆえに神をたたえる。ちなみに、この詩は毎年過越の祭りの7日目に、ユダヤ人の会堂で朗読されています。

ダビデは神のご性質を9つ挙げ、神をたたえています。①巌、②砦、③救い主、④岩なる神、⑤盾、⑥救いの角、⑦やぐら、⑧救い主、⑨逃れ場。この9つのことばの前に、必ず「わが」が付けられています。神を身近に感じていたことが分かります。

預言的未来の描写

ダビデは、未来のことについて、すでに起こったかのように歌いました（8〜16節）。その内容は、キリストの再臨に関するものです。神がダビデにしてくださった解放のわざは、将来、神がイスラエルのためにしてくださる解放のわざの「型」です。神は、ダビデが困難に遭っていた時に、問題に介入し、彼を救出されました。それと同じように、神は歴史に介入し、ご自身の民イスラエルを解放されます。それが、再臨の時に起こるのです。

主の救いとその理由

ダビデは、再び自分の時代に戻り、これまでに体験した主による解放について歌います。（1）主は、私たちのいる所に下ってくださり、御手を伸べてくださる。(2)主は、私たちを捕らえてくださる。(3)主は、私たちを大水から引き上げてくださる。大水とは比喩的表現で、数々の患難を指します。(4)主は、私たちを力ある敵から救い出してくださる。(5)主は、私たちを広い所に連れ出してくださる。広い所というのは、安全な場所のことです。

主がダビデを救出された理由は、彼が信仰者として常に聖と義を追い求め、罪と悪から身を守ろうとしていたからです。罪を犯した時、ダビデは熱心に悔い改めました。その結果が詩篇51篇となって残りました。

完全な主の道

ダビデは、神をさまざまなものにたとえて、その御名をほめたたえています。(1)主は、人生の暗やみを照らす「ともしび」です。(2)主は、私たちに城壁を飛び越える力を与えてくださいます。城壁とは、戦いをイメージしたことばですが、様々な困難と解釈してもいいでしょう。(3)主は、すべて主に身を避ける者の「盾」です。主に身を避けるとは、聖書のことばを信頼して歩むことです。(4)主は、「力強い砦」です。主の他に神はいません。かつてダビデは、石投げ器を武器としていた少年でしたが、最後は青銅の弓を引くほどの戦士となりました。そのように、主は私たちを訓練し、「神の戦い」に勝利するように導いてくださいます。

生きておられる主

ダビデは、自分が連戦連勝の恵みに与ったのは、主の恵みによると歌っています。

最後にダビデは、力一杯主をほめたたえています。(1)偶像にはいのちはありません。しかし、イスラエルの神、ダビデと契約を結んだ神は生きておられます。(2)主は、私たちを敵の手から救い出してくださるお方です。(3)ダビデは国々の中で、主の御名をたたえています。私たちも、この世にあって、主の御名をたたえるべきです。(4)主は、預言者ナタンを通してダビデに与えた契約を守り、とこしえに恵みを施されるお方です。救い主イエスは、そのダビデの子孫として誕生されます。

私たちの人生には、自分の力ではどうにもならない試練がやってきます。私たちにとって重要なのは、信仰によって超自然的な力を受け、それを武器として戦うことです。神に信頼するとは、神のことばである聖書を読み、その教えを実践することです。それゆえ、日々のデボーションが重要なのです。祈りによって神と交わり、聖書を通した神からの語りかけに従順に歩むなら、自分でも説明できないような力に満たされるようになります。

サムエル記第二23章

これはダビデの最後のことばである。エッサイの子ダビデの告げたことば。いと高き方によって上げられた者、ヤコブの神に油注がれた者の告げたことば。イスラエルの歌の歌い手。

（サムエル記第二23・1）

この章から、以下のことを学びましょう。（1）ダビデは、主の霊によって霊感を受け、預言の歌を歌いました。（2）ダビデ王国は、忠実な勇士たちによって支えられました。（3）37人の勇士たちの名が挙げられます。

ダビデの最後のことば

「最後のことば」とは、遺言という意味ではなく、ダビデの最後の歌、最後の預言という意味です。ダビデは、自分のことを「イスラエルの歌の歌い手」として紹介しています。詩篇150篇のうちの73篇までが、ダビデの作とされています。実際は、もっと多かったかもしれません。

ダビデの詩（預言）は、主の霊（聖霊）によって霊感を受けて書かれたものです(2節)。この聖句は、聖書の霊感を説明するのに有効なものです。

この歌の内容は、名君とはどのような人であるかを歌ったものです。（1）名君とは、公義と敬虔をもって人々を治める王のことです。そのような王は、さん然と輝く朝日のようであり、雨に濡れた若草を照らす日の光のようです。（2）これは、ダビデの子である主イエスの生涯を預言したことばでもあります。（3）ダビデは自らの生涯を振り返り、自分が完璧でも義なる王でもなかったと感じています。しかし彼は、永遠の契約（ダビデ契約）のゆえに、不十分な自分でも主の守りの中にあることを信じ、主に感謝しています。（4）さらに、主は自分の救いを完成してくださるとの信仰を告白しています。（5）最後に彼は、「よこしまな支配者は人々に害と苦痛しか与えない存在であり、それに触れる者は傷を負わされるだけである。その者には苛酷な裁きと滅亡が待っている」と預言しています。

3人の勇士たち

ダビデ王国が確立される背後には、ダビデを支えた勇士たちの存在がありました。その筆頭に来るのが、3人の勇士たちです。（1）タハクモニ人ヨシェブ・バシェベテ。彼は、槍を使って一度に８００人を突き殺した戦士でした。（2）アホアハ人ドドの子エルアザル。彼はペリシテ人との戦いで大活躍した戦士です。（3）アラル人アゲの子シャンマ。彼は同胞たちが逃亡してしまった後に、ひとりレンズ豆の畑に踏みとどまってペリシテ人と戦い、彼らを討ち殺しました。

その他の勇士たち

それ以外に、30人の勇士（これは概数です）と呼ばれる人々がいました。その中の3人は、特に大きな貢献をしました。ヨアブの兄弟アビシャイ、エホヤダの子ベナヤ、名の記されていないもう1人の勇士がそれです。この3人に関する興味深いエピソードが記されています。ダビデがサウル王から逃れていたころ、アドラムの洞穴にいた彼は、ベツレヘムの門にある井戸の水を渇望しました。これは、ホームシックから出たことばで、文字どおりに受け取らなくてもよいものです。ところが、この3人の勇士たちは、それを真に受けて、敵陣を突き抜け、いのちがけでベツレヘムの門にある井戸の水を汲んで来ました。彼らの行為に感激したダビデは、その水を飲もうとせず、そのまま主の前に注ぎ出しました。その水は、部下の血そのものだと思ったからです。

この3人の勇士の行為は、イエス・キリストの贖いのわざを思い起こさせます。主イエスは私たちに永遠のいのちに至る水を提供するために、十字架の上にいのちを投げ出してくださいました。そのいのちの犠牲を無駄にしない唯一の方法は、主イエスを信じてこのお方から永遠のいのちに至る水を飲むことです。

39節には「合計37人」とありますが、計算法はこうだと思われます。第一グループの3人、第二グループの2人、第三グループの32人(24～39節)。これで、合計37人になります。

ダビデ王国は、これらの勇士たちの貢献によって確立され、維持されました。彼らは自らの賜物を王国建設のために献げました。これは、新約時代にも当てはまる原則です。私たちにはそれぞれ異なった特徴、賜物、使命が与えられています。つまり、神の国拡大のためにすべての人が必要とされていると いうことです。パウロは、こう書いています。「一つのからだには多くの器官があり、しかも、すべての器官が同じ働きをしてはいないように、大勢いる私たちも、キリストにあって一つのからだであり、一人ひとりは互いに器官なのです」(ロマ12・4～5)

サムエル記第二24章

さて、再び主の怒りがイスラエルに対して燃え上がり、ダビデをそそのかして、彼らに向かわせた。「さあ、イスラエルとユダの人口を数えよ」と。
（サムエル記第二24・1）

この章から、以下のことを学びましょう。（1）人口調査の罪のゆえに、神の罰が下ります。（2）ダビデは、3つの選択肢の中から、3日間の疫病を選びます。（3）ダビデは、エブス人アラウナから、神殿の用地を購入します。

兵を数える罪

24章1節に、「再び主の怒りが、イスラエルに対して燃え上がり」とあります。しかし、怒りの原因は記されていません。歴代誌第一21章にある並行記事を読みながら、何が起こったのかを見てみましょう。

人口調査をするようにダビデを誘惑したのはサタンですが、その誘惑に乗ったのダビデにも責任があります。問題は、人口調査そのものよりも、それを行った動機です。考えられるのは、軍事力の増強、徴税、単なる傲慢、などですが、恐らく最後の「傲慢」が問題になったのでしょう。

人口調査を命じられたヨアブや将校たちはためらいますが、ダビデが強要したため、従わざるを得ませんでした。部下たちは全地を行き巡り、9か月と20日をかけてその任務を完成させました。その結果、イスラエルの兵士80万、ユダの兵士50万という人数が王に報告されました。この人数は、兵役に就くことのできる成年男子の数です。

軽微なことでも、神の目には重大な罪であることが往々にしてあります。本人が気づかなくても、周りの人が気づく場合もあります。ヨアブや将校たちは、ダビデよりも霊性が劣る人たちですが、その彼らが、「……なぜわが主は、このようなことをお求めになるのですか。なぜイスラエルに罪過をもたらされるのですか」（1歴21・3）と問いかけます。

神の裁き

人口調査が終わると、ダビデ自身も良心のとがめを覚えるようになります。彼は、神の前に自らの罪を告白します。すると翌朝、預言者ガドが訪ねて来て、主からの懲罰として3つの可能性があることを告げます。3年間の飢饉（7年間というのは書記のミスでしょう）、3か月の敗走、3日間の疫病。ダビデは、3日間の疫病を選びます。ききんを選ぶと、食物を持っている者に頼ることになります。敗走を選ぶと、敵に追いかけられることになります。ダビデは人の手に陥ることを嫌ったのです。

こうして神の裁きが始まりました。その結果、人口調査が行われた全地域で7万人が病死しました。ダビデは、国を成り立たせているのは兵力ではなく、神の力であることを思い知らされたことでしょう。御使いがエルサレムを疫病で打とうとした時、主は「もう十分だ。手を引け」とお語りになりました。その時、主の使いは、エブス人アラウナの打ち場の傍らにいました。この場所は、アブラハムが息子イサクを献げたモリヤの山です。

民を打っている御使いを見たダビデは、自らの罪を告白し、とりなしの祈りを献げます。民に罪はないのだから、自分と自分の家を打ってほしいというのがその祈りの内容です。

神殿用地の購入

預言者ガドが再びやって来て、主のための祭壇を築くようにとダビデに告げます。祭壇を築く場所は、アラウナの打ち場です。ダビデはアラウナを訪問し、事の次第を伝えます。彼は、先住民であるエブス人の生き残りです。アラウナは、すべて無料で差し出すと申し出ますが、ダビデは、費用もかけずに主にいけにえを献げることなどできないと答えます。結局ダビデは、打ち場と犠牲の牛の代金として、銀50シェケルを支払いました。歴代誌第一21章25節では、ダビデが600シェケル支払ったことになっていますが、その額は、神殿の用地全体の代金なのでしょう。

ダビデはアラウナの打ち場に祭壇を築き、そこで全焼のささげ物と、交わりのためのいけにえを献げました。そのとき主は、その豊かな憐れみのゆえに、疫病をとどめ、イスラエルを救われました。祭壇が築かれた場所は、アブラハムが息子イサクを献げたモリヤの山です。ソロモンの神殿は、この場所に建設されることになります。ダビデがそこを購入したことは、イスラエルの歴史において特記すべき出来事となりました。

今でもイスラエル人たちは、ダビデが祭壇の土地をアラウナから購入したという理由で、神殿の丘の所有権を主張しています。私たちクリスチャンにとっては、その場所は御子イエスの贖いの死を象徴する場所です。御子イエスが流された血のゆえに、私たちは神の裁きから解放されました。

列王記第一1章

祭司ツァドクは天幕の中から油の角を取って来て、ソロモンに油を注いだ。彼らが角笛を吹き鳴らすと、民はみな、「ソロモン王、万歳」と言った。
(列王記第一1・39)

この章から、以下のことを学びましょう。(1)老年になったダビデは、肉体的に急速に衰えます。(2)ダビデの4番目の息子アドニヤは、父が存命中に王座を狙います。(3)それに対して、預言者ナタンとバテ・シェバが対抗策を講じます。(4)その結果、ソロモンが王座に着きます。

王座を狙うアドニヤ

ダビデは、死の直前には肉体的に非常に弱くなったようです。ダビデの4番目の息子アドニヤは、「私が王になる」と心に決め、戦車、騎兵、そして50人の衛兵を手に入れます。彼は、父から叱責や訓練を受けないままで大人になった人物です。彼の自己中心的な性格の遠因は、ダビデにあります。

イスラエルにおける王位継承法は、①神が王を選び、②預言者がその事実を民に伝える、というものです。アドニヤの問題点は、神の選びが明らかにされる前に、王のように振る舞い始めたところにあります。

彼は、将軍ヨアブ、祭司アヒメレクの子エブヤタルなど、有力な支持者を自分の回りに集めました。さらに、派閥の結束力を強めるために、宴を催しました。自分の兄弟たちをすべて招いたのは、彼らに王位継承権の放棄を迫るためです。彼は、支持人だけを招き、敵対者は除外しました。招待から漏れたのは、預言者ナタン(宗教的力を持っている)、ベナヤ(軍事的力を持っている)、兄弟ソロモン(王位継承者)などです。

ナタンとバテ・シェバの反撃

預言者ナタンは、バテ・シェバにこう助言します。(1)ダビデ王のもとに行き、王がソロモンの王位継承を約束したという事実を思い出させるべきである。(2)自分も後から入って行って、あなたのことばが確かであることを保証しよう。

もしダビデの記憶が薄れていたとしても、ナタンが証人になるなら、ソロモンの王位継承に正当性が生まれます。バテ・シェバは、ナタンの助言に従って、ダビデ王に以下のように直訴します。(1)ダビデ王は、国政の現状から遠ざかっている。(2)アドニヤは、自らの派閥を形成している。(3)王は直ちに王位継承者を公に宣言すべきである。(4)もしアドニヤが王になるなら、自分とソロモンの命が危ない。

彼女がダビデ王に話しかけている最中に、預言者ナタンが到着します。彼は、「王よ。あなたは『アドニヤが私の跡を継いで王となる。彼が私の王座に就く』とおっしゃったのでしょうか」(24節)と尋ねます。そして、アドニヤ即位の宴が今進行中であることを告げ、「このことは、王から出たことなのですか。あなたは、だれが王の跡を継いで王座に就くのかを、このしもべに告げておられません」(27節)と迫ります。ナタンのことばを聞いて、ダビデはすぐに、ソロモンを後継者に指名します。

ソロモンの油注ぎ

ダビデは、祭司ツァドク、預言者ナタン、エホヤダの子ベナヤの3名を招集し、ギホンの泉のそばでソロモンへの油注ぎの儀式を行わせます。油注ぎを受けたソロモンは、行列を作ってダビデの町に上り、王座に着きます(ダビデとの共同統治が始まりました)。民はこぞって「ソロモン王、万歳」と叫びました。

アドニヤとその招待客たちは、都から聞こえてくる角笛の音を聞いて不安を覚えます。そこに、祭司エブヤタルの子ヨナタンがやって来て、ソロモンが即位したことを告げます。招待客たちは、すぐにそこから逃げ去りました。アドニヤは、突如、孤立したのです。「アドニヤもソロモンを恐れて立ち上がり、行って祭壇の角をつかんだ」(50節)。彼が祭壇の角をつかんだのは、そこが彼にとっては逃れの場となったからです(出21・13〜14)。

ソロモンは、寛容な態度でアドニヤの処置に当たりました。ソロモンが求めたのは、アドニヤが謀反を起こさず、善良な臣下として生きることです。ソロモンは、アドニヤを祭壇から降ろさせ、「家に帰りなさい」とだけ告げて、彼に恵みを施しました。ソロモンは、キリストの型です。

これでアドニヤの問題は一件落着したかのように見えますが、そうではありません。彼は、愚かにもソロモンに反抗し、その結果、死刑に処せられます。自分が受けた恵みを忘れる者、また、失敗から学ばない者は、愚か者です。私たちは、神から大いなる恵みを受けました。その恵みに応答して生きることを志そうではありませんか。

列王記第一2章

ダビデの死ぬ日が近づいたとき、彼は息子のソロモンに次のように命じた。「私は世のすべての人が行く道を行こうとしている。あなたは強く、男らしくありなさい。」（列王記第一2・1～2）

この章から、以下のことを学びましょう。（1）ダビデはソロモンに遺言を与えて死にます。（2）ソロモンは、統治の初期の段階で、「恵み」と「知恵」によって難問題を解決します。（3）3人の危険人物（エブヤタル、ヨアブ、シムイ）がいましたが、彼ら全員が取り除かれます。

ダビデの遺言

ダビデは、自らの死を予感し、ソロモンに遺言を語ります。モーセの律法への従順は、2つの祝福をもたらすというのです。①ソロモンの治世に注がれる祝福。②ダビデ王朝（ダビデの家系）全体に注がれる祝福。ダビデ契約のゆえに、ダビデの家、王国、王座の3つが永遠に立つことが確認されました。

さらにダビデは、ヨアブとシムイをそのまま放置してはならないと命じます。もし彼らを放置した場合は、正義が成り立たず、王国が危険にさらされます。それとは正反対に、ギルアデ人バルジライの子らに関しては、恵みを施すようにと命じました。

ダビデの死とともに、王国の全盛時代が終わります。彼は40年間イスラエルを統治しました。重大な罪を犯したこともありましたが、基本的には神に忠実に歩んだ名君でした。列王記第一と第二の視点から考えると、ソロモンを後継者に選んだことは、ダビデの大きな功績です。「ダビデは先祖とともに眠りにつき」という表現に注目しましょう。死は、一時的な眠りです。ダビデには復活の希望がありました。私たちもまた、キリストにあって同じ希望を抱いていています。

アドニヤの陰謀

アドニヤの心の中には、ソロモンを追放して自分が王座に着くという野望が依然として宿っていました。彼は、バテ・シェバに、アビシャグを妻にしたいと申し出ます。アビシャグは、ダビデの最後の側室です。これは、王座を狙っていることを暗示する重大事件です。バテ・シェバは、アドニヤの願いをそのまま息子のソロモンに伝えます。それを聞いたソロモンは激怒し、アドニヤを処刑します。刑の執行人は、エホヤダの子ベナヤでした。

祭司エブヤタル、ヨアブ、シムイ

（1）ソロモンは、祭司エブヤタルを処刑することもできましたが、そうはしませんでした。その理由は、エブヤタルはダビデと苦しみをともにしてきた人物であり、「契約の箱を担いだ祭司」でもあったからです。ソロモンは、政治的理由で、エブヤタルを祭司職から罷免しました。この罷免によって、シロで語られたエリの家族に関する預言は成就しました（1サム2・30～35参照）。

（2）アドニヤが処刑され、エブヤタルが罷免されたことで、ヨアブは、次は自分が処刑される番であることを察知しました。彼は、アドニヤの場合と同じように祭壇の角をつかみますが、殺人者にはこの規定は適用されません。ソロモンは、エホヤダの子ベナヤを派遣し、ヨアブを討ち取らせます。ヨアブは、荒野にある自分の敷地に葬られました。ソロモンがヨアブを処刑した理由は、ダビデ王朝から血の呪いを取り除くためです。ヨアブはかつて、善良な2人の将軍（イスラエルの将軍アブネルとユダの将軍アマサ）を殺害しました。ヨアブの死とともに、ソロモンに敵対する勢力は壊滅状態になりました。

（3）シムイはサウルの家の一族で、かつてダビデがアブサロムの反乱から逃れていた際に、激しいことばでダビデを罵倒した人物です（2サム16・5～13参照）。ソロモンは、シムイをエルサレムに閉じ込めるという策に出ました。キデロンの谷（町の東側にある水なし川）が行動の境界線となりました。もしこの命令を破った場合は、死刑になります。シムイは、エルサレムに住むことに同意しました。それから3年後、シムイは、ガテ（エルサレムから南西に約45キロ）に逃げた2人の奴隷を連れ戻すために、エルサレムを離れました。つまり、エルサレムから離れてはならないという命令に違反したのです。ソロモンは、ベナヤを遣わして、シムイを討ち取りました。

ソロモンは危険人物たちを取り除きましたが、それらはすべて「恵み」と「知恵」によって行われました。統治の初期において、これほどの手腕を発揮したソロモンの知恵は、見上げたものです。私たちにも、主からの知恵が必要です。「恵み」と「正義」を両立させるような生き方を求めようではありませんか。

列王記第一3章

全イスラエルは、王が下したさばきを聞いて、王を恐れた。神の知恵が彼のうちにあって、さばきをするのを見たからである。（列王記第一3・28）

この章から、以下のことを学びましょう。（1）エジプトの王ファラオと姻戚関係を結ぶのは、得策ではありません。（2）ギブオンで、主は夢のうちにソロモンに現れます。（3）ソロモンは、民を裁くために必要な知恵を求めます。（4）神はその願いに応え、彼に知恵を与え、その上、富と誉れまで与えます。（4）2人の女の訴えに対する裁きで、ソロモンの知恵が発揮されます。

ギブオンでの神の顕現

エジプトとの平和条約の締結は、ソロモン王国の力が増したことを示しています。ソロモンはファラオの娘を娶りますが、これは政略結婚です。異教の女との結婚によって偶像礼拝がもたらされる可能性について、彼は無頓着です。列王記の記者は、この結婚を切っ掛けに、ソロモンの建築プロジェクト（王宮、神殿、城壁）が開始されたと書いています。

神殿が建設される前は、イスラエルの民は、「高き所」でいけにえを献げていました。ソロモンも、同じようにしていました。ある日彼は、いけにえを献げるためにギブオン（エルサレムの北東約12㎞）に行きました。そこには、幕屋と青銅の祭壇がありました（2歴1・5～6）。当時、契約の箱はエルサレムに安置されていました。ギブオンで、主は夜の夢のうちにソロモンに現れ、こう言われます。「あなたに何を与えようか。願え」。この顕現は、ソロモンによる王位継承と政敵の排除（2章参照）を、神が受け入れたということを示しています。さらに、ソロモンが忠実に歩んでいるので、神がダビデ契約の祝福を彼に与え始めたことも示しています。

ソロモンの願い

主が夢の中に現れたとき、ソロモンは、自分が王になったのは、父ダビデに与えられた恵みのゆえであることを認めます。つまり、ダビデ契約の条項が成就したことを認めたのです（2サム7・12参照）。

次に彼は、自分が王として実力不足であることを告白します。ソロモンが統治しようとしている民は、神の選びの民であるがゆえに、偉大な民です。しかも、人口が急速に増加しつつあります。そこでソロモンは、「聞き分ける心をしもべに与えてください」と神に願います。「聞き分ける心」とは、神の御心を聞き分け、善悪を判断する心です。

神からの答え

ソロモンは、利己的な願いを脇に置き、民の祝福を優先させました。彼の無私の願いを、神は喜ばれました。ソロモンには、知恵の心と判断する心が約束されました。その結果、ソロモンは先にも後にも例を見ないほどの名君となりました。しかし、神の祝福はそこで終わらず、彼には富と誉れも約束されました。富と誉れは、民を統治するための強力な武器となりました。ソロモンが願わなくても、神は彼に必要なものをご存知でした。

その後、ソロモンはエルサレムに戻って、契約の箱の前で全焼のささげ物と交わりのいけにえを献げ、祝宴を開きました。これは、ソロモンがギブオンで与えられた神のことばを理解したということを表しています。

ソロモンの裁き

困難な裁定は、王の裁きに委ねられていました。この章に出てくる2人の遊女の訴えの場合もそうです。王の前に立った2人の遊女は、同じ家に住み、わずか3日の差で子を産みました。ところが、片方の女は夜の間に自分の子を窒息死させてしまい、死んだ子を、まだ生きている他人の子と取り換えました。この裁きが難しい理由は、両方とも生きているのが自分の子であると強く主張しており、他に証人がいない点です。ソロモンは、生きている子どもを剣で2つに断ち切り、それぞれが半分ずつ取るように命じます。実の母親は、自分の子を哀れに思って胸が熱くなり、「わが君、お願いです。どうか、その生きている子をあの女にお与えください。決してその子を殺さないでください」と申し出ます。母親でない女は、「……断ち切ってください」と言います。ソロモンは直ちに裁定を下し、「生きている子を初めのほうの女に与えよ。……彼女がその子の母親である」と宣言します。
この裁定が全国に知れ渡ると、民は王を恐れました。これは、ソロモンの王国が確立したことを意味しています。

ソロモンの願いから教訓を学びましょう。「まず神の国と神の義を求めなさい。そうすれば、これらのものはすべて、それに加えて与えられます。」（マタ6・33）。この聖句が心に迫ります。

列王記第一4章

ユダとイスラエルの人々は海辺の砂のように多くなり、食べたり飲んだりして、楽しんでいた。
（列王記第一4・20）

この章から、以下のことを学びましょう。（1）ソロモンは、有能な人材を要職に就けます。（2）また彼は、王国を12の行政区に分け、それぞれに守護を任命します。（3）ソロモン王国の上に、アブラハム契約とダビデ契約の祝福が成就します。（4）繁栄は、ソロモンにとって罠となります。

ソロモンの高官たち

適材適所の任命こそが、王国を安定させる基本です。ここには、11人の高官の名前が上げられています（重要な人の名だけが書かれていると思われます）。

①「ツァドクの子アザルヤは祭司」。アザルヤはツァドクの孫です。②と③「シシャの子たちのエリホレフとアヒヤは書記」。書記は、内政、外交に関

する勅令を発布します。④「アヒルデの子ヨシャファテは史官」。史官は、書記の補佐官でしょう。⑤「エホヤダの子ベナヤは軍団長」。ベナヤは、ソロモン王国の確立に貢献したので、軍団長とされました。⑥と⑦「ツァドクとエブヤタルは祭司」。ツァドクはソロモンを支持したので、引き続き大祭司にとどまり、エブヤタルはアドニヤを支持したために、職を追われました（1列2・27参照）。⑧と⑨「ナタンの子アザルヤは政務長官、ナタンの子ザブデは祭司で王の友」。預言者ナタンはソロモンを支持したので、彼の2人の息子たちは、政府高官に抜擢されました。⑩「アヒシャルは宮廷長官」。彼は、宮廷の建設に貢献するようになります（1列7・1〜12参照）。⑪「アブダの子アドニラムは役務長官」。アドニラムは、神殿の建設に貢献するようになります。

ソロモンの行政区

ソロモンは、王国を12の行政区に分割し、それぞれの行政区に守護（行政官）を任命します。守護の任務は、徴税です。彼らは、毎月交代で、宮廷に税を納めました。

行政単位の区分は、部族ごとの領土の境界線とは必ずしも合致していません。この方法によって、部族間の敵対感情を和らげようとしたのです。守護の中には、ベン・アブナダブとアヒマアツというソロモンの義理の息子が2人含まれています。彼らは、不穏な動きを報告する見張り役です。

ソロモン王国の繁栄

繁栄のしるしの1つは、人口増加です。これは、王国が平和と繁栄の時代に入ったことを示しています。また、豊かな食糧も繁栄のしるしです。周辺諸国からも、貢ぎ物が献げられました。周辺諸国とは、ダビデが征服した諸国です。これによって、アブラハムに約束されたことが成就しました（創15・18〜21参照）。「これはソロモンが、あの大河の西側、ティフサフからガザまでの全土、すなわち大河の西側のすべての王たちを支配し、」とありますが、これは、実効的な支配というよりは、「平和があった」（24節）という意味での影響力と理解した方がよいでしょう。実際の統治は、「ダンからベエル・シェバに至るまで」（25節）です。この表現は、イスラエルの領土を表す慣用句です。

この段階で、民が預言者サムエルに語った「ほかのすべての国民のように」（1サム8・5）という願いは実現しました。しかし、モーセが命じた「軍備を増やすな」という命令（申17・14～20）と、サムエルが警告した「王による重税策と徴兵策の労苦」（1サム8・10～18）は、忘れ去られました。イスラエルが神の選びの民としての伝統的な生き方から離れる時、そこに、大きな試練が待っていることは言うまでもありません。

ソロモンの知恵は、バビロン（東の人々）やエジプトの知者たちのそれにまさっていました。彼の名声を聞いて、周辺諸国から多くの人たちが訪ねて来ました（マタ12・42、ルカ11・31参照）。

3章と4章のまとめ

ソロモン王国の繁栄は、神の約束の成就と見ることができます。（1）アブラハム契約の条項である土地の約束と祝福の約束が、成就しました（創12・1～9）。（2）ダビデ契約の条項である世継ぎの約束と平和の約束が、成就しました（2サム7・7～17）。（3）ソロモンに知恵を与えるという神の約束が成就しました。

ソロモンに与えられた課題は、神の恵みに応答して生き、統治するということです。果たしてソロモンは、そのような生き方をすることができるでしょうか。この疑問を読者に抱かせながら、列王記の記述は続きます。ソロモンの人生が教えていることは、繁栄は時には罠となるということです。このことは、私たちにとっても大きな教訓となります。

列王記第一5章

「今私は、私の神、主の御名のために神殿を建てようと思っています。主が私の父ダビデに、『わたしがあなたの代わりに王座に就かせるあなたの子、彼がわたしの名のために家を建てる』と言われたとおりです。」（列王記第一5・5）

この章から、以下のことを学びましょう。（1）ソロモンとツロの王ヒラムは、神殿建設に関する契約を結びます。（2）両者ともに知恵のある王でしたので、互いに益のある道を選ぶことができました。（3）ソロモンは、神殿建設に必要な労働力を「徴用」で賄おうとしましたが、この政策には、ある種の危険性が潜んでいます。

ツロの王ヒラムへの依頼

ツロの王ヒラムは、ダビデと友好関係を維持していました。サムエル記第二5章11節によれば、ヒラムは、ダビデが王宮を建設する際に材料と人夫を送り、その事業を助けています。これは、ツロの平和と繁栄のために必要な外交政策でした。ヒラムは、ソロモンによる新しい統治を祝福するために、使者を遣わしました。目的は、父ダビデの時代と同じように、平和な関係を維持するためです。

ソロモンはこれを好機と捉え、ヒラムに手紙を送ります。この手紙は、契約書の形式を取っています。（1）父ダビデは、周囲の国々との戦いのために、神殿を建てる機会を得ることができなかった。（2）しかし今、主は私（ソロモン）に、かつてなかったような平和と安定を与えてくださった。（3）それゆえ、私（ソロモン）は、主の名のために神殿を建てようと思う。（4）しかし、自分の国には杉材も熟練工もいないので、協力を願いたい。もちろん、賃金は支払うつもりである。

注目すべきは、5節のことばです。「……主が私の父ダビデに、『わたしがあなたの代わりに王座に就かせるあなたの子、彼がわたしの名のために家を建てる』と言われたとおりです」。ソロモンは、神がダビデに約束された内容（ダビデ契約）を知っていました（2サム7・12、13参照）。つまり、ソロモンが神殿を建設する動機は、神学的なものだったということです。私たちが行動する際の動機も、神学的なものでなければなりません。つまり、神の御心を実現するために働くということです。

ヒラムからの回答

ヒラムもまた知恵ある王です。彼は、ソロモンが自分に助けを求めてきたことを大いに喜びます。ソロモンとも平和な関係を維持することが、国益につながるからです。ヒラムは、ソロモンが王となったことを、ダビデ契約の成就と見ています。これもまた、知恵ある解釈です。

ヒラムは、ソロモンの契約書に同意しますが、そこに2つの修正案を付け加えます。（1）ツロの人たち（ヒラムのしもべたち）とソロモンのしもべたちは、別々に働くこと。具体的には、切り出した木材をいかだに組んで、海路、イスラエルに届けることが提案されました。（2）賃金の支払いに代えて、ヒラムの宮廷に食物を提供すること。ソロモンはその要求を受け入れました。ツロの地では小麦とオリーブ油の収穫量が少なかったので、このような合意になったのでしょう。

強制労働

ソロモンは、神殿建設に必要な労働力を「徴用」で賄おうとしました。つまり、イスラエル人の庶民を強制的に労働に就かせたのです。古代王国では度々採用された手法ですが、ソロモンはそれを大規模に、徹底的に行いました。

イスラエル人でない奴隷たちも、労役に服しました。人数は、荷役人夫7万人、山で石を切り出す者8万人、工事監督の長3300人です。イスラエル人の役務者を含めると、合計18万3300人になります。神殿建設は、大規模な労働力を必要とした大工事だったのです。

徴用は、一般民衆の不評を買う政策です。イスラエルの民が暴動を起こさなかったのは、ソロモンの知恵のゆえでしょう。3万人の役務者たちは、3か月の内の2か月は、自宅で暮らすことができました。ソロモンは、神殿建設には国家的信仰と威信がかかっていることを、民に教えたはずです。それにもかかわらず、ソロモンの政策にはある種の危険性が伴っています。過剰なまでに規模と栄華を求めるなら、民の負担は耐え難いものになります。
　私たちに関しては、ソロモンを反面教師として、神の前における節度と慎みを学ぼうではありませんか。

列王記第一6章

「あなたが建てているこの神殿のことであるが、もし、あなたがわたしの掟に歩み、わたしの定めを行い、わたしのすべての命令を守り、これによって歩むなら、わたしはあなたについてあなたの父ダビデに約束したことを成就しよう。わたしはイスラエルの子らのただ中に住み、わたしの民イスラエルを捨てることはしない」。

（列王記第一6・12〜13）

　この章から、以下のことを学びましょう。（1）神殿の建設は、静寂の中で行われました。（2）神殿は、キリストの型です。（3）礼拝の場は、幕屋から神殿に代わりました。（4）やがてイスラエルの民は、信仰の本質からそれ、神殿があるという事実に安住するようになります。

神殿の規模

神殿のサイズは概数で、27m×9m×13・5mです。面積は243平米（約70坪）ですから、現代の感覚では決して大きなものではありません。本堂の前に、玄関が設けられました。また、神殿の周りには、3階建ての脇間が造られました。これは、祭司たちの部屋として、あるいは倉庫として使用されるものです。

内装材として、杉材がふんだんに使用されました。ソロモンは、神の宮を喧噪の中で建ててはならないと思ったようです。石材の加工はすべて事前に行われ、工事現場では、組み立てだけが行われました。これには、工人が石に像を刻むのを阻止する目的もあったと思われます。

神殿建築中の主のことば

列王記の記録には、あるパターンがあります。行動や出来事を先に記し、その後で神のことば（神による評価）を記すというものです。たとえば、1～2章に記された内容（ソロモンの王位継承）は、3章1～15節で神からの承認を受けます。5章1～7節の出来事（ソロモンがヒラムに援助を申し出たこと）は、5章12節で神からの祝福を受けます。6章でも、同じパターンが見られます。ソロモンが神殿建築に取りかかった後、神からの警告と励ましのことばが与えられます。

神は、最も基本的なことをソロモンにお語りになりました。神殿建築は確かに大事業ですが、もし本来の神の意図を見失うなら、その事業にはなんの意味もなくなります。ソロモンは、イスラエルの繁栄は神との契約関係の上に立ったものであることを知らなければなりません。契約とは、シナイ契約とダビデ契約です。神の約束の成就は、ソロモンがいかに神に忠実に歩むかにかかっています。

神殿の内装

聖所の内部には杉の板が張られ、石材が隠れるようになっていました。杉の板に、ひょうたん模様と花模様が浮き彫りにされ、その上に金が被せられました。聖所の床は、もみの木の板で張られました。

聖所の長さは40キュビト（約18ｍ）、その奥にある至聖所の長さは20キュビト（約９ｍ）ありました。割合から言うと、神殿の３分の２が聖所、残りの３分の１が至聖所です。至聖所のサイズは、長さ、幅、高さともに、20キュビト（約９ｍ）でした。

至聖所は、契約の箱を置く場所です。「内殿に関わる祭壇」とは、香の壇のことです。契約の箱を覆う天使として、2つのケルビムが作られました。ケルブ（単数形）のサイズは、高さ10キュビト（約4・5m）、広げた翼の長さも10キュビトでした。2つのケルビムが並んで翼を広げると、片方の壁から もう片方の壁まで届きました。ケルビムにもまた金が被せられました。

至聖所と聖所の壁には、ケルビムの彫刻と、種々の植物の彫刻が施されました。さらに、至聖所と聖所の床には、金が被せられました。至聖所と聖所を区切る扉は、オリーブ材で、2つ作られました。

内庭から聖所に入るための扉は、もみの木で2つ作られました。聖所の外には内庭がありました。内庭は外庭よりも一段高い位置にあり、仕切りの壁で区別されていました。

神殿が完成するのに7年半かかりました。この神殿は、4百年間建ち続けることになります。この完成によって、礼拝の中心は、粗末な幕屋から神殿に代わりました。これは大きな祝福ですが、そこには神殿を偶像化する危険性もありました。やがてイスラエルの民は、神殿がそこにあることに安住するようになります。預言者エレミヤは、偽預言者のことばに引かれていく盲目の民に向かって、こう語るようになります。「あなたがたは、『これは主の宮、主の宮、主の宮だ』という偽りのことばに信頼してはならない」（エレ7・4）。

パウロのこのことばを思い起こしましょう。「しかし私には、私たちの主イエス・キリストの十字架以外に誇りとするものが、決してあってはなりません」（ガラ6・14a）。

列王記第一7章

こうして、ソロモン王が主の宮のためにしたすべての工事が完了した。ソロモンは父ダビデが聖別した物、すなわち、銀、金、各種の用具類を運び入れ、主の宮の宝物倉に納めた。

（列王記第一7・51）

この章から、以下のことを学びましょう。（1）ソロモンは、宮殿の建設に神殿の2倍の時間を費やしました。（2）彼は、妻となったファラオの娘のためにも、大規模な家を造りました。（3）ツロの職人ヒラムが、青銅の器具を製作するために用いられました（4）ダビデが願った神殿建設の思いは、息子ソロモンによって実現しました。

宮殿の建設

ソロモンは、自分のための宮殿を建設するために、2倍の年月（13年）を費やします。宮殿は、5つの部分から成っていました。（1）レバノンの森の宮殿。武器を所蔵する場所です。（2）柱の広間。「森の宮殿」と「玄関」と「王座の広間」との間に造られました。（3）さばきのための王座の広間。ここは王の執務室です。（4）ソロモン自身が住む家。これは、「王座の広間」と同じ広さです。（5）ファラオの娘のための家。これもまた、「王座の広間」と同じ広さです。これは、ファラオに対する政治的配慮でしょう。

4種類の作品

ヒラムはツロの職人です（ヒラム王とは別人）。彼の母はイスラエル人（ナフタリ族）で、父はツロ人です。彼は、青銅の器具を作るために用いられました。神殿建設に、異邦人や混血の人が用いられたのは、興味深いことです。

ヒラムが作った4種類の青銅作品が紹介されます。（1）最初に出てくるのは2本の青銅の柱です。ソロモンはこの柱を神殿に入る玄関広間の前に立て、名前を付けました。「ヤキン」（ここにしか出てこない）の意味は、「彼（神）は確立する」です。「ボアズ」は、ダビデの曽祖父の名前で、「神によって彼は力強い」という意味です。これらの名前には、神の契約に忠実に歩むなら、王国は堅固なものとなるというメッセージが込められています。

（2）ヒラムが作った第2の作品は、「鋳物の海」です。この巨大な水盤の用途は、祭司たちの身を洗い清めることです。祭司たちは、務めに着く前後に、水盤の水で身を清めました。歴代誌第二4章6節に興味深い記述があります。「彼はまた、洗うための洗盤を十個造り、五個を右側に、五個を左側に置いた。その中で全焼のささげ物に用いるものがすすぎ清められた。『海』は祭司たちが身を洗うためのものであった」。ソロモンは、ささげ物の洗いのために、新たに洗盤10個を作っています。つまり、鋳物の海の用途を、祭司の洗いに限定したのです。鋳物の海の下を12頭の牛（青銅製）が支えていました。12頭の牛は、ソロモンの12の行政区か、イスラエルの12部族を象徴していると考えられます（恐らく後者でしょう）。

（3）ヒラムが作った第3と第4の作品は、「10個の洗盤と10個の台」です。鋳物の海とは別に、巨大な洗盤が10個作られました。洗盤の水は、種々の清めの儀式のために用いられました。洗盤は車輪を取り付けた台の上に置かれました。洗盤は相当高い所に位置しましたので、水は上から汲み出すのではなく、下部に付けた蛇口から取り出しました。10個の洗盤は、5個が神殿の右側に、5個が神殿の左側に置かれました。ヒラムはさらに、灰壺と十能と鉢を作りました。こうして彼は、全身全霊を傾けて、自らの役割をすべて終えました。

鋳造の場所

ヒラムが器具類を鋳造した場所は、「ヨルダンの低地、スコテとツァレタンの間にある粘土の地」でした。鋳型を作るための粘土が入手できたので、そこが選ばれたのでしょう。ソロモンは、これらの器具類があまりにも多かったので、青銅の重さを量ることを断念しました。この時材料となった青銅は、ダビデが蓄えていたものです（1歴18・8）。

最後にソロモンは、神殿の中で使用する用具を金で作りました。①金の祭壇。②パンを載せる金の机。③純金の燭台。④純金の皿と、芯取りばさみ、鉢、平皿、火皿など。⑤種々の扉のちょうつがい。

神殿の完成

ソロモンは、父ダビデが夢に描いた神殿の工事を完成させ、さらに神殿の宝物倉に貴金属を収めました。これらの宝は、神殿を運営するための資金となりました。ダビデは、敵から奪った戦利品を聖別し、それをソロモンに委ねていたようです。「聖別の品」を宝物倉に入れた行為は、父ダビデの信仰を敬慕し、記念するものです。

ダビデが抱いた神殿と礼拝への思いは、その子ソロモンの代に具体的な形を取りました。信仰の継承というテーマは、私たちにとっても重大な問題です。

列王記第一8章

そのとき、ソロモンは言った。「主は、黒雲の中に住む、と言われました。私は、あなたの御住まいである家を、確かに建てました。御座がとこしえに据えられる場所を」。（列王記第一8・12〜13）

この章から、以下のことを学びましょう。（1）契約の箱を至聖所に運び入れた時、シャカイナグローリーが神殿に満ちました。（2）ソロモンは、長い奉献の祈りを献げます。（3）神殿奉献式は、仮庵の祭りの時に行われました。仮庵の祭りは、メシア的王国の予表です。

シャカイナグローリー

この章は、列王記全体の中で最も重要な章です。深い神学的意味が隠されているからです。この章では、アブラハム、モーセ、ダビデに約束された内容が成就します。さらに、イスラエルの民が崩壊に向かうという警告も語られます。

契約の箱を至聖所に運び入れた時、雲（シャカイナグローリー）が神殿に満ちました。これは、神がソロモンの神殿を受け入れ、そこに臨在することを良しとされたということです。

ソロモンは、神殿建設の経緯について説明します。神殿建設は、主からダビデに命じられたものです。それゆえダビデは、常に主の名のために神殿を建てることを心がけていました。ソロモンは、主の御心によって王となり、神殿を完成させました。神殿は、主の御名と契約の箱を置くための聖なる建物です。契約の箱が象徴する契約は、出エジプトの時に主が先祖たちと結ばれたものです。つまり、神殿建設は、シナイ契約の延長線上にあるということです。

奉献の祈り

ソロモン祈りは、９つの願いから成っています。（１）ダビデ契約にあるとおりに、神の臨在と守りがあるように。これは、ダビデ、ソロモンの子孫の中から、王座に着く人が断たれることのないようにという祈りでもあります。（２）正しい裁きがなされるように。ソロモンは、自分の非力を告白し、神が正しい裁きをしてくださるようにと願っています。（３）敗戦の原因となる罪が赦されるように。神がイスラエルの罪を矯正する一つの方法は、敗戦を来らせることです。そのような時、イスラエルの民がすべきことは、神殿で悔い改めの祈りを献げることです。（４）干ばつの原因となる罪が赦されるよう。干ばつに遭った場合、民は悔い改めを告白せねばなりません。（５）その他の災害の原因となる罪が赦されるように。災害の背後には、罪の問題があります。そのような場合に必要なのは、悔い改めの祈りです。（６）神を恐れる異邦人が祝されるように。ソロモンは、「地のすべての部族は、あなたによって祝福される」（創12・３b）という約束をよく覚えており、そのために祈りました。（７）敵との戦いに勝利するように。ソロモンは、この戦いを主の御心に叶ったものに限定しています。（８）離散の地から帰還するように。もし神に対して罪を犯すなら、裁きが下ります。裁きの中で最悪のものが、約束の地からの追放です。捕囚の民となった時、イスラエルは真心から悔い改め、エルサレムの神殿の方を向いて祈る必要があります。第８の祈りは、ソロモンの時代の人たちには、未来への警告となりました。さらに、列王記の読者たち（捕囚を経験した人たち）には、慰めとなり、励ましとなりました。（9）すべての祈りが神に聞かれるように。ソロモンは、最初の祈りと似たような内容で、この長い祈りを締めくくります。

彼の祈りは、現実的であり、楽観的です。その根底には、レビ記26章や申命記27～28章の教えがあります。つまり、主は契約を守られる方だということです。

民を祝福するソロモン

長い祈りが終わると、ソロモンはイスラエルの全会衆を大声で祝福し、主の忠実さをほめたたえました。

奉献式が終わると、王と民とは、おびただしい数のいけにえを献げました。これは「交わりのいけにえ」です。交わりのいけにえは、イエス・キリストの贖罪死を象徴しています。こうして、神殿奉献式には全イスラエルが参加し、イスラエルの歴史上類を見ないような盛大な祭りが行われました。

奉献式は、仮庵の祭りの時に行われました。仮庵の祭りは、千年王国を予表しています。この日イスラエルの民が経験した喜びは、千年王国において、そのまま私たちの喜びとなります。地上生涯は寄留者としての歩みですが、やがて天の故郷に帰る日が来ます。その確信を持つ人は、日々の生活を清く保つ努力をするはずです。

列王記第一9章

ソロモンが、主の宮と王宮、および、ソロモンが造りたいと望んでいたすべてのものを完成させたとき、主は、かつてギブオンで現れたときのように、ソロモンに再び現れた。

(列王記第一9・1〜2)

この章から、以下のことを学びましょう。(1)主は再びソロモンに現れ、ソロモンの祈りを受け入れたと語られます。(2)また、祝福と警告のことばをソロモンに語られます。(3)ヒラムは、ソロモンから贈られた20の町の受け取りを拒否します。(4)ソロモンは、徴用と課税によって大事業を推進しますが、彼の政策に対する不満が民の間に蓄積されていきます。

ソロモンに対する神の約束

主は、神殿を完成させたソロモンに現れ、こう言われました。「あなたがわたしの前で願った祈りと願いをわたしは聞いた。わたしは、あなたがわたしの名をとこしえに置くために建てたこの宮を聖別した。わたしの目と心は、いつもそこにある」。これは、神殿奉献に際してのソロモンの祈りへの答えです。

次に主は、祝福と警告のことばをソロモンに伝えます。従順には祝福が、不従順には裁きが下ります。裁きの内容は、民は捕囚に引かれて行くということです(2列25・1〜21参照)。

ヒラムへの贈り物

ソロモンは、ヒラムにガリラヤ地方の20の町々を贈りますが、ヒラムは、それを見て落胆します。「そのため、これらの町々はカブルの地と呼ばれ、今日に至っている」。「カブル」とは、フェニキア語で「無きに等しい」という意味です。「ヒラムは王に金百二十タラントを贈っていた」。これは莫大な額です(ソロモンの年間徴税額の6分の1に相当。10・14参照)。ユダヤ人の歴史家ヨセフスは、ソロモンとヒラムは個人的な手紙のやり取りの中で「謎かけ問答」を楽しんでいたとし、この金はヒラムの負け金であると述べています。興味深い情報です。

モーセの律法によれば、ソロモンには約束の地の町々を異邦人に割譲する権利はありません。彼は政治的判断に基づき、それを決定したわけですが、この割譲は成立しませんでした。後にソロモンは、これらの町々を建て直し、イスラエル人をそこに住まわせます。ヒラムの拒否によって、神の御心が成ったわけです。

ソロモンの建設事業

ソロモンは、大規模な建設事業を実施しました。事業遂行の最も有効な方法は、役務者の徴用と課税です。つまり、民から労働力と資金を吸い上げるということです。ソロモンの政策に対する不満が、民の間に拡がりました。

ソロモンは、神殿と宮殿の建設を終えると、次に防衛拠点を強化する工事に着手します。ミロとは、要塞化したシオン山の角に建てられた塔のことです。エルサレムの城壁は、ダビデが急いで建設してから50年ほどが経過しており、修復が必要な状態になっていました。ソロモンはそれを修復しただけでなく、北方に新しい城壁を建設し、町の規模をほぼ倍に拡張しました。

ソロモンが強化した主要な要塞は、①ハツォル、②メギド、③ゲゼルです。それ以外にも、彼は多くの町々を建設しました。①下ベテ・ホロン（ゲゼルの近郊）、②バアラテ（ゲゼルの近郊）、③タデモル（ガリラヤ湖の北方）、④倉庫の町々（余剰の食糧を保管する町々）、⑤戦車のための町々、⑥騎兵のための町々など。

ソロモンのその他の業績

ソロモンは、神殿と宮殿を完成させたのち、エジプト人の妻のために家を建て、そこに彼女を移します。場所は拡張したエルサレムの町の西側の地です。彼は、神殿域に異邦人の女を住まわせることを良しとしなかったのです（2歴8・11）。この時点では、異教の妻の影響はまだ表面化していませんが、11章に入ると、彼の政略結婚が失敗であったことが明らかになります。

また彼は、ヒラムと協力して船団を作り、海洋交易にも大きな成果を上げました。エツヨン・ゲベルは、アカバ湾の北に設けられた港町で、イスラエルが南海上に出て行く唯一の港となりました。海洋交易の成功は、同時に、陸上交易の成功につながります。次回登場するシェバの女王の逸話は、そのことを明らかにしています。

ツロの王ヒラムとの同盟関係は、ソロモンの統治政策の中の成功例ですが、統治全体を見れば、重税策と異教の妻たちとの政略結婚が、大きな汚点として浮かび上がってきます。どのような人生が「成功した人生」と言えるのか、ソロモンの成功と失敗を振り返りながら、黙想してみましょう。

列王記第一10章

「あなたの神、主がほめたたえられますように。主はあなたを喜び、イスラエルの王座にあなたを就かせられました。主はイスラエルをとこしえに愛しておられるので、あなたを王とし、公正と正義を行わせるのです。」（列王記第一10・9）

この章から、以下のことを学びましょう。（1）シェバの女王は、ソロモンの栄華を目撃し、大いに驚きます。（2）主イエスは、こう言われました。「栄華を極めたソロモンでさえ、この花の一つほどにも装っていませんでした」（マタ6：29）。（3）富を蓄えたり、戦車を増やしたりするのは、律法違反です。

シェバの女王の訪問

シェバとはアラビア半島にあるイエメンのことです。イエメンは豊富な香料を産出する富んだ国で、交易ルート上に位置していました。シェバの女王がソロモンを訪問する目的としては、2つのことが考えられます。(1)ソロモンの知恵を試す。古代中近東の支配者たちの間では、難問をもってお互いの知恵を試し合うという習慣がありました。これは、外交上の儀礼でもありました。(2)実利的な交渉を行うため。貿易交渉、防衛協定の締結、などがそれです。

シェバの女王は、大規模なキャラバン隊を率いて、2000㎞も離れたエルサレムにやって来ました。彼女は、ありとあらゆる質問をソロモンに投げかけましたが、ソロモンはそのすべてに答えることができました。ソロモンの豊かな知恵と彼を取り巻く豪奢な環境は、彼女を圧倒しました。「息も止まるばかりであった」とありますので、その驚きが想像を絶するものであったことが分かります。

彼女は、イスラエルの神をほめたたえました。「あなたの神、主がほめたたえられますように。主はあなたを喜び、イスラエルの王座にあなたを就かせられました。主はイスラエルをとこしえに愛しておられるので、あなたを王とし、公正と正義を行わせるのです」。これは驚くべきことばです。彼女は、ソロモンが王座に着いているのは「公正と正義を行わせる」ためであると、主の目的を要約しています。

ヒラムの船団

「ヒラムの船団」とは、ソロモンとヒラムが協力して運営していた船団のことです。船員はツロ人たちが中心でしたが、実態はソロモンの船団です。「ヒラムの船団」に関する記述が出ているのは、ソロモンにはオフィル(アラビア)の富をエルサレムに運び上る力があったことを示すためです。つまり、女王からの贈り物があってもなくても、ソロモンは富める王であったということです。彼は、シェバの女王に、知恵や知識だけでなく、目に見える富も与えました。彼女は、すべての面で満足して、帰国の途に就きました。

ソロモンの栄華

「一年間にソロモンのところに入って来た金の重さは、金の目方で六百六十六タラントであった」(14節)。これがソロモンの年間税収で、金の重さは約25tもありました。その上に、貿易による利益、アラビアの王たちからの貢ぎ物、イスラエルの地の総督からの納付金などがありました。恐らくソロモンは、この時代の王たちの中で、最も富んでいたと思われます。

彼は、大盾200と小盾300、合計500個の盾を作りました。材料はすべて金です。これらの盾は、王の威光を示すための軍事パレード用です。さらに、それまで誰も作ったことがないような非常に豪華な王座も作らせました。ソロモンの王国においては、王家が用いる器はすべて純金製で、本来価値のある銀でさえも、無価値なものと見なされました。

多くの支配者たちが、ソロモンに謁見することを求め、高価な贈り物を携えて、エルサレムにやって来ました。当時、戦車は最強の武器でした。ソロモンは軍事力を高めるために、戦車1400台と騎兵1万2000人を確保しました。さらに、エルサレムには近衛部隊を置きました。

ソロモンは、エジプトとクエ（現在のトルコ）から馬を輸入しました。戦車は銀600、馬は銀150で買い上げられ、輸入されました。大変高価な買い物ですが、それをヒッタイト人の王やアラムの王たちに売り、そこからも利益を得ていました。

富を蓄えたり、戦車を増やしたりするのは、主の御心に反することです（申17・16）。その理由は、目に見えるものが増えると、神を無視するようになるからです。誤った信頼感は、私たちを窮地に追い込みます。晩年になって、ソロモンはその罠にかかります。

ソロモンの失敗から教訓を学びましょう。私たちの助けは、天地を造られた主からのみ来ることを覚えましょう。

列王記第一11章

そのため、主はソロモンに言われた。「あなたがこのようにふるまい、わたしが命じたわたしの契約と掟を守らなかったので、わたしは王国をあなたから引き裂いて、あなたの家来に与える。しかし、あなたの父ダビデに免じて、あなたが生きている間はそうしない。あなたの子の手から、それを引き裂く。（列王記第一11・11〜12）

この章から、以下のことを学びましょう。（1）ソロモンは、外国の神々を礼拝するようになります。（2）ソロモンを罰する器として、ヤロブアムが用いられます。（3）預言者アヒヤは、北の10部族はヤロブアムに与えられると預言します。（4）王国の分裂は、ソロモンの死後にやってきます。

ソロモンの背教

ソロモンのハーレムには、妻が700人、そばめが300人いました。彼女たちは、イスラエルに偶像礼拝を持ち込み、ソロモンまでその影響を受けるようになります。この罪のゆえに、主はソロモンの王国を彼から取り上げ、彼の家来に与えると予告されます。「あなたの家来」とは、ヤロブアムのことです。しかし、そのことはソロモンの存命中ではなく、彼の死後に起こります。神は、ダビデに与えた約束のゆえに、その時が来るまで忍耐されるのです。

2人の外敵

将軍ヨアブは、エドムの男子を皆殺しにしたことがありました（2サム8・13〜14参照）。その時、エドムの王子ハダドは、数人の部下とともにエジプトに亡命しました。そのハダドのもとに、ダビデも将軍ヨアブも死んだという知らせが届きます。そこで彼は、先祖の地に帰ることをファラオに願い出ます。もちろん、ソロモンに復讐するためです。

ハダドに続く第2の敵は、エリヤダの子レゾンです。彼は、ツォバの王ハダドエゼルのもとから逃亡した奴隷です。ダビデがハダドエゼルの兵士たちを殺害して後（2サム8・3〜9）、レゾンは人々を自分のもとに集め、略奪隊の隊長として頭角を現しました。彼は、ダマスコに拠点を置いて、そこからソロモン王国を攻撃しました。

内敵

ソロモン王国の内敵となったのは、ネバテの子ヤロブアムです。彼は、エフライム族出身で、ソロモンの家来の1人でした。エフライム族は、ユダ族とは長年のライバル関係にありました。ヤロブアムが城壁の拡張工事において能力を発揮すると、ソロモンはそれを高く評価し、彼を重要な地位に就けました。「ヨセフの家のすべての役務を管理させた」とあります。「ヨセフの家」とは、エフライム族とマナセ族のことです。この任命は、王に反逆するための舞台をヤロブアムに与えることになりました。

シロ出身の預言者アヒヤは、ヤロブアムに道で会います。その時彼は、着ていた新しい外套を12切れに引き裂き、そのうちの10切れをヤロブアムに渡し、彼が北の10部族を治めるようになると預言します。預言者たちは、このような絵画的な手法を度々用いています（エレ13・1〜11、エゼ3・1〜3参照）。

「ただし、ソロモンには一つの部族だけ残る。それは、わたしのしもべダビデと、わたしがイスラエルの全部族の中から選んだ都、エルサレムに免じてのことである」（32節）。この聖句には、重要な神学的概念が2つ含まれています。（1）ソロモンの王国が完全に滅びない理由は、ダビデ契約にあります。王国は、小規模になっても生存し続けます（2サム7章）。（2）罪には裁きが下ります。ソロモンに裁きが下る理由は、彼が主の命令に背いたからです。

ヤロブアムに与えられた約束は、条件付きの約束です。つまり、主の命令に背くなら、祝福を失うということです。主は、「このために、わたしはダビデの子孫を苦しめる。しかし、それを永久に続けはしない」（39節）と言われました。この約束の成就は、メシアがダビデの子孫として登場されたことの中に、見いだすことができます。

エジプトに逃れるヤロブアム

ソロモンがヤロブアムを殺そうとした理由は書かれていませんが、野心家のヤロブアムがエフライム族を動かして謀反を起こそうとしたであろうことは、容易に想像できます。この謀反は、時期の読みを誤ったために、未遂に終わりました。ヤロブアムはエジプトに亡命し、ソロモンが死ぬまでそこに滞在します。この時期に彼は、「金の子牛」を神とするアイデアを仕入れたと思われます。

ソロモンは、神から多くの賜物と祝福を受けていましたが、人生の後半になってから、背教の道を歩み始めます。私たちに関しては、祝福を与えてくださるお方から目を離すことなく、地上生涯を全うしようではありませんか。

列王記第一12章

王は民の願いを聞き入れなかった。かつて主がシロ人アヒヤを通してネバテの子ヤロブアムにお告げになった約束を実現しようと、主がそう仕向けられたからである。（列王記第一12・15）

この章から、以下のことを学びましょう。（1）レハブアムの愚かな判断によって、王国が分裂します。（2）ベニヤミン族は、エルサレムを失いたくなかったので、ユダ族に付きます。（3）ヤロブアムは、種々の人間的知恵を用いて、イスラエルの民をエルサレムから遠ざけようとします。

北の10部族の直訴

ソロモンが死ぬと、その子レハブアムが王となりました。シェケムでの戴冠式の最中に、北の10部族が、重税と強制労働の軽減を求めて直訴に及びます。その代弁者になったのが、ヤロブアムです。彼は、アヒヤの預言によって、自分に10部族が与えられることを知っていましたが、反乱によってそれを勝ち取るのではなく、自然の成り行きに任せることにしました。北の10部族の要請を聞いたレハブアムは、即答を避けます。

レハブアムの愚かな判断

レハブアムはまず、長老たちに相談します。彼らは、職制上の「長老」であり、経験豊かな政治家たちです。彼らは、民の負担を軽減すべきだと新王に助言します。しかしレハブアムは、長老たちの知恵ある助言を退け、彼に仕えている若者たちに相談します。彼らの助言は、負担をもっと重くせよというものでした。レハブアムの問題点は、知恵ある助言ではなく、自分が聞きたいことに耳を傾けたところにあります。

３日後、レハブアムは、北の10部族に対して威圧的な態度で答えます。彼の回答は、若者たちの助言をそのまま採用したものでした。それを聞いて、北の10部族はこう応答します。「ダビデのうちには、われわれのためのどんな割り当て地があろうか。エッサイの子のうちには、われわれのためのゆずりの地はない。イスラエルよ、自分たちの天幕に帰れ。ダビデよ、今、あなたの家を見よ」。これは、単なる不満のことばではなく、戦いの叫びです。このことばは、40数年前に、ダビデに反抗したシェバが語ったものと同じです（２サム20・１）。それだけの年数が経過しても、北の10部族の間にはダビデ王朝（家系）に対する不満が残っていたのです。

レハブアムは、北の10部族を統治するためにアドラムを派遣しますが、彼は石で打ち殺されます。この深刻さを理解したレハブアムは、シェケムからエルサレムに逃げ帰ります。

南北分裂

レハブアムは、武力によって南北統一を図ろうとします。ベニヤミン族は、ユダ族の側に付きました。最大の理由は、エルサレムの存在です。そこは、主が選ばれた神の都、神殿のある町です。ベニヤミン族は、その祝福を失うことを拒否したのです。

戦いが始まろうとした時、主は預言者シェマヤを通して語られました。（１）南北分裂は、偶然の出来事ではなく、主が導かれたことである。（２）それゆえ、武力で兄弟たち（北の10部族）と戦ってはならない。

レハブアムと民が主のことばに聞き従ったので、当面の悲劇は回避されました。と同時に、これで南北分裂が確定しました（前930年）。

ヤロブアムの恐れ

北王国の王となったヤロブアムは、シェケムを北王国の首都に定め、そこを補強し、また拡張しました。さらに、ペヌエルを要塞化しました。

神はヤロブアムに、北王国の確立を約束しておられました。もし彼が、ダビデのように主の命令を守るなら、彼の王国は主によって守られ、祝されるのです。しかし彼は、主のことばに背を向け、人間的な策略で王国の安全を確保しようとしました。（1）彼は、偶像的要素を信仰の中に導入しました（2つの金の子牛の像）。（2）エルサレムに対抗するために、ベテル（南限の町）とダン（北限の町）に神殿を建設し、そこに金の子牛を据えました。（3）レビ族でない部族の者を、祭司職に就けました。（4）例祭に変更を加えました。仮庵の祭りを、第7の月の15日から第8の月の15日に変更しました。

ヤロブアムが採用した案は、すべてモーセの律法の曲解か否定です。北王国イスラエルの民は、エルサレムに上らなくても、ダンとベテルで似たような儀式的体験をすることができました。やがて彼らは、金の子牛そのものを礼拝するまでに堕落します（ホセ8・5～6、13・2～3）。私たちも、自らの信仰が儀式的信仰に陥っていないかどうか、再確認しようではありませんか。

列王記第一13章

すると、この人は主の命令によって祭壇に向かい、これに呼びかけて言った。「祭壇よ、祭壇よ、主はこう言われる。『見よ、一人の男の子がダビデの家に生まれる。その名はヨシヤ。彼は、おまえの上で香をたく高き所の祭司たちを、いけにえとしておまえの上に献げ、人の骨がおまえの上で焼かれる。』」（列王記第一13・2）

この章から、以下のことを学びましょう。（1）ヤロブアムの罪を裁くために遣わされた無名の預言者は、２９０年後に成就する預言を語ります。（2）その預言を保証するために、「しるし」が与えられます。（3）無名の預言者は、老預言者に騙されて彼と食事をします。（4）ヤロブアムの背教の罪は、北王国に霊的腐敗をもたらします。

無名の預言者

ヤロブアムの罪を裁くために、南王国ユダから１人の預言者がベテルに遣わされます。その時ヤロブアムは、祭壇のそばに立って香をたこうとしていました。それを見て、その預言者は祭壇に向かって呪いの預言を語ります。「見よ、一人の男の子がダビデの家に生まれる。その名はヨシヤ。彼は、おまえの上で香をたく高き所の祭司たちを、いけにえとしておまえの上に献げ、人の骨がおまえの上で焼かれる」。「おまえ」というのは、ベテルにあった祭壇です。この預言は、驚くべきものです。なぜなら、２９０年後に成就する出来事と、その時に登場する王の名前（ユダの王ヨシヤ）まで特定されているからです。この預言は、列王記第二23章15～20節で成就します。

ここで1つの「しるし」が与えられます。これは、この預言が確実に成就することを証明するための「しるし」（今すぐ起こるある出来事）です。「祭壇は裂け、その上の灰はこぼれ出る」というのがそれです。立腹したヤロブアムが預言者に向かって手を伸ばすと、彼の手は萎えてしまい、もとに戻せなくなります。その時、「祭壇は裂け、その上の灰はこぼれ出る」という預言（しるし）が成就しました。預言者が主に願ったので、ヤロブアムの手はもとのようになります。

王は、この預言者を食事に誘いますが、彼は、その誘いを断ります。彼は、主の命令どおり、もと来た道を通らず、ほかの道を通って帰って行きました。ここまでは、無名の預言者は、忠実な主のしもべとして行動しています。

ベテルに住む老預言者

ある老預言者が、息子たちから情報を得て、無名の預言者の後を追います。追いついた彼は、無名の預言者を食事に招きますが、断られます。そこで、自分は天使を通して主のことばを受けていると嘘をつきます。預言者が嘘をつくとは、驚くべきことです。無名の預言者は、その誘いを受け入れ、老預言者の家に行って食事をともにします。その後、老預言者に主のことばが下ります。内容は、無名の預言者に対する裁きの預言です。「あなたの亡骸は、あなたの先祖の墓には入らない」とは、不慮の死を遂げるということです。この裁きは厳し過ぎるように見えるかもしれませんが、そうではありません。彼は、ヤロブアムの罪に対して下る裁きを預言するために、ベテルに派遣されて来ました。もし神が彼に対する裁きの手を緩めたとするなら、彼の預言そのものの信憑性が薄れることになります。彼は、ろばに乗って帰路に就きますが、途中で獅子に殺されます。そこを通りかかった人々が、この悲劇を目撃し、ベテルに行ってこのことを言い広めました。ベテルの住民たちは、主の権威を恐れたことでしょう。

老預言者は、ろばに乗って現場に向かいます。若い預言者を死に至らせた原因が、自分にあるからです。ヤロブアムから始まった背教の罪は、経験豊かな老預言者をも堕落させていました。彼は、若い預言者に下った神の裁きを目撃し、神の命令の厳粛さを再び学習したことでしょう。

ヤロブアムの罪のまとめ

神からの警告は、確かにヤロブアムとベテルの住民に与えられました。しかし彼らは、それを無視し、背教の道を歩み続けました。この罪は、北王国が崩壊する根本的な原因となりました。ここから2つの教訓を学びましょう。（1）列王記第一12〜13章は、神のことばに聞き従うことの大切さを教えています。みことばへの従順こそ、いのちと祝福に至る道です。（2）多くの使命（特権）を委ねられた者には、より多くの責任が伴います。パウロは、「私がキリストに倣う者であるように、あなたがたも私に倣う者でありなさい」（1コリ11・1）と書きました。このことばが、私たちのものとなりますように。

列王記第一14章

ヤロブアムが王であった期間は二十二年であった。彼は先祖とともに眠りにつき、その子ナダブが代わって王となった。（列王記第一14・20）

この章から、以下のことを学びましょう。（1）ヤロブアムは、自分の妻を預言者アヒヤのもとに遣わします。（2）アヒヤは、ヤロブアムの家の崩壊を預言します。（3）ユダの王レハブアムは、母ナアマの影響を受けて、偶像礼拝に走ります。（4）エジプトのシシャクが、裁きの器として用いられます。（5）レハブアムと民が主の前で悔い改めたので、ユダは滅びを免れました。

ヤロブアムの家の崩壊

ヤロブアムの息子アビヤが重病になりました。ヤロブアムは、シロに住んでいる預言者アヒヤのもとに妻を遣わします。妻に変装を命じたのは、ヤロブアムの妻だと分かると、良い回答は得られないと判断したからでしょう。あるいは、自分が主の預言者のもとに使者を遣わしていることを、民に知られたくなかったのかもしれません。預言者アヒヤは、年をとって目が見えなくなっていました。しかし彼は、主からの語りかけによって、ヤロブアムの妻が訪ねて来たことを見抜きます。

アヒヤは、呪いの預言を語ります。「ところがあなた（ヤロブアム）は、これまでのだれよりも悪いことをした」とは、これまでの支配者たち（士師や王たち）の中で最悪だということです。その上で、ヤロブアムの家の崩壊を預言します。「ヤロブアムに属する者は、町で死ぬなら犬がこれを食らい、野で死ぬなら空の鳥がこれを食らう」。これは、屈辱的な死の預言です。ヤロブアムの一家で墓に埋葬されるのは、息子のアビヤだけです。ヤロブアムの妻が帰宅すると同時に、預言どおりに息子のアビヤは死にます。これは、「ヤロブアムの家の崩壊」の預言が、将来確実に成就するという「しるし」です。

ヤロブアムの一家を滅ぼすのは、バアシャです（1列15・27〜29）。神の裁きは、ヤロブアムの一家だけでなく、イスラエル全体の上に下ります。モーセは、申命記29章28節で、土地に関する一般原則を教えています。その内容は、もし民が不信仰な状態に陥るなら、約束の地は彼らを吐き出し、他国に追いやるであろうというものです。このことは、前722年に成就します（アッシリア捕囚）。

ヤロブアムは、22年も統治しましたが、彼の死を嘆き悲しむ者は誰もいませんでした。ヤロブアムが死ぬと、その子ナダブが代わって王となりました。

レハブアムの治世

ユダの王レハブアムの17年間の治世は、主を悲しませるものでした。彼の母はナアマというアンモン人で、モレク礼拝をもたらした張本人です。レハブアムの治世において、カナン人の偶像礼拝が復興した最大の理由は、母ナアマの存在です。

レハブアムの治世の第5年に、エジプトの王シシャクの侵攻が起こりました。エジプトのカルナックにあるアンモン神殿の南壁に、その様子が刻まれています。このとき彼は、ユダ、イスラエル、エドム、ペリシテなどに攻め入り、156の町々を征服しました。ユダにとって唯一良かったのは、これをきっかけとして、王と指導者たちの間に悔い改めの心が与えられたことです（2歴12・6～8）。

シシャクが奪い取った金の盾は、かつてソロモンが作ったもので、その数は合計５００にも及びました。シシャクによるユダへの侵攻は、サウル王の時代以降に起こった初めての外敵の攻撃でしたが、王と指導者たちが主の前にへりくだったために、エルサレムは滅びを免れました。シシャクの侵攻は、レハブアムに対する主からの訓練でした（2歴12・2～12）。

レハブアムの統治下では、南北朝による戦いがいつまでも続きました。彼の治世には、なんら良い所がありませんでした。母ナアマの名前が繰り返し出てきますが、その意図は、読者にソロモンの罪を思い出させるためです。ソロモンは外国の妻たちを娶った。↓その中の1人が、アンモン人の女ナアマであった。↓彼女は、モレク礼拝をユダに持ち込んだ。↓ソロモンの息子レハブアムは、背教の王となった（母の影響）。↓その結果、ユダはエジプトの侵攻を受けることになった。

子孫に罪の影響を残さない生き方をする人は、幸いです。自分の代で罪の連鎖を断ち切るような生き方を志そうではありませんか。

列王記第一15章

高き所は取り除かれなかったが、アサの心は生涯、主とともにあり、全きものであった。
（列王記第一15・14）

この章から、以下のことを学びましょう。（1）ユダの王アサは、宗教改革に取り組んだ善王です。（2）アサは、イスラエルの王バアシャと戦うために、ダマスコの王ベン・ハダドの力を借ります。（3）晩年になって、アサは不信仰に陥ります。（4）イスラエルでは、謀反人のバアシャが王ナダブを殺害し、自らが王となります。

アビヤムの治世

ユダでは、レハブアムに代わって息子のアビヤムが王となりますが、彼の統治はわずか3年で終わります。彼の母マアカは、アブサロムの娘（ダビデの孫娘に当たる）です。なんと彼女は、アシェラを礼拝する偶像礼拝者でした。

アビヤムは、悪王の1人です。主がアビヤムの子孫を王位から断ち切らなかった理由は、ダビデの信仰にあります。「一つのともしび」が約束されました。それは、闇に光を灯すような王位継承者が登場するという意味です。次王のアサがそれです。

アサの治世

ユダでは19人の王が登場しますが、そのうち8人は善王です。さらに、8人の善王のうち4人が、宗教改革に取り組みます。最初の善王、そして最初の改革を実行する王が、アサです。「母の名はマアカといい」となっていますが、彼女はアサの祖母です。彼女をアサの母と位置づけるのは、「皇太后」という地位が宮廷内で厳然として存在していたからです。

アサは、同性愛も偶像礼拝も重大な罪だと認識し、それを国内から取り除きました。さらに彼は、皇太后の地位にあったマアカも退けました。

ある時、イスラエルの王バアシャがラマ（エルサレムの北方約8㎞）に要塞を築き始めました。ユダにとっては緊急事態です。このときアサは、主にではなく、アラムの王ベン・ハダドに助けを求めました。アサからの申し出は、ベン・ハダドにとって好都合でした。北からイスラエルを攻めれば、自国の領土を拡張することができるからです。イスラエルの王バアシャは、北方から攻めて来た敵に驚き、ラマでの要塞建設を中止して首都ティルツァにとどまります。

ベン・ハダドの力を利用してバアシャを後退させたアサは、ラマに放置されていた建材（石材、木材）を奪取し、それを用いて自領に要塞を建設します。彼は、自分の知恵に酔いしれたことでしょう。

アサの業績

アサの業績は、ユダの王の歴代誌に記されていますが、その情報の一部が歴代誌第二16章に出てきます。ベン・ハダドと軍事条約を結んだアサに対して、予見者（先見者）ハナニが、主からの叱責のことばを伝えます。しかし､アサは悔い改めることをせず、逆に予見者ハナニを逮捕して投獄し、さらに民の中のある者たちを虐待します。

晩年になって、アサは足の病気にかかりました。その時も、彼は主ではなく、人間の医者の助けを求めました。最初は善王として歩み始めたアサでしたが、最後は信仰からそれたようです。

アサの後継者は、息子のヨシャファテです。アサの統治の最後の数年間（前８７３～８７０年）は、アサとヨシャファテの共同統治となりました。

ナダブの治世からバアシャの治世へ

列王記の記者は、南北王朝の興亡を交互に記述しています。ヤロブアムの息子のナダブが、イスラエル第2代目の王となります。しかし、その治世はわずか2年弱で終わります。主は､バアシャを遣わし、ナダブを罰します。バアシャは、イッサカル族（弱小部族）出身です。彼は、ペリシテ人の町ギベトンを包囲していたナダブとその軍を襲い、王を殺して自分が王座に着きました。彼の蛮行によって、ヤロブアムの家系が絶えました。これは、預言者アヒヤが語った預言の成就です。

バアシャは、ユダの王アサの3年にイスラエルの王となりました。首都はティルツァです。彼の治世は24年にも及びます（イスラエルの王の中では3番目に長い）。しかし、彼のために割かれた聖書のスペースは、短いものです。つまり、彼の統治には、神から見て意義深いものはなかったということです。

世の中には、2種類の人しかいません。神から与えられた賜物や権力を、自分の欲望と利益のために用いる人と、神のために用いる人です。バアシャは前者に属する人でした。私たちは、バアシャのようであってはなりません。神から受ける祝福は、他の人に祝福を届けるためのものです。自らの使命について、黙想してみましょう。

列王記第一16章

彼にとっては、ネバテの子ヤロブアムの罪のうちを歩むことは軽いことであった。それどころか彼は、シドン人の王エテバアルの娘イゼベルを妻とし、行ってバアルに仕え、それを拝んだ。

（列王記第一16・31）

この章から、以下のことを学びましょう。（1）イスラエルでは、バアシャ、エラ、ジムリ、オムリ、アハブと、悪王が続きます。（2）オムリは、首都サマリアを建設したことで有名になりました。（3）アハブは、イゼベルとの結婚によって、イスラエルにバアル礼拝を持ち込みました。

バアシャの治世

バアシャは、神から与えられた使命を忘れた王でした。彼に向かって語られた裁きの預言は、かつて預言者アヒヤによってヤロブアムに語られた内容とほぼ同じです。バアシャは、神から与えられた賜物や権力を、自分の欲望と利益のために用いる人でした。

エラの治世

バアシャが死ぬと、その子エラが王位を継承しますが、彼の統治期間は、わずか2年でした。「彼がティルツァにいて、ティルツァの宮廷長官アルツァの家で酒を飲んで酔っていたとき、彼の家来で、戦車隊の半分の長であるジムリが彼に謀反を企てた。ユダの王アサの第二十七年に、ジムリが入って来てエラを打ち殺し、彼に代わって王となった」（9〜10節）。この聖句には、愚か者が3人登場します。①エラ。家来の家で酒を飲むことが、彼の習慣になっていました。②家来のアルツァ。彼は、王を泥酔させました。③ジムリ。彼の関心事は、自分が王位に着くことだけでした。彼は、王位継承の可能性がある者たち全員（バアシャの全家）を抹殺しました。

ジムリの治世

謀反人のジムリは、たった7日間の王でした。この時期、イスラエルの軍勢はペリシテの町ギベトンを包囲していました。ジムリによる謀反の知らせを聞いた全イスラエルは、直ちに将軍オムリをイスラエルの王とします。王となったオムリは、兵を引き連れてティルツァに向かい、町を包囲します。勝ち目がないと見たジムリは、王宮に火を放って自殺を図ります。できるだけ多くの損害を与えて死ぬというのが、彼の意図でした。

オムリの治世

オムリの治世は、12年間続きます。最初の6年間は、ティルツァからの統治でしたが、後半の6年間は、新首都サマリアからの統治に移行します。オムリは、サマリア建設によって、一躍有名になりました。サマリアは、ティルツァから約11㎞西に位置する丘ですが、周りを谷に囲まれており、防衛上有利な地形になっていました。ここは、南北の交易路を支配する要衝の地であり、西の海岸地帯にも容易に移動できました。

オムリは、これまでイスラエルに登場した王の中では、最強の王です。サマリアに新都を建設した彼は、自らの王位を確実なものにしました。彼は、最強の王であると同時に、最悪の王でもありました。

「彼はネバテの子ヤロブアムのすべての道に歩み、」とありますが、これは偶像礼拝のことです。

オムリの子アハブ

オムリの子アハブは、父が建設したサマリアを都として、22年間イスラエルを統治しました。彼は、父オムリを超えるほどの悪王でした。彼は、シドン人の王エテバアルの娘イゼベルを妻に迎えましたが、彼女とともに、バアル礼拝がイスラエルに侵入してきました。バアル（主という意味）というのは、パレスチナで礼拝されていた男神の総称で、礼拝形態には様々なものがありました。アハブは、サマリアにバアルの神殿と祭壇を建設しました。アシェラは、バアルの相方となる女神で、バアル礼拝は、性的堕落を伴った偶像礼拝でした。

「彼の時代に、ベテル人ヒエルがエリコを再建した。彼は、その礎を据えたとき長子アビラムを失い、門を建てたとき末の子セグブを失った。……」（34節）。ここにこの聖句が登場する理由は、神の命令に背くなら、必ず預言どおりに裁きが下るということを示すためです。かつてヨシュアは、エリコの再建を禁じていました（ヨシ6・26）。ベテル人ヒエルがそのエリコの再建に着手したので、ヨシュアの預言どおりに、主の裁きが下りました。バアル礼拝を取り入れたアハブの上には、必ず主の裁きが下ります。

ユダとイスラエルの王たちの行状を学んでみると、彼らの霊性や道徳性が、国の繁栄と大いに関係していることが分かります。その国の中に「神の支配」を招き入れないなら、民は必然的に偶像礼拝に向かいます。神から委ねられた富や才能を、神に仕えるために用いる人は幸いです。

列王記第一17章

その女はエリヤに言った。「今、私はあなたが神の人であり、あなたの口にある主のことばが真実であることを知りました。」（列王記第一17・24）

この章から、以下のことを学びましょう。（1）バアル礼拝に対抗するために、主はエリヤをお立てになりました。（2）エリヤは、数年間の干ばつを預言します。これは、バアルに対する挑戦です。（3）干ばつ、粉と油の供給、死んだ息子の蘇生などはすべて、イスラエルの神の権威を証明しています。

エリヤの奉仕

神は、イスラエルの危急に際して、預言者エリヤを用意されました。エリヤという名は、「ヤハウェは私の神」という意味です。神のことばを受けた彼は、サマリアに向かい、アハブの王宮に立ちます。

エリヤはアハブに、真の神はバアルではなく、イスラエルの神、すなわちヤハウェ（主）である宣言します。「主は生きておられる」とは、これからエリヤが語ることばは必ず成就するという意味です。そして彼は、数年間の干ばつを預言します。もし民が神から離れるなら、約束の地には雨が降らなくなるという原則は、神がモーセを通して警告していたことですが、それが今成就しようとしています。干ばつの預言は、豊穣神バアルに対する宣戦布告です。

エリヤは、ケリテ川のほとりに身を隠します。特筆すべきは、神が彼に食物を与えた方法です。烏は、自らのひな鳥にさえ餌を与えることを忘れるような鳥ですが、その烏が、朝と夜にエリヤに食物を運んできたのです。この体験は、彼の信仰を大いに育てました。彼は、やがて起ころうとしている霊的戦いのために、主によって信仰の訓練を受けていたのです。

ツァレファテのやもめ

ツァレファテは、ツロとシドンの中間に位置する地中海沿いの町です。その辺りは、イゼベルの出身地であり、バアル礼拝の中心地です。ここでのポイントは、主はバアル神の領域においても、干ばつを起こすことができるということです。そして今度も、エリヤは不思議な方法で養われます。

ツァレファテに着いたエリヤは、最初に出会ったやもめに声をかけ、水を所望します。やもめが好意を示したので、次は、一口のパンが欲しいと願います。

このやもめは異邦人でしたが、イスラエルの神に対する信仰を持っていました。彼女には、わずかばかりの食物（一握りの粉と少しの油）しか残されていませんでした。彼女は、家に帰ってそれを調理し、息子とそれを食べてから死のうとしていると言います。エリヤは彼女に、最初のパン菓子を彼のところに持ってくるように命じます。それが終わってから、自分たちのためのパンを焼けというのです。彼女は、エリヤのことばに従いました。主は、約束されたとおりに、エリヤとやもめの一家を養われました。それが、干ばつが終わるまで続きます。ここでの教訓は、小麦とオリーブを育てるのは、バアルではなく、主であるという点です。

やもめの息子の死

どれくらいの時が経ったのかは分かりませんが、やもめの息子が病気になり、ついに死にます。彼女は、息子の死は罪に対する裁きだと解釈します。当時の認識としては、預言者がそばにいることは祝福であると同時に、危険なことでもありました。預言者は隠れた罪を暴き、神の裁きを宣言すると思われていたからです。

エリヤは死んだ子を受け取り、屋上の部屋に入って祈ります。彼は、その子の上に身を伏せ、主に３度祈りました。忍耐深い祈り、継続した祈りは、聞き届けられます（マタ7・7～8、ルカ11・5～13）。

神は、エリヤの祈りを聞かれました。聖書の中では、これが、死んだ者が生き返った最初の事例です(復活ではなく蘇生)。やもめの女は、エリヤにこう言いました。「今、私はあなたが神の人であり、あなたの口にある主のことばが真実であることを知りました」（24節)。これは、この女の信仰告白です。死んだ子が生き返ったことは、２つのことを証明しました。①エリヤは神から遣わされた預言者である。②彼の語ることばは、主からのものであり、真実である。

干ばつ、粉と油の供給、死んだ息子の蘇生、これらすべてがイスラエルの神の偉大さを証明しています。神は預言者エリヤを通して、ご自身がバアルに勝る神であることを証明されました。イスラエルの民だけでなく、フェニキア人たちをも悔い改めに導くためです。

私たちの生活を支え、豊かな収穫を与えてくださる神を、心からほめたたえようではありませんか。

列王記第一18章

エリヤが民全体に「私のそばに近寄りなさい」と言ったので、民はみな彼に近寄って来た。彼は、壊れていた主の祭壇を築き直した。

（列王記第一18・30）

この章から、以下のことを学びましょう。（1）エリヤは、主のしもべオバデヤを通して、アハブにメッセージを送ります。（2）干ばつは、アハブとその父の家の罪に対する裁きです。（3）イスラエルの民の信仰を回復するために、カルメル山頂で霊的戦いが繰り広げられます。（4）主は、エリヤの祈りに応えて、その地に大雨を降らせます。

アハブとの対峙

干ばつが始まって3年目に、エリヤはアハブと対峙します（ルカ4・25、ヤコ5・17参照）。オバデヤは役人の長でしたが、主への信仰を持ち続けていました（オバデヤ書の著者とは別人）。彼は、100人の預言者たちをかくまっていました。エリヤはオバデヤと出会い、彼を通してアハブにメッセージを送ります。

オバデヤから知らせを受けたアハブは、エリヤに会うためにやって来ます。アハブは、エリヤが問題の原因になっていると苦情を述べますが、エリヤは、問題の原因はアハブとその父の家（オムリの家）にあると指摘します。干ばつは、バアル礼拝に対する罰です。ここから、かの有名なカルメル山頂での霊的戦いが始まります。

カルメル山頂での戦い

イスラエルの民は、主とバアルの間を揺れ動いていました。カルメル山頂での戦いは、どちらが真の神であるかを決するための戦いです。バアルの預言者たちは、バアルの名を叫びましたが、なんの答えもありませんでした。彼らは、剣や槍で自らの肉体を切り裂いて血を流すほどに狂乱しました。これが午後3時まで続きましたが、それでもバアルからの応答はありませんでした。

次にエリヤが、自分のもとに民を呼び寄せます。このとき、主の祭壇は、破壊されたままになっていました。エリヤは12の石を取り、祭壇を再建しました。当時、イスラエルの民は、北の10部族と南の2部族に分かれて争っていましたが、それでも彼らは1つの民でした。12の石は、12部族を象徴しています。霊的覚醒（目覚め）は、「壊れた祭壇」の再建から始めなければなりません。

祭壇に水を注ぐエリヤ

祭壇を再建したエリヤは、そこに薪を並べ、その上に1頭の雄牛を載せ、そこに水を注ぎます。これから起こることが、神の御業であることを示すためです。同じことが3度繰り返されます。午後3時頃（ささげ物を献げる時刻）、エリヤは進み出て、主に祈りを献げます。彼は、「アブラハム、イサク、イスラエルの神、主よ」と呼びかけています。これは、契約の神の御名です。イスラエルの民は、主との契約を忘れ、バアル礼拝に走っていました。カルメル山頂での戦いは、この民を主との契約に連れ戻すための戦いです。

神はエリヤの祈りにお答えになりました。天から火が降り、全焼のささげ物を焼き尽くしました。そればかりか、その火は、溝にあふれていた水もなめ尽くしてしまいました。エリヤは民に、バアルの預言者たちを殺すように命じます。偶像礼拝を持ち込み、民の霊性を破壊した罪は、死に値するものです。エリヤが偽預言者たちをキション川で殺したのは、彼らの血が海に流れ込むようにするためです。そうすることで、イスラエルの地を血による汚れから守ることができます。

大雨

エリヤはアハブに、キション川から自分の宿営地に帰るように命じます。宴会を開いて祝うためです。アハブはそれに従いますが、彼には、悔い改めも霊的洞察力もありません。一方エリヤは、自分の顔を膝の間にうずめて、真剣に祈ります。この地では、雨雲は地中海のほうから上り、東に移動してきます。エリヤの祈りによって、大雨が降り始めます。

アハブは、大雨の中を戦車に乗ってイズレエルの宮殿に戻ります。エリヤは、忠実な家来としてアハブの前を走りました（距離は35～40㎞）。この距離を走り通せたのは、主から超自然的な力を受けたからです。しかしエリヤは、イズレエルの入り口で止まり、町には入りませんでした。アハブの妻イゼベルの応答を見ようとしたのです。実際のところ、イスラエルを動かしていたのは、イゼベルでした。

私たちの前には、アハブ的道とエリヤ的道が開かれています。前者は、時代の波に翻弄される道であり、後者は、時代と妥協しない道です。神に喜ばれるのは、もちろん後者です。エリヤの妥協しない信仰や祈りの姿勢を思い起こしながら、この世に出て行こうではありませんか。

列王記第一19章

しかし、わたしはイスラエルの中に七千人を残している。これらの者はみな、バアルに膝をかがめず、バアルに口づけしなかった者たちである。
（列王記第一19・18）

この章から、以下のことを学びましょう。（1）エリヤは、英雄的な働きをした後、うつ状態に陥りました。（2）神が用意した癒やしの方法は、良く食べ、良く休むことでした。（3）イスラエルには、7000人の「イスラエルの残れる者」が残されていました。（4）エリヤは、3人の人物に油注ぎをするように命じられました。

逃亡するエリヤ

イゼベルは、なんらかの理由でカルメル山には行っていませんでしたが、ことの次第をアハブから聞かされ、激怒します。エリヤは、イゼベルのことを非常に恐れました。彼は、南に向かっておよそ160㎞の距離を走り、ベエル・シェバに着きます。イゼベルに見つかることを恐れた彼は、従者をそこに残し、さらに1人でネゲブ砂漠に入って行きました。ここでエリヤが経験しているのは、大活躍をした後に襲ってくる「うつ状態」です。彼は、自殺願望を抱くほどに落ち込みました。

エリヤの癒やし

主がエリヤを癒やす方法は、興味深いものです。1人の御使いが眠っているエリヤを起こし、食事をするように勧めます。御使いは、パン菓子と水の入った壺を用意していました。エリヤはそれを食べ、そして飲みました。満腹になると、再び睡魔が襲ってきました。少し時間を置いて、再び同じことが起こりました。こうしてエリヤは、長旅のために必要な肉の糧を食し、体力を回復しました。

エリヤは、シナイ半島横断の旅に出ます。このコースは、イスラエルの民が歩いたのとは逆方向です。神の山ホレブは、シナイ山の別名で、モーセが神から律法を受けた場所です。

ホレブで洞窟を見つけ、そこで一夜を過ごしていると、主のことばがありました。「エリヤよ、ここで何をしているのか」。自分勝手な道を歩み始めると、方向性が見えなくなり、信仰の漂流が始まります。神は私たちに、「ここで何をしているのか」と問われます。エリヤは、否定的な回答をします。彼は、主の預言者たちが剣で殺されたことは報告していますが、バアルの預言者４５０人が殺されたことに関しては、沈黙しています。また、「ただ私だけが残りました」と訴えています。しかし、これは正確ではありません（オバデヤは、主の預言者１００人をほら穴に隠して、養っていました）。

主はこう語られました。「外に出て、山の上で主の前に立て」。それに続いて、劇的ないくつかの自然現象が起こりましたが、これらはシャカイナグローリーではなく、単なる自然現象です。自然現象の後に、「かすかな細い声」がありました。エリヤは、すぐに外套で顔を覆い、洞穴の入り口に立ちました。主はエリヤに、重要な教訓をお与えになりました。それは、イスラエルの民の心を変えるのは、劇的な力の誇示ではなく、あわれみと愛の啓示であるという真理です。「かすかな細い声」は、私たちを「洞窟」から導き出す力です。

新しい使命

主はエリヤに、新しい使命を与えます。もとの道を戻って、ダマスコの荒野に行き、３人の人物に油注ぎをせよというのです。(1)アラムの王ハザエル。彼は、イスラエルの民を裁く器となります。(2)ニシムの子エフー。彼は、アハブの家を罰し、滅亡させる器となります。(3)シャファテの子エリシャ。彼は、エリヤに代わる預言者となります。この３人は、エリヤが始めたバアル礼拝撲滅の働きを完成させる器です。

エリヤの「孤独」に対する最終的な解決策は、７０００人の残りの者たちです。「イスラエルの残れる者（レムナント）」という概念は、預言者エリヤの時代に神学的に確立されました。彼らは「真の信仰者たち」ですが、いつの時代にあっても少数者です。そしてそれは、今も変わることのない真理です。

シャファテの子エリシャ

エリヤは、エリシャが住むアベル・メホラまでやって来ました。この時エリシャは、肉体労働に従事していました。エリヤが自分の外套をエリシャに掛けたのは、自分の後継者に選んだという意味です。エリシャは直ちにその意味を理解し、両親に別れのあいさつをしたいと願います。この時エリヤは、「行って来なさい。私があなたに何をしたか」と答えています。これは、「あなたの思うようにしなさい」という意味です。

神の働きが途絶えることはありません。神は、いつの時代にも、ご自身のしもべたちを用意しておられます。

列王記第一 20章

彼は王に言った。「主はこう言われる。『わたしが聖絶しようとした者をあなたが逃がしたので、あなたのいのちは彼のいのちの代わりとなり、あなたの民は彼の民の代わりとなる。』」イスラエルの王は不機嫌になり、激しく怒って自分の宮殿に戻って行き、サマリアに着いた。

（列王記第一 20・42〜43）

この章から、以下のことを学びましょう。（1）ベン・ハダドとの戦いにおいて、主はイスラエルに勝利をもたらされました。（2）主の御名をあざけったアラムの軍勢は、2度目の戦いでも敗北します。（3）無名の預言者は、アハブがベン・ハダドと安易な妥協をしたことを糾弾します。

ベン・ハダドの侵攻

列王記第一では、アハブとアラムの王ベン・ハダドの戦いが3度起こりますが、ここはその最初の戦いです。ベン・ハダドは、大軍とともに32人の同盟国の王たちを引き連れて、サマリアを包囲します。ベン・ハダドがアハブの財宝と家族を要求すると、勝ち目がないと判断したアハブは、その要求を呑みます。図に乗ったベン・ハダドは、自分の家来たちが王宮を略奪することを許可するようにと要求します。アハブは長老や民と対応策を協議し、この要求は断ります。

勝利の預言

アハブの前に無名の預言者が現れ、イスラエルの勝利を預言します。預言者の助言に従い、総司令官アハブを筆頭に、青年将校たちが232人、それ以外に、7000人の兵士たちが、真昼頃に出陣します。

ちょうどその頃、ベン・ハダドと32人の王たちは、酒を飲んで酔っ払っていました。この地方では、昼間の熱い時間帯は戦いを避けるのが普通です。この戦いは、イスラエルの大勝利に終わりました。この勝利は、**主**だけがイスラエルを救う神であることを証明する証拠となりました。

最初の勝利の後、あの預言者が再度登場し、アラムの王ベン・ハダドは再び攻めて来ると警告します。ベン・ハダドの宮廷では、新しい戦略が検討されていました。家臣たちは、イスラエルの神は「山の神」なので自分たちは戦いに敗れたのだと言い、今度は平地での合戦に持ち込むべきだと進言します。そのためには、同盟関係にあった32人の王たちを退け、自分たちの軍勢をより組織化すべきだというのです。

アフェクでの戦い

年が明けると、アラムの軍勢がアフェクに向かって進軍して来ました。今度の戦いは、低地での合戦です。イスラエルもまた、アラムの軍勢を迎え撃つために進軍して行きました。その時、あの預言者が近づいてきて、2度目の勝利の預言を与えます。（1）アラムは、「**主**は山の神であって、低地の神でない」と**主**の御名を軽んじたので、敗北する。（2）**主**こそ真の神であることを教える必要がある（イスラエルにも、アラムにも）。

7日間のにらみ合いの後、戦いが始まりました。その日イスラエルは、**主**の助けによって、歩兵

10万人を打ち殺しました。アフェクの町に逃げた2万7000人は、崩れた城壁の下敷きになって死にました。

安易な妥協

かろうじて死を免れたベン・ハダドは、家来たちの進言を受け入れ、アハブとの交渉を開始します。ベン・ハダドの父（ベン・ハダド1世）は、イスラエルの王バシャの時代に、数々の町々を奪い取っていました。そこでベン・ハダドは、かつての国境線を復活させ、奪った町々を返還すると申し出ます。さらに、両国が同盟を結べば、ダマスコに市場を設けることも可能になると提案します。アハブはその提案を受け入れ、両国の間に契約関係を成立させます。アハブには、ベン・ハダドを組んで、対アッシリア同盟を作るという意図がありましたが、これは、信仰に基づく決断ではありませんでした。

負傷した預言者

あの預言者は、負傷した兵士の姿を取ってアハブの前に出ます。彼は、目の上に包帯をして、アハブが通りかかるのを待ちます。彼は、アハブに向かって大声でたとえ話（捕虜を逃がしてしまった人の話）を語り、アハブの裁定を仰ぎます。アハブの裁定は、厳しいものでした。かつて預言者ナタンが、たとえ話を用いてダビデの罪を指摘したように、この預言者も同じ手法でアハブの不従順を指摘しました。ベン・ハダドを聖絶することは主の御心でしたが、アハブは、ベン・ハダドを逃がしました。それゆえ、彼自身がベン・ハダドに代わって死ぬことになります。

神に敵対して歩む人には平安はありません。アハブ王のように、不機嫌と怒りがその人の心を支配するようになるからです。御心に従順に歩む時こそ、私たちの心は平安に満たされます。

列王記第一21章

ナボテはアハブに言った。「私の先祖のゆずりの地をあなたに譲るなど、主にかけてあり得ないことです。」（列王記第一21・3）

この章から、以下のことを学びましょう。（1）アハブは、ナボテが所有するぶどう畑を欲しがります。（2）アハブの妻イゼベルは、偽りの証人を立てて、ナボテを石打ちの刑に処します。（3）預言者エリヤが再び登場し、アハブの家の滅びを預言します。（4）貪欲は、あらゆる罪に扉を開きます。

ナボテのぶどう畑

アフェクでの戦いの後、しばらくの間、平和な状態が続きました。この箇所は、その平和な時代に起きた事件の記録です。これによって、アハブとイゼベルの邪悪さと、神が彼らを処罰せねばならなかった理由を、知ることができます。

アハブは、イズレエルの宮殿（彼の別荘）のそばにあった他人のぶどう畑を欲しがりました。このぶどう畑の所有者は、イズレエル人ナボテです。アハブはその対価として、他のぶどう畑との交換を提案し、それが駄目なら、銀で支払っても良いと申し出ました。ナボテは、神を恐れるイスラエル人です。モーセの律法は、先祖からの相続地を売ることを禁じていましたので、彼はその申し出を断ります。それを聞いて、アハブは不機嫌になります。不機嫌と怒りは、物事が思いどおりに行かなかった時にアハブが常習的に取る態度です。

イゼベルの陰謀

不機嫌の理由を問うイゼベルに対し、アハブは、ナボテの回答の重要な部分（信仰上の理由）は伏せて、自分に都合の良いように答えます。これをきっかけに、イゼベルの恐るべき悪知恵が働き始めます。彼女は、アハブの名で手紙を書き、ナボテの町の長老たちと主だった人々に送ります。手紙の内容は、ナボテは神と王を呪ったので、石打ちの刑に処すべきであるというものです（レビ24・16）。そのために、偽りの証人を2人立てるようにとの指示も与えられました。

ナボテの町の人々は、手紙の内容を、そのまま実行に移します。2人のよこしまな者が証人として立ち、「ナボテは神と王を呪った」と偽証します。その結果、ナボテは町の外に引き出され、石打ちの刑に処せられます。ナボテだけでなく、息子たちも殺されました。相続人のいない土地は、王宮の所有物になるからです。

ナボテが死んだという報告を受け、イゼベルはアハブにこう告げます。「起きて、イズレエル人ナボテが代金と引き替えで譲ることを拒んだ、あのぶどう畑を取り上げなさい。もうナボテは生きていません。死んだのです」(15節)。罪のないナボテが殺されたことを聞いても、アハブはなんの痛痒も感じていません。

ナボテの町の人々は、なぜイゼベルの要請をはねのけなかったのでしょうか。それは、イゼベルを恐れたからです。彼らは、主を恐れる以上に、バアル神の礼拝者であるイゼベルを恐れました。

エリヤの再登場

ここで、預言者エリヤが再び登場します。かつてアハブは、エリヤのことを「イスラエルにわざわいをもたらす者」(1列18・17)と呼びましたが、再び現れたエリヤを、今度は「わが敵よ」と呼んでいます。エリヤはアハブにこう伝えます。「主はこう言われる。犬たちがナボテの血をなめた、その場所で、その犬たちがあなたの血をなめる」。アハブの家は、ヤロブアムの家のように、また、バアシャの家のように、滅ぼされます。しかも、犬たちがその血をなめるというのです。さらに、イゼベルについては、「犬がイズレエルの領地でイゼベルを食らう」と預言されます。死体を犬に食われるのは、犬に血をなめられるよりも厳しい裁きです。

アハブの悔い改め

北王国の王たちの中で、アハブほど悪を行った王はいませんでした。アハブが堕落した最大の原因は、イゼベルにあります。アハブの罪とは、ヨシュアの時代にカナンの地から追放されていたアモリ人の罪を、イスラエルの地に再びもたらしたことでした(ヨシ10・12〜13参照)。

裁きの宣告を聞き、アハブは悔い改めました。外套を裂くこと、粗布をまとうこと、断食をすること、地に伏すことなどは、すべて悔い改めのしるしです。彼ほどの悪王はいないというのに、彼が悔い改めた時、恵み深い神は、彼に恵みを示されました。彼の生存中に下るはずだった主の裁きが、彼の子ヨラムの時代まで延期されたのです（2列9・24～26、10・17）。

神は私たちにも恵み深くあられます。どのような罪を犯した人であっても、真の悔い改めを示すなら、神との関係が回復されます。父なる神は、放蕩息子の帰還をきょうも待っておられます。

列王記第一22章

彼は答えた。「私は全イスラエルが 山々に散らされているのを見た。まるで、羊飼いのいない羊の群れのように。そのとき主はこう言われた。『彼らには主人がいない。彼らをそれぞれ、自分の家に無事に帰らせよ。』」（列王記第一22・17）

この章から、以下のことを学びましょう。（1）アハブとヨシャファテは、同盟関係に入ります。（2）アハブが用意した400人の偽預言者に対抗して、ミカヤは真実な預言を語ります。（3）戦場に出たアハブは、不慮の死を遂げます。（4）ヨシャファテは善王ですが、アハブと同盟関係に入ったのは失敗でした。

アハブとヨシャファテの同盟関係

アフェクの戦い以降、ユダとイスラエルの間には平和な状態が3年も続きました。ある時アハブは、ラモテ・ギルアデをアラムから奪還することを決意し、ユダから来ていたヨシャファテに応援を頼みます。ヨシャファテは、それが良いかどうか、主の御心を確かめようとします。アハブは約400人の預言者たちを用意しますが、彼らに違和感を覚えたヨシャファテは、主の預言者はいないのかと問います。そこでアハブは、しぶしぶ、イムラの子ミカヤを呼び出します。

400人の預言者の中の1人ゼデキヤは、鉄の角を作って、それを振りかざしながら、アラムを攻撃すべきであると預言します。ミカヤも同調し、「あなたは攻め上って勝利を得なさい。主は王の手にこれを渡されます」と預言します。しかし、これは皮肉です。このミカヤの態度に、アハブは激怒します。そこでミカヤは、真実な預言を語り始めます。「私は全イスラエルが　山々に散らされているのを見た。まるで、羊飼いのいない羊の群れのように。…」。「羊飼いのいない羊の群れ」とは、アハブ王が戦死したために、途方に暮れている民のことです。アハブはヨシャファテに、信ずべきはミカヤの預言ではなく、400人の預言者たちの一致した預言のほうであると告げます。

そこでミカヤは、第2の幻を語ります。①彼は、主の御座を目撃します。②主の御座の近くで、アハブ王を戦死させるための方策について、主と天使たち（悪霊もいた）の間でやり取りが行われます。③悪霊は、預言者たちの口に偽りのことばを授けると進言します。④主は、その提案の実行を許可されます。

ミカヤのことばを聞いて、偽預言者ゼデキヤが激怒しますが、ミカヤは、時がすべてを証明すると主張します。時が来ると、そこにいた人たち全員が、証人となります。彼らはやがて、ミカヤの預言は主からのものであることを知ることになるのです。

アハブの死

アハブは、変装して戦場に赴きますが、そこで戦死することになります。ある兵士が何げなく放った矢が、アハブの鎧の隙間を射抜きました。このことの背後には、神の御手があります。負傷したアハブは、前戦からは退いたものの、戦車の中に立ち続けました。日没になってアハブ戦死の知らせが陣営に広がると、兵士たちは、めいめい自分の町に帰って行きました。アハブの遺体はサマリアに運ばれ、そこで埋葬されました。この時、血のついた戦車はサマリアの池で洗われ、流れた血を犬たちがなめました。このことは、エリヤの預言の成就です（1列21・19）。

ヨシャファテの治世

ユダの王ヨシャファテは、前873年に即位し、25年間王として統治しました。彼は、8人の善王の1人であり、宗教改革をもたらした4人の王の1人でもあります。彼は、アハブと同盟関係に入りました。その結果、ヨシャファテの息子ヨラムとアハブの娘アタルヤが結婚します。アタルヤはイザベルの娘ですが、後に、ユダに危機をもたらす張本人となります。

ヨシャファテは、アハブの子アハズヤと協定を結び、オフィルに行くための船団を建設しました。しかし、船団はオフィルに着く前に、エッヨン・ゲベルで難破しました。その理由は、主がアハズヤとの協定を喜ばれなかったからです（2歴20・37）。ヨシャファテが死ぬと、その子ヨラムが代わって王となりました。

アハズヤの治世

アハブの死後、その息子のアハズヤがイスラエルの王となりました。彼の治世は、わずか2年弱でした。彼は悪王としての道を歩みますが、最大の原因は、父母から来る悪影響です。彼の母はイゼベルです。

いつの時代でも、多数の意見に逆らって生きるのは容易なことではありません。しかし、神だけを恐れて生きるなら、私たちの内側には知恵と力が与えられます。忠実に歩んだ預言者たちのことばから、教訓を学ぶ人は幸いです。

列王記第二1章

アハズヤは、サマリアにあった彼の屋上の部屋の欄干から落ちて重体に陥った。彼は使者たちを遣わし、「行って、エクロンの神、バアル・ゼブブに、私のこの病が治るかどうか伺いを立てよ」と命じた。（列王記第二1・2）

この章から、以下のことを学びましょう。（1）アハズヤは、エクロンの神にお伺いを立てます。偶像に頼る者は、主に背を向ける愚か者です。（2）主の使いは、エリヤを通してアハズヤに裁きのことばを語ります。（3）50人隊の派遣が3回にわたって行われますが、3番目の隊長は謙遜になったので、自分と部下のいのちを救うことができました。（4）エリヤは、信仰が揺れ動いていましたが、ここでは完全に立ち直っています。

アハズヤの病気

ここから、イスラエルの王アハズヤの後半生の記録が始まります（彼は、アハブの息子です）。「アハズヤは、サマリアにあった彼の屋上の部屋の欄干から落ちて重体に陥った」（2節）。そこで彼は、エクロンの神、バアル・ゼブブにお伺いを立てます。エクロンは、サマリアから約65㎞離れたペリシテ人の町です。彼は、主にではなく、偶像（バアル）に癒やしを求めたのです。主にお伺いを立てなかった理由は、主の預言者たちが不吉な預言ばかりしていたからだと思われます。

アハズヤが使者たちをエクロンに遣わした頃、主の使いがエリヤに現れます。主の使いとは、受肉前のキリストのことです。この方が現れるのは、重要なメッセージを告げる時です。主の使いは、アハズヤに下る裁きを予告します。アハズヤは上ったその寝台から降りることなく、必ず死ぬというのです。エリヤは、このメッセージを持って、旅の途中にあったアハズヤの使者たちに会いに行きます。

50人隊の派遣

アハズヤは、使者たちが予定よりも早く帰ってきたので驚き、その理由を問います。使者たちは、途中でひとりの人に出会ったと言い、その人が語った内容をそのまま王に伝えます。その人の風貌に関しては、「毛衣を着て、腰に革の帯を締めた人でした」と報告します。王はすぐに、それがエリヤであることに気づきます。王は、エリヤを逮捕するために、50人隊の隊長を部下50人とともに派遣します。その時エリヤは、山の頂に座っていました。隊長はエリヤにこう命じます。「神の人よ、王のお告げです。下りて来てください」。「神の人」とは、「預言者」という意味です。エリヤは、こう応じます。「私が神の人であるなら、天から火が下って来て、あなたとあなたの部下五十人を焼き尽くすだろう」。すると、エリヤのことばどおりになりました。これは残酷な出来事のように見えますが、事態の深刻さを考慮すると、そうとは言えなくなります。アハズヤとその部隊は、真の神である主とその預言者エリヤに逆らっています。彼らの上に天から火が下ったのは、カルメル山で起こったのと同じ奇跡が起こったということです。

50人隊長の再派遣とアハズヤの死

アハズヤは、最初に派遣した50人隊が焼け死んだにもかかわらず、第2、第3の部隊をエリヤのもとに派遣します。残酷なことです。2番目の50人隊長もまた、高圧的な態度でエリヤに命じます。彼の場合は、「急いで」ということばが加わっていますので、最初の50人隊長よりも厳しく命じたのでしょう。彼は、エリヤが「神の人」であることを認めながら、その権威に挑戦したので、前回と同じように天から火が下りました。3番目の50人隊長は、謙遜な態度を取りました。彼は、エリヤが神の人であることを認め、恵みが与えられるように懇願しました。それゆえ、彼とその部下50人の命は助かりました。

主の使いがエリヤに、「彼(50人隊長)と一緒に下って行け。彼を恐れてはならない」と告げたので、エリヤは彼とともに王のところに下って行きました。そして、臆することなく、主のことばを伝えました。そして、そのことばどおりにアハズヤは死に、その弟のヨラムが後継者となりました。当時、ユダでは、ヨシャファテとその子ヨラムが共同統治を行っていました。つまり、この時期、南北両王国にヨラムという同名の王がいたことになります。

謙遜になった50人隊長の姿勢から教訓を学びましょう。また、エリヤの信仰からも教訓を学びましょう。神が語られたことは、必ず成就します。カルメル山での戦いの後、エリヤの信仰は揺らいでいましたが、ここでは完全に立ち直っています。エリヤの信仰を支えた主は、私たちの信仰をも支えてくださいます。

列王記第二2章

こうして、彼らがなお進みながら話していると、なんと、火の戦車と火の馬が現れ、この二人の間を分け隔て、エリヤは竜巻に乗って天へ上って行った。（列王記第二2・11）

この章から、以下のことを学びましょう。（1）エリヤは、竜巻（シャカイナグローリー）に乗って、天に昇ります。（2）エリシャがエリヤの後継者となります。（3）42人の若者たちは、主の権威を侮ったために殺されます。

エリシャのテスト

この章では、エリヤがエリシャを置き去りにしようとする場面が、3度繰り返されます。これは、エリシャの献身を試すためのテストです。エリシャは、エリヤから離れませんでした。師が天に召される前に、師から祝福を受けたかったからです。なんとしても主からの祝福を受けようとするエリシャの姿勢から、学ぶべき教訓は多いはずです。

外套は、預言者の権威の象徴です。エリヤが外套でヨルダン川の水を打つと、水が両側に分かれました。2人の預言者は、乾いた土の上を渡って向こう岸に行きました。エリヤは、ヨルダン川の東の地、ギルアデのティシュベ出身の預言者ですが（1列17・1）、最後の日に、再びその地に戻って行きました。

エリシャの願い

エリヤが、「あなたのために何をしようか。私があなたのところから取り去られる前に求めなさい」と問うと、エリシャは、「あなたの霊のうちから、二倍の分を私のものにしてください」と答えます。「二倍の分」とは、長子の権利のことです。つまりエリシャは、エリヤの後継者になることを願ったのです。エリヤは、「あなたは難しい注文をする」と応じました。なぜなら、後継者を決めるのは主だからです。

彼らが歩き続けていると、一台の火の戦車と火の馬（複数形）が現れ、2人の間を分け隔てました。次に竜巻が起こりました。これらの現象は、すべてシャカイナグローリーです。エリヤは、それに乗って天に昇って行きました。エリヤは、エリシャにとって霊的父です。その父を失った悲しみが、「わが父、わが父」という叫びとなって出ました。「イスラエルの戦車と騎兵たち」とは、エリヤが主に用いられた最強の器であったことを示しています。エリシャは、自分の着物を2つに引き裂いて、悲しみを表しました。次に彼は、エリヤの外套を拾い上げ、それを身に着けました。

エリシャもまた、外套でヨルダン川の水を打ちました。「エリヤの神、主はどこにおられるのですか」とは、神の介入を求める祈りのことばです。すると、水が両側に分かれ、エリシャは乾いた地を歩いて川の西岸に戻って行きました。この奇跡は、エリヤの神がエリシャとともにおられることのしるしとなりました。それを見ていた「預言者の仲間たち」は、エリヤの権威がエリシャに引き継がれたことを認めました。

エリコの水源の癒やし

ここからエリシャが死ぬ時点まで（2列13・20）、

エリシャの奇跡物語が続きます。一連の奇跡は、民を主に立ち返らせるために与えられたしるしです。
最初の奇跡は、エリコの水源の癒やしです。エリシャが塩を水源に投げ込むと、その水は癒やされました。「塩」は清めの象徴です（レビ２・13参照）。癒やされたエリコの水は、主があわれみ深いお方であり、バアルよりも力のあるお方であることを示すしるしとなりました。

42人の若者たち

ベテルに向かう途中、エリシャは青年たちの一団に出会います。「小さい子どもたち」という訳語は、的確ではありません。ヘブル語の「ナアル」は、幼児から青年までを指す幅広いことばです。ここでの青年たちは、恐らく、バアルの預言者の卵たちです。「上って来い、はげ頭」ということばは、新共同訳では、「はげ頭、上って行け」と訳されています。彼らのことばを意訳すると、「おい、はげ頭よ。もしお前が本当に主の預言者であるなら、エリヤがしたように天に昇って見ろ」ということになります。彼らを裁くために、２頭の雌熊が用いられました。彼らの罪は、主の預言者を侮ったことです。エリコの人々はエリシャを敬ったので祝福を受けましたが、ベテルの青年たちはエリシャをからかったために呪いを受け、この日、42人が殺されました。

エリヤの昇天は、神学的に重要な出来事です。①死を経ないで天に上げられたのは、エノクとエリヤだけです。②エリヤの昇天は、死後の命があることの保証です。③エリヤは、携挙に与る新約時代の聖徒たちの型です。クリスチャンにとっては、地上生涯は天国に向かう旅であることを覚えましょう。

列王記第二3章

さて、モアブの王メシャは羊を飼っていて、子羊十万匹と、雄羊十万匹分の羊毛をイスラエルの王に貢ぎ物として納めていた。しかしアハブが死ぬと、モアブの王はイスラエルの王に背いた。

（列王記第二3・4～5）

この章から、以下のことを学びましょう。（1）イスラエルの王となったヨラムは、モアブ討伐に向かいます。（2）その際彼は、ユダの王ヨシャファテを誘います。（3）途中で水がなくなりますが、主の奇跡によって水が与えられます。（4）主は、ヨラムとヨシャファテの連合軍に勝利をお与えになります。

アハブの子ヨラムの罪

アハズヤが死ぬと、弟のヨラムがイスラエルの王となります（前852～841年）。彼の父はアハブであり、母はイゼベルです。彼は、父が造ったバアルの石の柱を取り除きましたが、「ネバテの子ヤロブアムの罪」（金の子牛礼拝の罪）を犯し続けます。外面的に体裁を整えても、偶像礼拝の心を除き去ることはしなかったということです。

モアブの王メシャの反逆

アハブ王の時代に、モアブは毎年、イスラエルに貢ぎ物（羊と羊毛）を納めていました。しかし、アハブが死ぬと、モアブはイスラエルに背きました。アハズヤの後継者となったヨラムは、ただちにモアブ討伐に向かいます。彼は、ユダの王ヨシャファテを、この戦いに誘います。かつてヨシャファテは、アハブに協力してアラムとの戦いに参戦し、殺されかけたことがありました（1列22章）が、今回も懲りずに、「祝されない同盟関係」を結びます。

ヨラムは、死海の南側を回り、モアブを南から急襲するという作戦を立てました。北から攻めれば距離的には楽なのですが、そこには強力な砦がいくつも建てられていたからです。

水不足

イスラエルの王、ユダの王、そしてエドムの王が、この戦いに参加しました（当時エドムは、ユダの支配下にあった）。連合軍は、7日かけてエドムの境界線に着きますが、その時点で、飲み水がなくなりました。ヨラムは、主に向かって文句を言います。困難が来ると神のせいにするのは、罪人の特徴です。ヨラムと違って、ヨシャファテには信仰が残っていました。彼がヨラムに、主の預言者はいないのかと尋ねると、ヨラムの家来の1人が、エリシャが同行していると告げます。当時、預言者や占い師たちが軍隊に同行するのは、一般的な習慣でした。

エリシャは、ヨシャファテへの敬意のゆえに、助けの手を差し伸べます。彼は、竪琴の音によって心を平静にし、主のことばを受け取る準備をします（1サム16・23参照）。竪琴を弾き鳴らすと、主の手がエリシャの上に下り、エリシャが預言を始めます。その内容は、涸れた谷には水が豊富に与えられ、兵士たちも家畜も、さらにそれ以外の動物たちまでもこれを飲むようになる、というものでした。

モアブの敗北

朝のささげ物を献げる時間になると、水がエドムのほうから流れてきました。主の奇跡が起こったのです。一方、モアブ人たちは、3人の王たちが南から侵攻してきたことを知り、人員を総動員して、国境地帯に軍を展開します。翌朝、彼らがエドムの方角を見ると、見たことのないもの（血の池）がそこにありました。雨水に太陽の光が反射して、血の池のように見えたのです。モアブ人たちは、敵の陣営で同士討ちが起こったと判断し、戦死者から武具を略奪するために、敵陣に突入します。結果は、イスラエルの大勝利で終わります。

イスラエルは、モアブの最後の砦であるキル・ハレセト（南の首都）を除いて、すべての町々を破壊しました。窮したモアブの王は、兵700人を引き連れ、エドムの王に向かって戦いを仕掛けます。3人の王たちの中でエドムの王が最も弱いと判断したからでしょう。しかし、それも失敗に終わります。そこで彼は、長男を全焼のささげ物としてモアブの神ケモシュに献げます。モアブ人たちは、王の長男が人身供養にされるのを見て、その原因を作ったイスラエルに対して激しい怒りを燃やします。そこでイスラエルは、モアブ討伐戦を途中で止め、自分の国に戻って行きます。モアブ人の怒りを恐れたことと、残酷な光景を目撃して激しい嫌悪感を抱いたことが、退却の理由です。

偶像礼拝の愚かさを嫌というほど見せつけられながらも、イスラエルは、偶像礼拝から離れようとはしませんでした。教訓を学ばない民は、やがて滅びるしかありません。今、自らの日頃の歩みを振り返り、神が与えてくださる教訓を日常生活に適用できているかどうか、吟味してみましょう。

列王記第二4章

そこで、召使いが彼らに配ると、彼らは食べて残した。主のことばのとおりであった。

（列王記第二4・44）

この章から、以下のことを学びましょう。（1）やもめが集めた器のすべてが、油で満たされます。（2）シュネムの女の子どもが、エリシャの祈りによって蘇生します。（3）毒のある野草の実が清められます。（4）百人のために、パンの増加の奇跡が行われます。

油の奇跡

預言者の仲間の1人が死に、その妻がやもめとなりました。彼女は、夫の借金のために、2人の息子を奴隷として取り上げられそうになっていました。彼女は、エリシャに助けを求めます。エリシャは、「空の器を集めよ」と言い、彼女はそれに従います。かき集めた器の数は、そのまま彼女の信仰の量です。集めた器に油を注ぐと、どの器も油で満たされまし

ました。

この油のお陰で、この一家は負債から解放されただけでなく、将来の生活の糧まで得ることができました。

シュネムの女

シュネムの町の1人の裕福な女が、巡回途上にあったエリシャを食事に誘います。やがて彼は、その家で食事をするのが習慣となります。この女は、エリシャのために小さな部屋を作ることを夫に提案します。これは、主に対する献身の表れです。

その女の親切に報いたいと思ったエリシャは、何かしてほしいことがあるかと問います。しかし彼女は、今の生活で満足していました。若者ゲハジが、彼女には子がなく、その夫も高齢になっていることを、エリシャに伝えます。そこでエリシャは、「来年の今ごろ、あなたは男の子を抱くようになる」と彼女に伝えます。彼女は信じませんでしたが、翌年、エリシャのことばどおりに男の子が誕生します。

この息子が、ある日突然死にます。死因がなんであるかは分かりません。彼女は、エリシャのもとに行くために必要なもの（若者1人と雌ろば1頭）を夫に求め、急いで出て行きます。シュネムからカルメル山までは、片道約30㎞です。エリシャのもとにたどり着くと、彼の足にすがりつきながら、「私がご主人様に子どもを求めたでしょうか。この私にそんな気休めを言わないでくださいと申し上げたではありませんか」と訴えます。エリシャは、彼女の息子が危篤状態になっていると解釈し、ゲハジに自分の杖（権威の象徴）を持たせてシュネムに派遣します。しかし、彼女が強く願ったので、自分もシュネムに向かうことにします。

家に着くと、その子は死んでいました。エリシャは戸を閉めて主に祈りました。子どもの体の上に身を伏せて祈るのは、死者と自分を一体化させ、命が流れるようにするためです。部屋の中を歩き回るのは、祈りに集中するためです。再びエリシャは寝台の上に上がり、子どもの上に身をかがめて祈りました。するとその子は、7回くしゃみをして目を開きました。7という数字は、これが主による奇跡であることを示しています。

食物の清め

巡回奉仕からギルガルに帰って来たエリシャは、預言者の仲間に食事を提供しようとして、若い者に煮物を作るように命じます。預言者の仲間の1人が野草を見つけ、その実をたくさん持ち帰っていました。しかしそれは、毒のある実でした。そのままでは食べることができません。エリシャが少しばかりの麦粉を釜に投げ入れると、それだけで毒はなくなりました。

この奇跡は、エリシャの奉仕を象徴しています。イスラエルの民は、主に背を向け、バアル礼拝に走りました。バアル礼拝は、霊的死をもたらす「毒」です。エリシャはその「毒」を取り除き、イスラエルの民に真の霊的糧を提供するために、献身的に奉仕をしました。

パンの増加

ある人がエリシャに、「初穂のパンである大麦のパン二十個と、新穀一袋」を持って来ました。これは、モーセの律法に基づく初穂のささげ物です。エリシャはそれを、預言者の仲間に分配することにしました。ところが彼の召使いは、百人に食べさせるためには到底足りないと応じます。これは、人間的な視点からのことばです。主は、全員が食べて満足するように、パンを増やされました。当時イスラエルの民は、バアル礼拝に走っていました。バアル神は豊穣の神です。しかし、人々に糧を与えるのはバアルではなく、主です。この奇跡によって、人々は主こそ真の神であることを学んだことでしょう。

エリシャは、イエス・キリストの型です。主イエスは、より大きな規模で人々の必要にお答えになりました（五千人のパンの奇跡）。私たちが信頼すべきお方は、イエス・キリストの父なる神だけです。

列王記第二5章

そこで、ナアマンは下って行き、神の人が言ったとおりに、ヨルダン川に七回身を浸した。すると彼のからだは元どおりになって、幼子のからだのようになり、きよくなった。（列王記第二5・14）

この章から、以下のことを学びましょう。（1）ナアマン将軍は、プライドを捨ててエリシャの指示に従ったので、病が癒やされました。（2）ゲハジは貪欲な思いに囚われたので、主の裁きを受けました。

アラムの将軍ナアマン

ナアマン将軍は、主君から高い評価を受けた勇士でしたが、ツァラアト（皮膚病）に冒されていました。ある日、イスラエル人の若い女奴隷が、エリシャの所へ行けば、彼がツァラアトを直してくれるだろうと言います。ナアマンは、その情報を主君に伝えます。この王は、ベン・ハダド2世（前860～841）です。王は推薦状を書いて、ナアマンをイスラエルに送り出します。その推薦状を読んだイスラエルの王ヨラムは、自分の衣を引き裂き、こう言います。「私は殺したり、生かしたりすることのできる神であろうか。この人はこの男を送って、ツァラアトを治せと言う。……彼は私に言いがかりをつけようとしているのだ」。ヨラムが動揺していることを聞いたエリシャは、ナアマン将軍を自分のところに送るように助言します。

やがて、ナアマンの一行がエリシャの家の入り口に立ちました。エリシャは、使いを介して、「ヨルダン川で7回身を洗うように」と、ナアマンに伝えます。それを聞いて、ナアマンは激怒します。（1）彼の期待が裏切られました。彼は、エリシャ自身が出てきて、清めの儀式をおもむろに始めるだろうと思っていたのです。（2）彼は、ヨルダン川は故郷の川々（アマナやパルパル）よりも劣っていると考えていました。

この時、ナアマンの家来たちがこう進言します。「わが父よ。難しいことを、あの預言者があなたに命じたのでしたら、あなたはきっとそれをなさったのではありませんか。あの人は『身を洗ってきよくなりなさい』と言っただけではありませんか」。ナアマンは、この進言を聞き入れ、エリシャの治療法を実行します。すると、病は癒やされ、彼の皮膚は幼子の肌のようになりました。ヨルダン川の水に治癒力があったわけではなく、彼の信仰が祝されたのです。

ナアマンの贈り物

ナアマンはエリシャのもとに戻って来て、「私は今、イスラエルのほか、全世界のどこにも神はおられないことを知りました」と信仰告白をします。異邦人ナアマンが主への信仰を告白し、イスラエルの民がバアル礼拝を行うとは、なんという皮肉でしょうか。

ナアマンは贈り物を渡そうとしますが、エリシャは頑として受け入れません。そこでナアマンは、1つの願いを出します。それは、2頭のらばに載せるだけの土を与えてほしいというものです。これは、主への祭壇を築くために使う土です。ここでの彼の信仰は、半分異教的なものです。さらに彼は、偶像の宮に入ることについての許可を求めます。「リンモン」とは雨と雷を司る偶像です。自分は職務の一環として王に随行してリンモンの神殿に入ることがあるが、身をかがめることを許してほしいというのです。エリシャは、「安心して行きなさい」とだけ言い、否定も肯定もしませんでした。ナアマンの信仰は、情報不足もあって未成熟なものですが、やがて彼自身が、いかに行動すべきかの判断を下さなければならない時が来ます。

ゲハジの貪欲

エリシャのしもべゲハジは、貪欲な思いに囚われました。彼は、ナアマンの一行の後を追い、こう伝えます。「私の主人は私を送り出してこう言っています。『たった今、エフライムの山地から、預言者の仲間の二人の若者が私のところにやって来たので、どうか、銀一タラントと晴れ着二着を彼らに与えてやってください』」。彼は、嘘によって贈り物を得、それを家の中にしまい込みました。しかしエリシャは、主からの啓示によってゲハジがどこに行っていたかを知っていました。エリシャは、「今は金を受け、衣服を受け、オリーブ油やぶどう畑、羊や牛、男女の奴隷を受ける時だろうか」と言います。ゲハジは、ツァラアトに冒され、エリシャの前から去ります。

ゲハジが厳しい裁きを受けたのは、彼には主のしもべとしての特権が与えられていたからです。多く与えられた者には、多くの責任が伴います。エリシャとゲハジの対比は、神のしもべの中にも2種類の人がいることを示しています。願わくは、私たちの奉仕が、神のことばへの信頼と従順によってのみなされますように。

列王記第二6章

そして、エリシャは祈って主に願った。「どうか、彼の目を開いて、見えるようにしてください。」主がその若者の目を開かれたので、彼が見ると、なんと、火の馬と戦車がエリシャを取り巻いて山に満ちていた。（列王記第二6・17）

この章から、以下のことを学びましょう。（1）エリシャは、水の中に落ちた斧の頭を浮かび上がらせました。（2）エリシャの召使いは、火の馬と戦車が山に満ちているのを見ました。（3）エリシャは、捕虜となった敵の兵士たちと和解の食事をともにしました。（4）サマリアでのききんは、耐え難いほどのものとなりました。

浮かんだ斧の頭

預言者学校に集う若者たちが多くなり、新しい施設が必要となりました。そこで彼らは、新しい宿舎を建てることにしました。ヨルダン川に着くと、彼らは木を切り倒し始めました。その時、仲間の1人が、借りてきた斧の頭を水の中に落としてしまいます。小さな事件ですが、当事者にとっては心が痛む出来事です。エリシャが1本の木の枝を切り、それを斧の頭が落ちた辺りに投げ込むと、不思議なことに鉄の塊が浮かび上がりました。

バアル礼拝がまん延する時代にあって、主に仕えるのは容易なことではなかったでしょう。しかし彼らは、この奇跡によって、主が生きておられることを体験的に学ぶことができました。

主の軍勢

アラムとイスラエルの間には、戦争の時と平和な時が交互に訪れました。アラムの王は、自分の策略がことごとく失敗するので、自軍の中にスパイがいるのではないかと疑います。すると家来の1人が、それは預言者エリシャの仕業であると告げます。エリシャがドタン（サマリアの北約15㎞）にいると聞いたアラムの王は、大軍を派遣して夜のうちに町を包囲します。

翌朝早く、エリシャの召使いは、町が馬と戦車によって包囲されているのを見て仰天します。エリシャは彼に、「恐れるな。私たちとともにいる者は、彼らとともにいる者よりも多いのだから」と助言し、祈ります。すると、若者の目が開かれ、火の馬と戦車がエリシャを取り巻いて山に満ちているのが見えるようになりました。

盲目にされたアラムの軍勢

アラムの軍勢がドタンに向かって攻めてくると、エリシャは、「どうか、この民を打って目をくらませてください」と祈りました。主はその祈りを聞かれ、彼らを盲目にされました。エリシャは、盲目になった兵士たちをサマリアまで連れて行きました。イスラエルの王は、アラムの兵士たちを打ち殺そうとしますが、エリシャは王をいさめます。そして、アラムの兵士たちのために宴会を催し、それから主君のもとに送り返そうと提案します。この宴会は、契約締結の食事です。つまり、平和条約を結び、今後お互いを兄弟と見なすという意味を込めた食事なのです。それ以降、アラムの軍勢の侵攻は、しばらくの間止みました。

サマリアでのききん

アラムの王ベン・ハダドが再びサマリアを攻めて来ました。敵に包囲されたサマリアに、想像を絶するほどのききんがやってきました。「ろばの頭」は、平時であれば食べる人などいないのですが、それが80シェケルという高価な値段で売られました（1シェケルは、平均的な労働者の月給です）。

ある女が、王に助けを求めて叫びます。その女は、知り合いの女の提案で、自分の子どもをいっしょに食べたと証言します。ところが、その女が自分の子を差し出す番になると、彼女はその子を隠したというのです。

町の窮状を目の当たりにしたイスラエルの王は、自分の服を引き裂きます。しかし、彼の悔い改めは、実に浅薄なものです。王は、刺客を送りエリシャを暗殺しようとします。その頃エリシャは、長老たちと今後の行動について話し合っていましたが、危険を予知し、刺客を家の中に入れないようにと忠告します。刺客が到着すると、それに続いて王もそこに着きます。王はエリシャに、「見よ、これは主からのわざわいだ。これ以上、私は何を主に期待しなければならないのか」と言います。つまり、「ききんは主の裁きである。これ以上主の助けを期待しても無駄なので、自分から行動を起こす」という意味です。

イスラエルの王は、主がなされた数々の奇跡を目撃しながら、悔い改めようとはしませんでした。今回の試練は、主がイスラエルの民を悔い改めに導くために与えたものです。私たちも、試練に遭ったとき、神が何を語っておられるのか、静まって耳を傾けようではありませんか。

列王記第二7章

彼らは互いに言った。「われわれのしていることは正しくない。今日は良い知らせの日なのに、われわれはためらっている。もし明け方まで待っていたら、罰を受けるだろう。さあ、行こう。行って王の家に知らせよう」。（列王記第二7・9）

この章から、以下のことを学びましょう。（1）エリシャは、24時間以内にサマリアが解放されると預言しますが、ヨラムと親衛隊の隊長は、その預言を信じません。（2）主は、アラムの兵士たちに恐れを与え、彼らを退却させます。（3）4人のツァラアト患者たちは、アラムの陣営に入って行き、そこで飲み食いします。（4）彼らは、自分たちのしていることは良くないと考え、夜の内に町に行き、良き知らせを伝えます。（5）エリシャの預言を疑った親衛隊の隊長は、群衆の足で踏まれて死にます。

エリシャの預言

エリシャは、自分を殺すためにやって来たイスラエルの王に、主からの預言を語ります。サマリアは24時間以内に解放され、門のところで食糧の売買が行われるようになるというのです。そればかりか、「上等の小麦粉一セアが一シェケルで、大麦二セアが一シェケルで売られるようになる」と、具体的な価格まで預言します。

しかし、そのことばを信じない者がいました。「侍従で、王が頼みにしていた者」とは、親衛隊の隊長です。彼はエリシャに、不信仰のことばをぶつけます。その侍従に、エリシャは2つのことを伝えます。①その侍従は、奇跡を目撃するようになる。②しかし彼は、その奇跡がもたらす祝福に与ることはできない。

4人のツァラアト患者

4人のツァラアト患者が門の入り口にいました。掘立小屋に隔離されて住んでいたのでしょう。彼らは、今後の方策について3つの案を考えます。①このまま飢え死にする。②町に入って助けを求める。しかし、町も飢饉なので、結果は同じことになる。③アラムの陣営に入り込む。殺されるかもしれないが、その時は死ぬまでのことだ。彼らは、３番目の案を選びます。夕暮れになってアラムの陣営に近づくと、そこはもぬけの殻になっていました。アラムの兵士たちが逃亡した理由は、主が彼らに、「戦車の響き、馬のいななき、大軍勢の騒ぎ」を聞かせたからです。

ツァラアト患者たちは、狂喜しました。彼らは、思う存分飲み食いし、銀や金や衣服を持ち出して、秘密の場所に隠しました。やがて彼らは、不安に襲われます。もし誰かに見つかったなら、自分たちの責任が問われることになる。また、良心の面から考えても、自分たちの行為は利己的なもので正しくない。

４人のツァラアト患者の報告

彼らは町の門に急ぎ、門衛に告げます。敵の陣営には誰もおらず、馬もろばも、そして天幕もそっくりそのまま置き去りになっていると。門衛たちは驚き、夜中にもかかわらず、早速その知らせを王宮にいた人々に伝えます。

王（ヨラム）は、その知らせを疑いました。敵は退却したように見せかけ、どこかに潜んでいるのかもしれない。家臣の１人が、偵察隊を遣わすことを提案します。偵察隊が調査すると、サマリアからヨルダン川までの間に、敵の兵士たちが残して行った衣類や武具が散乱していました。

ヨラムが敵の謀略だと疑ったのは、人間的には合理的な推量ですが、信仰の視点からは、誤った判断だと言えます。エリシャの預言を無視していたところに、ヨラムの問題がありました。

親衛隊の隊長の死

良き知らせが事実であることを確認した王は、町の門を大きく開きました。すると民衆は、アラムの陣営に突進し、そこにあった食物や富をかすめ奪いました。先に到着した者たちは大量の食物を確保できたので、それを町の門のところで売ることができました。その価格は、エリシャが預言したとおり、「上等の小麦粉一セアが一シェケルで、大麦二セアが一シェケル」でした。

このとき隊長は、王の命令によって、門のところで交通整理に当たっていました。しかし、群衆が殺到したために転倒し、そのまま足で踏みつけられて死にました。喜びの日に、なぜこのような悲劇が起こったのでしょうか。それは、彼がエリシャの預言を信じなかったからです。

この奇跡は、イスラエルに食物を与えてくださるお方は、主であることを教えています。王と民は、ただちに主に立ち返るべきでしたが、そうはなりませんでした。私たちに関しては、ツァラアト患者たちのことばと行動を思い起こそうではありませんか。福音宣教とは、食物を見つけた物乞いが、他の物乞いに食物のありかを知らせるようなものです。

列王記第二8章

しかし、主はそのしもべダビデに免じて、ユダを滅ぼすことを望まれなかった。主はダビデとその子孫に常にともしびを与えると彼に約束されたからである。（列王記第二8・19）

この章から、以下のことを学びましょう。（1）シュネムの女は、摂理的な導きで土地の所有権を回復します。（2）アラムの高官ハザエルは、王ベン・ハダドを暗殺します。（3）ユダでは、ヨラムとその息子アハズヤが王になりますが、ともにバアル礼拝者となります。

シュネムの女の土地の返還

シュネムの女は、エリシャの助言に従って、飢饉の間、ペリシテ人の地に逃れていました。当時は、放棄された土地は、王家の所有物となっていました。7年後にイスラエルの地に戻って来た彼女は、所有権回復の訴えを起こします。

その頃、ヨラム王はエリシャの奇跡に興味を示し、ゲハジから話を聞いていました。ゲハジがシュネムの女の息子の話をしていたちょうどその時、その女が入って来ました。なんというタイミングでしょうか。結局彼女は、家と土地を回復しただけでなく、留守中に収穫されたものまで返して貰うという特別な恩恵に与りました。この出来事は、不信仰が国中に蔓延していたときに起こったものです。神は、神を信頼する者を守り、養われます。

アラムの王ベン・ハダドと高官ハザエル

アラムの王ベン・ハダドが病気になります。彼は、ダマスコに来ていたエリシャのもとに高官ハザエルを派遣し、病気が治るかどうか御心を求めて欲しいと依頼します。ハザエルが贈り物を携えてエリシャのもとに行くと、エリシャはこう答えます。①ベン・ハダドは必ず治る。②しかし、彼は必ず死ぬ。つまり、病気は治っても、謀反によって殺されるという意味です。それだけ言うと、エリシャはハザエルを見つめ、そのまま泣き出します。ハザエルが、イスラエルの罪を裁くための神の器となるからです。

ハザエルは、「しもべは犬にすぎないのに、どうして、そんな大それたことができるでしょう」と謙遜を装いますが、エリシャはこう預言します。「主は私に、あなたがアラムの王になると示されたのだ」。このことばは、ハザエルの内に潜んでいた悪意の炎に油を注ぎました。翌日ハザエルは、厚い布を取って水に浸し、王の顔にかぶせて王を殺します。彼は、神の時を待たずに、自らの手で王位をつかみ取りました。その後40年間、彼はイスラエルを苦しめる器となります。

ユダの王ヨラム

列王記の記者は、イスラエルとユダの歴史を交互に記録しています。ヨシャファテはユダにおける善王の1人ですが、息子のヨラムは悪王となりました。責任の一端は、ヨシャファテにあります。彼は、南北両国の融和のために、アタルヤ（アハブとイゼベルの娘）を自分の息子ヨラムの嫁に迎えました。これは、最悪の選択です。ヨラムは妻の悪影響によって、バアル礼拝に走るようになります。列王記の記者は、ヨラムの時代を特徴づける出来事を2つ記しています。①エドムの反乱と、②リブナの反乱がそれです。

エドムは、ヨラムの父ヨシャファテの時代にユダに征服され、傀儡王によって統治されていましたが、ヨシャファテが死ぬと、ユダに背きます。そこでヨラムは、エドムを制圧するためにツァイルに進軍しますが、そこでエドム軍に包囲され、命からがらエルサレムに逃げ帰ります。

リブナは、ペリシテの地の国境に位置する町です。この町の反逆は、ペリシテ人の反乱に刺激されて起こったようです（2歴21・16〜17）。

ユダの王アハズヤ

ヨラムが死ぬと、その子アハズヤが王となりました。彼の母アタルヤは、ユダにバアル礼拝を持ち込んだ悪女です。アハズヤは22歳で王になりましたが、統治期間はわずか1年でした。彼は、母アタルヤの悪影響を受けてバアル礼拝を採用しました。

アハズヤは、イスラエルの王ヨラムとともにアラムの王ハザエルと戦うため、ラモテ・ギルアデに出て行きました。ヨラムは、この戦いで負傷し、静養のためにイズレエルに戻って来ます。アハズヤは、静養中のヨラムを見舞うためにイズレエルに向かうのですが、これは愚かな選択です。彼は、その地で殺されることになります。

ユダでも偶像礼拝の罪が深く浸透しつつありましたが、それでも、ユダがすぐに滅びることはありませんでした。ダビデ契約によって守られていたからです。現代に生きる私たちには、「新しい契約」が与えられています。一度救われたなら、その救いを失うことはありません。神の恵みを思い起こし、改めて感謝の祈りを献げようではありませんか。

列王記第二9章

すると、彼らはみな大急ぎで自分の上着を脱ぎ、入り口の階段にいた彼の足もとに敷き、角笛を吹き鳴らして、「エフーは王である」と言った。
（列王記第二9・13）

この章から、以下のことを学びましょう。（1）将軍エフーがイスラエルの王となります。（2）エフーは、イズレエルの地（ナボテの所有地）でヨラム王と出会い、弓で心臓を射抜きます。（3）エフーはイゼベルも殺します。彼女の死体は、犬に食われます。

エリヤの後継者エリシャ

イスラエルの将軍エフーに油注ぎをする役割は、エリヤからエリシャに引き継がれました。エリシャは、若い預言者をラモテ・ギルアデに派遣します。そこは、つい先ごろアラムとの戦いが行われた場所です。負傷したヨラム王は、そこからイズレエルに帰還していました。しかし将軍エフーは、その地に留まっていました。エリシャは、若い預言者にこう命じます。（1）将軍エフーを見つけ、彼を奥の間に連れて行く。（2）油の壺に入ったオリーブ油を、エフーの頭に注ぐ。（3）油注ぎが終わったなら、急いでそこから逃げる。

エフーへの油注ぎ

アハブの家の滅亡は、エリヤが預言していたことです（1列21・21～22）。主の裁きがここまで延期されたのは、アハブが主の前にへりくだったからです（1列21・29）。

エリシャによって派遣された若い預言者は、忠実に使命を果たします。（1）彼は、エフーを王と宣言した後、すぐに戸を開けて逃げました。（2）さらに彼は、エリシャから受けたことばをそのままエフーに伝えました。

エフーとともにいた人たちは、若い預言者が来た目的はなんだったのか知りたがりました。エフーはその話題を避けようとしましたが、ついに秘密を明らかにします。すると、彼らはみな大急ぎで自分の上着を脱いで彼の足もとに敷き、角笛を吹き鳴らして、「エフーは王である」と叫びます。彼らの叫びを聞いたエフーは、自分が王になることを決意します。

ナボテの所有地での出会い

エフーは、ヨラムを殺すためにイズレエルに急行します。一方、遠方から軍勢が近づいて来ているという報告を受けたヨラムは、使者を遣わして様子を探ろうとします。1人目の使者も、2人目の使者も、なかなか帰還しないため、ヨラムの心は騒ぎました。ついに彼は、戦車に乗ってエフーを迎えに出て行きます。このとき2人は、「イズレエル人ナボテの所有地」で出会います。ナボテとは、謀略によって土地を奪われた悲劇の人物です。ヨラムは、「エヒウよ、平安ですか」（口語訳）と尋ねますが、エフーは、「あなたの母イゼベルの姦淫と魔術とが、こんなに多いのに、どうして平安でありえましょうか」（口語訳）と答えます。ここに至ってようやく、ヨラムは謀反に気づきます。エフーは、無防備に出て来たヨラムの心臓を射抜き、その遺体をナボテが所有していた地へ投げ捨てます。彼には、自分はエリヤの預言を成就しているという自負がありました。（1列21・1～29）。

イゼベルの死

死期が近いことを認識したイゼベルは、化粧をし、髪を結い直して、エフーを待ちます。これは、王女としての威厳を保ちながら死ぬための準備です。「お元気ですか。主君殺しのジムリ」（31節）とは、彼女流の皮肉です。ジムリもまた謀反人でしたが、彼の統治はたった7日間で終わりました。エフーが「その女を突き落とせ」と叫ぶと、そのことばに応答して、宦官たちが彼女を窓から下に突き落としました。さらに、エフーの兵士たちがその遺体を馬や戦車で踏みつけました。

エフーは飲み食いした後、イゼベルを葬るように命じます。彼女が王（シドンの王エテバアル）の娘なので、遺体を手厚く葬ることにしたのです。部下たちがそこに行ってみると、彼女の遺体はすでに野犬に食われていました。エリヤが語った預言が、ここで成就しました。「また、イゼベルについても主はこう言われる。『犬がイズレエルの領地でイゼベルを食らう。アハブに属する者で、町で死ぬ者は犬がこれを食らい、野で死ぬ者は空の鳥がこれを食らう』」（1列21・23～24）。

イゼベルは、神から見捨てられ、呪われた死を迎えました。神に敵対する者の最期は、かくも悲惨です。私たちの場合は、そうではありません。「主の聖徒たちの死は　主の目に尊い」（詩116・15）。聖徒として死ぬ人は、幸いです。

列王記第二10章

このようにして、エフーはバアルをイスラエルから根絶やしにした。（列王記第二10・28）

この章から、以下のことを学びましょう。（1）エフーは、アハブの家系に属する者たち70人を殺します。（2）さらに、バアルの祭司たちを粛清します。（3）エフーは熱心に主に従ったので、その4代目まで王座に着くとの約束を受けました。（4）エフーへの裁きは、領土の減少という形でやってきます。

アハブの子どもたち70人の首

サマリアには、アハブの子どもたちが70人も住んでいました。そこでエフーは、町の指導者たちに脅迫状を送り、息子たちの中から新しい王を立てて、自分（エフー）と戦えと迫ります。町の指導者たちは、震え上がりました。彼らは、人を送り、エフーへの恭順を誓いました。するとエフーは再び手紙を書き送り、今度は、王の子どもたち70人全員の首を取って持って来いと命じます。期限は、「明日の今ごろ」

です。サマリアの主だった人たちは、王位継承権のある子どもたち70人を殺し、その首をイズレエルにいるエフーのもとに届けました。翌朝、エフーは民を前に大演説をぶちます。彼は、主君ヨラムを殺害した罪は自分1人にあると告白しながらも、70人の首については、誰に責任があるのか知らないと主張します。その上で、この悲劇は、主がエリヤを通して預言されたことの成就であると説明します。しかし彼は、主が許可していないことまで行います。ヨラム王朝に仕えた高官、親友、祭司たちを皆殺しにしたのです。この罪は、神によって罰せられることになります（ホセ1・4）。

アハブ王朝の親族たち

イズレエルからサマリアに向かう途中、エフーは、ユダの王アハズヤの身内一行に出会います。彼らは、イスラエルで起こったクーデターについては無知でした。エフーは一行を捕らえ、1人残らず殺害しました。彼らの中には、アハブの家と血のつながりのない人たちもいたことでしょう。エフーの罪は、赦しがたいものです。

エフーを迎えに来たレカブの子ヨナダブは、モーセの律法に熱心な人で、バアル礼拝に反対の立場を取っていました（エレ35・6～7参照）。エフーは、ヨナダブを味方に引き入れるために、彼を戦車に乗せ、ともにサマリアに向かいます。町に着くと、エフーはアハブ王朝の親族全員を殺害します。彼は、主の裁きを行う代理人として熱心に動き回りましたが、その熱心さは異常なものでした。

バアルの祭司たち

エフーは、バアルのために「きよめの集会」を開催するとのお触れを出しました。イスラエル各地からバアルの信者たちがやって来ると、彼らに祭服を着用させました。これは、バアルの信者とそうでない者を見分けるための「しるし」となりました。バアルへ全焼のささげ物を献げ終わった時、エフーは部下に命じてバアルの信者全員を殺し、バアルの宮を徹底的に破壊しました。こうして、エリヤが始めたバアル礼拝撲滅運動は、エフーによって完了しました。

エフーの評価

エフーは、バアル礼拝を撲滅しましたが、イスラエルの伝統的な偶像礼拝（金の子牛礼拝）はそのまま保持しました。エフーの宗教改革は中途半端なもので終わりましたが、それでも彼は、イスラエルの中では一番熱心に主に従った王でした。それゆえ主は、彼の子孫は4代目までイスラエルの王座に着くと約束されました。①エホアハズ、②ヨアシュ、③ヤロブアム2世、④ゼカリヤがそれです。イスラエルは、ヤロブアム2世の時代に、黄金期を迎えます。

エフーの罪に対する裁き

エフーの罪に対する裁きは、領土の減少という形でやってきました。エフーは、アハブの家を裁く器として用いられましたが、今度は、アラムの王ハザエルが、エフーを裁く器となりました。ハザエルは、ヨルダン川の東側全域（ガド族、ルベン族、マナセ族の半部族の土地）を奪いました。

エフーの治世は、最後まで不安定なものでした。彼は、経験豊かな高官たちを殺したために、有益な助言を受けることができませんでした。また、狡猾な性格のゆえに、民の信用を勝ち取ることもできませんでした。南北王朝の友好関係やフェニキアとの貿易関係などは、すべて破壊されました。かくして、イスラエルは徐々に弱体化するのですが、それでもエフーは、28年間、国を治めました。

神は、ご自身の計画を推進するために、エフーやアラムの王ハザエルさえも用いることのできるお方です。神は歴史を支配しておられます。そのお方の前にひれ伏し、心からの信頼を告白しようではありませんか。

列王記第二11章

彼女が見ると、なんと、王が定めのとおりに柱のそばに立っていた。王の傍らに隊長たちやラッパ奏者たちがいて、民衆がみな喜んでラッパを吹き鳴らしていた。アタルヤは自分の衣を引き裂き、「謀反だ、謀反だ」と叫んだ。（列王記第二11・14）

この章から、以下のことを学びましょう。（1）アタルヤは、王位継承権のある者たちをすべて殺します。（2）しかし、幼子ヨアシュだけはかくまわれ、助かります。（3）7年後に、ヨアシュが王として立てられ、アタルヤは殺されます。（4）祭司エホヤダは、宗教改革を実行します。

ヨアシュの保護

アタルヤ（イゼベルの娘）は、ユダの王ヨラムの妻となり、数人の子を儲けましたが、その子たちは、末子アハズヤ（別名エホアハズ）を除いて全員ペリシテ人とアラビア人の攻撃により殺されます（2歴21・17参照）。アハズヤは、ユダの王となりますが、彼もまたエフーによって殺されます。息子たちをすべて亡くしたアタルヤは、絶望するどころか、自分がユダの王になる機会が到来したと考え、ユダの王位継承権のある者たち（彼女の孫たち）全員を殺そうとします。

そこに、前王アハズヤの腹違いの姉妹で、エホシェバという女性が登場します。彼女は、アタルヤが殺そうとした孫たちの中から、末子ヨアシュ（わずか1歳）を盗み出し、寝具をしまう小部屋に隠します。このヨアシュを通して、ダビデの家系からメシアが誕生するという神の約束は、かろうじて生き続けることになります。

大祭司エホヤダ

アタルヤは、ダビデの家系に属さない唯一のユダの王（女王）となりました。その統治は6年間続きます。その間、幼子ヨアシュは神殿に身を隠し続けます。治世の第7年目に、大祭司エホヤダが幼子ヨアシュを王にするために動きます。彼は、カリ人（2サム8・18ではクレタ人。恐らく、フェニキア人の傭兵たち）と近衛兵の百人隊長たちを、密かに神殿に呼び寄せます。彼らは、女王アタルヤを支持しない、主に忠実な臣下たちです。エホヤダは、彼らと協議し、ヨアシュを王にするための計画を練ります。

エホヤダの信仰と勇気に着目しましょう。彼は信仰によって、いのちがけで王位奪還に乗り出しました。エホヤダから学ぶべき教訓は、たくさんあります。

幼子ヨアシュの戴冠

幼子ヨアシュの戴冠式の準備が整いました。大祭司エホヤダは、幼子ヨアシュを神殿の前に連れ出し、王冠を被せ、「さとしの書」(モーセの律法の全部か一部、申17・18〜19参照)を渡します。ヨアシュが王として油注ぎを受けると、民は手をたたき、「王様万歳」と叫びました。

女王アタルヤは、ヨアシュが生きていることを知りませんでした。彼女が宮廷から神殿まで出て来ると、なんとそこでヨアシュの戴冠式が行われているではありませんか。彼女は、「謀反だ、謀反だ」と叫びますが、彼女に加勢する者は誰もいません。祭司エホヤダは百人隊の長たちに、彼女を逮捕し、王宮まで連行するように命じます。神殿は礼拝の場であって、処刑場ではないからです。王宮の馬の門のところに着くと、彼女は処刑されました。

バアル礼拝の撲滅

大祭司エホヤダは、民に2つの契約を結ばせます。(1)主と王と民との間に、「主の民となる」という契約が結ばれました。これは、モーセの律法に従って主の民として生きるという再献身の表明です。(2)王と民との間で、王はモーセの律法に従って民を統治し、民はその王に従うという内容の契約が結ばれました。

エルサレムにバアルの神殿が建っていましたが、民は、その神殿を取り壊しました。さらに彼らは、神殿の中にあった祭壇と偶像(複数形)を1つ残らず破壊し、バアルの祭司マタンを祭壇の前で殺しました。一連の行為は、バアルの神殿が決して「清い空間」ではないことを示すためのものです。

かくして、エルサレムは再び、平穏な状態に戻りました。イスラエルではイゼベルがバアル礼拝を推進し、ユダではイゼベルの娘のアタルヤが同じことを行いました。しかしユダは、イスラエルほどバアル礼拝の悪影響を受けませんでした。その理由は、ダビデの血統に属するユダの王たちの中に主を恐れる者たちが何名かいて、ユダを霊的堕落から守ったからです。

大祭司エホヤダは民に再献身を促し、民はそれに応えました。私たちも、エホヤダに導かれた民を見習って、再献身の決意を表明しようではありませんか。神の御心を求める者には、魂の平安が与えられます。

列王記第二12章

ヨアシュは、祭司エホヤダが彼を教えた間、いつも主の目にかなうことを行った。ただし、高き所は取り除かれなかった。民はなおも、その高き所でいけにえを献げたり、犠牲を供えたりしていた。（列王記第二12・2〜3）

この章から、以下のことを学びましょう。（1）ヨアシュは、神殿の修理に意欲を燃やします。（2）工事に必要な資金は、特別な献金箱の設置によって集められました。（3）資金を管理する者たちは、忠実にその務めを果たしました。(4)晩年になると、ヨアシュは信仰から離れて行きます。

ヨアシュの善政

ヨアシュの治世から、およそ100年に及ぶ平穏な時代が始まります。この間、善王と目される4人の王たちが連続して登場します。①ヨアシュ、②アマツヤ、③アザルヤ（ウジヤ）、④ヨタムがそれです。とは言え、彼らの中には、①ヨシャファテ、②ヒゼキヤ、③ヨシヤに匹敵するほどの王は、1人もいません。それでも、4人の王たちが100年にも及ぶ平穏な治世を実現させたのは、特筆すべきことです。

　ヨアシュは、ユダの歴史上最年少の王となりました（わずか7歳で即位）。彼の治世は40年間続きます。大祭司エホヤダが生きている間、ヨアシュは主の目に適うことを行っていましたが、エホヤダが死ぬと、間違った方向に進むことになります。善政を行っていた期間でも、彼は「高き所」（偶像礼拝の場）は放置していました。そのため、民は依然としてそこでいけにえを献げ、香をたいていました。これは、モーセの律法に反する行為です。

神殿の修復

　ヨアシュの最大の功績は、神殿の修復です。女王アタルヤが支配していた時代に、神殿は大きな被害を受けました。当初ヨアシュは、民が献げる献金を修復のための財源にしようと計画しました。財源の管理と修復作業は、祭司とレビ人に委ねられました。献金には3種類のものがありました。①登録された人がすべて献げる半シェケルの献金（出30・11〜16）。②誓願を立てた時の献金（レビ27章、民30章）。③自発的に献げる献金。これら3種類の献金は、祭司やレビ人の生活を支え、神殿での礼拝を維持するために用いられていましたので、その中から、神殿修復の資金を捻出することは不可能でした。

　治世の第23年になっても修復工事が始まらないので、しびれを切らしたヨアシュは、資金集めのための新しい方策を採用します。彼は、修復工事専用の献金箱を設置しました。集まった資金は、王の書記と大祭司によって集計され、工事の監督者に渡されました。そこから、工事人夫たちの賃金が支払われ、木材や切り石などの建材購入の費用が賄われました。「また、工事する者に支払うように金を渡した人々が精算を求められることはなかった。彼らが忠実に働いていたからである」（15節）。この聖句は読む者に平安を与えます。忠実な者たちが働いたので、公の会計報告をしなくても安心だったということです。

ヨアシュの死

歴代誌第二24章の情報を確認しておきます。祭司エホヤダが死ぬと、ヨアシュはユダの高官たちの影響を受け、アシェラと偶像を礼拝するようになりました。主からの預言者たちが送られましたが、ヨアシュと高官たちは、その警告を無視しました。そして最後に、祭司エホヤダの子（あるいは孫）ゼカリヤが立ち上がり、偶像礼拝の罪を糾弾しますが、ヨアシュはゼカリヤを石打ちの刑に処すように命じます。

ヨアシュの偶像礼拝の罪と、ゼカリヤ暗殺の罪に対して、神の裁きが下ります。最初の裁きは、アラムの王ハザエルによる攻撃です。当時のユダは弱体化しており、アラムの攻撃を撃退するだけの力を持っていませんでした。そこでヨアシュは、主の宮と王宮の宝物倉にあるすべての金を取ってハザエルに贈り、和平を求めました。エルサレムの財宝を手に入れたハザエルは、そのまま去って行きました。

次の裁きは、ヨアシュの暗殺です。手を下したのは、シムアテの子ザバデ（母はアンモン人）と、シムリテの子エホザバデ（母はモアブ人）でした（2歴24・25～26参照）。ヨアシュは、王たちの墓には葬られませんでした。なぜなら、彼は神の裁きを受けて死んだからです。

ヨアシュの生涯から教訓を学びましょう。彼は、神殿の修復に情熱を燃やすほど信仰熱心な王でしたが、晩年には、神殿の財宝を敵に与えても痛痒を感じない王になってしまいました。信仰者としての人生を全うするのは、なんと難しいことでしょうか。日々自分の立ち位置を確認し、主に忠実な信徒として歩み続けようではありませんか。

列王記第二13章

主は、アブラハム、イサク、ヤコブとの契約のゆえに、彼らを恵み、あわれみ、顧みて、彼らを滅ぼし尽くすことは望まず、今日まで、御顔を背けて彼らを捨てることはなさらなかった。
（列王記第二13・23）

この章から、以下のことを学びましょう。（1）イスラエルでは、エホアハズ、ヨアシュと悪王が続きます。（2）ヨアシュとその子ヤロブアム2世の共同統治が始まります。ヤロブアム2世は、イスラエルの黄金時代を築く王です。（3）イスラエルがすぐに滅びなかったのは、主の恵みによることです。（4）エリシャは、死んでからでも、イスラエルの人々を励ますことができました。

エホアハズの悪政（イスラエル）

イスラエルの王エホアハズは、エフーの子です。彼は、「ネバテの子ヤロブアムの罪」を犯し続けました。そこで主は、エホアハズの罪を裁かれました。裁きの器として用いられたのは、北の隣国アラムです。ハザエルとその子ベン・ハダドが、イスラエルを苦しめました。苦境に陥ったエホアハズが主に助けを求めると、主は、その祈りを聞かれました。「一人の救う者」とありますが、おそらくアッシリアの王アダッド・ニナリ3世でしょう。彼がアラムを攻撃したので、アラムは自国防衛に専念することになり、その結果、イスラエルに平穏な生活が戻ってきました。しかし残念なことに、イスラエルの民は偶像礼拝を悔い改めようとはしませんでした。アシェラ像は、サマリアに立ち続け、エホアハズの治世は、「打穀のときのちりのように」過ぎ去っていきました。

ヨアシュの治世（イスラエル）

エホアハズの子ヨアシュは、16年間、イスラエルを統治しました。彼もまた、父エホアハズと同じように、「ネバテの子ヤロブアムのすべての罪」から離れようとしませんでした。即位から5年後に、息子のヤロブアム2世が共同統治に参加しました。彼は、イスラエルに黄金時代をもたらすことになる人物です。

列王記の著者は、この段階で、ヨアシュの治世を総括しています。なぜこのような書き方になっているのでしょうか。それは、息子のヤロブアム2世との共同統治が始まったことにより、ヨアシュの存在価値が大幅に下がったからです。

ヨアシュは、「ネバテの子ヤロブアムの道」を歩んでいましたが、同時に、ヤハウェにも信頼を置いていたようです。彼は預言者エリシャを尊敬し、彼を「わが父、わが父」と呼んでいます。エリシャはヨアシュを祝福するために、弓と矢を取るように命じます。取られた矢は、主による勝利の象徴です。この矢を射たので、ヨアシュはアラムとの戦いに勝利するという確約を得ます。エリシャは、もっと多くの矢を射るように命じます。ヨアシュは、手に持っているすべての矢で地面を射るべきでしたが、3度で止めました。ヨアシュの勝利は、不信仰のゆえに3度で終わることになります。

エリシャの奉仕

それからしばらくして、エリシャは亡くなりました。彼の奉仕期間は、少なくとも56年に及びました。アハブの治世（前853年に終わった）からエホアハズの治世（前798年に終わった）までです。彼の遺体は、横穴式の墓に葬られたと思われます。それから数年後、人々が1人の人を埋葬しようとしていたちょうどその時、モアブの略奪隊がやって来ました。驚いた人々は、遺体を墓に投げ込んで逃げて行きました。その遺体がエリシャの骨に触れると（エリシャの遺体はすでに風化していた）、その人は生き返り、自分の足で立ち上がりました。この奇跡は、ヨアシュに励ましを与えるものとなりました。彼は、対アラム戦の勝利を確信すると同時に、自らの不信仰を悔い改めたはずです。

エリシャの最後の預言は、勝利の約束でした（17節）。その預言どおりに、イスラエルは、3度にわたってアラムに勝利しました。エリシャの最後の奉仕は、死者の蘇生でした（21節）。しかもそれは、彼の死後数年経ってから起こった奇跡です。これは、エリシャの奉仕がいかにイスラエルと王たちを祝福していたかを証明するものとなりました。

最後に、背信の国イスラエルが生き延びた理由に注目しましょう。「主は、アブラハム、イサク、ヤコブとの契約のゆえに、彼らを恵み、あわれみ、顧みて、彼らを滅ぼし尽くすことは望まず、今日まで、御顔を背けて彼らを捨てることはなさらなかった」(23節)。私たちの神は、契約を忠実に守るお方です。私たちの救いの確かさは、変わることのない神の愛から出ています。

列王記第二14章

主はイスラエルの名を天の下から消し去ろうとは言っておられなかった。それで、ヨアシュの子ヤロブアムによって彼らを救われたのである。

(列王記第二14・27)

この章から、以下のことを学びましょう。(1) アマツヤは、高き所を取り除くことはしませんでした。(2)彼は、エドムの偶像をユダに持ち帰ります。(3) 高慢になったアマツヤは、イスラエルの王ヨアシュに戦いを挑み、敗れます。(4) イスラエルを滅びから救うために、ヤロブアム2世が立てられます。

アマツヤの治世

イスラエルでエホアハズの子ヨアシュが即位して間もなく、ユダではヨアシュの子アマツヤが王となりました。彼は25歳で即位し、29年間統治しました(ほとんどの期間、息子のアザルヤとの共同統治でした)。アマツヤは、父ヨアシュと同じように、高き所を温存しました。

アマツヤは、父を殺した家来たちを打ち殺しました。通常は、その子どもたちまで殺害するのが古代中近東の習慣ですが、彼は、モーセの律法に従い（申24・16）、子どもたちを生かしておきました。これは賢明な判断です。しかし彼は、実に愚かな罪を犯します。エドムとの戦いで大勝利を収めたときに、エドムの偶像を持ち帰ったのです（2歴25・14参照）。

高慢になったアマツヤは、イスラエルの王ヨアシュに戦いを挑みます。ヨアシュは、「レバノンのあざみと杉」の寓話を用いて、アマツヤに回答します。「あざみ（アマツヤ）は、レバノンの杉（ヨアシュ）に向かって、身分不相応な要求を出している」というのがその内容です。これは、身の程を知れという忠告です。その寓話に激怒したアマツヤは、ベテ・シェメシュでヨアシュと対戦し、大敗を喫します。

アマツヤのプライドが、ユダを敗戦に導いたのですが、その背後には神の導きがありました。「……それは神から出たことであって、彼らを敵の手に渡すためであった。彼らがエドムの神々を求めたからである」（2歴25・20）。目に見える出来事の底流には、霊的な要因があります。根本的に重要なことは「神との関係」です。

アマツヤからアザルヤへ

イスラエルの王ヨアシュの死に関する記述が、再度出て来ます（15〜16節。1度目は、2列13・12〜13）。その理由は、ヨアシュの死がアマツヤの運命と関係があるからです。

アマツヤは、サマリアで捕虜となっていましたが、ヨアシュが死ぬと解放され、ユダへの帰還を許されました。彼は、ヨアシュの死後、さらに15年生きながらえますが、その最期は実に哀れなものでした。エルサレムで、王宮の高官たちが謀反を企てます。追われたアマツヤは、ラキシュ（南端の町）に逃げ込み、国外に逃亡しようとしますが、追って来た謀反人たちによって殺されます。偶像礼拝の罪に対する罰が下ったのです。

アマツヤが死んだ年に、その子アザルヤ（ウジヤ）が王となりました。彼は、父アマツヤが捕虜としてイスラエルに連れ去られた年に、共同統治を開始しました（当時16歳）。そして父アマツヤが死んだ年に、単独の王となりました。彼は、善王の１人です。

ヤロブアム2世

イスラエルでは、ヤロブアム２世がヨアシュの後継者となりました(サマリアで41年間王として統治。最初の12年間は父との共同統治)。彼の時代に、イスラエルは黄金時代を迎えますが、列王記の著者は、少しばかりの記述しか残していません。その例が、レボ・ハマテからアラバの海までの領土回復です。これは、預言者ヨナによって預言されていたことですが、聖書にはこの預言の記録がありません。ここで重要なのは、ヨナが活動した時期が、ヤロブアム2世の治世と重なるということです。ヨナの奉仕によって、ニネベの人々（アッシリア）は悔い改めますが、それからわずか40～70年後に、アッシリアはイスラエルの民を捕囚に引いて行くのです。これは驚くべきことです。

列王記の記者は、ヤロブアム2世が登場した理由を解説しています（2列14・27)。当時イスラエルは、アラムの王ハザエルの侵攻によって苦しんでいました。イスラエルの悩みが頂点に達したとき、主はご自身の民をあわれみ、彼らを救おうとされました。イスラエルもユダも、最終的には滅ぼされますが､それが彼らの最終的な運命なのではありません。聖書には、将来的な回復が預言されています。

私たちクリスチャンの救いもまた、神の約束の確かさに基礎を置いています。「苦難の日に　わたしを呼び求めよ。わたしはあなたを助け出し　あなたはわたしをあがめる」（詩50・15)。アーメン。

列王記第二15章

イスラエルの王ヤロブアムの第二十七年に、ユダの王アマツヤの子アザルヤが王となった。
(列王記第二15・1)

この章から、以下のことを学びましょう。(1)ユダでは、アザルヤ、ヨタムが王となります。(2)イスラエルでは、ゼカリヤ、シャルム、メナヘム、ペカフヤ、ペカが王となります。

アザルヤ(ユダ)

アザルヤ(別名ウジヤ)は、ユダの善王の1人です。彼は、父アマツヤに倣って、主の目に適うことを行いましたが、高き所は放置しました。そのため民は、高き所で主にいけにえを献げ続けました。

アザルヤは、神殿に入り香をたこうとしたため、ツァラアトで打たれました(2歴26・16〜21)。これ以降、息子ヨタムとの共同統治が始まります。アザルヤの時代、ユダの領土とイスラエルの領土(ヤロブアム2世の時代)を足すと、ダビデ・ソロモン時代に匹敵するほどの広さになりました。

ゼカリヤ(イスラエルの第5王朝)

イスラエルでは、ヤロブアム2世が死ぬと、その子ゼカリヤが王となりました。しかし、その統治期間は6か月で終わります。彼は、「ネバテの子ヤロブアムの罪」を離れようとはしませんでした。主からの裁きは、シャルムの謀反という形でやってきました。ヤベシュの子シャルムは、公衆の面前でゼカリヤを殺害しました。エフーが起こした王朝は、イスラエル第5番目の王朝で、ゼカリヤは、その4代目の王でした。エフーの王朝が4代目で終わったのは、預言の成就です(2列10・30)。

シャルム(イスラエルの第6王朝)

イスラエルでは、「下剋上」の時代が続きます。ゼカリヤを暗殺したシャルムは、サマリアで1か月間統治しました。そのシャルムを、ガディの子メナヘムが暗殺し、自ら王となります。メナヘムは、ヤロブアム2世の軍の将軍だったと言われています(ヨセフスの記録)。

メナヘム（イスラエルの第7王朝）

ティフサフという町は、メナヘムを王として認めず、城門を閉じて抵抗の姿勢を示しました。怒ったメナヘムは、この町を攻撃し、徹底的に破壊しました。彼は、サマリアで10年間王として統治しましたが、それ以前の王たちと同じように偶像礼拝から離れることはありませんでした。

当時、アッシリアが台頭しつつありました。「アッシリアの王プル」がイスラエルに侵入して来たとき（前743年）、メナヘムは、銀1000タラントを貢ぎ物として差し出しました。

ペカフヤ（イスラエルの第7王朝2代目）

メナヘムの後継者は、その子ペカフヤです。彼の治世は、わずか2年で終わります。ペカフヤは、父メナヘムと同じように残忍な王でした。罪の刈り取りは、部下の謀反という形でやってきました。謀反を企てたのは、軍の司令官の1人であったレマルヤの子ペカです。彼は、ペカフヤ、アルゴブ、アルエの3人を殺します。アルゴブとアルエは、おそらく王子たちでしょう。この暗殺は、サマリアの王宮で宴会が催されていたときに実行されました。

ペカ（イスラエルの第8王朝）とホセア（イスラエルの第9王朝）

ペカフヤを暗殺したレマルヤの子ペカは、サマリアで王となりました。彼も、「ネバテの子ヤロブアムの罪」から離れることはありませんでした。ペカの治世の時に、アッシリア捕囚が起こりました。

エラの子ホセアは、ペカに対して謀反を企て、王座に着きます（前732年）。アッシリアのある碑文の中で、ティグラト・ピレセルは、自分がホセアを援助して彼を王座に着かせたと主張しています。ホセアは、メナヘムやペカフヤと同じように、親アッシリア政策を採用し、傀儡王となることを甘受したのです。

ヨタム（ユダ）

ユダでは、ウジヤの子ヨタムが王となり、16年間、ユダを統治しました。彼は、父ウジヤが行ったとおりに主の目に適うことを実行しましたが、高き所は取り除きませんでした。列王記の記者は、ヨタムの善政の例として、神殿の北の門の再建を上げています。

当時ユダは、北方からの攻撃に悩まされていました。その上、アラムの王レツィンとイスラエルの王ペカが、同盟関係を結ぶようにユダに圧力をかけて来ました。目的は、アッシリアと対抗するためです。このような情勢のもと、ユダの王は困難な選択を迫られました。もちろん、正しい選択は、主に信頼することです。

北からの脅威は、ユダの王の信仰を試す主からのテストでした。試練の時こそ、信仰の真価が問われます。これは、私たちにも適用される真理です。神は、私たちがどういう選びをするか見ておられます。

列王記第二16章

アハズは二十歳で王となり、エルサレムで十六年間、王であった。彼はその父祖ダビデとは違って、彼の神、主の目にかなうことを行わず、イスラエルの王たちの道に歩み、主がイスラエルの子らの前から追い払われた異邦の民の、忌み嫌うべき慣わしをまねて、自分の子どもに火の中を通らせることまでした。（列王記第二16・2～3）

この章から、以下のことを学びましょう。（1）アハズは、ユダの王たちの中の悪王です。彼は、モレク礼拝を実行しました。（2）彼は、アラムとイスラエルの合同軍に攻められたとき、主に信頼するのではなく、アッシリアに援助を求めました。（3）彼は、異教の祭壇のレプリカを作り、その上でいけにえを献げました。（4）彼の遺体は、王たちの墓ではなく、ダビデの町に葬られました。

アハズ（ユダ）

ペカの第17年は、前735年です。そこから約4

年間、アハズは父ヨタムと共同統治を行いました。アハズの16年の統治が始まったのは、前732年のことです。

　自分の子どもに火の中をくぐらせるのは、カナン人の偶像礼拝の一形態です（モレクの神の礼拝）。アハズは、国中の至る所で偶像礼拝を行いました。列王記の記者は、誇張法を用いて、「青々と茂るあらゆる木の下でいけにえを献げ、犠牲を供えた」と表現しています。

アッシリア

　当時、アラムとイスラエルは共同戦線を張り、アッシリアに対抗しようとしていました。彼らは、ユダの王アハズがこの共同戦線に参加することを願っていましたが、アハズは、アッシリアとの融和策を採用しました。彼は、アラムやイスラエルほどには、アッシリアの脅威を実感していなかったのでしょう。そこで、アラムの王レツィンとイスラエルの王ペカは、アハズを屈服させようとして、ユダに進軍して来ました。しかし彼らは、この戦いに勝つことができませんでした。

　6節は挿入句です。アカバ湾の北岸の町エイラトは、かつてアザルヤ（ウジヤ）が奪還し再建したものですが、アラムの王レツィンは再びそこを取り返しました。その後、エイラトはエドム人によって征服され、2度とユダの領土となることはありませんでした。

　アハズは、アラムとイスラエルの連合軍に対抗するために、アッシリアのティグラト・ピレセルに援助を求めました。アハズは、神殿と王宮にあった銀と金をアッシリアの王に贈りました。これを受け取ったアッシリアの王は、ダマスコを攻めて略奪し、またアラムの王レツィンを殺しました。

　アハズがアッシリアに援助を求めたのは、実に愚かな行為でした（イザ7・1～25参照）。これをきっかけに、アッシリアはユダへの侵略を考え始めます。

アハズのダマスコ訪問

アハズは、アッシリアの王ティグラト・ピレセルを表敬訪問するために、ダマスコに出かけます。ダマスコ滞在中に異教の祭壇を見て感動したアハズは、祭壇の図面と模型をエルサレムにいる祭司ウリヤに送り、レプリカの制作を命じます。祭司ウリヤは、王が帰国する前に、大急ぎで図面と模型を基に祭壇のレプリカを造ります。当時の祭司たちがいかに堕落していたか、この一事でよく分かります。

祭司ウリヤの変節

帰国したアハズは、祭司ウリヤに命じて、異教の祭壇の上で主へのいけにえを献げさせました。もとからあった青銅の祭壇は、北側に移動させられ、「伺いを立てるため」に用いられました。つまり、占いのために用いられたということです。祭司ウリヤは、王の命令が主の御心に反するものであることを知りながら、命じられるままにそれに従いました。イザヤ書8章2節では、祭司ウリヤは高い評価を受けています。しかしこれは、エルサレムがアラムとイスラエルによる攻撃を受ける前のことです。ウリヤの信仰者としての姿勢は、激変しました。

神殿の中に設置する洗盤を初めとする器具類は、すべて主の命令によって制作され、設置されたものです。アハズはそれを移動させたり、取り除いたりしました。つまり、自分の判断を主の権威よりも優先させたということです。

アハズは、王たちの墓ではなく、ダビデの町に葬られました。彼の遺体が王たちの墓に葬られなかったのは、ユダにいた真の信仰者たちが正しく判断したからです。いつの時代にも、神は真の信仰者たちを残しておられます。真の信仰者とは、神の視点からものごとを判断する人です。神に信頼する者は、いかなる時にも揺るがされることはありません。感謝。

列王記第二17章

こうなったのは、イスラエルの子らが、自分たちをエジプトの地から連れ上り、エジプトの王ファラオの支配下から解放した自分たちの神、主に対して罪を犯し、ほかの神々を恐れ、主がイスラエルの子らの前から追い払われた異邦の民の風習、イスラエルの王たちが取り入れた風習にしたがって歩んだからである。（列王記第二17・7〜8）

この章から、以下のことを学びましょう。（1）ホセアは、エジプトと連携してアッシリアに対抗しようとしますが、これは愚かなことです。（2）ホセアを最後の王として、イスラエルは滅びます。（3）アッシリア捕囚の原因は、主に対する反抗です。（4）アッシリアの雑婚政策により、サマリア人という人種が誕生します。

ホセア（イスラエルの第9王朝）

ホセア（前732〜722年の在位）は、イスラエル最後の王（19番目）です。彼は、アッシリアの傀儡王でありながら、エジプトと連携して、アッシリアに対抗する政策を採用しました。これは実に愚かな選択です。なぜなら、エジプトにはイスラエルを助ける意図も力もなかったからです。

激怒したアッシリアの王は、ホセアを逮捕し、そのまま投獄します。ホセアのその後に関しては、聖書に記録はありません。

その後、アッシリアの王は、3年かけてサマリアを陥落させます。

アッシリア捕囚の原因

北王国イスラエルは、前931〜722年までの約200年間、存在しました。その間、9王朝（19人の王たち）が下克上を繰り返しました。イスラエルの19人の王たちは、すべて「悪王」でした。アッシリア捕囚の原因は、明白です。

（1）主に対する罪。イスラエルの王たちは、彼らをエジプトから解放してくださった主を忘れ、異邦人の風習を採用しました。

（2）偶像礼拝の罪。イスラエルの民は、主を礼拝することと並行して、偶像礼拝の場（高き所）を築き、そこに聖なる石柱やアシェラ像を刻んだ木柱を立てました。偶像礼拝を率先して行ったのは、王たちでした。

（3）主への不信。イスラエルの民は、預言者たちの声に耳を傾けようとはせず、王国が南北に分裂する前の先祖たち以上に、霊的に頑迷な民となりました。

（4）子牛の像設置の罪。彼らは、ダンとベテルに金の子牛の像を設置し、それを礼拝しました。また、首都サマリアにアシェラ像の柱を立て、カナン人の豊穣の神を礼拝しました。さらに、天の万象に香をたき、被造物を礼拝しました。

（5）ヤロブアムの罪。イスラエル初代の王となったヤロブアムは、民に金の子牛礼拝を強要しました。この偶像礼拝は、捕囚に引かれて行くときまで続きました。

アッシリア捕囚の結果

アッシリアの占領政策は、被征服民の中の優秀な者たちをアッシリアに連行し、人口が減少した占領地に、アッシリア人を送り込むというものでした（雑婚政策）。

サマリアに移住したアッシリア人たちの上に、主の裁きが下りました。裁きの手段となったのは、獅子です。神は、動物を用いて御心を行われる場合があります（1列13・23〜26、20・36参照）。獅子の害を恐れた移住民たちは、アッシリアの王に助けを求めます。王は、捕囚民の中からひとりの祭司を選び、サマリアに送り返します。この祭司は、ベテルに住みながら、主を礼拝する方法を人々に教えました。恐らく彼は、金の子牛礼拝を行っていた祭司だと思われます。

移住民たちは、主を礼拝するのと並行して、それぞれの偶像にも仕えていました。しかし、移住民たちよりも罪が重いのは、約束の地に残ったユダヤ人たちです。彼らは、主から与えられた種々の命令を無視して、自分勝手な道に歩みました。

以上のような経緯で、人種的にも宗教的にも混合した民であるサマリア人が誕生しました。イエス時代のユダヤ人たちは、サマリア人を偏見の目で見るようになります。

主は、イスラエル人をエジプトから解放し、彼らと契約を結ばれました。そして、偶像礼拝を厳しく戒め、自分以外のものを神としてはならないと民にお命じになりました。この命令には、神の祝福が伴っていました。しかし、民は主の声に聞き従わず、異教徒たちの習慣を採用し、霊的に堕落して行きました。その結果が、アッシリア捕囚です。

イスラエルの民は、主から約束されていた祝福を失いました。ここには、私たちへの教訓があります。私たちに関しては、混合宗教ではなく、純粋な信仰を求めようではありませんか。神が約束された祝福を、信仰によって受け取る人は幸いです。

列王記第二18章

彼はイスラエルの神、主に信頼していた。彼の後にも前にも、ユダの王たちの中で、彼ほどの者はだれもいなかった。（列王記第二18・5）

この章から、以下のことを学びましょう。（1）ヒゼキヤは、宗教改革によって国力の回復に努めます。（2）アッシリアの王センナケリブは、ユダの町々を征服します。（3）センナケリブの使者ラブ・シャケは、ユダのことばで、ヒゼキヤとエルサレムの住民を脅迫します。（4）ヒゼキヤの信仰は、主に喜ばれます。

善王ヒゼキヤ

列王記第一と第二の記録の中で、ソロモンに次いで言及が多いのは、ヒゼキヤです。彼は、偶像礼拝の場を破壊しただけでなく、ネフシュタンと呼ばれる青銅の蛇を砕きました。この蛇は、モーセが荒野で旗竿の上に掲げたものですが、民は、この蛇を偶像化していたのです。

ヒゼキヤは、以下のような業績を残しました。①神殿の修理と再建（2歴29・3～36)。②過越の祭りを初めとする種々の祭りの実行（2歴30・1～27)。③宗教改革（2歴31・2～21)。

センナケリブの侵攻

アッシリアは、強大な敵としてユダの前に立ちふさがりました。危機的な状況下で、ヒゼキヤが考えたのは、国の改革です。彼は、信仰生活の改革を中心に据えて、国力の回復に努めました。

アッシリアの王サルゴン2世が死ぬと、息子のセンナケリブが王位を継承しました。すると帝国内で反乱が起こり、アッシリアは、一時的に弱体化しました。これを機に、フェニキア、ペリシテの町々、エジプトなどが、反アッシリア同盟を形成しました。そこに、ユダ（ヒゼキヤ）も加わりました。

センナケリブの反撃が始まります。彼は、帝国内の動乱を静めた後、ユダの町々（46の町々）に攻め込み、住民20万人を捕虜として連れ去ります。このときヒゼキヤは、敵の攻撃に備えてエルサレムの要塞化を図りました（2歴32・1～8)。

センナケリブは、エルサレムに攻め上るために、ペリシテの地に近い要塞の町ラキシュに本営を置きました。ヒゼキヤが和解案を提示すると、センナケリブは、銀３００タラント（約11ｔ）と金30タラント（約1ｔ）を要求しました。ヒゼキヤは、ありったけの銀と金をセンナケリブに渡しますが、これは、賢明な策ではありません。敵は、一度味を占めると、二度、三度と要求してくるからです。

ラブ・シャケのことば

ユダを降伏させるために、センナケリブは、3人の使者（いずれも高官）を派遣します。ヒゼキヤも、3人の代理人を送って交渉に当たらせます。

使者の1人であるラブ・シャケは、ヒゼキヤを脅迫します。彼は、アッシリアの王がいかに偉大であるかを述べ、主により頼むという戦略を批判します。彼は、アッシリア軍がエルサレムに侵攻してきたのは、主の御心によるのだと豪語します。これは衝撃的なことばですが、真理の一端を言い当てています。

ラブ・シャケのことばを聞いて、エルサレムの住民たちは、震え上がります。ヒゼキヤの使者たちは、ユダのことばではなく、アラム語で話してほしいと要請します。しかしラブ・シャケは、住民の戦闘意欲を砕くことの重要性をよく知っていましたので、そのまま演説を続けます。演説の内容は、安全な地への移動、満ち足りた生活など、甘い誘惑に満ちたものです。さらに彼は、アッシリアの神の前に屈した他国の神々を列挙することで、住民たちに揺さぶりをかけました。しかしラブ・シャケは、ヒゼキヤがギホンの泉からシロアムの池に至るトンネルを掘って水源を確保していたことは、知らなかったようです。

苦境に陥るヒゼキヤ

ラブ・シャケは、城壁の上に集まっていた民に大声で語りかけましたが、何の反応も得ることができませんでした。一言も話すなという命令が、出されていたからです。ラブ・シャケとの会合を終えた3人の使者は、ヒゼキヤに結果を報告します。彼らは、引き裂かれた衣を着ていました。これは、悲しみ、驚き、驚愕などを表現する行為です。

アッシリアの態度は、余りにも傲慢です。神の民を侮辱することは、神の御名を侮辱することでもあります。傲慢な者は、罪の刈り取りをすることになります。ラブ・シャケは、神により頼むヒゼキヤの姿勢を侮辱しましたが、ヒゼキヤの信仰は、主に喜ばれるものでした。

「ある者は戦車を　ある者は馬を求める。しかし私たちは　私たちの神　主の御名を呼び求める」（詩20・7）。これが信仰者のあるべき姿です。

列王記第二19章

「わたしはこの都を守って、これを救う。わたしのために、わたしのしもべダビデのために。」（列王記第二19・34）

この章から、以下のことを学びましょう。（1）ヒゼキヤは、イザヤに祈りの援護を要請します。（2）イザヤは、主のことばをヒゼキヤに伝えます。（3）主はセンナケリブを退け、ユダを守られます。（4）センナケリブは、2人の息子によって殺されます。

預言者イザヤ

使者たちの報告を聞き、ヒゼキヤは、衣を裂き、粗布を身にまといました。これは、深い悲しみと悔い改めの表現です。彼は、神殿に入り、主の助けを求めました。さらに彼は、預言者イザヤのところに粗布をまとった高官たちを遣わしました。

ヒゼキヤはイザヤに、主がユダにすみやかな解放を与えてくださるように祈って欲しいと依頼します。ヒゼキヤとイザヤの間には、信頼関係がありました。危機の時、祈りの友が与えられているのは、なんという幸いでしょうか。

ラブ・シャケが城壁の外で語ったことばは、すでにイザヤの耳に届いていたようです。イザヤは間髪を入れずに、主からのことばを語ります。主は、センナケリブのうちに、ある霊を入れると言われます。恐らくこれは、「臆病の霊」か「性急に行動を起こす霊」のことでしょう。「あるうわさを聞いて」とありますが、この「うわさ」とは、帝国のどこかで反乱が起こったという「うわさ」でしょう。いずれにしても、センナケリブはエルサレムの包囲を解いて、国に帰るようになるというのです。この時、センナケリブの死に関する預言も与えられます。

2度目の脅迫

ラブ・シャケは、ラキシュに本営を置いていたセンナケリブがリブナに移動したと聞き、合流するためにエルサレムを離れます。このとき、センナケリブは、ある「うわさ」を聞きます。クシュ（現在のエチオピア）の王ティルハカが、センナケリブと戦うために出て来ているというのです。慌てたセンナケリブは、直ちにエルサレムを降伏させるために書簡を送り、ヒゼキヤを脅迫します。センナケリブは、主の御名を冒涜した後、アッシリアがこれまでに滅ぼしてきた国々とその偶像たちを列挙し、ヒゼキヤの神もアッシリアには敵わないと豪語します。

ヒゼキヤの祈り

ヒゼキヤは、センナケリブからの書簡を持って神殿に入り、祈り始めます。彼の祈りから、祈りのパターンを学ぶことができます。①神への呼びかけ。②現状の説明。③解放の願い。私たちも、このパターンを用いて祈ることができます。

イザヤを通して、主からの答えが与えられます。(1)「処女である娘シオン」とあるのは、エルサレムがまだ一度も敵に征服されたことがないという意味です。センナケリブは、エルサレムを征服する前に退却を余儀なくされます。その後ろ姿を見ながら、エルサレムの住民たちは、センナケリブをあざけるようになります。(2)センナケリブが敗北する理由は、彼が「イスラエルの聖なる者」に対して傲慢な声を上げたからです。センナケリブが他国の民を捕囚に引いて行ったように、主も彼を捕囚の民のようにもと来た道に引き戻されます。

主からの答えの後半は、ヒゼキヤへの「しるし」です。これは、近いうちに起こることの預言です。今年も、2年目も、エルサレムの住民たちはその地の産物を食し、3年目からは通常の種蒔きと収穫のサイクルを始めるようになります(アッシリア軍が完全に退くという意味)。さらに、地の産物の増加は、ユダの民の数が増加することの保証となります。センナケリブが残した記録には、ユダの民20万150人を捕囚に連れ去ったとありますが、主はエルサレムの残りの民を増やし、ユダを栄えさせます。

センナケリブの運命

主は、センナケリブの運命を予告されます。センナケリブはエルサレムに侵入することも、矢を放つこともありません。主がエルサレムを守るのは、ご自身の栄誉のため、また、ダビデに与えた約束のゆえです(1列11・13)。

その夜、ユダの山地に宿営していたアッシリア軍の兵士たち18万5000人が、主の使いによって打たれました。兵を失ったセンナケリブはニネベに帰還し、しばらくそこに住みます。ところが、彼がニスロクの宮で礼拝していた時、彼の2人の息子がやって来て、彼を暗殺しました。アッシリアの神ニスロクは、センナケリブを救うことができなかったのです。実に皮肉です。

センナケリブのように、主の御名を冒涜する者は、愚か者です。神のことばは100%そのまま成就すると信じた人は、幸いです。

列王記第二20章

「わたしは、あなたの寿命にもう十五年を加える。わたしはアッシリアの王の手からあなたとこの都を救い出し、わたしのために、わたしのしもべダビデのためにこの都を守る。」（列王記第二20・6）

この章から、以下のことを学びましょう。（1）ヒゼキヤは主に祈ったので、寿命が15年延長されました。（2）彼は、日時計の影が10度戻るという「しるし」を求め、それが実現しました。（3）彼は、バビロンからの使者たちに、財産と武器を披露します。これは彼の傲慢の表れです。（4）イザヤは、ヒゼキヤの死後起こる悲劇について預言します。

ヒゼキヤの病気

アッシリアの王センナケリブがエルサレムを攻撃し始めた頃、ヒゼキヤは、重病で死にそうになりました。イザヤは、死期が近いという主のことばをヒゼキヤに伝えます。すると彼は、大声で泣きながら、これまでの自分の歩みは主に忠実なものであったと訴えかけます。

主は、ヒゼキヤの願いを聞き届けます。ヒゼキヤには、病気からの癒やしと、15年の寿命が約束されます。さらに、センナケリブがエルサレムを滅ぼすことはないという約束も与えられます。主は、ダビデと交わした約束のゆえに、エルサレムを守られます。

日時計の影

時間的な流れを見ると、8～11節が先に来て、次に7節が続きます。その順番で、解説します。
（1）「私が三日目に主の宮に上れるしるしは何ですか」と、ヒゼキヤは「しるし」を求めました。イザヤが示した「しるし」は、「影が十度進むか、十度戻るか」というものでした。影が前に進むのは通常の現象ですから、その場合は進む速度が速くなるという意味です。ヒゼキヤは、より困難な「しるし」を選びました。つまり、影が10度戻る方を選んだのです。イザヤが祈ると、日時計の影は10度戻されました。（2）イザヤは、「ひとかたまりの干しいちじくを持って来なさい」と命じます。当時は、腫物の治療薬として干しいちじくがよく用いられましたが、この場面では、癒やしは神の方法で起こりました。

バビロンからの使者たち

ヒゼキヤが病気から快復した直後、バビロンの王メロダク・バルアダンは、友好のためにヒゼキヤのもとに使者を派遣しました（イザ39・1参照）。メロダク・バルアダンは、アッシリアと戦うために、ユダと同盟関係に入ろうとしていました。この時点では、アッシリアの王センナケリブは、まだエルサレムを攻めていません。つまり、前701年に3つの出来事が、次の順番で起こったということです。①ヒゼキヤの病気と奇跡的癒やし。②バビロンからの使者たちの訪問。③センナケリブによるエルサレム包囲。

ヒゼキヤは、バビロンからの使者たちに、自分の財産と武器のすべてを披露しました。これは愚かな行為です。歴代誌第二32章31節にはこうあります。「……神は彼を試みて、その心にあることすべてを知ろうとして彼を捨て置かれた」。つまり、神がヒゼキヤの心にある傲慢を暴かれたということです。

イザヤがバビロンからの使者たちについてヒゼキヤに質問すると、ヒゼキヤは、隠し事をせずにありのままを述べます。それを聞いたイザヤは、主からの裁きのことばを語ります。(1) ヒゼキヤが使者たちに見せたものはすべて、バビロンに運び去られるようになる(まずアッシリアがその多くを運び去り、次にバビロンがそれを奪い返す)。(2) まだ生まれていない王家の息子たちのうちから、バビロンの王宮で宦官として仕える者が出る。

ヒゼキヤは、自らの傲慢を認め、主の叱責を受け入れます。彼は、自分の治世の間、国が平和で安全なのは恵みだと感じたようです。「あなたが告げてくれた主のことばはありがたい」ということばには、彼のエゴが投影されています。

ヒゼキヤの業績

列王記の著者は、ヒゼキヤの重要な業績として、トンネルの工事に言及しています(2歴32・2〜5参照)。ヒゼキヤは、水源を確保するために、ギホンの泉(城壁の外)とシロアムの池(城壁の中)をつなぐ約500mのトンネルを掘りました。彼の数々の業績の中でも、トンネル建設は、後代への最大の遺産となりました。

ヒゼキヤは、自らの死期を知っていましたので、その前から息子のマナセと共同統治に入りました。共同統治が始まるのは前697年で、ヒゼキヤが死ぬのは前686年です。ところで、息子のマナセは、稀に見る悪王となります。善王の父から悪王の息子が生まれるというのは理解しがたいことです。信仰の継承の重要性について、改めて考えさせられます。

列王記第二21章

「ユダの王マナセは、これらの忌み嫌うべきことを行い、実に彼以前にいたアモリ人が行ったすべてのことよりもさらに悪いことを行い、その偶像でユダにまで罪を犯させた。それゆえ、イスラエルの神、主はこう言われる。見よ、わたしはエルサレムとユダにわざわいをもたらす。だれでもそれを聞く者は、両耳が鳴る。」

（列王記第二21・11〜12）

この章から、以下のことを学びましょう。（1）マナセは、数多くの悪行を行いました。（2）しかし、晩年に悔い改め、主からの赦しを受けました。（3）マナセの息子アモンは、父の晩年の悔い改めから教訓を学ぶことをせず、悪王としての道を歩みました。

マナセの悪政

マナセは、12歳の時（前６９７年）に父ヒゼキヤとの共同統治に入り、それ以降55年間、王として統治しました。彼は、父ヒゼキヤの道ではなく、祖父アハズの悪の道に歩みました。彼の悪行をリストアップすると、次のようになります。①ヒゼキヤが破壊した高き所（偶像礼拝の場）を再建し、②バアルの祭壇を立て、③アシェラ像を造り、④アッシリアの天体礼拝を導入し、⑤主の宮に天体礼拝のための祭壇を築き、⑥自分の子どもの１人をいけにえとして献げ、⑦卜占、まじない、霊媒や口寄せなどを行った。これ以上堕落しようがないほどの堕落ぶりです。

マナセの治世は、南北王朝のどの王よりも長く続きましたが、それに関する記述は、実に短いものです。霊的視点からすると、彼の治世には特記すべき事項がほとんどなかったということです。

エルサレムの運命

預言者たちを通して、主からの裁きのことばが下ります。

アモリ人は、カナンの地に住んでいた住民の中では最悪の民でした。マナセは、そのアモリ人よりも悪いことを行い、さらにユダの民に偶像礼拝の罪を犯させました。それらの罪のゆえに、主はエルサレムとユダを裁かれます。主は、サマリアとアハブの家（王朝）に対して行ったのと同じことを、エルサレムとユダの民にも行われます。「測り縄」と「鉛のおもり」は、裁きの象徴です。

「わたしのゆずりの民の残りの者」とは、ユダのことです。イスラエルは、すでに滅んでいました。やがてユダも敵の手に渡され、その富はすべて略奪されます。なぜなら、この民は建国以来ずっと主に反抗し、罪を犯し続けてきたからです。

マナセの死

マナセは、偶像礼拝の罪の上に、咎のない者の血を流すという罪を重ねました。①マナセは、自分の息子を殺しました（2列21・6）。②さらに、自分と同じように偶像礼拝の道を歩んだ者たちの息子や娘たちの血を流しました。③ユダヤ人の伝承によれば、マナセは預言者イザヤをのこぎりで切り裂いたと言われています（ヘブ11・37参照）。

マナセの晩年に関する情報は、歴代誌第二33章に記されています。彼は、アッシリアの王によってバビロンに連行されますが、バビロンの獄中で悔い改めて、主に立ち返ります。その後、エルサレムへの帰還を許され、王座に復帰します。一連の出来事は、主の憐れみ、恵み、愛を証明するものです。彼は、自分の悪政がもたらした破壊的な状況を修復しようとしますが、すでに手遅れになっていました。ユダの民も彼の息子（アモン）も、偶像礼拝の道を踏襲します。

マナセの死後、遺体は王の墓ではなく、宮廷の庭（ウザの園）にある墓地に葬られました。主に対する恐れがない人は、愚か者です。

悪王アモン

マナセの後を継いだのは、22歳の青年アモンでした。彼の治世は、わずか2年で終わります。アモンは、父マナセが行ったように偶像に仕え、主を完全に捨て去りました。背信に対する罰は、家来の謀反という形でやってきました。

国の先行きに不安を覚えた家来たちは、アモンに対して謀反を起こし、宮殿の中で彼を暗殺します。しかし、混乱はそこで終わりませんでした。今度は民衆が蜂起し、王に謀反を起こした者たちを皆殺しにし、アモンの子ヨシヤを王座に就けました。マナセ、アモンと2代続けて、王家の墓に葬られない王が出ました。アモンの後継者となったのは、ヨシヤです。彼は、善王としての道を歩みます。

アモンは、晩年の父を手本とはせず、偶像礼拝の道に歩みました。青年時代にありがちな傲慢と過信が、彼の判断を狂わせたのでしょう。もし彼が、父の失敗から教訓を学んでいたなら、別の道が開かれていたはずです。誤った選びが、悲劇をもたらしたのです。アモンの失敗から教訓を学ぼうではありませんか。

列王記第二22章

さらに書記シャファンは王に告げた。「祭司ヒルキヤが私に一つの書物を渡してくれました。」シャファンは王の前でそれを読み上げた。王は律法の書のことばを聞いたとき、自分の衣を引き裂いた。（列王記第二22・10～11）

この章から、以下のことを学びましょう。（1）ヨシヤは、ユダの王たちの中で最善の王となります。（2）彼は、神殿の修復に着手します。（3）彼は、神殿の修復中に発見された「律法の書」に基づいて、宗教改革を実行します。（4）彼は、主の前にへりくだったので、災いを免れます。

善王ヨシヤ

マナセ、アモンと悪王が続きましたが、次に登場するのは、ユダの王たちの中で最善の王となるヨシヤです(8歳で即位)。彼のもとで、ユダは平和、繁栄、改革を経験することになります。彼の治世は、31年の長期に及びます。その間、国際情勢は激変し、バビロンがアッシリアに代わって覇権国となります。

ヨシヤは、主の目に適うことを行いましたが、列王記の記者はそれを、「父祖ダビデのすべての道に歩み」と表現しています。「右にも左にもそれなかった」とは、彼の献身が徹底していたことを示しています。歴代誌第二34章3〜7節によれば、彼は16歳の時にダビデの神を求め始め、20歳の時に宗教改革に着手しています。ゼパニヤとエレミヤが預言者としての活動を開始したのは、その頃のことです（ゼパ1・1、エレ25・3参照）。またハバククは、ヨシヤの治世の終盤に活躍した預言者です。

主の宮の修理

ユダでは、宗教改革を行った善王としてアサ、ヨシャファテ、ヒゼキヤの3人が登場していました。ヨシヤは、4番目で、かつ最強の宗教改革者となります。彼は、26歳の時（治世の第18年）に、神殿修理のプロジェクトに着手します。神殿の入り口を守る者たちに命じて、神殿に入って行く者たちから献金を集めさせます。神殿は、マナセとアモンの時代に破壊された箇所がそのまま放置されており、みすぼらしい状態にありました。ヨシヤは、それをもとの麗しい状態に回復しようとしたのです。献金が十分な額に達したと判断したヨシヤは、それで建築材料を購入し、工事を急ぐように指示を出しました。しかし、工事費用に関する会計報告を要求しませんでした。監督者たちが信頼に足る人物だったからです。この方法を採用したので、工事の進行はより早くなったと思われます。

ヨシヤの宗教改革は、ルターやカルビンのそれに匹敵するものです。大きな違いは、ヨシヤは神のことばを持っていなかったことです。その状況は、「律法の書」の発見によって大幅に改善されます。

律法の書の発見

修復工事の最中に、大祭司ヒルキヤが「律法の書」を発見します。恐らく、モーセの五書だと思われます。本来モーセの五書は、1つの書として書かれたものです。書記シャファンは、工事の経過をヨシヤに報告した後、大祭司ヒルキヤが発見した「律法の書」を王の前で朗読します。それを聞いたヨシヤは、自分の衣を引き裂きます。自分の国がいかに神の教えから遠く離れてしまったかを知り、深く悔い改めたからです。

女預言者フルダ

ヨシヤは、主の御心を求めるために、5人の高官を女預言者フルダのもとに派遣します。フルダは、使者たちに主のことばを伝えます。その内容は、エルサレムとユダの住民の上に、災いが下るというものでした。ユダの民は、主の恵みと栄光を諸国民に示すために召されました。しかし彼らは、主から離れ、他の神々を礼拝するようになりました。

フルダは、ヨシヤへの主のことばも伝えました。その内容は、ヨシヤは個人的に神のあわれみを受けるようになるというものでした。主のことばを聞いた時、自分の衣を裂き、主の前で泣いたからです。彼は、神の裁きを免れるという約束を受けました。ネブカドネツァルによる最初のエルサレム侵攻は前605年ですが、ヨシヤはその4年前の前609年に亡くなります。

ヨシヤは、当時の習慣に従って悔い改めを表現しました。今の私たちが自分の衣を裂くことは、まずないでしょう。しかし、それ以外にも、悔い改めを表現する行為はいくつもあります。祈り、断食、謝罪（他の人が関係している場合）、内面の作り変え、などなど。神に喜ばれる悔い改めとはどのようなものか、黙想してみましょう。

列王記第二23章

ヨシヤのようにモーセのすべての律法にしたがって、心のすべて、たましいのすべて、力のすべてをもって主に立ち返った王は、彼より前にはいなかった。彼の後にも彼のような者は、一人も起こらなかった。（列王記第二23・25）

この章から、以下のことを学びましょう。（1）ヨシヤは、宗教改革を徹底的に実行します。（2）また、ベテルにあった金の子牛の祭壇も破壊します。（3）彼は、ファラオ・ネコの進軍を妨害しようとして、不慮の死を遂げます。（4）ヨシヤの後、エホアハズとエホヤキムが王となります。（5）ヨシヤの宗教改革をもってしても、民の心を変えることはできませんでした。

ヨシヤの宗教改革

ヨシヤは、神殿の修理が終わる前に、あらゆる階層の人たちを招集し、神殿で発見された巻物のことばを読み聞かせました。そして、シナイ契約の再締結を行いました。

また彼は、徹底的な宗教改革を推進しました。①偶像に仕える祭司たちを追放しました。②アシェラ像を主の宮からキデロンの谷に運び出して焼き、その灰を共同墓地にまき散らしました。③宮の中にあった神殿男娼の家を壊しました。④ゲバ（ユダの領地の北限）からベエル・シェバ（南限）に至るまでのすべての高き所を破壊しました。⑤町の門の入り口にあった高き所も破壊しました。⑥ベン・ヒノムの谷で行われていたモレク礼拝と人身供養を禁止しました。⑦ユダの王たち(アハズ、マナセ、アモン)が太陽礼拝のために奉納した聖なる馬を取り除き、戦車を火で焼きました。⑧ユダの王たちがアハズの屋上の部屋の上に造った祭壇と、マナセが主の宮の2つの庭に造った祭壇を焼き、その灰をキデロンの谷に投げ捨てました。⑨ソロモンの時代にオリーブ山の南麓に築かれた高き所を破壊しました。⑩石の柱を打ち砕き、アシェラ像を切り倒し、その場所を人の骨で満たしました。

ベテルには、ヤロブアムが造った金の子牛の祭壇がありました。ヨシヤは、その祭壇と高き所を破壊して焼き、同時に、アシェラ像も焼きました。この行為は、かつてユダから来た預言者が預言したことの成就です（1列13・2参照）。

過越の祭りは、出エジプトの出来事を記念する祭りですが、長期にわたって軽視されてきました。ヨシヤは、モーセの律法に基づいてこの祭りを厳密に守ろうとしました。

ヨシヤの改革は、私的レベルでオカルト的行為を行う者たちにも及びました。オカルト的行為とは、霊媒、口寄せ、家庭の守り神の礼拝などです。

ユダに下る裁き

ヨシヤの改革は画期的なものでしたが、それでもユダを滅びから救うことはできませんでした。なぜなら、ユダの罪に対する神の怒りが蓄積されていたからです(特にマナセの罪が大問題でした)。ユダは、イスラエルと同じように、捕囚に引かれて行きます。しかしこれは、霊的訓練のための追放です。

ヨシヤは、改革半ばで不慮の死を遂げます。当時、エジプトの王ファラオ・ネコは、アッシリアと同盟を結び、バビロンと戦おうとしていました。ヨシヤは、アッシリアに向けて地中海沿岸を北上するファラオ・ネコの軍勢に戦いを挑み、戦死します。その結果、ユダは一時的にエジプトの属国となります。これ以降、ユダの滅びは秒読みの段階に入ります。

エホアハズとエホヤキム

ヨシヤには4人の息子がいましたが、4番目の息子エホアハズ（別名シャルム）が即位します（23歳での即位）。彼の在位期間は、わずか3か月でした。彼は、エジプトに連行され、そこで死にます（エレ22・11～12の預言の成就）。

ファラオ・ネコは、エホアハズに代えて、ヨシヤの次男であるエルヤキムをユダの王に据えます。エルヤキム（神は確立されたという意味）は、エホヤキム（ヤハウェは確立された）に改名させられます。ファラオ・ネコは、自分がユダの支配者であることを示そうとしたのです。

エホヤキムは、性格的に弱い人物でした。エジプトのファラオは、エホアハズよりもエホヤキムのほうが御しやすいと考え、彼を傀儡王にしたのです。エホヤキムの最大の問題点は、主に対してよりもファラオに対してより忠実な態度を示したことです。

ヨシヤの行った宗教改革は徹底したものでしたが、それでも民の心を変えることはできませんでした。真の宗教改革は、外からの強制によってではなく、内側の変化によってもたらされるものです。心の一新のためには、神のあわれみと、聖霊の働きが必要であることを覚えましょう。

列王記第二24章

実に、このようなことがユダに起こったのは、ユダを主の前から除くという主の命によることであり、それはマナセが犯したすべての罪のゆえ、また、マナセが流した咎のない者の血のためであった。マナセはエルサレムを咎のない者の血で満たした。そのため主は赦そうとはされなかったのである。（列王記第二24・3～4）

この章から、以下のことを学びましょう。（1）バビロンの王となったネブカドネツァルは、エジプトに勝利し、覇権を確立します。（2）彼は、ユダに侵攻し、数人の王族と貴族をバビロンに連行します。（3）ユダが滅びた原因は、主に対する背信です。（4）ネブカドネツァルは、2度目の捕囚で、1万人を連行します。（5）エホヤキムとゼデキヤは、悪王でした。彼らの治世下で、ユダは崩壊に向かいます。

ユダの敵たち

バビロンのネブカドネツァルは、父ナボポラサルに代わって王となりました（前605年）。その年彼は、エジプトのファラオ・ネコとユーフラテス川沿いのカルケミシュで戦い、勝利しました。その結果、バビロンは世界の覇権国となりました。同じ年に、ネブカドネツァルは、ユダに攻め上りました。このとき彼は、ダニエルを初めとする数人の王族や貴族を捕囚に引いて行きました（ダニ1・1〜3）。

傀儡王となったエホヤキムは、3年間バビロンに従いますが、その後エジプトに援助を求め、バビロンに背きます。その結果、彼はバビロンに引かれて行きます。その後、バビロンから解放され、最後はエルサレムで死にます（前598年）。

ユダが滅びることは、主の御心でした。その理由は、マナセが犯した罪にありました。マナセだけでなく、ユダの民にも責任がありました。彼らは、ヨシヤの治世の一時期を除いて、偶像礼拝の罪から離れようとはしませんでした。その罪に下る裁きが、バビロン捕囚です。

主は赦しの神ですが、罪人が悔いた心をもって主に近づかないなら、その赦しを受け取ることはできません。

エホヤキンの悪政

バビロン軍はエルサレムを包囲していましたが、ついにネブカドネツァル自身が、包囲作戦の指揮を執るために上って来ました（前597年）。当時、エホヤキムはすでに死んでおり、その子エホヤキンが王となっていました（18歳で即位）。エホヤキンは降伏し、王母や高官たちとともにバビロンに連行されました。これは3度ある捕囚の中の2度目の捕囚です（最初の捕囚は、前605年）。

ネブカドネツァルは、神殿と王宮の財宝をすべて運び去りました。これは、主がソロモンに語った預言の成就です（1列9・6〜9）。ネブカドネツァルがバビロンに引いて行った人数は、高官や有力者だけで1万人でした。エレミヤは4600人という数字を上げていますので（エレ52・28〜30）、1万人という人数は、それまでの捕囚民を合計したものだと思われます。この時、預言者エゼキエルも捕囚に引かれて行きました（エゼ1・1〜3）。さらに、兵士7000人、職人と鍛冶1000人が連行されました。ユダの地に残されたのは、貧しい民衆だけでした。

土地の約束は、主に対する従順を条件に成立しています。不信仰な者が土地から追い出されるのは、モーセの時代から預言されていたことです。先祖たちの失敗から教訓を学ばない者は、愚か者です。

ゼデキヤの悪政

エホヤキンの別名は、エコンヤ（コヌヤ）です。彼には7人の息子たちがいました（1歴3・17〜18）が、王座に着く者は出ませんでした。これはエレミヤ書22章30節の成就です。バビロンの王は、エホヤキンの息子ではなく、おじマタンヤを王とし、その名をゼデキヤと改めさせました。しかし民は、彼を王とは認めませんでした。前王のエホヤキンが捕囚の地でまだ生きていたからです。さらに、ゼデキヤの任命は外国の力によってなされたものだったからです。当時書かれた碑文には、エホヤキンがユダの最後の王だと記されています。ゼデキヤは、21歳でユダの王となり、11年間王位にとどまります。最初の数年間は、バビロンに服従しましたが、国内の国粋主義者たちの圧力に屈し、バビロンに反逆します。その際、彼が頼ったのは、またしてもエジプトでした（エゼ17・11〜21参照）。

ゼデキヤは、捕囚という悲劇を目撃しながら、悔い改めようとはしませんでした。苦難は、人を謙遜にするか、より頑なにするかのいずれかです。苦難によって砕かれる人は幸いです。

列王記第二25章

ゼデキヤの治世の第九年、第十の月の十日に、バビロンの王ネブカドネツァルは、その全軍勢を率いてエルサレムを攻めに来て、これに対して陣を敷き、周囲に塁を築いた。（列王記第二25・1）

この章から、以下のことを学びましょう。（1）エルサレムは、バビロン軍によって破壊されます。（2）隊長のネブザルアダンは、町の貧民の一部を残し、それ以外のすべての者をバビロンに連行します。（3）バビロンは、ゲダルヤを総督に任命しますが、ゲダルヤは、イシュマエルによって暗殺されます。（4）エホヤキンは、バビロンの新王エビル・メロダクのもとで厚遇されます。

最後の包囲

「ゼデキヤの治世の第九年、第十の月の十日」（前588年1月）、ネブカドネツァルは、エルサレムを包囲します。この包囲は、エジプトがバビロン軍に攻撃を仕掛けたために一時的に解かれますが、ネブカドネツァルは難なくエジプト軍を打ち破り、エルサレムを再包囲します。この包囲は長期に及び、エルサレムの住民は飢饉と敗戦の恐れに苦しむことになります。

前586年7月16日、バビロン軍は城壁を破って町に侵入しました。夜陰に乗じて逃れたユダの戦士たちは、ゼデキヤとともにエリコで捕縛されます。ゼデキヤは、バビロンの本営に連行され、そこで裁きを受けます。彼の息子たちは、彼の目の前で虐殺され、さらに、彼の目は、つぶされます。ゼデキヤはバビロンに連行され、そこで死にます。

エルサレムの炎上

バビロンがエルサレムに侵入してから約4週間後、ネブカドネツァルは親衛隊の隊長ネブザルアダンをエルサレムに派遣し、町を焼かせます。このときネブザルアダンは、町の貧民の一部を残し、それ以外のすべての者をバビロンに連行します。残された貧民を農業に従事させたのは、征服した地を荒廃させないためです。バビロン軍は、神殿の宝物や器具類をすべてバビロンに運びました。

ネブザルアダンは、指導者たち12人を連行しました。さらに、町の住民の中の60人も捕らえ移されました。恐らく、バビロンに対する反乱を指導した責任者たちでしょう。彼らは、リブラの本営にいたネブカドネツァルのもとに連行され、殺されました。

ゲダルヤの暗殺

ゲダルヤは、書記シャファンの子孫です。シャファンは、かつてヨシヤ王の宗教改革を推進した人物です。ゲダルヤは、エレミヤの友人でもあります（エレ39・14参照）。エレミヤは、ユダの将来はバビロンとの融和策にあると預言し、ゲダルヤは、その預言に従って行動していました。ネブカドネツァルがゲダルヤをユダの総督に任命したのは、彼の親バビロン的立場のゆえです。

ゲダルヤは、エルサレムの北方約13キロに位置するミツパに総督府を設置しました。エルサレムが破壊されたからです。新総督のもとに、親エジプトの指導者たちがやって来ました。彼らは、バビロンに対して謀反を起こすことを提案しますが、ゲダルヤは、バビロンに従って生きることを主張しました。

イシュマエルは、王族の1人で、総督になりたがっていた人物です。その彼が陰謀によってゲダルヤを暗殺します。実はゲダルヤは、このことについて警告を受けていたのですが、取り合っていませんでした（エレ40・13〜16）。ゲダルヤの暗殺を未然に防げなかった者たちは、バビロンの報復を恐れて、エジプトに逃れました。この時、エレミヤも強制的にエジプトに連れて行かれます（エレ43・1〜7参照）。

祝福を受けるエホヤキン

「ユダの王エホヤキンが捕らえ移されて三十七年目の第十二の月」とは、前560年3月のことです。それより2年前に、バビロンに新王が誕生していました。それが、エビル・メロダクです。彼は、征服された国の王たちを手厚く扱うように、政策を変更しました。ユダの王エホヤキンは、他の国々の王たちよりもさらに丁寧な扱いを受けました。彼は、王の食卓で食事をし、生活に必要なものはすべて王から支給され、生涯、祝された生活を送ることができました。列王記第二の最後は、積極的な内容で終わっています。

ここから、将来の希望を読み取ることができます。（1）ダビデの家系は継続するという希望があります。（2）エビル・メロダクの政策は、その後も受け継がれ、ユダヤ人たちはより広範囲な自由を味わうようになります。（3）バビロンに勝利したペルシアの王キュロスは、ユダヤ人の祖国帰還を許可するようになります。

神は、ご自身の民を見捨ててはおられません。神の約束は真実であり、すべて成就します。

歴代誌第一1章

アブラハムの子は、イサク、イシュマエル。これは彼らの系図である。（歴代誌第一1・28〜29a）

この章から、以下のことを学びましょう。（1）本書の執筆目的は、ダビデの家系と祭司の家系を確認することにあります。（2）神は、どの時代にも真の信仰者の家系を残しておられます。（3）神は、歴史を通してご自身を啓示されました。

はじめに

歴代誌第一と第二は、もとは一巻の書でした（七十人訳聖書で2分割されました）。著者は、伝承ではエズラとされています。執筆年代は、バビロン捕囚以降です。捕囚から帰還したユダヤ人たちは、王家の家系と祭司の家系を再確認する必要性を覚えました。本書の系図は、創世記の系図によく似ていますが、それをそのまま引用しているわけではなく、執筆目的に合わせて、引用部分を取捨選択しています。

アダムの系図

アダムの系図は、創世記5章3〜32節を基にしたものです。人類の先祖アダムから始まり、ノアの3人の息子までがカバーされています。著者は、ユダ族とダビデは、アダム、ノア、セムから出ていることを証明しようとしています（創9・26〜27参照）。

ヤフェテの系図

ノアの3人の息子たちは、通常、①セム、②ハム、③ヤフェテの順番で登場しますが、この箇所では、それが逆になっています。傍系を先に取り上げ、次に直系を取り上げるのが、著者の記述法です。ヤフェテには7人の息子が生まれましたが、その中の2人が詳細に取り上げられています。ゴメルとヤワンがそれです。彼らの子孫は、ヨーロッパ、ペルシア、インド、そして、アジア地区にまで拡大して行きました（創9・27の成就です）。

ハムの系図

ハムの系図は、創世記10章6〜8節、13〜18節とほぼ同じです。ハムには4人の息子が生まれました。その中で、クシュ、ミツライム、カナンの3人が詳細に取り上げられています。クシュには、6人の息子が生まれましたが、最も重要なのが6番目の息子ニムロデ（反逆するという意味）です。彼は、洪水後の世界で、権力を掌握する人物となります。ミツライム（エジプトという意味）には、7人の息子が生まれました。カナンには、11人の息子が生まれました。カナンの子孫は、後にイスラエルの民を攻撃する民となります。

セムの系図

セムの系図は、ダビデにつながる直系を記録しています。直系は、ノア→セム→アルパクシャデ→シェラフ→エベル→ペレグとつながってく行きます。それに続いて、さらに5人の名が上げられています。①レウ、②セルグ、③ナホル、④テラ、⑤アブラムです。アブラムの兄弟ナホルとハランの名前が出ていませんが、その理由は、彼らがアダムからダビデに至る家系に属していないからです。アブラムは、偶像礼拝者の息子でしたが、真の神に出会い、神に従う人生を歩みました。先に救われた者の責任は重大です。

ハガル、ケトラ、サラの子たち

この系図の第1区分は、ハガルから生まれた子です。イシュマエルは、アラブ人の先祖となりました。第2区分は、ケトラから生まれた子たちです。彼女は、6人の息子たちを産みました（創25・2～4）。第3区分は、サラから生まれた子です。「アブラハムはイサクを生んだ。イサクの子は、エサウ、イスラエル」（34節）。これで、アダム、ノア、セム、アブラハム、イサク、ヤコブというラインがつながりました。神は、歴史の中でご自身の計画を啓示されました。今も神は、歴史を通して働いておられます。日々の生活の中で、神の御手を見る人は幸いです。

エサウの子どもたち

エサウには、カナン人の妻が3人いて、彼女たちから5人の息子が誕生しました（創36・1～5参照）。エサウの長男エリファズには、6人の子（エサウの孫)が生まれました。エサウの次男レウエルには、4人の子（エサウの孫）が生まれました。

王たちのリスト

著者は、エドム人の王たちは重要であると判断し、この記録を残しています（創36・31～43参照）。彼らがイスラエルやユダと深く関わってくるからです。エサウはイサクの長男ですが、カナン人の女たちと結婚することによって、イスラエルの民の仇敵となるエドム人の先祖となりました。少しばかりの判断ミスが、大きな禍根を残すことになりました。

歴代誌は、捕囚から帰還したユダヤ人たちを励ますために書かれました。強調点は、次の2点です。①神の計画は継続している。②神は真の礼拝者を求めておられる。この2点から教訓を学ぼうではありませんか。

歴代誌第一 2章

ユダの子はエル、オナン、シェラ。この三人は、カナンの女シュアの娘から彼に生まれた。しかし、長子エルは主の目に悪しき者であったので、主が彼を殺された。ユダの嫁タマルは彼にペレツとゼラフを産んだ。ユダの子は全部で五人。

（歴代誌第一 2・3～4）

この章から、以下のことを学びましょう。（1）ユダの息子たちの系図が紹介されます。(2)ヤコブ、ユダ、ボアズ、エッサイ、ダビデとつながる家系に注目しましょう。

イスラエルの12人の息子たち

「イスラエルの子は次のとおりである。ルベン、シメオン、レビ、ユダ、イッサカル、ゼブルン、ダン、ヨセフ、ベニヤミン、ナフタリ、ガド、アシェル」（1～2節）。ここで、なじみ深い12人の息子たちの名が登場します。アブラハムからダビデに至るラインは、ユダ族を経由して進んで行きます。

ユダの系図

ユダにはエル、オナン、シェラの3人の息子がいました。エルとオナンは、主の目の前に悪を行ったので、殺されてしまいます。ユダは、残された三男のシェラをタマルと結婚させませんでした。そこでタマルは、遊女をよそおい、義父ユダによって双子の息子を産みます。それが、ペレッとゼラフです。アブラハムからダビデに至るラインは、ヤコブ、ユダ、ペレツを経由して進んで行きます。

創世記に記された出来事は、無秩序で混沌とした物語のように見えるかもしれませんが、その中に一本の確実な「筋」があることを見逃してはなりません。歴代誌の著者は、約束のメシアが、アブラハム、イサク、ヤコブ、ユダ、ダビデの家系から出て来ることを、系図を丹念にたどることによって示そうとしています。神の計画は、人間の側の失敗にもかかわらず、神の意図どおりに前進します。

簡略化された系図

「ペレツの子は、ヘツロン、ハムル。ゼラフの子は、ジムリ、エタン、ヘマン、カルコル、ダラで、全部で五人。カルミの子は、聖絶の物のことで主の信頼を裏切り、イスラエルにわざわいをもたらす者となったアカル。エタンの子は、アザルヤ」(5～8節)。この系図は、ユダの2人の息子ペレツとゼラフの系図ですが、かなりの簡略化が見られます。「〇〇の子」というのは、親子関係だけでなく、「子孫」を指すことばでもあります。ユダからダビデに至るラインは、ペレツを経由して進んで行きます。

アカルというのは、ヨシュア記7章で主に対して罪を犯したアカンのことです。彼は、ゼラフの子孫です。アカンは、エリコの戦いに勝利した後、聖絶のものの中からいくばくかを盗みました。これは、主の命令に背く重大な罪でした。アカンは、くじによって民の中から取り分けられ、その家族とともに処刑されました。人は、種を蒔けば、その刈り取りをするようになります。呪いの種ではなく、祝福の種を蒔く者とさせていただこうではありませんか。

ヘツロンの系図

選びのラインは、ユダ→ペレツ→ヘツロンとつながって行きます。その先に、ダビデが登場します（15節）。（1）ヘツロンの三男カレブ（9節）は、ヨシュアとともにカナンの地に入ったカレブとは別の人物です。カレブの系図は、18～20節に出て来ます。さらに、42～55節でそれが発展して行きます。（2）ヘツロンの次男ラムを通して、ユダからダビデに至る選びのラインがつながって行きます。ユダ→ペレツ→ヘツロン→ラム→アミナダブ→ナフション→サルマ→ボアズ→オベデ→エッサイ→ダビデ。（3）四男セグブの母親は、ギルアデの父マキルの娘です。（4）五男アシュフルは、ヘツロンの死後、彼の妻アビヤから誕生しました。（5）長男エラフメエルの系図は、最後に出て来ます（25～41節）。

カレブの系図

ヘツロンの三男カレブの系図が、詳細に取り上げられます。（1）カレブの子孫たちの名前の多くが、後の時代に出てくる地名と同じです。カレブの子孫たちが征服した地が、征服者と同じ名で呼ばれるようになったのでしょう。（2）ベツレヘムという町は、ダビデ誕生の地であり、イエス誕生の地でもあります。この町は、ヘツロンの曽孫に当たるベツレヘムによって建設されました。

神の選びのラインに属する人たちは、それぞれが自分の使命を果たし、神の計画の進展に貢献しました。私たちも、自分に委ねられている役割を果たすことによって、現代における神の計画の進展に寄与することができます。後世に何を遺すことができるのか、黙想してみましょう。

歴代誌第一3章

ヘブロンで生まれたダビデの子は次のとおりである。長子はイズレエル人アヒノアムによるアムノン。次男はカルメル人アビガイルによるダニエル。三男はゲシュルの王タルマイの娘マアカの子アブサロム。四男はハギテの子アドニヤ。五男はアビタルによるシェファテヤ。六男はダビデの妻エグラによるイテレアム。六人の子がヘブロンで生まれた。（歴代誌第一3・1〜4a）

この章から、以下のことを学びましょう。（1）メシアの先祖となるダビデの系図が紹介されます。特に重要なのが、ダビデの息子であるソロモンとナタンです。（2）ソロモンの系図が、捕囚期前と捕囚期後に分けて紹介されます。（3）ソロモンは、メシアの肉体的先祖ではありません。メシアは、バテ・シェバが産んだ別の息子ナタンのラインから誕生します。

ダビデの子たち

ここでは、文脈を中断するようにして、ダビデの系図が入り込んで来ます。

（1）ヘブロンで生まれたダビデの子は、6人です。長男アムノン（イズレエル人アヒノアムが母親）、次男ダニエル（カルメル人アビガイルが母親）、三男アブサロム（ゲシュルの王タルマイの娘マアカが母親）、四男アドニヤ（ハギテが母親）、五男シェファテヤ（アビタルが母親）、六男イテレアム（エグラが母親）。（2）エルサレムで生まれたダビデの子は、4人です。シャムア、ショバブ、ナタン、ソロモン。4人の息子の母親は、アンミエルの娘バテ・シュア（バテ・シェバ）です。歴代誌に彼女の名が出てくるのは、この箇所だけです。（3）それ以外に、ダビデには9人の息子たちがいました。（4）ダビデの娘タマルの名が出ています。後に、タマルを巡って悲劇が起こるからです。（5）ダビデがカルメル人アビガイルを妻にした経緯は、サムエル記第一25章に出ています。彼女の夫はナバルといい、頑迷な人物でしたが、彼女自身は知恵ある女でした。彼女の素晴らしい点は、神に対する恐れを持っていたことです。私たちも、アビガイルの信仰から教訓を学ぼうではありませんか。

ソロモンの系図―捕囚期前

ソロモンの系図は、捕囚期前（10～16節）と捕囚期後（17～24節）に分かれます。主要な点を列挙してみます。（1）捕囚期前の系図は、ソロモンからゼデキヤまでのユダの王たちのリストです。（2）アハズヤとヨアシュの間に女王アタルヤがいましたが、それは省略されています。彼女はイゼベルの娘であり、ユダにバアル礼拝を持ち込んだ張本人です。彼女は、ダビデの血統に属する人物ではなく、王権を横取りしただけなので、系図には登場しません。（3）エホヤキムの子はエコンヤ（エホヤキンとも呼ばれる。2列24・6）ですが、エレミヤ書22章30節にはこう預言されています。「主はこう言われる。この人を『子を残さず、一生栄えない男』と記録せよ。彼の子孫のうち一人も、ダビデの王座に着いて栄え、再びユダを治める者はいないからだ」。つまり、エコンヤの子孫からメシアが出ることはないということです。

ソロモンの系図―捕囚期後

エコンヤという人物に注目してみましょう。（1）彼は、神から呪いを受けた王なので（エレ22・30）、彼の子孫からメシアが登場することはありません。しかし、マタイの福音書の系図では、「バビロン捕囚の後、エコンヤがシェアルティエルを生み、シェアルティエルがゼルバベルを生み、」（マタ1・12）となっています。当然起こってくる疑問は、エコンヤにはシェアルティエルという息子がいたのかということです。（2）マタイの福音書では、「シェアルティエルはエコンヤの子」とされていますが、ルカの福音書では、「シェアルティエルはネリの子」となっています。この矛盾をどう解決したらよいのでしょうか。最善の解決法は、エコンヤには息子がいなかったので、彼の娘がネリと結婚し、シェアルティエルを産んだと考えることです。（5）ネリは、ダビデの息子ナタンのラインから出て来た人物です。つまり、肉体的にはイエスはソロモンの子孫ではなく、ナタンの子孫だということです。このナタンは、預言者のナタンではなく、ダビデとバテ・シェバから生まれたナタンです。

イエスは、アブラハム契約の約束の成就として、「アブラハムの子孫、ダビデの子孫」として誕生されました。歴代誌の系図は、そのことを明確に伝えています。マタイの福音書とルカの福音書のイエスの系図は、そのことを再確認しています。神の約束は、必ず成就することを、きょうも覚えようではありませんか。

歴代誌第一 4章

ユダの子は、ペレツ、ヘツロン、カルミ、フル、ショバル。（歴代誌第一 4・1）

この章から、以下のことを学びましょう。（1）ユダ族の系図が先に出てくるのは、12部族の中での優位性を示すためです。（2）ヤベツは、大きな神概念を持って、神に喜ばれる祈りを献げました。（3）シメオン族の衰退は、ヤコブの預言の成就です。

ユダの子たち

3章ではダビデの系図が挿入句のようにして出てきましたが、4章では、通常の記述法に戻っています。ユダ族を最初に取り上げる理由は、12部族の中でのユダ族の優位性を示すためです。
（1）「ユダの子は、ペレツ、ヘツロン、カルミ、フル、ショバル」（1節）。冒頭で、ユダの子孫5人の名前が、年代順に挙げられています。（2）ショバルの子レアヤ（2節）は、ハ・ロエ（1歴2・52）と同一人物です。彼から、ツォルア人の諸氏族が出ました。（3）フルの子孫であるフル人たち（3～4節）は、ベツレヘム人の家族として知られていました。（4）アシュフル人たちは、テコアという村を建設した氏族です。そこから、「知恵のある女」（2サム14・2）と「預言者アモス」（アモ1・1）が出ています。

ヤベツの祈り

ヤベツという人物に注目しましょう。彼の系図は明示されていませんが、彼は、祈りが聞かれたことで有名になりました（10節）。ヤベツという町は、書記の町として知られるようになります（1歴2・55）。ヤベツから教訓を学びましょう。彼は、大きな神概念に基づく祈りを献げました。そして神は、その祈りにお答えになりました。

レカの人々（11～12節）の情報は、ここにしか出てきません。

ケナズ人たちは、有力な氏族となりました（13～15節）。カレブ（ヨシ14・6）とオテニエル（最初の士師。士1・13）は、この氏族の出身です。

諸氏族の系図

以下の諸氏族の系図は、聖書ではここだけにしか出てきません。エハレルエルの子たち（16節）、エズラの子たち（17節）、ホディヤの子たち（19節）、シモンの子たち（20節）。

エズラの息子のメレデの妻ビトヤは、エジプトのファラオの娘でした。この情報は、エズラの氏族の始まりが、出エジプト以前の時代（イスラエル人とエジプト人が友好関係にあった時代）にまで遡ることを示しています。

シェラの氏族の系図

ユダの系図の締めくくりは、シェラの氏族の記録です。ユダは、カナン人の妻によって3人の息子を得ましたが、長子のエルと次男のオナンは、主の裁きによって殺されました(創38章参照)。三男のシェラは生き延び、彼から出た氏族は、白亜麻布業と陶器製造業に従事するようになりました。さらに、古代にはモアブを統治しました。

シメオンの系図

ユダ族の次に、シメオン族の系図が紹介されます。その理由は、シメオン族の相続地がユダ族の領地の中に与えられたからです（ネゲブ地方）。最終的には、シメオン族の領地は、ユダ族の領地に吸収されます（ヨシ19・1～9参照）。シメオン族の人口は、ユダ族のようには増加しませんでした。

シメオンの子として5人の名が挙げられています(民26・12～13参照)。「シメオンの子は、ネムエル、ヤミン、ヤリブ、ゼラフ、シャウル」（24節）。しかし、創世記46章10節は、シメオンの子として6人の名を挙げています。「シメオンの子はエムエル、ヤミン、オハデ、ヤキン、ツォハル、カナンの女によるシャウル」。オハデという人物が歴代誌第一には出ていません。

25節以降のシメオンの系図は、この箇所だけに出てくるものです。（1）シメオン族は、家畜を飼うための牧場を発見しました。（2）ヒゼキヤ王の時代に、シメオン族のうち、５００人の人々が、セイル山に侵攻し、イスラエルの仇敵であるアマレク人の逃れて残っていた者を討ち、そこに住みました（43節）。

創世記34章の「ディナ事件」では、ディナの兄のシメオンとレビが、ハモルとその子シェケムの町を襲い、住民を虐殺しました。ヤコブは臨終の床で、シメオンとレビの上に呪いが下ることを預言しました（創49・7）。シメオン属が独自の領地を所有できなかったのは、この預言の成就です。

神を恐れることを学ぼうではありませんか。「思い違いをしてはいけません。神は侮られるような方ではありません。人は種を蒔けば、刈り取りもすることになります」（ガラ６・７）

歴代誌第一5章

イスラエルの長子ルベンの子孫。ルベンは長子であったが、父の寝床を汚したことにより、その長子の権利はイスラエルの子ヨセフの子に与えられた。それで、彼は系図には長子の権利を持つ者として記載されていない。（歴代誌第一5・1）

この章から、以下のことを学びましょう。（1）ルベン族、ガド族、マナセの半部族の系図が記録されています。（2）彼らは、偶像礼拝の罪のゆえに神の裁きに遭います。それがアッシリア捕囚です。（3）神から出た戦いに勝利するためには、神の力に頼らなければなりません。

長子ルベン

5章は、ヨルダン川の東に領地を得た部族を取り上げています（ルベン族、ガド族、マナセの半部族）。他の部族と比較すると、情報量は驚くほど少ないです。彼らは、最初にアッシリア捕囚に引かれて行くことになる部族です。

（1）ルベンは長子でしたが、本来彼が持っていた長子の権は取り上げられました。そして、長子の権の中の「土地を2倍相続する権利」はヨセフ族に引き継がれ、「優位性を保持する権利」はユダ族に引き継がれました。ルベンが長子の権を失った理由は、姦淫の罪にありました。「ルベンは長子であったが、父の寝床を汚したことにより、その長子の権利はイスラエルの子ヨセフの子に与えられた」。ルベンが父のそばめビルハと寝たという記録は、創世記35章22節に出ていました。

（2）長子の権を引き継いだヨセフ族から、マナセとエフライムの2部族が出ました。

（3）ユダ族からは、支配者（王）であるダビデが出ました。そして、究極的な支配者であるメシアもまたユダ族から出るのです。

ガド

ルベン族の領土の北限はギルアデの地ですが、ガド族はさらにその北に位置するバシャンの地（ガリラヤ湖の北東部の地）に住みました。しかし、ギルアデとバシャンの間に明確な境界線はありませんでした。そのため、ヨルダン川東岸の2部族半は、互いに往き来しながら住んだと思われます。特筆すべきは、東岸の2部族半が協力して、ハガル人とその協力者を撃破したことです。「ルベンの子孫、ガド人、マナセの半部族で、盾と剣を取り、弓を引き、戦いの訓練を受けた勇者たちのうち、従軍する者は四万四千七百六十人であった」とあります。

マナセの半部族

マナセの半部族は、バシャンからさらに北の地域（ヘルモン山に至る）を得ました。この半部族の指導者たちは軍事的才能に恵まれていましたが、民を偶像礼拝に導くという過ちを犯しました。「ところが、彼らはその父祖の神の信頼を裏切り、神が彼らの前から根絶やしにされたその地の民の神々を慕って淫行をした」。その結果、マナセの半部族は、ルベン族とガド族とともにアッシリア捕囚に引かれて行きました。

ここには、私たちへの教訓があります。世的な事項についていかに成功したとしても、神の目から見て正しくなければ、その人の人生は失敗です。自分が何を基準に成功を定義しているのか、自己吟味をしてみましょう。神に忠実であること以上に大切なことはありません。

歴代誌第一6章

レビの子は、ゲルション、ケハテ、メラリ。（歴代誌第一6・1）

この章から、以下のことを学びましょう。（1）レビ族の中で最も重要な家系は、大祭司であるアロンの家系です。（2）大祭司職は、世襲制です。それゆえ、正確な系図を保持する必要があります。（3）ダビデは、賛美の奉仕をする者たちを任命しました。（4）レビ人の使命は、国内に散らばり、イスラエル12部族に律法を教えることです。

レビの子孫

6章は、レビの子孫の系図を紹介しています。その内容は、次のようなものです。

（1）レビ族の中で最も有名な家系は、アロンの家系です。その家系が、1～15節と49～53節で取り上げられています。アロンの家系が重要な理由は、大祭司職はアロンとその息子たちに与えられたからです。大祭司職は世襲制です。それゆえ、アロンからバビロン捕囚に至るまでのアロンの家系を詳細に記録することが、極めて重要な作業になります。

（2）エルカナの子サムエルが28節に登場します。彼は、偉大な預言者であり、イスラエルにおける最後の士師でもあります。サウルが王に任じられると同時に、士師の時代は終わりました。サムエルの活動は、サムエル記第一に記録されています。

（3）レビには3人の息子たちがいました。ゲルショム、ケハテ、メラリの3人がそれです。彼らの系図は、16～30節に記録されています。

（4）「契約の箱が安置所に納められた後、ダビデが主の宮の歌を受け持たせるために立てた人たちは、次のとおりである。ソロモンがエルサレムに主の宮を建てるまでは、この者たちが会見の天幕である幕屋の前で、歌をもって仕え、それぞれ定めにしたがって奉仕を受け持った」（31～32節）。礼拝における賛美の奉仕は、ダビデにとっては極めて重要なものでした。賛美を司るために任命された3人の系図が、31～48節に記録されています。①ケハテ族のヘマン（33～38節）。彼は、詩篇88篇の作者だと思われます。②ゲルショム族のアサフ（39～43節）。

彼は、詩篇50篇や73～83篇の作者です。③メラリ族のエタン（44～47節）。彼は、詩篇89篇の作者だと思われます。

賛美の奉仕の重要性は、今も変わりません。

レビ族の町々

次に、レビ族に与えられた町々や居住地が列挙されます。これらの場所は、他の部族の領地の中に与えられたものです。主はモーセを通して、そのことをお命じになりました。「イスラエルの子らに命じ、その所有となる相続地のうちから、居住のための町々をレビ人に与えよ。また、その町々の周りの放牧地はレビ人に与えなければならない。その町々は彼らが住むためのものであり、その放牧地は彼らの家畜、群れ、そしてすべての動物のためのものである。……レビ人に与える町々については、人を殺した者を逃れさせる六つの逃れの町がなければならない。また、このほかに、四十二の町を与えなければならない。レビ人に与える町は、全部で四十八の町で、放牧地付きである。……それぞれ自分が受け継いだ相続地の大きさに応じて、自分の町々の一部をレビ人に与えなければならない」（民35・2～8）。この命令を実行に移したのは、ヨシュアです（ヨシ21章）。

レビ族は、神への奉仕のために聖別された（選び分かたれた）部族です。彼らの使命は、国内に分散して住み、イスラエルの12部族が正しく神を礼拝できるように彼らを指導することです。私たちクリスチャンもまた、聖別された祭司たちです。置かれた場所で、どのような使命を果たすべきか、黙想してみようではありませんか。

歴代誌第一7章

イッサカル族の者は、トラ、プア、ヤシュブ、シムロンの四人。(歴代誌第一7・1)

この章から、以下のことを学びましょう。(1)王権や祭司職に関係していない5部族半の系図が、簡略化して取り上げられています。(2)トラ、ツェロフハデの娘たち、ヨシュアなどに注目しましょう。(3)信仰の英雄たちのエピソードは、人々の記憶の中に永くとどまります。

5部族半の系図

7章は、イッサカル族、ベニヤミン族、ナフタリ族、マナセの半部族、エフライム族、アシェル族の5部族半の系図を記録しています。これらの系図は、ユダ族やレビ族の系図と比較すると、驚くほど簡潔です。その理由は、彼らが王権や祭司職に関係していないので、さほど詳細に記録する必要がないからです。

(1)イッサカル族(1~5節)。有名な士師のトラは、イッサカル族出身です。この系図は、簡略化されたもので、すべての人物を網羅したものではありません。

(2)ベニヤミン族(6~12節)。この部族は、自らの失敗のゆえに、人口が600人にまで激減したことがありました(士20章)。その後、人口を回復し、勢力を盛り返したようです。次の8章でもベニヤミン族の系図が登場しますが、それは、サウル王やエルサレムとの関係を説明するための系図となっています。

(3)ナフタリ族(13節)。ナフタリの4人の子(ヤハツィエル、グニ、エツェル、シャルム)の名は、創世記46章24節、民数記26章48~49節の記録と一致します。

(4)マナセの半部族(14~19節)。ヨルダン川の東(ギルアデ、バシャン)に定住したマナセの半部族の系図は、5章23~24節に出ていました。ここでは、ヨルダン川の西(カナンの地)に定住した残りの半部族の系図が取り上げられています。特筆すべき人物は、ツェロフハデです。彼の子どもたちはすべて娘でした。その娘たちが、ヨシュア記17章に登場します。「マナセの子マキルの子ギルアデの子ヘフェルの子ツェロフハデには、息子がなく娘だけであった。娘たちの名はマフラ、ノア、ホグラ、ミルカ、ティルツァであった。彼女たちは、祭司エルアザルとヌンの子ヨシュアと族長たちの前に進み出て言った。『主は、私たちにも自分たちの親類の間に相続地を与えるよう、モーセに命じられました。』ヨシュアは主の命により、彼女たちにも、彼女たちの父の兄弟たちの間に相続地を与えた」（ヨシ17・3～4）。つまり、ツェロフハデの5人の娘たちは、領土の相続を要求し、それを勝ち取ったのです。古代中近東において、ここまで女性の権利が認められた国はイスラエルだけでしょう。

（5）エフライム族（20～29節）。エフライム族の系図は、相当詳しく記録されています。その理由は、ヨシュアがこの部族から出ているからです。ヨシュアがイスラエルの民を約束の地に導いた経緯は、ヨシュア記に記されています。神のために戦った英雄は、家族の誇りとなり、いつまでも人々の記憶にとどまります。その人は、次世代への手本となり、励ましとなります。私たちも、家族の誇りとなるような歩みを志そうではありませんか。

（6）アシェル族（30～40節）。アシェルには、4人の息子たち（イムナ、イシュワ、イシュウィ、ベリア）と1人の娘（セラフ）がいました。子孫たちは、勇敢な戦士となりました。「これらはみなアシェルの子で、一族のかしら、選り抜きの勇士、首長たちのかしらであった。戦いのとき戦に出る者として彼らの系図に記載された者の数は、二万六千人であった」（40節）。

次世代の若者たちの手本となるような歩みをする人は、幸いです。私たちクリスチャンが為すべきことは、みことばを若者たちに教え、次世代のリーダーたちを育てることです。自分の人生を何に献げるべきか、黙想してみましょう。

歴代誌第一8章

ベニヤミンが生んだのは、その長子ベラ、次男アシュベル、三男アハラフ、四男ノハ、五男ラファ。（歴代誌第一8・1〜2）

この章から、以下のことを学びましょう。（1）ベニヤミン族の系図が、より詳細な形で出ています。（2）サウルの家系を説明するためです。（2）サウルの系図では、息子ヨナタンの家系だけが取り上げられています。彼の息子メリブ・バアル（メフィボシェテ）を紹介するためです。（3）ダビデは、足の萎えたメリブ・バアルを、ヨナタンの息子だという理由で厚遇しました。

ベニヤミン族

バビロン捕囚に引かれて行った南王国の部族は、ユダ族とベニヤミン族です。それ以外に、シメオン族とレビ族の者たちも、少数は含まれていたと思われます。ネヘミヤの指導のもとにユダヤに帰還したのは、これらの部族の人々でした。

ベニヤミン族の系図は、すでに7章6〜12節に出ていましたが、この箇所の系図は、サウルの家系を説明するために、より詳細なものとなっています。

ベニヤミン族の系図は、ここ以外の箇所にも出てきます（1歴7・6〜12、創46・21、民26・38〜41）。これらの複数の系図を比較すると、矛盾しているかのように見える箇所がありますが、性急に聖書は間違っていると言うべきではありません。矛盾を解決するためのヒントは、以下のようなものです。①複数の名前を持った人物が何人かいた。②名前のスペルが、時間の経過とともに変化した。③若くして死んだ人物の名前が省かれている場合がある。④息子（ヘブル語でベン）という言葉は、息子、孫、曽孫などを意味する。⑤歴代誌の著者の判断で、重要でない人物を省いている場合がある。

サウル

ベニヤミン族出身のサウルは、イスラエルで最初の王となった人物です。サウルの系図は、ここ以外に9章35〜44節にも出ています。サウルは一貫性に欠ける王でした（1サム9〜31章）が、息子のヨナタンは、父とは正反対の人物でした。ここでの系図では、サウルの息子ヨナタンの子孫だけが取り上げられています。ヨナタンは、ダビデの親友でした。彼は、ダビデが神によって選ばれた王であることを知っていました。

「ヨナタンの子はメリブ・バアル。メリブ・バアルはミカを生んだ」(34節)とありますが、「メリブ・バアル」とは、メフィボシェテの別名です。彼については、このような記録があります。「さて、サウルの子ヨナタンに、足の不自由な息子が一人いた。その子が五歳のときのこと、サウルとヨナタンの悲報がイズレエルからもたらされ、彼の乳母は彼を抱いて逃げた。そのとき、あまりに急いで逃げたので、彼を落としてしまった。そのために足の萎えた者になったのであった。彼の名はメフィボシェテといった」(2サム4・4)。ダビデは、メフィボシェテがヨナタンの子であるという理由で、彼を厚遇しました。ここには、ダビデの高潔な人格の表れがあります。私たちも、大いに見習いたいものです。

歴代誌の記録の中には、ダン族とゼブルン族の系図がありません。恐らく、著者の意図から見て重要ではないと判断されたからでしょう。ちなみに、ダン族の名は黙7章の12部族のリストからも省かれています。

ダビデがメリブ・バアル(メフィボシェテ)に示した配慮から、教訓を学びましょう。ダビデは、ヨナタンとの友情契約を終生忘れることなく、その息子メフィボシェテを大切に扱いました。この出来事を通して、ダビデの高潔な性質が人々の目に明らかになりました。聖書の神は、契約を結び、それを実現へと導く神です。その神を信じる私たちも、神と人の前で約束したことに忠実に歩むべきです。

歴代誌第一9章

全イスラエルは系図に記載された。それは『イスラエルの王の書』にまさしく記されている。ユダは、その不信の罪のゆえに、バビロンに捕らえ移されていた。彼らの所有地である彼らの町々に戻って来て最初に住みついたのは、イスラエルの人々、祭司たち、レビ人および宮のしもべたちであった。エルサレムには、ユダ族、ベニヤミン族、エフライムおよびマナセ族の者が住んだ。

(歴代誌第一9・1〜3)

この章から、以下のことを学びましょう。(1)時間の流れからいうと、9章の系図(帰還民の系図)は、歴代誌第二の最後に置かれるべきものです。(2)。ユダ族の系図は、①ペレツ(4節)、②シェラ(5節)、③ゼラフ(6節)の3家系をたどっています。(3)祭司に関しては6つの家系が、レビ族に関しては7つの家系が挙げられています。(4)種々の賜物を持った者たちが、神の宮で仕えました。教会でも、これと同じことが起こっています。

系図のまとめ

「全イスラエルは系図に記載された。それは『イスラエルの王の書』にまさしく記されている。ユダは、その不信の罪のゆえに、バビロンに捕らえ移されていた」(1節)。(1)この聖句は、これまで取り上げてきた系図のまとめとなっています。(2)2〜44節は、バビロン捕囚から帰還し、エルサレムとギブオンに定住した人たちの記録です。時間の流れからいうと、9章の系図(捕囚からの帰還民の系図)は、歴代誌第二の最後に置かれるべきものです。

政治的リーダーたち

「彼らの所有地である彼らの町々に戻って来て最初に住みついたのは、イスラエルの人々、祭司たち、レビ人および宮のしもべたちであった」(2節)。「イスラエル」ということばは、ここでは、エルサレムに定住したユダ族、ベニヤミン族、エフライム族、マナセ族の者たちを意味します。ユダ族の系図は、①ペレツ(4節)、②シェラ(5節)、③ゼラフ(6節)の3家系をたどっています。ベニヤミン族の系図は、①セヌア（7節）、②エロハム（8節）、③ミクリ（8節）、④イブニヤ（8節）の4家族をたどっています。

祭司たちとレビ族の者たち

6つの祭司の家系が挙げられています。①エダヤ、②エホヤリブ、③ヤキン、④アザルヤ、⑤アダヤ、⑥マサイ。祭司の家系に属する一族のかしらたちは、1760人いました（13節）。彼らは、忠実な奉仕者たちでした。

レビ族の者たちに関しては、7つの家系が挙げられています。①シェマヤ、②バクバカル、③ヘレシュ、④ガラル、⑤マタンヤ、⑥オバデヤ、⑦ベレクヤ。

祭司とレビ人たちは、神殿で神に仕えるために召された人たちです。彼らは、熟練した力あるしもべたちでした。私たちもまた、いかなる仕事に召されていようとも、喜びをもって神にお仕えしようではありませんか。

門衛

この箇所（17～27節）では、門衛という仕事が紹介されています。門衛たちは、毎朝、礼拝に来る人たちのために、東西南北にある4つの門を開きました。また、侵入者が中に入らないように門番も務めました。さらに、礼拝が支障なく献げられるように、神殿内の清掃やいけにえの準備なども行いました。

特記すべきは、シャルムという人物が奉仕した場所です。彼は、東方にある王の門の門衛を務めました。この門は、東から神殿に入る非常に重要な門でした。

門衛たちは、信頼できる献身的な奉仕者たちでした。今の時代、教会内で奉仕する人たち（会計、礼拝の運営、建物の維持管理など）は、いわば門衛としての奉仕を担っています。その人たちの献身的な奉仕に対して、敬意を表すべきです。

その他の奉仕者

門衛以外にも、調度品の管理や運搬などの仕事がありました。また、ささげ物として用いる種々の品物（小麦粉、ぶどう酒、油、乳香、バルサム油）の管理も、レビ人たちの役割でした。

歌い手として召されたレビ人たちがいました。彼らには、神殿内に住居が用意されました。いつでも自由に賛美の奉仕ができるように、便宜が図られたのです。

日頃の自らの礼拝の姿勢を振り返ってみましょう。レビ人たちは、王なるお方に出会うための準備を、心を込めて行いました。賛美の奉仕に召されたレビ人たちは、人生そのものを主への賛美のために献げました。私たちに、そのような礼拝の心構えがあるでしょうか。王なる神の前に出る準備を誠実に行おうではありませんか。

歴代誌第一10章

さて、ペリシテ人はイスラエルと戦った。イスラエル人はペリシテ人の前から逃げ、ギルボア山で刺されて倒れた。ペリシテ人はサウルとその息子たちに追い迫って、サウルの息子ヨナタン、アビナダブ、マルキ・シュアを打ち殺した。

（歴代誌第一10・1〜2）

この章から、以下のことを学びましょう。（1）ペリシテ人が勝利したのは、サウルの罪のゆえです。（2）サウルの死は、彼の罪の上に下った神の裁きです。（3）イスラエルの王権は、サウルからダビデに移行します。ダビデこそ、神が選んだイスラエルの王です。

サウルの系図

10章に入る前に、9章35〜44節に記録されているサウルの系図に注目しましょう。この系図は、8章29〜40節に出てきた系図とほとんど同じものです。同じ系図が再度出てくる理由は、物語を展開する上での著者の意図が働いたからです。10章では、サウルの死の物語が取り上げられます。11章に入ると、ダビデの物語が始まります。著者の意図は、物語が先に進む前に、サウルの系図を再確認しておくことにあります。

サウルの死

歴代誌の執筆目的は、ダビデとダビデ王朝の統治に光を当て、その正統性を確認することにあります。その目的を達成するために、「サウル王の統治の失敗」(40年間の治世)から「ダビデ王朝の栄光」(425年の治世)への移行の必然性が描かれます。著者は、読者がサウル王の性格や業績(サムエル記第一に記録されている内容)をすでに知っているという前提で、即座に「サウルの死」の場面に筆を運んでいます。サウルの死は、彼が犯した罪に対する神の裁きです。

(1)ギルボア山での敗北の記事(1～12節)は、サムエル記第一31章1～13節とほぼ同じ内容です。「彼ら(ペリシテ人)はサウルの武具を彼らの神々の神殿に奉納し、彼の首はダゴンの神殿にさらした」(10節)という部分は、本書だけの情報です。サウルの首は、ペリシテ人の偶像の宮にさらされました。イスラエルの民にとっては、これ以上屈辱的なことはありません。

(2)「彼らはサウルの武具をアシュタロテの神殿に奉納し、彼の死体はベテ・シャンの城壁にさらした」(1サム31・10)。サムエル記第一によれば、サウルの死体はベテ・シャンの城壁にさらされたのですが、この情報は本書には出てきません。

(3)サムエル記第一31章1～13節はサウルの死を記録していますが、その意味については解説していません。それに対して、歴代誌第一10章13～14節は、サウルの死の神学的意味を解説しています。「このように、サウルは主の信頼を裏切った不信の罪のゆえに死んだ。彼は主のことばを守らず、霊媒に伺いを立てることまでして、主に尋ねることをしなかった。そのため、主は彼を殺し、王位をエッサイの子ダビデに回された」。この解説は、本書の執筆目的に沿ったものです。これで、王権がサウルからダビデに移行する理由が明らかにされました。

私たちの人生に起こる出来事にも、なんらかの神学的意味、あるいは、霊的意味があるはずです。そのことを洞察できる人は、霊的に成長した人です。神は私たちを訓練されます。罪を犯したときは、矯正的裁きを下されます。それもまた、神の愛から出たことです。天の父の訓練を喜んで受ける人は幸いです。

歴代誌第一11章

イスラエルの全長老はヘブロンの王のもとに来た。ダビデはヘブロンで、主の御前に彼らと契約を結び、彼らはサムエルによる主のことばのとおりに、ダビデに油を注いでイスラエルの王とした。（歴代誌第一11・3）

この章から、以下のことを学びましょう。（1）全イスラエルは、ダビデが王になることを認めました。（2）ダビデには忠実な家来たちが多くいました。（3）良きリーダーの周りには、良きフォロワーが集まって来ます。

イスラエルの王ダビデ

ダビデがイスラエルの王となった経緯は、簡単にしか解説されていません。著者が重視している情報は、ダビデ王国の建設に功があったダビデの家来たちの名前です。

ダビデは、イスラエルの全長老たちと契約を結び、王となりました。その場所はヘブロンで、ダビデに油注ぎをしたのは、預言者サムエルでした。王となったダビデは、エブス人の町エルサレムを征服します。エルサレムは、北の10部族と南の2部族のいずれにも属さない中立の町でした。この戦いで功があったのは、ツェルヤの子ヨアブ（ダビデの従兄弟で将軍となった人物）でした。ヨアブを英雄として描くのは、サムエル記第二には出てこない視点です。確かにヨアブは英雄でしたが、彼には、冷酷で不道徳という弱点がありました。10節以降で、勇士たちの名がリストアップされますが、ヨアブの名はありません。いかに有能であっても、憐れみと正義に欠ける人物は、神の目には評価されないということです。

ダビデの勇士たち

サムエル記第二では、勇士たちのリストが、ダビデの治世の最後に出てきます（2サム23章）。本書では、そのリストが治世の最初に出ています。これらの勇士たちは、ダビデの経歴の要所要所に登場する人たちです。良きリーダーの周りには、良きフォロワーが集まって来ます。

ダビデの三勇士とは、①ヤショブアム、②エルアザル、③シャンマです（2サム23・11～12参照）。彼らは、約束の地に侵入して来たペリシテ人と戦い、勝利しました。

私たちには、イエス・キリストにあって神の子としての身分と特権が与えられています。その確信に攻撃を加え、不信仰の種を蒔きに来るのがサタンです。私たちの生活領域に、サタンの侵入を許してはなりません。

ダビデには30人の頭（長）がいたようですが、その中の3人のエピソードが紹介されます。彼らは、第2グループの三勇士です。この3人は、ダビデがペリシテ人から身を隠してアドラムにいた時に、そこに下って来た忠実な家来たちです。彼らは、ダビデの願いに応えて、ペリシテ人が支配していたベツレヘムの井戸から水を汲んで来ました。ダビデは、「これらいのちをかけた人たちの血が、私に飲めましょうか。彼らはいのちをかけてこれを運んで来たのです」と言い、その水を主への注ぎのささげ物としました。

第2グループの三勇士の1人は、アビシャイです。次がベナヤですが、ダビデは彼を自分の護衛長（近衛隊の隊長）に任命しました。3番目の人物の名が、ここでは挙げられていません。この人物は、自らの名声のためではなく、ダビデへの愛のゆえにベツレヘムの井戸から水を汲んで来たのです。

26〜47節のリストは、サムエル記第二23章24〜39節のリストとほぼ同じです。興味深い人物を数名取り上げてみましょう。

（1）「アンモン人ツェレク」（39節）。アンモン人はロトの子孫であり、イスラエルにとっては敵でした。その民族から、イスラエルの王に仕える人物が輩出したのです。（2）「モアブ人イテマ」（46節）。モアブ人もまた、ロトの子孫であり、イスラエルの敵でした。自分の出自がどうであるかは、ツェレクとイテマにとっては問題ではなかったのです。私たちも、かつては神に敵対する者でしたが、今や、キリスト・イエスにあって神の子とされました。神の国拡大のために働くのは、私たちに与えられた特権です。（3）「ヒッタイト人ウリヤ」（41節）。ヒッタイト人ウリヤが、ダビデに忠実に仕える勇士として紹介されています。ダビデは、忠実な家来であったウリヤを不当に扱いました。彼は、ウリヤの妻バテ・シェバを奪い、最後にはウリヤを殺害しました（2サム11章）。

ダビデは優秀なリーダーでしたが、人間的な弱点と限界を抱えていました。聖書は、人間にではなく、神にのみ信頼を置くように教えています。「人間に頼るな。鼻で息をする者に。そんな者に、何の値打ちがあるか」（イザ2・2）

歴代誌第一12章

ダビデがまだキシュの子サウルから身を避けていたとき、ツィクラグの彼のもとに来た人たちは次のとおりである。彼らは、勇士たちの中で戦いの加勢をした人たちであり、弓を取る者で、右手でも左手でも石を投げたり弓を射たりでき、サウルの同族ベニヤミンの出であった。

（歴代誌第一12・1～2）

この章から、以下のことを学びましょう。（1）ダビデのもとに多くの勇士たちが駆けつけました。（2）神の摂理により、ダビデは、ツィクラグを襲ったアマレク人を撃破することができました。（3）神の側に付くリーダーとともに行動するのは、素晴らしいことです。

ベニヤミン族の勇士たち

11章26～47節に出ていた勇士たちは、そのほとんどがダビデと同じユダ族の出身でした。しかし、ユダ族以外からもダビデのもとに来た人たちがいました。ダビデがサウルの手を逃れてツィクラグにいたときに、サウルと同じベニヤミン族出身の勇士たちがそこに来て、戦いに加わりました。かしらはアヒエゼル、次はヨアシュ。3～7節には、合計23人の勇士の名が挙げられています。

ガド族の勇士たち

ガド族の勇士たち11人の名が挙げられています。彼らは、ヨルダン川の東から来ました。彼らがヨルダン川を渡ったのは、第一の月（春の季節）でしたので、川の水は岸いっぱいにあふれていました。これは、彼らの献身の度合いを示すエピソードです。

ベニヤミン族とユダ族

ベニヤミン族とユダ族からも、勇士たちが集まって来ました。ダビデが彼らの動機を問うと、補佐官の長アマサイは御霊によってこう語りました。「ダビデよ、私たちはあなたの味方。エッサイの子よ、私たちはあなたとともにいる。平安があるように。…まことにあなたの神はあなたを助ける」。彼は、ダビデが王になるのは神の御心であることを認めたのです。そこで、ダビデは彼らを受け入れ、部隊のかしらとしました。

ダビデが最も苦闘していたときに、これらの勇士たちはダビデを支えました。ダビデと家来たちの関係は、主イエスと私たちの関係に似ています。私たちもまた、神に忠実に仕えたいと願っています。ダビデが王位に就くと、これらの勇士たちには王国での高い地位が与えられました。主イエスが再臨される時、私たちにも同じことが起こります。

マナセ族の勇士たち

逃亡中のダビデは、ペリシテ人の軍勢に加わり、ギルボア山でのサウル王との戦いに出て行きました（1サム28・1～4参照）。その時、マナセ族の者が何人かダビデのもとに来ました。ペリシテ人たちは、ダビデがサウル王に寝返るのを恐れ、ダビデをツィクラグに送り返しました。マナセ族の勇者たちも行動をともにしました。ダビデがツィクラグに戻ると、さらにマナセ族の勇士7人がやって来ました。彼らは全員、「マナセに属する千人隊のかしら」でした。ダビデが留守の間に、アマレク人がツィクラグを攻撃して、これを火で焼き払い、女たちと子どもたちを連れ去っていました。ダビデはアマレク人を追跡し、これを撃破しますが、マナセ族の勇士7人もこの戦いに参加しました（1サム30・1～31）。ダビデのもとには、多くの勇士たちが助けを求めて来るようになり、それはついに、神の陣営のような大陣営になりました。

この箇所では、神の摂理が2つ見られます。(1)ダビデは、イスラエルの民を相手に戦わなくてもよくなりました。(2)ダビデは、マナセ族の勇士たちの助けによって、アマレク人を撃ち、自分の家族を取り戻すことができました。

30万人以上の勇士たち

ヘブロンにいるダビデのもとには、30万人以上の勇士たちが集まって来ました。その結果、ダビデの支配はヘブロンを越えて広がり始めます。12部族の名がすべて挙がっていますが、その理由は、ダビデを支援する兵士たちの広がりを示すためです。彼らは、ヘブロンに来てダビデを全イスラエルの王にしました。サウル王が支配していた時代は過去のものとなり、神が任命したダビデが王として統治する時代が来ました。これを境に、イスラエルは繁栄の時代に入ります。

神の御心がなることは、信者である私たちにとっては常に喜びです。きょうも、自分の生活の中に神の御心がなるように祈ろうではありませんか。主の教えを喜びとする人は幸いです。

歴代誌第一13章

ダビデと全イスラエルは、バアラ、すなわちユダに属するキルヤテ・エアリムに上り、そこから、「ケルビムに座しておられる主」という名で呼ばれていた神の箱を運び上げようとした。

（歴代誌第一13・6）

この章から、以下のことを学びましょう。（1）ダビデは、神の箱をエルサレムに運び上ろうとします。（2）神の前で僭越な態度を取る者は、厳しい裁きに遭います。いくら動機が良くても、性急な判断が許容されるわけではありません。（3）神のことば（律法）に人間的な解釈を施すことは、非常に危険なことです。

ダビデの提案

この箇所は、ダビデがエブス人の町であったエルサレムを征服し、そこを統一王国の首都と定めて以降の物語を扱っています。ダビデは、エルサレムを宗教的な意味でも首都にしたいと願いました。そのためには、神の箱（契約の箱）をエルサレムに運び上る必要がありました。13章は、神の箱をエルサレムに運び上ろうとする最初の試みの記録です。

（1）サウル王の治世下では、神の箱は無視されていました。ペリシテ人たちは神の箱を奪い、自分たちの領土に7か月間置いていましたが、最後は恐ろしくなり、それをイスラエルの地に返しました。（2）神の箱は、最初ベテ・シェメシュにとどまり、次にキルヤテ・エアリムに移されました。保管された場所は、レビ人のアビナダブの家でした（1サム4～7章参照）。それ以降、この状態がなんと100年間も続きました。（3）ダビデが神の箱を移動させることを提案すると、イスラエルの全集団はこれに賛成しました。

ウザの割り込み

ダビデの命令によって、神の箱は新しい牛車に乗せて運ばれました。牛車を御したのは、ウザとアフヨでした。キドンの打ち場まで来たとき、牛が箱をひっくり返しそうになったので、ウザは手を伸ばして箱を押さえました。その時、主の怒りがウザに対して燃え上がり、彼を打ちました。「ペレッ・ウザ」（ウザ殺しという意味）という地名は、そこから来ています。

主の怒りが燃え上がった理由はなんでしょうか。モーセの律法によれば、神の箱はケハテ族がかつぎ棒を用いて運ばなければならなかったのです。牛車を使うこと自体が、そもそも律法違反です。主が怒られた理由は、神の箱に対する不遜な態度にありました。

神を恐れたダビデは、神の箱をダビデの町（エルサレム）に移すことを断念し、ガテ人オベデ・エドムの家に回します。神の箱は、オベデ・エドムの一家とともに、彼の家に3か月間とどまりました。その間主は、オベデ・エドムの家と、彼に属するすべてのものを祝福されました。

この箇所から、神のご性質の2面性について学ぶことができます。神は愛であると同時に、聖でもあります。聖なるものに対して不遜な態度を取る者の上には、遅かれ早かれ、裁きが下ります。しかし、神を敬い、神に従う者の上には祝福が下ります。神の祝福を受けているときには、神が聖であることを覚えようではありませんか。神の訓練を受けているときには、神が愛であることを覚えようではありませんか。ウザとオベデ・エドムは、私たちに霊的教訓を教えてくれる教師です。

歴代誌第一14章

ダビデが再び神に伺うと、神は彼に仰せられた。「彼らを追って上って行くな。彼らに面と向かわず回り込み、バルサム樹の茂みの前から彼らに向かえ。バルサム樹の茂みの上で行進の音が聞こえたら、そのとき、あなたは攻めかかれ。神が、ペリシテ人の陣営を討つために、あなたより先に出ているからだ。」（歴代誌第一14・14〜15）

この章から、以下のことを学びましょう。（1）ダビデは、ツロの王ヒラムの協力を得て、立派な王宮を建設することができました。（2）ダビデは政略結婚を通して影響力を増しましたが、彼の家庭生活は決して幸せなものではありませんでした。（3）ダビデは、主にお伺いを立てた結果、ペリシテ人に2度も勝利します。

王宮の建設

ダビデが神の箱をエルサレムに運び上ろうと計画していた頃、いくつかの建設工事が進行中でした。

その中で最も重要なのが、王宮の建設です。古代中近東では、新王の権威は、王宮の建設によって証明されると考えられていました。このプロジェクトは、ツロの王ヒラムの協力を得て、成功へと導かれました。ヒラムはダビデに杉材を提供し、熟練した石工と木工を送りました。ヒラムとの平和的な関係は、ソロモン時代まで継続します。ヒラムは、ソロモンが神殿を建設する際にも、同様の協力をするようになります（2歴2章以下）。

ダビデの家族

王の威光を示すもう1つの方法は、大規模なハーレムを持つことでした。しかし主は、一夫多妻を禁じておられました。「また王は、自分のために多くの妻を持って、心がそれることがあってはならない。…」（申17・17）。それにもかかわらず、ダビデは誘惑に負け、当時の習慣を採用しました。これは明らかに罪ですが、歴代誌の著者は、罪の結果については解説していません。

エルサレムで生まれた13人の息子たちの名が記されています。(1)最初の4人（シャムア、ショバブ、ナタン、ソロモン）は、バテ・シェバの息子たちです。ダビデがバテ・シェバとともに犯した罪は、サムエル記第二11章に記されています。(2)しかしながら、ダビデの罪にもかかわらず、神の恵みが働いているのを見ることができます。4人の息子たちの中の2人は、メシアの系図にその名が登場します。ナタンはマリアの先祖となり（ルカ3・31）、ソロモンはヨセフの先祖となりました（マタ1・6）。

ダビデは、政略結婚を通して影響力を増しましたが、彼の家庭は問題で満ちていました。子ども同士の争い、嫉妬、そして殺人。彼の晩年は、決して幸せなものではなかったのです。私たちに関しては、この世の価値観から分離した歩みを心がけようではありませんか。私たちは、この世に生きていますが、この世のものではありません。

ペリシテ人の攻撃

ペリシテ人たちは、全イスラエルの王となったダビデを滅ぼすために、レファイムの谷間に侵入して来ました。この谷間は、エルサレムの南西数㎞の所にあります。ダビデは、神にお伺いを立て、「攻め上れ。わたしは彼らをあなたの手に渡す」ということばを得ます。ダビデの軍は、大水が敵を運び去るように、ペリシテ人に勝利しました。その結果、そこは「バアル・ペラツィム」（大水という意味）と呼ばれるようになりました。ペリシテ人たちは、自分たちの偶像を置き去りにして逃げました。ダビデは、それらの偶像を火で焼きました。

ペリシテ人たちは、再度同じ谷間に攻撃を仕掛けてきました。今回も、ダビデは神にお伺いを立てます。同じ方法で勝利を得られるとは考えなかったからですが、案の定、前回とは異なった戦略が与えられます。伏兵を設け、バルサム樹の茂みの前から彼らに向かえというのです。「バルサム樹の茂みの上で行進の音が聞こえたら、そのとき、あなたは攻めかかれ。神が、ペリシテ人の陣営を討つために、あなたより先に出ているからだ」。バルサム樹の茂みの上から聞こえる音を合図に、ダビデの軍勢は攻撃を仕掛けました。この音は、神の軍勢がすでに行進を始めていることのしるしです。ダビデの軍勢は、「ギブオンからゲゼルまでのペリシテ人の陣営」を討ちました。これは、約25㎞に及ぶ進撃です。ダビデの大勝利の噂を聞き、すべての周辺国がダビデを恐れるようになりました。

ここでの教訓は、ダビデが戦いの前に神に祈っていることです。私たちも、問題が起きてからではなく、行動を起こす前に、神に祈り、御心を求めようではありませんか。神とともに歩む人生は、冒険に満ちたものです。

歴代誌第一15章

ダビデは、ダビデの町に自分のために家を造り、また神の箱のために場所を定め、そのために天幕を張った。そのとき、ダビデは言った。「レビ人でなければ、神の箱を担いではならない。主は、主の箱を担がせ、とこしえまでもご自分に仕えさせようと、彼らを選ばれたからである。」

(歴代誌第一15・1〜2)

この章から、以下のことを学びましょう。(1)ダビデは、律法が命じるとおりの方法で、神の箱をエルサレムに運び上ります。(2)神の箱を運び上るのは、宗教行事であり、礼拝そのものです。そのために、ダビデは楽隊と聖歌隊を準備します。(3)ダビデの聖なる情熱を誤解したミカルは、ダビデを軽蔑します。彼女は、子を産まないままでその生涯を終えます。

周到な準備

ダビデは、再度神の箱をエルサレムに運び上ることを計画し、そのための準備を行います。彼は、暫定的な措置として天幕を張り、そこに契約の箱を安置することにしました。このとき、幕屋そのものはギブオンにありましたので、ダビデの天幕の中には、調度品は何もなかったことになります。

彼は、神の箱を運ぶ方法に関して、細心の注意を払いました。彼は、祭司とレビ人を呼び寄せ、こう命じました。「レビ人でなければ、神の箱を担いではならない。主は、主の箱を担がせ、とこしえまでもご自分に仕えさせようと、彼らを選ばれたからである」。前回の失敗から教訓を学んでいたのです。

レビ人の奉仕者たち

ダビデは、祭司たちとレビ人の家のかしらたちを呼び寄せ、モーセの律法に従って箱を運ぶように命じます。さらに彼は、前回の過ちを率直に認め、それをレビ人の家のかしらたちに伝えます。

「聖別」とは、罪からの分離です。そのことを象徴するのが、レビ人たちが行う儀式(水による清め)です。新約時代の信者には、そのような儀式は要求されていません。私たちクリスチャンは、イエス・

キリストを信じる信仰によってこの世から分離されました（聖別）。それゆえ、自分自身を神の御業のために献げるのです。私たちは、デボーションを通し、祈りを通し、礼拝を通し、自分の時間を神に献げます。

楽隊と聖歌隊

神の箱を担ぐために、祭司たちとレビ人たちは、身を聖別しました（民8・5～13参照）。神の箱を運び上ることは、宗教的行為であり、礼拝でもあります。そこでダビデは、楽隊と聖歌隊を準備しました。「ダビデはレビ人の長たちに命じて、彼らの同族の者たちを歌い手として任命し、琴、竪琴、シンバルなどの楽器を手に、喜びの声をあげるようにさせた」。賛美のリーダーとして、3名が立てられました。ヨエルの子ヘマン、ベレクヤの子アサフ、クシャヤの子エタン。彼らは、青銅のシンバルを用いて歌いました。それ以外にも、8人の者たちがいて（ゼカリヤ、アジエル、シェミラモテ、エヒエル、ウンニ、エリアブ、マアセヤ、ベナヤ）、アラモテ（楽曲の名）に合わせて十弦の琴を奏でました。さらに、6人の者たち（マティテヤ、エリフェレフ、ミクネヤ、オベデ・エドム、エイエル、アザズヤ）は、八弦の竪琴を奏でました。4人の者が契約の箱の護衛役を担い、箱の前には、7人のラッパ奏者が置かれました。

賛美の行列

神の箱が担がれたとき、レビ人たちは7頭の雄牛と7匹の雄羊をいけにえとして献げました。全イスラエルは、歓声をあげ、角笛、ラッパ、シンバルを鳴らし、十弦の琴と竪琴を響かせて、神の箱を運び上りました。ダビデは、亜麻布のエポデを身にまとい、契約の箱の前で踊りました。これは、喜びの表現であり、礼拝でもあります。

全イスラエルが歓喜する中、1人だけ冷淡な人物がいました。ダビデの妻となっていたサウルの娘ミカルがそれです。彼女は、窓から見下ろし、飛び跳ねて喜び踊るダビデを心の中で軽蔑しました。彼女は、ダビデの聖なる情熱を誤解したのです。サムエル記第二6章20節によれば、彼女はこう言ったのです。「イスラエルの王は、今日、本当に威厳がございましたね。ごろつきが恥ずかしげもなく裸になるように、今日、あなたは自分の家来の女奴隷の目の前で裸になられて」。ダビデは深く傷つき、それ以降、彼女と距離を置きます。ミカルは子を産むことなく、その生涯を終えます。

神を礼拝する人は、不信者から見ると異様に映るかもしれません。しかし、落胆する必要はありません。礼拝への聖なる情熱を失うことこそ、私たちが恐れるべきことです。

歴代誌第一16章

人々は神の箱を運び込んで、ダビデがそのために張った天幕の真ん中にそれを置き、神の前に全焼のささげ物と交わりのいけにえを献げた。ダビデは全焼のささげ物と交わりのいけにえを献げ終えて、主の御名によって民を祝福した。

（歴代誌第一16・1〜2）

この章から、以下のことを学びましょう。（1）神の箱を天幕の中に安置したダビデは、全焼のささげ物と交わりのいけにえを献げます。（2）ダビデは、日々主をほめたたえるために、賛美の体制を確立しました。（3）ダビデは、アサフとその兄弟たちに、自分が作った感謝の歌を歌わせました。

民を祝福するダビデ

ダビデは、神の箱がエルサレムに置かれることにより、エルサレムが宗教的な意味でも王国の首都となるということを確信していました。彼は、神の前に全焼のささげ物と交わりのいけにえを献げました。ささげ物はすべて焼かれ、その煙が高く立ち上がりました。その煙は、神だけが味わうものです。

交わりのいけにえは、祭司も献げる人も、ともに分け前に与ることができる唯一のささげ物です（レビ3章）。交わりのいけにえは、主イエスにある聖餐（交わり）の象徴です。さらにダビデは、そこに集まった全員に、「円形のパン、なつめやしの菓子、干しぶどうの菓子」などを分け与えました。

賛美の体制の確立

ダビデは、特別な日だけでなく、日々主をほめたたえるために、賛美の体制を確立しました。賛美のリーダーとしてアサフが正式に任命されました。それ以外にも、さまざまな楽器を演奏するレビ人たちが任命され、神の箱の前で仕える奉仕者となりました。

「その日、その時、初めてダビデはアサフとその兄弟たちを任命して、このように主に感謝をささげさせた」。ダビデが作った詩（賛美）の内容が、次の箇所で紹介されます。ダビデは、継続した賛美を重視しました。私たちもまた、特別な日だけでなく、日々途切れることなく、神をたたえようではありませんか。

感謝の歌

ダビデが作った感謝の歌は、次のような構成になっています。（1）イスラエルの民に向けた語りかけ（8～22節）。（2）諸国に向けた語りかけ（23～34節）。（3）締めくくりの祈り（35～36節）。

この感謝の歌は、4つの詩篇の箇所を合成したものです（詩105・1～15、96・1～13、106・1、106・47～48）。つまり、ダビデはこの歌を作る前から、多くの詩を詠んでいたということです。


イスラエルの民への呼びかけ。（1）主の偉大さを歌い、主の御顔を慕い求めよ。（2）主が行われた奇しい御業を思い起こせ。（3）主の契約を思い起こせ。その契約はアブラハムと結んだものである。指導者が、神の御心を知り、それに基づいて統治するなら、その国は確立されます。

諸国民への呼びかけ。（1）「全地よ、主に歌え。日から日へと、御救いの良い知らせを告げよ。主の栄光を国々の間で語り告げよ。その奇しいみわざを、あらゆる民の間で」。主の御名は、イスラエルの民だけでなく、すべての国々の民によって、ほめたたえられるべきです。私たちも、この国においてせんか。主の栄光が語り告げられるように祈ろうではありませんか。（2）「主は大いなる方、大いに賛美される方。すべての神々にまさって恐れられる方だ」。主への畏怖の念は、礼拝と賛美の土台であり、知識の初めです。（3）「威厳と威光は御前にあり、力と喜びは御住まいにある。もろもろの民の諸族よ、主に帰せよ。栄光と力を主に帰せよ」。異邦人にとっても、主を賛美することは力であり喜びです。

日課としての礼拝

ダビデは、エルサレムでの礼拝の確立に力を注ぎました。そこに神の箱があったからです。さらに、ギブオンでの礼拝にも心を配りました。そこに幕屋と祭壇が依然として置かれていたからです。この箇所で、祭司とレビ人たちの再配置が完了します。この時期、イスラエルには「高き所」（礼拝の場）が2か所ありました。エルサレムとギブオンです。ダビデは、将来これを統一しようと考えていたのですが、神殿が完成するまでは、2か所で並行して礼拝を献げることにしたのです。ダビデは、民を家に帰してから、自分の家族を祝福するために戻って行きました。

私たちは、主を礼拝し、主の栄光を表すために造られました。礼拝と賛美が、私たちの日々の習慣となるように祈ろうではありませんか。

歴代誌第一17章

「行って、わたしのしもべダビデに言え。『主はこう言われる。あなたがわたしのために、住む家を建てるのではない。』」（歴代誌第一17・4）

この章から、以下のことを学びましょう。（1）ダビデは神の家を建設したいと願いますが、それは叶えられません。（2）逆に主は、ダビデの家を建てると約束されます。これがダビデ契約と呼ばれるものです。（3）歴代誌第一17章とサムエル記第二7章は並行記事ですが、両者の強調点は異なります。

ダビデの願い

ダビデは、神の宮建設の願いを預言者ナタンに明かします。ナタンは即座に、その考えに同意します。しかしそれは、主の御心ではありませんでした。その夜、主はナタンの誤りを正されました。神の計画が別のところにあることを知ったナタンは、それをそのままダビデに伝えます。善良なだけでは、隣人に正しい助言を与えることはできません。重要な課題に関しては、祈りの中で神の導きを求めることを習慣としようではありませんか。

ダビデ契約

主はダビデと契約を結ばれました。（1）ダビデは主のために家（神殿）を建てようと企てていたが、逆に主がダビデのために1つの家（王朝）を造られる。つまり、ダビデ王朝が誕生するということです。（2）ダビデの身から出る世継ぎの子が、ダビデの死後、王国を確立するようになる。これは、ソロモンのことです。（3）そのソロモンが、神殿を建てるようになる。（4）その王国の王座は永遠に続く。（5）この契約は永遠の契約であるがゆえに、サウルのときのようにソロモンから恵みが取り去られることはない。サウルの罪よりもソロモンの罪のほうが大きいのですが、ソロモンから王座が奪われることはありません。これが、契約に基づく神の愛、無条件の愛です。

私たちもまた、イエス・キリストを通して無条件の愛を受けました。無条件の愛は、私たちをより清い生活へと導く原動力となります。

サムエル記第二7章と歴代誌第一17章は、並行記事です。(1)前者は、ダビデの直接の子であるソロモンに焦点を合わせた内容となっています。ソロモンはダビデの世継ぎとなり、主のために1つの家(神殿)を建てるというのです。(2)後者は、メシアであるイエスに焦点を合わせた内容となっています。11節には、「わたしはあなたの息子の中から、あなたの後に世継ぎの子を起こし、彼の王国を確立させる」とあります。これは、ダビデの子孫からメシアが出るという預言です。(3)前者の記事では、「彼が不義を行ったときは、わたしは人の杖、人の子のむちをもって彼を懲らしめる」となっています。ソロモンには罪を犯す可能性があったので、そのように預言されているのです。(4)後者の記事では、「彼を懲らしめる」ということばが欠落しています。メシアであるイエスが罪を犯すことなどあり得ないからです。(5)前者では、3つのことが永遠に続くと約束されています。①ダビデの家(王朝)、②ダビデの王国、③ダビデの王座。(6)後者では、その3つの上に4番目の約束が付加されています。メシアは永遠に立てられるというのがそれです(14節)。

この世にあるすべてのものは変化し、いつか消えてなくなります。しかし、私たちが信頼を置くイエス・キリストは、永遠にメシアとして、また王として立てられたお方です。

応答の祈り

ダビデ契約の内容に感激したダビデは、主の前に座して祈り始めます。「神、主よ、私は何者でしょうか。私の家はいったい何なのでしょうか。あなたが私をここまで導いてくださったとは。……」(16～27節)。私たちも、自分がどのようなところから救われたのかを思い起こそうではありませんか。

ダビデの祈りは、やがて賛美に変わります。ダビデは、主がこれまでにしてくださったことを思い起こし、イスラエルの神こそ比類なきお方であることを告白しています。次にダビデは、神が地上の民族の中からイスラエルを選び、その上にご自身の名を置かれたことのゆえに、神を賛美しています。私たちもまた、地上の諸民族の中から選ばれ、イエス・キリストを通してイスラエルの神を「天の父」と呼ぶようになりました。

最後にダビデは、自分の家（家族や子孫）がとこしえに祝福されるようにと願っています。これは、私たちの願いでもあります。神の愛と恵みを信じ、家族と子孫の上に神の祝福が注がれるように祈ろうではありませんか。

歴代誌第一18章

ダビデは全イスラエルを治め、その民のすべてにさばきと正義を行った。（歴代誌第一18・14）

この章から、以下のことを学びましょう。（1）ダビデ王国が確立し、周辺諸国が貢ぎ物を献げるようになります。（2）ダビデの失敗は、馬を増やしたことにあります。イスラエルの王は、武器にではなく、主に信頼するように命じられていました。（3）ダビデは、敵から奪った財を主に献げました。それらの財は、ソロモンが神殿建設に利用することになります。

18～20章の概観

時間の流れに注目しましょう。18～20章に記録された出来事は、時間の流れからいうと、ダビデが王となって（12章）以降に起こったものです。またそれは、契約の箱がエルサレムに運ばれる（13～17章）以前の出来事でもあります。

イスラエルの周辺には多くの敵対的な民がおり、

イスラエルは彼らによって大いに苦しめられていました。苦難の理由は、イスラエルの罪と不従順にありました。神の意図は、イスラエルが周辺諸国を征服することでしたが、それがなかなか実現しなかったのです。ダビデの王座が確立されたとき、周辺諸国はようやくイスラエルの力と優位性を認め、貢ぎ物を献げるようになりました。

ダビデの統治の光と陰

ダビデが屈服させたのは、以下の民でした。①ペリシテ人、②モアブ人、③アラム人（シリア人）、④エドム人。ダビデが勝利した理由が6節に書かれています。「主は、ダビデの行く先々で、彼に勝利を与えられた」。ダビデの勝利は、主の勝利です。

ダビデの失敗が4節に出ています。「ダビデは、彼から戦車一千、騎兵七千、歩兵二万を取った。ダビデは、そのすべての戦車の馬の足の筋を切った。ただし、そのうち戦車百台分の馬は残した」。彼の最初の失敗は、妻を増やしたことでしたが（14・3）、次の失敗は、馬を増やしたことです（申17・16〜17がそれを禁じています）。

「ダビデ王は、それらもまた、彼がすべての異邦の民、すなわちエドム、モアブ、アンモン人、ペリシテ人、アマレクのもとから運んで来た銀や金とともに、主のために聖別した」。ダビデは、敵から金、銀、青銅などを奪い、それを主に献げました。それらの宝は、ソロモンが神殿建設に利用することになります。

「また、ツェルヤの子アビシャイは、塩の谷でエドム人一万八千を討って、」（12節）。サムエル記第二8章13節では、ダビデが一万8000を討ったことになっています。ダビデは将軍でしたが、戦場でリーダーとして戦ったのはアビシャイだと考えれば、この矛盾は解決します。

ダビデは、統治者としても優れていました。彼の統治の特徴は、正義に基づく裁きでした。ダビデ王朝の高官たちの名が列挙されています。①ツェルヤの子ヨアブは軍団長、②アヒルデの子ヨシャファテは史官、③アヒトブの子ツァドクとエブヤタルの子アビメレクは祭司、④シャウシャは書記、⑤エホヤダの子ベナヤはクレタ人とペレテ人の上に立つ者、⑥ダビデの子らは王の側近。

神は、ご自身に忠実な者たちの名を覚えておられます。神にその歩みが覚えられている人は、なんと幸いなことでしょうか。

歴代誌第一19章

このことが報告されると、ダビデはイスラエル全軍を集結させ、ヨルダン川を渡って彼らの方に進み、戦いの備えをした。ダビデはアラム人と対決する陣備えをした。アラム人は彼と戦った。

（歴代誌第一19・17）

この章から、以下のことを学びましょう。（1）新王ハヌンは、ダビデの善意を誤解し、自ら危機を作り出しました。（2）自らの過ちを認めないで、さらに戦おうとするのは、愚かな選びです。（3）イスラエルの将軍ヨアブは、信仰による戦いを展開し、勝利しました。（4）信仰のある指導者の側に付くなら、最後は勝利します。

誤解された善意

アンモン人の王ナハシュが死にました。かつてナハシュは、サウルと戦ったことがありましたが（1サム11章参照）、ダビデとは友好的な関係を維持しました。ダビデは、そのことを覚えており、その子ハヌンに誠意を尽くそうと考えました。そこで彼は、新王ハヌンに使節団を送ることにしました。ところがハヌンは、愚かな助言者たちの影響を受け、ダビデの善意を悪く取ります。そして彼は、ダビデの使節団を侮辱するような行為に出ます。これは、主人であるダビデを辱めるのと同じことです。

ハヌンの家来たちは、使節団をスパイ扱いし、そのひげを半分そり落とし、衣を腰の辺りまで切り取りました。このことを知らされたダビデは、使節団に、ひげが伸びるまでエリコにとどまるように命じます。部下に対するダビデの思いやりがうかがえます。

私たちも、善意が誤解されるような経験をすることがあります。そのような場合でも、神に信頼して歩み続けることを心がけましょう。使節団のヒゲが伸びたように、名誉を回復する時が必ず来ます。

アンモン人とシリア人の連合軍

ハヌンとアンモン人は、自分たちがダビデの憎しみを買ったのを見て、さらに愚かな判断を下します。彼らは、銀千タラントを送って、アラム・ナハライムとアラム・マアカとツォバから、戦車と騎兵を雇い入れます。自らの過ちを認めて謝罪する代わりに、より犠牲が伴う方法を選んだのです。

ここには、私たちへの教訓があります。過ちを犯したとき、それを隠そうとするのではなく、神の前に告白して赦しを受けるのが、最善の方法です。それによって、自分だけでなく、他の多くの人たちを苦しみから救うことができます。

ダビデは、アンモンとシリア（アラム）の連合軍と戦うために、大軍を派遣します。敵は、二手に分かれて布陣しました。アンモン人は町の入り口に、シリア人は野に。つまり、イスラエル軍を前後から挟み撃ちにする作戦に出たということです。イスラエルの将軍ヨアブは、精鋭部隊を結成し、自らそれを率いてシリアの軍勢に立ち向かう準備をしました。残りの兵士たちは弟のアビシャイに委ね、アンモンの軍勢に向かわせました。結果は、イスラエルの大勝利でした。シリア人はヨアブの軍の前から逃亡し、それを見たアンモン人は、町に逃げ込みました（現在のアンマン）。ヨアブは、それ以上敵を追うことはせず、エルサレムに帰還しました（戦いが不可能な冬の季節が近づいていました)。

ヨアブの戦略から、教訓を学びましょう。彼は、強敵との戦いにおいて自らが軍を指揮しました。さらに、弟のアビシャイと相互援助の約束を交わしました。彼は、この戦いが「神の町々」を守るための戦いであることを知っていました。「主が、御目にかなうことをされるのだ」という確信を持つ人は、勝利者となります。

領土拡大

シリア人は、ユーフラテス川の向こうの同胞に呼びかけ、大軍団を組んで、復讐戦を戦うためにヘラムまでやって来ました。今度は、ダビデ自身が全イスラエルを率いてヨルダン川を渡り、ヘラムにいる敵を迎え撃つことになりました。この戦いも、イスラエルの大勝利に終わりました。ダビデの軍は、アラムを敗走させ、多くの兵士たちを殺しました(戦車兵7000と歩兵4万、それに、将軍ショファク)。シリアの王たちはみな降伏し、ダビデと和平条約を結びました。

ダビデ自身は、領土拡大の野望を抱いて他国に戦いを挑んだことはなかったのですが、防衛戦をくり広げるうちに、その領土がユーフラテス川の東にまで拡大しました。これは、創世記15章18節の約束の成就です。

私たちも、誰の側に付くかという点において、十分に注意を払う必要があります。神に敵対する側に付くなら、その人が滅びる時に、私たちも滅びてしまいます。神に従う指導者に付くなら、最後は勝利します。その人は、知恵ある者と呼ばれるようになります。

歴代誌第一20章

年が改まり、王たちが出陣する時期になった。ヨアブは軍勢を率いてアンモン人の地を打ち滅ぼし、ラバに来てこれを包囲した。しかしダビデはエルサレムにとどまっていた。ヨアブはラバを討って、これを破壊した。（歴代誌第一20・1）

この章から、以下のことを学びましょう。（1）将軍ヨアブは、ダビデが総司令官としてラバを征服できるように準備を整えました（2サム12章参照）。（2）歴代誌第一では、バテ・シェバとの姦淫の罪やウリヤ殺害の罪が省かれています。歴代誌の執筆目的と調和しないからです。（3）普通のイスラエル人が、ペリシテ人の3人の巨人に勝つことができました。主がともにおられたからです。

ラバの包囲

年が改まり（春になり）、戦いが可能な季節になりました。将軍ヨアブは、ラバ（現在のアンマン）を征服するために派遣されます。このときダビデは、エルサレムにとどまっていました（2サム11・1参照）。

ラバの包囲作戦は、約2年間続いたと思われます。この期間に、ダビデはバテ・シェバと姦淫の罪を犯し、彼女の夫ウリヤを殺害しますが、後にその罪を告白し、神の赦しを得ます（2サム12章）。

歴代誌の記者は、この重大事件を省略しています。そのわけは、歴代誌の執筆目的に合わないテーマだからです。本書の執筆目的は、神殿での礼拝の確立であり、そこでの奉仕を担う祭司やレビ人の系図を確定することです。本書は、捕囚から帰還して以降に書かれたものであることを思い出しましょう。

ダビデは、アンモン人の王の冠（金1タラント）をその頭から取り、自分の頭に置きました。その経緯は、サムエル記第二12章26節以降に記されています。将軍ヨアブは、町を征服する準備を整えた上で、ダビデを招きました。ダビデが総司令官としてそこを攻め取ることができるように、動いたのです。ダビデはその町を征服し、住民たちを、石のこぎりや、鉄のつるはしや斧を使う仕事に就かせました。つまり、奴隷の仕事に就かせたということです。

ペリシテの3人の巨人

ペリシテ人との幾度かの戦いで、3人のペリシテの巨人が殺されました。（1）フシャ人シベカイは、ラファの子孫のひとりシパイを打ち殺しました。（2）ヤイルの子エルハナンは、ガテ人ゴリヤテの兄弟ラフミを打ち殺しました。ラフミの槍の柄は、機織りの巻き棒のようでした。（3）ダビデの兄弟シムアの子ヨナタンは、指が6本ずつ、24本ある背の高い男を殺しました。

ダビデの勇士たちは、普通の体格でありながら、ペリシテの巨人たちに勝つことができました。神が彼らとともにおられたからです。私たちも、信仰によって困難な戦いに勝利することができます。神は、私たちとともにいて、私たちを祝福してくださいます。

「では、これらのことについて、どのように言えるでしょうか。神が私たちの味方であるなら、だれが私たちに敵対できるでしょう」（ロマ8・31）。この聖句の約束を、自分に適用しようではありませんか。

歴代誌第一21章

さて、サタンがイスラエルに向かって立ち上がり、イスラエルの人口を数えるように、ダビデをそそのかした。(歴代誌第一21・1)

この章から、以下のことを学びましょう。(1)人口調査を行うのは、傲慢の罪です。神は、私たちが傲慢になることを最も嫌われます。(2)傲慢の罪を矯正するために、神の裁きが下ります。(3)ダビデは、3つの罰の中から、主の御手によって裁かれることを選びます。(4)祭壇を建てるための土地として、エブス人オルナンの打ち場が指定されます。(5)そこは、ソロモンが神殿と建てる場所となります。

サタンの誘惑

歴代誌は、ダビデが人口調査を行ったのはサタンの誘惑であると書いています(それ以外に、2サムエ24・1の説明も参照)。神は、イスラエルの不従順を怒り、サタンがダビデを誘惑することを許されました。ダビデが人口調査(兵力の調査)を行った動機は、自らの力を誇るためでした。神よりも自らの力に頼ろうとしたのです。将軍ヨアブは人口調査に反対しましたが、ダビデは聞き入れようとはしませんでした。

ヨアブが報告した人口調査の結果は、全イスラエルから110万人、ユダから47万人、合計157万人でした。レビ人は戦闘要員ではないので、除外されています(民1・47~49)。また、ベニヤミン族の人数も登録されていません。恐らく、人口調査が終了する前に、神の裁きが下ったからでしょう。神は、ダビデとイスラエルの民を裁かれました。これは、罪を矯正するための裁きです。私たちも、自分の力を誇って傲慢になると、サタンの誘惑に陥るようになります。

3つの罰

自らの罪を自覚したダビデは、ただちに悔い改めの祈りを献げます。神は先見者ガドを遣わし、3つの罰の中から1つを選択するように命じます。①「3年間のききん」。②「3か月間、敵の前で攻めたてられ、敵の剣が追い迫ること」。③「3日間、主の剣、疫病がこの地に及び、主の使いがイスラエルの国中を荒らすこと」。ダビデは、③の罰を選びます。人の手に陥るよりは、主の御手に陥るほうが良いと判断したからです。彼は、主はあわれみ深いお方であることを知っていました。主は、ダビデの願い通りにされます（7万人が疫病で倒れます）が、裁きの途中で、御使いに裁きの中止をお命じになります。

ダビデは、恐ろしい光景を目撃しました。主の使いが、抜き身の剣を手に持ち、それをエルサレムの上に差し伸べているのです。ダビデと長老たちは、粗布で身をおおい、ひれ伏して祈りました。（1）ダビデは、自らの罪の責任を取り、神の裁きは自分の一家の上に下るようにと懇願しました。（2）さらに彼は、自分が導く民（この羊の群れ）にはなんの責任もないのだから、彼らに害が及ばないようにと願いました。この祈りから、すべてのリーダーは教訓を学ぶことができます。いかなる場合でも、主のあわれみにすがり、自己犠牲の愛をもって群れを導くべきです。

用地の購入

主の使い（受肉前のメシア）は、神罰が止むためには祭壇を築く必要があると告げます。祭壇を築く場所は、エブス人オルナンの打ち場となっています（2サム24・16では、アラウナの打ち場です）。ダビデはオルナンを訪れ、祭壇を建てるための土地を購入したいと告げます。オルナンは、無料で差し上げますと申し出ますが、ダビデは、十分な金額を支払うと言い張ります。費用もかけずに全焼のささげ物を献げたくなかったからです。結局ダビデは、打ち場の代金として「金600シェケル」を支払いました。ここには、主に仕えるための重要な原則が隠されています。自ら痛みを感じるような犠牲を献げ、心の底から神に従うことこそ真の信仰です。

祭壇の建設

ダビデが祭壇を築き、全焼のささげ物と交わりのいけにえを献げると、主は天から火を下して、彼にお応えになりました。主は、その豊かなあわれみのゆえに、疫病をとどめ、イスラエルを救われました。火が下った場所は、アブラハムが息子イサクを献げたモリヤの山です。ソロモンの神殿は、この場所に建設されることになります。当時、打ち場は偶像礼拝の場ともなっていました。神殿が建てられる場所がアラウナの打ち場であることは、偶然ではありません。偶像に代わって、神がその場に主権を確立されたのです。

主は、ダビデの罪さえもご自身のご計画のためにお用いになりました。私たちの失敗も、主の恵みによってすべて祝福に変えられるように、祈ろうではありませんか。

歴代誌第一22章

そこで、ダビデは言った。「これこそ神である主の宮だ。これこそイスラエルの全焼のささげ物の祭壇だ。」（歴代誌第一22・1）

この章から、以下のことを学びましょう。（1）神の計画について新しい認識を持つと、奉仕のための力が与えられます。（2）ダビデは、息子ソロモンによる神殿建設を容易にするために、数々の準備を行いました。（3）ダビデの献身的な姿から、信仰継承の重要性を学ぶことができます。

新しい認識

滅びた7万人の命を救うことはできませんが、エルサレムの滅亡は、ダビデの執りなしによって阻止されました。それに伴って、彼の心に新しい認識が生まれてきました。その認識とは、オルナンの麦打ち場が主の宮が建つ場所になるというものでした。それまでは、幕屋はギブオンにあり、そこが礼拝の中心地でしたが、彼はそこには行かなくなりました。

ダビデは、神殿建設の栄誉は息子ソロモンに与えられることを知っていました。彼は、ソロモンのために神殿建設の準備を開始します。「ダビデは命じて、イスラエルの地にいる寄留者を召集し、神の宮を建てるため、石材を切り出す石切り工を任命した」。（1）「イスラエルの地にいる寄留者」とは、イスラエルの地にとどまったカナン人たちです。ダビデは、彼らを労働力として使役しました。（2）列王記第一9章20節には、「イスラエル人ではない、アモリ人、ヒッタイト人、ペリジ人、ヒビ人、エブス人の生き残りの民すべて、」とあります。これが、寄留者たちです。（3）ダビデが用意したのは、以下のような資材でした。①石材（石切り工が任命された）、②鉄（貴重品であり、主に装飾のために用いられた）、③青銅（成形しやすい素材であった）、④杉材（シドンとツロから運ばれた）。これらの資材を大量に用意したのは、年若いソロモンが主の御名にふさわしい神殿を建設できるかどうか、案じたからです。ダビデの心情は、次のように記されています。「わが子ソロモンは、まだ若く力もない。主のために建てる宮は、壮大なもので、全地で名声と栄誉を高めるものでなければならない。それゆえ、私が用意をしておく」。主の栄光のために仕えるのは、一代限りの仕事ではありません。次世代のために、何を遺せばよいのか、黙想してみようではありませんか。

主の宮の建設

すべての準備が調うと、ダビデは息子ソロモンを呼び寄せ、神殿の建設を命じます。彼は次のような経緯を息子に語ります。（1）自分は長い間、神殿を建てようと願ってきた。（2）しかし主は、自分がその事業を行うことを禁止された。理由は、戦士として多くの血を地に流してきたからである。（3）その事業は、平和の人に委ねられる。「見よ、あなたに一人の男の子が生まれる。彼は穏やかな人となり、わたしは周りのすべての敵から守って彼に安息を与える。彼の名がソロモンと呼ばれるのはそのためである。彼の世に、わたしはイスラエルに平和と平穏を与える。彼がわたしの名のために家を建てる」。（4）ソロモンに関しては、「彼はわたしの子となり、わたしは彼の父となる。わたしは彼の王座をイスラエルの上にとこしえに堅く立てる」との約束が与えられた。

ダビデは、モーセの律法に従うようにソロモンに命じます。モーセの律法に従順に生きるなら、大いなる祝福が与えられます。「主がイスラエルのためにモーセに命じられた掟と定めをあなたが守り行うなら、あなたは栄える。強くあれ。雄々しくあれ。恐れてはならない。おののいてはならない」。次に、神殿建設のためにどれほどの準備をしてきたかをソロモンに告げます。金10万タラント（3750ｔ）、銀100万タラント（3万7500ｔ）、量りきれないほどの青銅と鉄、そして、木材と石材。その上に、工事を行うための熟練工たちも用意されました。ソロモンは、工事に着手するだけでよかったのです。

最後にダビデは、イスラエルのすべての長たちに、ソロモンを助けるように命じます。神殿を建てる理由は、その中に契約の箱と聖なる用具を運び入れるためです。契約の箱は、神の臨在の象徴です。神殿建設は、国家的大事業なのです。

神殿建設の役目が取り去られても、ダビデは反発したり、嫉妬したりはしませんでした。むしろ、ソロモンのために万全の準備を調えました。ここには、信仰継承の麗しい手本があります。ここから教訓を学ぼうではありませんか。

歴代誌第一23章

「そのうち、主の宮の務めを指揮する者は二万四千人、つかさとさばき人は六千人、四千人は門衛となり、四千人は私が賛美するために作った楽器を手にして、主を賛美する者となりなさい。」

(歴代誌第一23・4〜5)

この章から、以下のことを学びましょう。(1)ダビデは、神殿での礼拝を円滑に行うために、レビ族の者たちを組織化しました。(2)ダビデは、レビ人たちを4つの奉仕のために分類しました。(3)さらに、4つのグループの中を家系によって細分化しました。(4)レビ族の3大区分は、ゲルション族、ケハテ族、メラリ族です。

レビ人3万8000人

晩年を迎えたダビデは、息子ソロモンを王座に着けます。その次に彼がしたのは、礼拝と政治が永続するための最適な組織作りです。「レビ人のうち、三十歳以上の者を数えたところ、その男子の頭数は三万八千人であった」。30歳以上の者を数えたのは、モーセの律法に従ったからです(民4・3)。30歳以上のレビ人の合計は、3万8000人でした。その人数を次のように分類しました。①主の宮の仕事を指揮する者が2万4000人、②つかさとさばき人が6000人、③門衛が4000人、④主を賛美する者が4000人。

ダビデは、神殿建設の準備をしただけでなく、神殿での礼拝を円滑に行うための人材の組織化まで行いました。バビロン捕囚から帰還し、神殿を再建しようとしていた人たちにとって、歴代誌の情報は大きな助けとなったに違いありません。

細分化

ダビデは、4つに分類したそれぞれのレビ人のグループを、さらに家系によって細分化しました。レビ族の3大区分は、ゲルション族、ケハテ族、メラリ族です。

(1)ゲルションの息子は、ラダン(1歴6・17ではリブニと呼ばれている)とシムイです。①ラダンから6人のリーダーたち(かしら)が出ました。

エヒエル、ゼタム、ヨエル、シェロミテ、ハジエル、ハランがそれです。②シムイから4人のリーダーたちが出ました。ヤハテ、ジザ、エウシュ、ベリアがそれです。

（2）ケハテの子は、アムラム、イツハル、ヘブロン、ウジエルの4人です。①ケハテの長男アムラムは、アロンとモーセの父親です。アロンとモーセは、レビ族の中で最も有名な人物です。アロンは、大祭司に任命されました。モーセの子孫は、一般のレビ人として日常の業務に就きました。モーセの子は、ゲルショムとエリエゼルです。長男のゲルショムから出たリーダー（かしら）は、シェブエルです。次男のエリエゼルから出たリーダー（かしら）は、レハブヤです。②ケハテの次男イツハルから、シュロミテというリーダーが出ました。③ケハテの三男ヘブロンから、4人のリーダーが出ました。エリヤ、アマルヤ、ヤハジエル、エカムアムがそれです。④ケハテの四男ウジエルから、2人のリーダーが出ました。ミカとイシヤがそれです。

（3）メラリの子は、マフリとムシです。①長男のマフリから、2人のリーダーが出ました。エルアザルとキシュがそれです。②次男のムシから、3人のリーダーが出ました。マフリ、エデル、エレモテがそれです。

宮で奉仕するレビ人の年齢

「これは、それぞれ父祖の家に属するレビ族で二十歳以上になり、主の宮の奉仕の仕事をした者であり、一人ひとり名を数えられ、登録された一族のかしらたちであった」。ダビデがレビ人の系図を確認した理由は、宮で奉仕するレビ人の数を確保するためでした。これまでの条件は、「30歳以上」でしたが（1歴23・3参照）、ここでは「20歳以上」に引き下げられています。こうすることで、奉仕者の人員を確保したのです。

レビ人たちの中心的な業務は、祭司たち（アロンの子孫たち）を援助することでした。「彼らの役目は、主の宮に仕えるアロンの子らを、庭、脇部屋、すべての聖なるものに関わるきよめ、また、神の宮での奉仕のわざをもって助けることである」。祭司とレビ人が力を合わせることで、主の宮での奉仕が可能になりました。

現代の礼拝にも似たような要素があります。主に喜ばれる礼拝を献げるためには、祭司的奉仕者とレビ人的奉仕者が必要です。両者の間に上下関係はありません。あるのは、奉仕の違いだけです。クリスチャンは、現代の祭司でありレビ人です。神の栄光のために、自らを献げようではありませんか。

歴代誌第一24章

ダビデは、エルアザルの子孫の一人ツァドク、およびイタマルの子孫の一人アヒメレクと協力して、アロンの子らをそれぞれの奉仕に任命し、それぞれの組に分けた。（歴代誌第一24・3）

この章から、以下のことを学びましょう。（1）ダビデは、祭司たちを24組に分けて、祭司の組織化を図りました。（2）ルカの福音書1章に登場するバプテスマのヨハネの父ザカリヤは、第8番目のアビヤの組に属していました。（3）秩序ある奉仕と聖霊の働きは、両立するものです。

24組の祭司集団

ダビデは、神殿での礼拝を拡充するために、祭司の組織化を図ります。

（1）祭司は、アロンの子孫たちから出ます。アロンには4人の息子たちがいました（ナダブ、アビフ、エルアザル、イタマル）。

（2）ナダブとアビフは、父よりも先に死にました。彼らは、異なった火を主の前に捧げたので、神罰が下って死んだのです（レビ10・1〜20）。

（3）ダビデは、エルアザル（アロンの三男）の子孫であるツァドクと、イタマル（アロンの四男）の子孫であるアヒメレクに相談し、祭司の組織化に取り組みました。その結果、エルアザルの子孫から16組、イタマルの子孫から8組、合計24組の祭司集団が形成されました。つまり、エルアザルが長子の権利を引き継いだということです。

（4）各組は、1年に2週間の予定で、順番に宮で奉仕をしました。それ以外の時は、居住している町や村で、人々に神のことばを教えました。

第8の組アビヤ

レビ人の出の書記、ネタンエルの子シェマヤが、王と首長たち、および祭司とレビ人の一族のかしらたちの前で、24組の名を書き記しました。それが、7〜18節に出て来る24組のリストです。

組のリーダーの名前が、そのままその組の名前になりました。注目すべきは、第8番目のアビヤの組です。バプテスマのヨハネの父であるザカリヤは、この組に属していました。「ユダヤの王ヘロデの時代に、アビヤの組の者でザカリヤという名の祭司がいた。彼の妻はアロンの子孫で、名をエリサベツといった」（ルカ1・5）とあります。ザカリヤが、香をたくために神殿に入っていた時に、天使が現れ、バプテスマのヨハネの誕生を予告しました。ダビデが行った祭司の組分けは、イエス時代まで続いていたのです。

捕囚から帰還して以降、祭司の再組織化が行われました。そのために用いられたのが、歴代誌の系図や記録です。

レビ人たち

祭司以外のレビ人たちも、ダビデとかしらたちの前で、くじを引きました。これは、どの祭司の組でレビ人として奉仕するかを決めるくじです。

私たちは、組織化や立案は、聖霊の自由な働きを妨害するものだと考えがちですが、そうではありません。聖霊は、混乱の神ではなく、秩序の神です。パウロは、「ただ、すべてのことを適切に、秩序正しく行いなさい」（1コリ14・40）と教えています。

礼拝における秩序と聖霊の働きは、両立するものです。教会の中で、自分の奉仕分野を発見している人は幸いです。

歴代誌第一25章

また、ダビデと軍の長たちは、アサフとヘマンとエドトンの子らを奉仕のために取り分け、竪琴と琴とシンバルに合わせて預言する者とした。仕事に就いた者の数は、その奉仕にしたがって次のとおりである。（歴代誌第一25・1）

この章から、以下のことを学びましょう。（1）賛美は、礼拝における重要な要素です。（2）レビ人288人が24の組に分けられました。（3）ダビデは、賛美の奉仕者を組織化することによって、礼拝の多様性を確保し、多くの人たちに奉仕の機会を提供しました。

賛美の奉仕者の組織化

この章では、賛美の奉仕者の組織化が行われます。「また、ダビデと軍の長たちは、アサフとヘマンとエドトンの子らを奉仕のために取り分け、竪琴と琴とシンバルに合わせて預言する者とした。仕事に就いた者の数は、その奉仕に従って次のとおりである」（1節）。（1）賛美の奉仕は、アサフとヘマンとエドトンに委ねられていましたが（1歴15・17、19参照）、ここでは、その子孫たちの名が上げられています。（2）「竪琴と琴とシンバルに合わせて預言する者とした」とありますが、これは、主からの語りかけを、音楽を通して民に伝える奉仕を意味しているのだと思われます。（3）賛美の奉仕者の任命は、王と将軍たちによって行われました。これは、古代世界での戦争観を反映させたものだと思われます。古代世界では、戦争は神々の戦いと考えられていました（ヨシ6・1～11参照）。

288人の任命

「彼ら、および、主にささげる歌の訓練を受け、みな達人であった彼らの同族の数は二百八十八人であった」（7節）。（1）レビ人たちは、上下関係にかかわらず、全員同じように、くじを引きました。くじは、神の御心を求める旧約的方法です。その結果、彼らもまた24の組に分かれて奉仕をすることになりました。（2）それぞれの組に12人が任命されましたので、12人×24組＝288人となります。彼らは、24組に分かれたレビ人たちとともに、主の礼拝のために奉仕をするのです。

この箇所から、礼拝に関する教訓を学ぼうではありませんか。（1）24組の賛美奉仕者たちは、順番に礼拝で奉仕をしました。その結果、礼拝の多様性が確保されました。（2）祭司たちとレビ人たちと賛美奉仕者たちの組織化により、多くの人たちが奉仕の機会を得ました。（3）神は、ひとりでも多くの人が礼拝に参加することを望んでおられます。すべての人に説教の賜物がある訳ではありません。また、すべての人に音楽の賜物がある訳でもありません。しかし、すべての人になんらかの御霊の賜物が与えられています。自分に与えられている賜物を生かして、神に仕えようではありませんか。

歴代誌第一26章

門衛のこれらの各組に対し、主の宮で仕える任務が、彼らのかしらごとに、彼らの兄弟たちと全く同じように割り当てられた。こうして彼らは、下の者も上の者も等しく、その父祖の家ごとに、一つ一つの門についてくじを引いた。

（歴代誌第一26・12～13）

この章から、以下のことを学びましょう。（1）くじによって門衛の組織化が行われます。（2）門衛の人数は4000人もいました。（3）宝物倉の管理も、くじで決められました。（4）すべての奉仕が、神の目には尊いものです。

門衛の組織化

門衛たちは、くじによって決まった門に任命されました。

（1）最初の区分は、「コラ人ではアサフ族のコレの子メシェレムヤ」です。メシャレムヤの息子が7人登場しますが、彼らは「コラ」の子孫たちです。このコラは、モーセに反抗したために神の裁きを受けた人物です（民16章参照）。先祖のコラは権威に反抗し、越えてはならない境界線を越えたのですが、その子孫たちは、人々に境界線を越えさせないために門衛となりました。ここに、神の恵みがあります。

（2）次の区分は、オベデ・エドムです。「オベデ・エドムには子があった。長男シェマヤ、次男エホザバデ、三男ヨアフ、四男サカル、五男ネタンエル、六男アンミエル、七男イッサカル、八男ペウレタイ。神が彼を祝福されたからである」。このオベデ・エドムは、神の箱を自分の家に3か月間置いた人物とは異なります（1歴16・38参照）。彼はエドトンの子です。（3）第3の区分は、オベデ・エドムの長男シェマヤです。以上の3区分は、すべてケハテ族の子孫たちです。合計すると、80人の門衛となります。（4）メラリ族（ホサの子孫）からは、13人の門衛が出ました。

以上をまとめると、門衛は、ケハテ族から3組、メラリ族から1組出たことになります。

門衛の配置

（1）祭司、レビ人、賛美奉仕者などと同じように、門衛の配置もくじで決められました。（2）「東方には六人のレビ人、北方には毎日四人、南方には毎日四人、倉には二人ずつ、西方の前庭には、大路に四人、前庭に二人であった」。この記述から、門衛は常時22人が配置されていたことが分かります（6人＋4人＋4人＋2人＋4人＋2人＝22人）。（3）22人という数字は、リーダーの人数です。実際は、門衛の総数は、4000人にも上りました（1歴23・5参照）。（3）門衛は、全員がレビ人でした。彼らは、門を監視するだけでなく、神殿の管理と礼拝の維持に関係した雑務も担当しました。主の礼拝のために、多くの人たちが奉仕をする形態は実に素晴らしいものです。私たちも、主の礼拝のために何ができるか、黙想してみましょう。

宝物倉の管理

（1）レビ人の中からアヒヤが、神殿の宝物倉を管理する任務に就きました。アヒヤという名は、歴代誌第一23～26章の中には出ていませんので、どういう人物なのかは不明です。その仕事の内容は、①民が献げる10分の1献金の管理、②律法に基づくささげ物の管理、③その他民が自発的に主に献げるものの全般的な管理、などです。（2）さらに、宝物倉の管理は、レビ人の中の①ゲルション族（ラダンに属するエヒエル人）と、②ケハテ族（モーセの家系に属するシェブエル）が担当しました。（3）ダビデ王や軍の将軍たち、さらに、千人隊長や百人隊長が献げたささげ物の宝物倉は、シェロミテ（モーセの2番目の息子エリエゼルの子孫）が管理しました。彼らがささげ物を献げた動機は、「彼らは、戦いで得た分捕り物の一部を、主の宮を修理するために聖別した」（27節）というものです。

神殿域の外の地区

「イツハル人のうち、ケナンヤとその子たちは、イスラエルに関する外の仕事に就き、つかさやさばき人となった」。（1）イツハル人は、神殿を取り巻く地区の管理に当たりました。ちなみに、モーセの先祖であるアムラムはケハテの長男であり、イツハルは次男です。（2）広域の管理に当たったのは、ケハテの3男であるヘブロンの子孫たちです。彼らは、ヨルダン川西域の地区を管理しました。（3）さらに、ヘブロン人のうち、エリヤと彼に属する勇士たち「二千七百人」は、ヨルダン川東域を管理しました。

この箇所から見えてくるものとはなんでしょうか。①喜んでささげ物を献げる民の姿。②多岐にわたる奉仕を分担して担うレビ人たちの姿。そのどちらも、神に喜ばれる献身の姿を私たちに示していきます。ここから教訓を学ぶ人は、幸いです。

歴代誌第一 27章

イスラエルの子ら、すなわち、一族のかしらたち、千人隊の長、百人隊の長たち、および彼らのつかさたちは王に仕え、一年のすべての月を通して、月ごとの交代制により各分団のすべてのことに当たった。その人数は一つの分団が二万四千人であった。（歴代誌第一27・1）

この章から、以下のことを学びましょう。（1）月ごとの軍団の長がリストアップされます。（2）部族ごとの長がリストアップされます。（3）ダビデの高官たちがリストアップされます。（4）ダビデの臣下は、2つのグループに分かれます。自分の栄光のために働いた人と、主人に忠実に仕えた人です。

軍の組織化

ダビデの軍勢は、12の軍団に分けられました。（1）それぞれの軍団が、1年にひと月の間任務に就きました。（2）各軍団は、2万4000人の兵士から組織されていました。（3）各軍団の長は、すでにダビデの勇士として名前が上がっていた人たちです（2サム23章、1歴11章）。

12の部族

次にイスラエルの各部族の長の名がリストアップされます。（1）部族による区分は、恐らく疑似的な軍団の役割を果たしたのでしょう。（2）リストアップの順番は、計画性を持ったものです。レアの息子たち（ルベン、シメオン、レビ、ユダ、イッサカル、ゼブルン）が最初に出て来ます。次に、ラケルの息子たち（ヨセフから出たエフライムとマナセ、さらにベニヤミン）が出て来ます。ビルハの息子たち（ナフタリ、ダン）は順不同で出てきます。（3）ジルパの息子たち（ガド、アシェル）は省略されていますが、レビが含まれるのと、マナセがヨルダン川の東西に分かれた2つの半部族として出て来ますので、12部族という数字は保持されています。（4）人口調査では、ダビデは20歳以下の人々（兵役に就かない人々）は数えませんでした。この人口調査は、神の目には罪と見なされました。それゆえ、ヨアブが調査を終えることもありませんでした。その結果が公式の年代記の統計に載ることもありませんでした。「ツェルヤの子ヨアブが数え始めたが、終わらなかった。しかし、このことで御怒りがイスラエルの上に下った。それでその数はダビデ王の年代記の統計には載らなかった」とあるとおりです。

12人の高官

ダビデには、国内行政を担当する12人の高官がいました。さらに、良き助言者や友人たちもいて、その人たちから知恵を得ることもできました。「アヒトフェルは王の助言者で、アルキ人フシャイは王の友であった。アヒトフェルの跡を継いだのは、ベナヤの子エホヤダとエブヤタル。王の軍の長はヨアブであった」。（1）アヒトフェルは、アブサロムの謀反に加担した日和見主義者で、内面は邪悪でした（2サム15～17章）。（2）それとは対照的に、フシャイはダビデに忠実でした。（3）将軍ヨアブは、高い地位にありましたが、その性質はアヒトフェルと同じで邪悪でした。

ダビデの臣下は、2つのグループに分けられます。自分の栄光のために働いた人たちと、主人に忠実に仕えた人たちです。それぞれが、自分で蒔いた種の刈り取りをするようになります。

私たちも、自分は誰のために奉仕をしているのか、黙想してみましょう。主イエスの栄光のために奉仕する人は、幸いです。すべては神の栄光のために。

歴代誌第一28章

ダビデは、イスラエルのすべての長、すなわち、各部族の長、王に仕える各組の長、千人隊の長、百人隊の長、王とその子たちの全財産と家畜の担当者の長、宦官、有力者、およびすべての勇士たちをエルサレムに召集した。（歴代誌第一28・1）

この章から、以下のことを学びましょう。（1）ダビデは、神殿建設に関して、イスラエルの指導者とソロモンに助言を与えます。（2）ダビデは、主の命令に従うことこそ祝福を得る方法であると語ります。（3）神殿の設計図は、主から啓示されたものです。（4）ソロモンは、強く、雄々しく、この事業に取り組むべきです。

指導者たちの召集

ダビデは、全イスラエルの中から、指導者としての働きをしている者たちをエルサレムに召集しました。部族長たち、各組の長たち、千人隊長たち、百人隊長たち、王の財産の管理人の長たちがそれです。

これは国家的一大イベントです。ダビデは、自分の計画を指導者たちの前で再確認します。

（1）ダビデは、主の宮（神殿）の建設を願ってきましたが、多くの血を流した戦士であったため、その仕事は、息子のソロモンに委ねられました。（2）ダビデは、神殿の建設資材をソロモンのために準備していました（1歴22・1〜19）。神殿は、契約の箱を安置するための建物です。契約の箱は、地上における神の臨在の象徴です。（3）ダビデは、神の選びによってイスラエルの王とされました。そしてソロモンが、王位継承者として神によって立てられました。（4）民は、これまでダビデに仕えてきたのと同じように、ソロモンにも仕えなければなりません。

ダビデは指導者たちに、主の命令に従うことこそ、祝福を得る方法であると教えます。ダビデが教えた内容は、今も真理です。聖書を学び、そこに書かれている内容を実践することこそ、最も安全で祝された人生を得るための秘訣です。

ソロモンへの勧告

「わが子ソロモンよ。あなたの父の神を知り、全き心と喜びの気持ちをもって神に仕えなさい。主はすべての心を探り、すべての思いの動機を読み取られるからである。もし、あなたが神を求めるなら、神はあなたにご自分を現される。もし、あなたが神を離れるなら、神はあなたをとこしえまでも退けられる」。ここには、神はあなたをとこしえまでも退けられる。ここには、命令と約束と警告が含まれています。（1）命令は、「あなたの父の神を知り、全き心と喜びの気持ちをもって神に仕えなさい」ということです。（2）約束は、「もし、あなたが神を求めるなら、神はあなたにご自分を現される」ということです。（3）警告は、「もし、あなたが神を離れるなら、神はあなたをとこしえまでも退けられる」ということです。

主は、神殿建設を実行する器としてソロモンを選ばれました。それゆえソロモンは、勇気を出してこの難事業を完成させなければなりません。私たちの場合も、神によって選ばれたという確信は、奉仕のための力となります。

神殿の設計図

「ダビデはその子ソロモンに、玄関広間、神殿、宝物室、屋上の間、内部屋、贖いの間などの設計図を授けた」。(1)モーセは、神に示された型どおりに幕屋を建設しました。それと同じように、ソロモンも、神から示された設計図どおりに神殿を建設しなければなりません。そこには、人間の知恵や工夫などが混入する余地はありません。なぜなら、神殿はキリストの型だからです。(2)神殿の設計図は、聖霊がダビデに啓示していたものです。(3)さらにダビデは、器具類を作るために必要な原材料の目方を量り、それをソロモンのために用意しました(詳細は、2歴2～4章で解説されます)。(4)「金のケルビムの車」とありますが、これは、契約の箱を左右から覆う天使たちのことです。彼らは、主がその上に乗られる戦車と見なされたので、こういう表現になっています。

ソロモンには、設計図があり、建築材料があり、奉仕するレビ人たちがいました。また、主がともにいてくださいました。それゆえダビデは、次のことばをもってソロモンを励ました。「強く、雄々しく、事を成し遂げなさい。恐れてはならない。おののいてはならない。神である主、私の神が、あなたとともにいてくださるのだから。主は、あなたを見放さず、あなたを見捨てず、主の宮の奉仕に関わるすべての仕事を完成させてくださる」。私たちも、この励ましのことばから勇気をいただこうではありませんか。信仰者は、おののいて退く者ではなく、完成に向かって前進する者です。

歴代誌第一29章

こうしてソロモンは主の王座に就き、父ダビデに代わって王となった。彼は栄え、全イスラエルは彼に聞き従った。（歴代誌第一29・23）

この章から、以下のことを学びましょう。（1）ダビデのささげ物の勧めに、全会衆は喜んで応答しました。（2）ダビデの祈りは、全会衆を礼拝へと導きました。（3）全会衆は、ソロモンの戴冠を認めました。（4）ダビデは、生涯主とともに歩むことによって、霊的遺産を後世に遺しました。

ダビデの勧め

ダビデは神殿建設のためにすでに多くのものを献げていましたが、さらに積み増しするために、ささげ物の勧めを語ります。（1）息子ソロモンは経験が浅いので、多くの人の助けを必要としている。（2）建設が予定されているのは、神の臨在を迎えるための宮である。（3）それゆえ、建設費用として莫大な財が必要である。（4）自分は、すでに多くのものを献げたが、なおも多額のものを準備している。金3000タラント（約110t）、銀7000タラント（約260t）。（4）みずから進んで主に献げる者はいないか。

民の指導者たちは、そのチャレンジに喜んで応答しました。（1）金5000タラント1万ダリクは、約191tです。（2）銀1万タラントは、約375tです。（3）青銅1万8000タラントは、約675tです。（4）鉄10万タラントは、約3750tです。（4）それ以外にも、多くの宝石が献げられました。（5）自ら進んで献げた者たちの間に、喜びが起こりました。自発的な献金は、献げる者に喜びをもたらします。

指導者たちは、富の奴隷になるのではなく、それを正しく用いる方法を心得ていました。パウロもまた、自発的献金について同じ原則を教えています（2コリ9・7）。

ダビデの祈り

ダビデは、全集団の前で素晴らしい祈りを献げます。（1）「私たちの父イスラエルの神、主よ」と呼びかけ、神のご性質を列挙します（永遠性、全能、栄光、主権など）。(2) 次に、神だけが民の必要を満たすことのできる方であることを告白します。(3) さらに、自分たちが主に献げるものでさえも、すべて主から受けたものであると告白します。この告白は、私たちすべてが唱えるべき祈りでもあります。(4) 続いて、主へのささげ物は、真実な心で献げたものでないなら無意味であると祈ります。これもまた、私たちへの教訓となります。私たちの神は、内面の動機をご覧になるお方です。(5) 主は、アブラハム、イサク、ヤコブと契約を結ばれた神です。そのお方が、民の心を守り導いてくださるようにと祈ります。(6) 最後に、息子ソロモンが神殿を完成できるようにと祈ります。

祈りが終わると、ダビデは全会衆を礼拝へと導きました。翌日、多くのいけにえ（３０００頭）が献げられましたが、これは、ダビデの献身を確証するためのささげ物です。私たちの祈りも、行動によって証明される必要があります。

ソロモンの戴冠

聖書に記録されたダビデの最後の行為は、ソロモンを王と認めることでした。これは、ダビデがソロモンとの共同統治を受け入れたことを意味します。共同統治の期間は、それほど長くはなかったと思われます。ツァドクは2度目の油注ぎを受け、ソロモン治世下でも大祭司とされました。民は、ソロモンがダビデに代わって王となったことを認め、新王に服しました。神がこの王位継承を祝しておられることは、明白でした。

ダビデの死

ダビデは、ヘブロンで7年間、エルサレムで33年間、合計40年間、イスラエルの王として統治しました。「ダビデ王についての事柄は、最初から最後まで、予見者サムエルの働き、預言者ナタンの働き、先見者ガドの働きにまさしく記されている」。(1)「予見者サムエルの働き」とは、サムエル記第一1〜24章のことでしょう。(2)「預言者ナタンの働き、先見者ガドの働き」とは、サムエル記第一25〜サムエル記第二24章のことでしょう。(3) すでに存在していた働きの記録と平行して、歴代誌の著者は、独自の視点と目的をもって本書を執筆しました。

歴代誌第一を通して学ぶ教訓は、神との密接な関係を維持することの重要性です。ダビデほど神とともに歩んだ人はいません。彼は、みことばを黙想し、詩篇を作り、主を賛美しました。ダビデの霊的生活は、私たちへの教訓となります。

次の歴代誌第二を通して学ぶ教訓は、神との密接な関係がいかに短時間で崩れ去るかということです。ここにも、私たちへの教訓があります。

歴代誌第二1章

ダビデの子ソロモンは王権を確立した。彼の神、主がともにおられ、彼を並外れて偉大な者とされた。（歴代誌第二1・1）

この章から、以下のことを学びましょう。（1）歴代誌第一と第二は、もとは1つの書です。（2）即位したソロモンは、礼拝を最優先させました。（3）彼は、物質的豊かさよりも知恵を求めました。その結果、物質的にも豊かになりました。（4）馬を増やしたり、多くの妻を持ったりすることは、主の御心に反したことです。

はじめに

歴代誌は、もとは1つの書でした。（1）歴代誌第一は、ダビデがソロモンを後継者に選んだところで終わっています。（2）歴代誌第二は、ダビデの家系を、ソロモンから始め、バビロン捕囚から帰還した「イスラエルの残れる者」までたどっています。（3）歴代誌第二が取り上げている時代は、列王記第一と第二の時代と同じですが、歴代誌の強調点は、ユダ（南王国）にあります。歴代誌は、捕囚から帰還したユダの民のために書かれていますので、そのようになっています。（4）歴代誌には、列王記にない情報が含まれています。霊的情報に注目するのが、歴代誌を理解する鍵です。

ソロモンの礼拝

列王記第一1～3章は、ダビデの死からソロモンの王位が確立するまでの間の出来事を記しています。権力闘争が起こり、アドニヤとその将軍ヨアブが殺されます。その結果、ソロモンの王位が確立されました。

ソロモンは臣下を導き、ギブオンで主を礼拝しました。当時ギブオンには幕屋がありましたが、契約の箱（神の箱）はエルサレムに置かれていました。ソロモンは、青銅の祭壇の上に、一千頭にも及ぶ全焼のささげ物を献げました。ソロモンが、主への礼拝を最優先させたことに注目しましょう。これは、私たちがそのまま実行すべき教訓です。

その夜、主が夢の中でソロモンに現れ、欲しいものを願うようにと語りかけます。この顕現は、ソロモンによる王位継承と政敵の排除（1列2章）を、神が受け入れたということを示しています。さらに、ソロモンが忠実に歩んでいるので、神がダビデ契約の祝福を彼に与え始めたことも示しています。

ソロモンはこう答えます。（1）彼は、自分が王になったのは、父ダビデに与えられた恵みのゆえであることを認めます。つまり、ダビデ契約の条項が成就したということです（2サム7・12参照）。（2）次に、おびただしい民の上に王として立つのは、いかに困難なことであるかを告白します。彼が統治しようとしている民は、神の選びの民であるがゆえに、偉大な民です。（3）そこで、「今、知恵と知識を私に授けてください」と神に願います。

神は、知恵と知識を求めたソロモンに対して、その願い通りになると約束されました。その結果、ソロモンは先にも後にも例を見ないほどの名君となります。その上ソロモンには、富と財宝と誉れも約束されました。ソロモンが願わなくても、神は彼に必要なものをご存知でした。私たちが願う前から、神は私たちが何を必要としているかを知っておられます。

戦車と騎兵

神は、物質的にもソロモンを大いに祝福されました。（1）彼は、戦車1400台と騎兵1万2000人を集めました。騎兵1万2000人は、軍馬1万2000頭と訳すこともできます。王はこれらの戦車を、戦車の町々とエルサレムに配置しました。戦車の町々とは、ハツォル、メギド、ゲゼルだと思われます（1列9・15参照）。（2）彼は、銀と金とをエルサレムで石のように用い、杉の木を低地のいちじく桑の木のように大量に用いました。これは、ソロモンの富を描写するための誇張法です。王の富はそれほど豊かなものでしたが、そこには堕落の種も含まれていました。富を誇る者は、必然的に背教の道に進むようになります。（3）ソロモンの蓄財法は、戦車と馬の貿易取引でした。彼は、エジプトとクエ（恐らくキリキア、現代のトルコ南部）から戦車と馬を輸入し、いくばくかを手元に置いて、残りをヒッタイト人やアラム（シリア）の王たちに輸出しました。（4）ソロモンの蓄財は、次第に過度なものになっていきました。しかし、申命記17章16~17節では、馬を増やしたり、多くの妻を持ったりすることが禁じられています。

私たちクリスチャンは、物質的祝福よりも、霊的祝福を求めるべきです。人生の成功者であるかどうかを判定する基準は、「魂の平安」があるかどうかです。ソロモンは物質的に豊かになりましたが、神の目から見ると、失敗者になりました。

歴代誌第二2章

ソロモンは、主の御名のための宮と自分の王国のための宮殿を建てることを命じた。

（歴代誌第二2・1）

この章から、以下のことを学びましょう。（1）神殿建設のために、ソロモンはツロの王ヒラムの援助を求めます。（2）ソロモンが求めたのは、無償の援助ではなく、高額な対価を伴った援助です。（3）ヒラムは、神殿建設の霊的意味を理解し、快くソロモンの要請に応えます。（4）異邦人であっても、主の事業に参加することができます。それは、大いなる特権です。

ツロの王ヒラムへの依頼

ソロモンが神殿建設のために用意した労働者は、荷役人夫7万人、山で石を切り出す者8万人、彼らを指揮する者3600人でした。

（1）次にソロモンは、ツロの王ヒラムのもとに人を遣わし、具体的な援助を求めます。ヒラムは、ダビデが王宮を建設した際に杉材を提供した人物です。ソロモンは、神殿建設の霊的な意味とその重要性をヒラムに説明します。「私が建てようとしている宮は壮大なものです。私たちの神は、すべての神々にまさって大いなる神だからです」。（２）ソロモンはヒラムに、熟練工を派遣してくれるように要請します。彼らは、ダビデが用意した「ユダとエルサレムにいる熟練工たち」といっしょに働くようになります。（３）さらに、レバノンから、杉、もみ、白檀の木材を送ってほしいと依頼します。神殿の内装に用いられる木材です。（４）ソロモンは、提供された物や労働に対して、気前のよい対価を支払うことを申し出ます。彼は、「それで私は、材木を切り出す者、木を切る者たちのため、あなたのしもべたちのために、砕いた小麦二万コル、大麦二万コル、ぶどう酒二万バテ、油二万バテを提供します」と約束しました。

ヒラムからの回答

ヒラムは、文書を送ってソロモンに答えました。

（１）彼は、神殿建設の霊的意味を理解し、それが歴史的偉業であることを認めました。「天と地を造られたイスラエルの神、主がほめたたえられますように。主はダビデ王に知恵のある子を与え、思慮と悟りを授けて、主のための宮と、自分の王国のための宮殿を建てさせられます」。（２）彼は、ツロの熟練工を職人の長フラムとともに派遣すると約束しました。ツロの熟練工たちが、ユダとエルサレムの熟練工たちといっしょに働くことになりました。（３）また、ソロモンが約束した「小麦と大麦、油とぶどう酒」を送ってくれるなら、レバノンの杉材を必要なだけ海路でヤッファまで届けると約束しました。ヤッファからエルサレムまでは、陸路で運ぶことになります。（４）イスラエルの地には、15万3600人の寄留者がいました。彼らは、イスラエルが滅ぼすことのできなかったカナン人の子孫たちです。ソロモンは、その中から7万人を荷役人夫に、8万人を山で石を切り出す者に、3600人を民の労働を指揮する者にしました。カナン人の子孫たちは、神殿建設のために用いられるようになりました。

神殿建設の過程で、ソロモンが、ヒラム王を含めた偶像礼拝者たちも用いていることに注目しよう。このプロジェクトは、真の神を証しするチャンスともなったのです。私たちの場合はどうでしょうか。教会の活動の中に積極的に未信者を招き入れる方法はないでしょうか。あらゆる機会を用いて福音の種を蒔き続けるなら、やがて実を結ぶようになります。

歴代誌第二3章

ソロモンは、エルサレムのモリヤの山で主の宮の建築を始めた。そこは、主が父ダビデにご自分を現され、ダビデが準備していた場所で、エブス人オルナンの打ち場があったところである。

（歴代誌第二3・1）

この章から、以下のことを学びましょう。（1）神殿は、神から示された設計図どおりに建設されました。（2）神殿のサイズとデザインが記録されています。（3）至聖所に施された細工はすべて、シャカイナグローリーを迎えるためのものです。（4）2本の柱は、神の契約に忠実に歩むなら、ソロモンの王国は堅固なものになるということを象徴しています。

神殿建設の着手

ついにソロモンは、モリヤ山上で神殿の建設に着手しました。そこは、ダビデがエブス人オルナンから購入した地でした。また、アブラハムが息子イサクを献げた地でもありました（創22・1～24参照）。今日その場所は、神殿の丘と呼ばれており、イスラム教の「岩のドーム」が建っています。神殿が建設されたのは、「岩のドーム」よりも少しだけ北にずれた場所です。

「ソロモンが建築を始めたのは、その治世の第四年、第二の月の二日であった」。（1）ソロモンの治世の第4年は、前966年です。列王記第一6章1節には、より詳細な情報があります。「イスラエル人がエジプトの地を出てから四百八十年目、ソロモンがイスラエルの王となってから四年目のジブの月、すなわち第二の月に、ソロモンは主の家の建築に取りかかった」。列王記の記者は、その年は出エジプトから480年目だと書いています。

神殿のサイズ

神殿のサイズは概数で、縦27m、横9m、高さ13・5mです（1列6・2参照）。面積は243平米（約70坪強）ですので、決して大きなものではありません。本堂の前の玄関のサイズは、「長さが神殿の幅と同じ二十キュビト、高さは百二十キュビト」となっていますが、これでは高さが50mを越えてしまいます。明らかに写本を制作する際の誤りです。長さが20キュビト、高さは30キュビトが正解です（1列6・3参照）。玄関の内装には、純金が用いられました。

聖所

神殿の内側には、聖所と至聖所が設けられました。（1）神殿の建築材は石でしたが、内装にはもみの木材が用いられました。さらにその木材の上に、純金が着せられた。つまり、聖所に入ると、金しか見えなかったということです。金は、神性と神の栄光を象徴するものです。（2）その金の上に、さまざまな彫刻（なつめやしの木の彫刻）が施され、最後に、宝石の装飾が取り付けられました。（3）聖所の内側のあらゆる所に、ケルビムが刻まれました。ケルビムは2つの翼を持った天使で、神の臨在の象徴です。主は「ケルビムの上に座しておられる」と言われています（詩80・1、99・1）。

至聖所

（1）至聖所のサイズは、長さ、幅、高さともに、20キュビト（約9ｍ）です。至聖所は、主の契約の箱を置く場所です。そこにも杉の板を張り、その上に純金を着せました。使用した金は、６００タラント（約23トン）にも上りました。（2）至聖所の中には、２つのケルビムが置かれました（鋳物に金を着せた像）。ケルビムは、ここでは契約の箱を守る役割を果たしています（創3・24、エゼ28・13〜14参照）。ひとつのケルブ（単数形）は、広げた両翼の長さが10キュビトありました（約4・4ｍ）。２つのケルビムが並んで翼を広げると、片方の壁からもう片方の壁まで届きました。（3）至聖所は、主の臨在をお迎えする場所です。ソロモンが至聖所に施した細工はすべて、シャカイナグローリーをお迎えするためのものです。

二本の柱

柱頭と１００のざくろが付いた巨大な柱が２本作られ、本堂の前に設置されました。右側の柱はヤキン、左側の柱はボアズと呼ばれました。「ヤキン」とは、「彼（神）は確立する」であり、「ボアズ」とは、ダビデの曽祖父の名前で、「神によって彼は力強い」という意味です。これらの名前は、ダビデの家系と関連したものだと考えられます。これらの柱には、神の契約に忠実に歩むなら、神はソロモンの王国を堅固なものにしてくださるというメッセージが込められています。ここには、私たちへの教訓があります。

神殿建設は、ダビデが準備し、ソロモンが実行しました。先の世代が良き準備をするなら、次の世代はなんと容易に神の御業を推進することができることでしょうか。次の世代のために何が遺せるのか、黙想してみましょう。

歴代誌第二4章

彼はまた、青銅の祭壇を造った。その長さは二十キュビト、幅は二十キュビト、高さは十キュビトであった。（歴代誌第二4・1）

この章から、以下のことを学びましょう。（1）神殿の内側で用いるものは、金で作られました。（2）神殿の外側で用いるものは、青銅で作られました。（3）ただし、契約の箱だけは作られませんでした。それは、ダビデによってエルサレムに運び込まれ、天幕に保管されていました。（4）契約の箱とその上に輝くシャカイナグローリーがなければ、神殿は意味のない建物になってしまいます。

青銅製のもの

神殿の建築材料となった2つの主な金属は、青銅と金です。この章では、青銅と金を材料として制作された神殿の調度品がリストアップされています。

（1）祭壇は青銅で作られました。これは、全焼のささげ物を焼くための祭壇です。サイズは、8・8m×8・8m×4・4mでした。

（2）鋳物の海も、青銅で作られました。サイズは、直径約4・5m、高さ約2・2m、周囲約13・5mで、容量は4万6000リットルもありました。鋳物の海は、祭司たちを清めるために用いられました。ちなみに、祭司たちは素足で仕えていたので、務めに着く前と、務めが終わった後に、鋳物の海の水で身を清めました。

（3）鋳物の海を支える牛も、青銅で作られました。鋳物の海を12頭の牛が支えました。3頭ずつ東西南北に向かって配置されました。牛の頭部は外側に、後部は内側に向けられていました。12頭の牛は、イスラエルの12部族を象徴しています。民2章には、イスラエルの12部族が、幕屋を中心に東西南北に3部族ずつ宿営している様子が描かれています。

（4）持ち運び可能な10個の洗盤も、青銅で作られました。鋳物の海は祭司専用でしたが、10個の洗盤の場合は、祭司の清めと、全焼のささげ物の洗いという、2つの用途がありました。全焼のささげ物になる動物は、洗盤の中ですすぎ清められました。

（5）それ以外に、庭の戸、種々の器具類なども、青銅で作られました。
「王は、ヨルダンの低地、スコテとツェレダの間の粘土の地でこれらを鋳造した」とあります。

金製のもの

（1）10個の燭台は、純金で作られました。10個の燭台は、聖所の中で右側に5つ、左側に5つ置かれました。この燭台は、光を灯すという実質な目的以外に、象徴的意味（神はいのちと光である）を持っていました。

（2）臨在のパンを載せる机も、純金を被せて作られました。イスラエル12部族を記念するために、12個の臨在のパンがその上に置かれました。

（3）祭壇も金で作られました。これは、香壇のことです。

（4）それ以外の聖所の中で用いる器具類も、すべて金で作られました。

以上のことを要約すると、3つのことが言えます。①神殿の内側で用いるものは、金で作られました。②神殿の外側で用いるものは、青銅で作られました。③ただし、契約の箱だけは作られませんでした。それは、ダビデによってエルサレムに運び込まれ、天幕に保管されていたからです。神殿完成と同時に、契約の箱は至聖所に安置されます。

契約の箱と、その上に輝くシャカイナグローリーがなければ、神殿は無意味な建物になります。神の臨在（シャカイナグローリー）こそ、イスラエルの力であり、喜びでした。このことは、私たちにも適用される真理です。日々の生活の中に神の栄光が現れますように、祈ろうではありませんか。

歴代誌第二5章

それからソロモンは、イスラエルの長老たち、および、イスラエルの部族のかしらたちと一族の長たちをすべて、エルサレムに召集した。ダビデの町シオンから主の契約の箱を運び上げるためであった。（歴代誌第二5・2）

この章から、以下のことを学びましょう。（1）神殿奉献式は、仮庵の祭りの時に行われました。（2）契約の箱が、モーセの律法に則って運ばれ、至聖所に安置されました。（3）契約の箱の中には、十戒を記した2枚の石板のほかには何も入っていませんでした。（4）契約の箱が安置されると、栄光の雲が神殿に満ちました。

神殿の完成

神殿の完成には7年の歳月が必要でした（1列6・38参照）。ソロモンは、父ダビデが遺した財をすべて神殿の宝物倉に運び入れました。ダビデの遺産と指導者たちが献げた財は膨大なものであったため、使い切ることができなかったのでしょう。宝物倉に納められた財は、神殿運営のために用いられます。

契約の箱の搬入

「それからソロモンは、イスラエルの長老たち、および、イスラエルの部族のかしらたちと一族の長たちをすべて、エルサレムに召集した。ダビデの町シオンから主の契約の箱を運び上げるためであった」。（1）ソロモンは、すべての準備を終えた後、契約の箱を至聖所に搬入します。契約の箱は、ダビデがシオン（ダビデの町）に用意した天幕の中に安置されていました。（2）神殿奉献式に招かれる特権に与ったのは、長老たち、部族のかしらたち、氏族の長たちです。（3）この式は、エタニムの月（第7の月）の祭りの時に行われました。この祭りは、「新月の祭り」（新改訳2017）ではなく、「仮庵の祭り」です。神殿の完成は、前年の第8の月（ブルの月）でしたので（1列6・38）、それから約11か月が経過したことになります。なぜこのような遅れが出たのでしょうか。ソロモンは、仮庵の祭りでの奉献式を計画することにより、より多くの民がこの式に参加できるようにしたのでしょう。（4）レビ人たちは、モーセの律法に則って「箱と会見の天幕と天幕にあったすべての聖なる用具」を運び上げました（2サム6章参照）。ソロモンと全会衆は、多くのいけにえを献げて箱の搬入を祝いました。この日は、国民的祝いの日となったのです。

ダビデが抱いた神殿と礼拝への思いは、その子ソロモンの代に具体的な形で実現しました。信仰の継承というテーマは、私たちにとっても重大なものです。神を礼拝することほど重要なテーマは、私たちの人生にはありません。

契約の箱の安置

ついに契約の箱が至聖所に運び込まれます。契約の箱には長い担ぎ棒が付いていました。契約の箱の中には、モーセの律法を記した2枚の石板が収められていましたが、マナを入れた金の壺と芽を出したアロンの杖はありませんでした（出16・33、ヘブ9・4参照）。その理由に関しては、2つの可能性が考えられます。（1）なんらかの理由で、金の壺とアロンの杖は失われた。ペリシテ人がそれを取り除いた可能性が考えられます。（2）ソロモンがその2つを契約の箱から取り出し、至聖所の中の別の場所に移した。いずれにしても、契約の箱の中には2枚の石板が入っており、それが神とイスラエルの民の契約関係を象徴していました。

契約の箱を至聖所に納め、レビ人たちが主を賛美した時、雲が神殿に満ちました。この雲は、主の臨在を表すシャカイナグローリーです。これは、神がソロモンの神殿を受け入れ、そこに臨在することをよしとされたということを示しています。モーセが荒野で幕屋を完成させた時も、同じ現象が起こりました（出40・34〜35）。神殿に満ちた雲のために、祭司たちはそこに立って仕えることができなくなりました。

仮庵の祭りは、荒野の旅を記念するものであり、預言的には、メシア的王国（千年王国）を予表するものです。ソロモンが神殿奉献式をこの祭りの時に実行したのは、実に意味のあることでした。古いもの（幕屋）は新しいもの（神殿）に置き換わりましたが、至聖所の中に神が臨在されるという真理は変わりません。神は契約の民とともに歩まれます。
主イエスの受肉は、肉体という幕屋の内に神の栄光が宿った出来事です。それゆえイエスは、インマヌエル（神は我らとともにおられる）と呼ばれるのです。ペテロ、ヤコブ、ヨハネの3人は、変貌山で主イエスの栄光を目撃しました。神は私たちとともにおられます。きょうも、主イエスとともに、この世に出て行こうではありませんか。

歴代誌第二6章

そのとき、ソロモンは言った。「主は、黒雲の中に住む、と言われました。そこでこの私は、あなたの御住まいである家を建てました。御座がとこしえに据えられる場所を。」

（歴代誌第二6・1〜2）

この章から、以下のことを学びましょう。（1）シャカイナグローリーは、神がこの神殿を受け入れてくださったことの「しるし」です。（2）ソロモンは、神殿建設の経緯をダビデ契約に沿って説明します。（3）神殿奉献の祈りは、神のご性質を確認し、御名をたたえる祈りとなっています。

応答の祈り

シャカイナグローリーを目撃したソロモンは、応答の祈りを献げます。（1）「黒雲の中に住む」とは、濃い雲の中に臨在を表すということです。出エジプト記19章9節には、「見よ。わたしは濃い雲の中にあって、あなたに臨む。わたしがあなたに語るとき、民が聞いて、あなたをいつまでも信じるためである」とあります（出34・5、レビ16・2、申4・11、31・15など参照）。（2）ソロモンは、モーセの時代に、シャカイナグローリーが荒野の幕屋に宿ったことを思い出したはずです。神殿にシャカイナグローリーが宿ったということは、主が神殿をご自身の家と認め、そこに入居してくださったということです。

イスラエルの会衆に向かって

次にソロモンは、会衆のほうを振り向き、彼らを祝福し、神殿建設の経緯について説明します。その論旨は、サムエル記第二7章に記されたダビデ契約に沿ったものです。（1）「主は御口をもって私の父ダビデに語り、御手をもってこれを成し遂げて、こう言われた」。神殿建設は、ソロモンの発案ではなく、主からダビデに命じられたものです。それゆえダビデは、常に主の名のために神殿を建てることを心がけていました。（2）ところが、主はダビデにこう言われました。「しかし、あなたはその家を建ててはならない。あなたの腰から生まれ出るあなたの子が、わたしの名のために家を建てるのだ」。神殿建設の役割は、ダビデではなくソロモンに委ねられました。（3）ソロモンは、主の御心によって王となり、イスラエルの神、主の名のために神殿を建設しました。そして、契約の箱をその神殿の至聖所に納めました。

神殿の完成とシャカイナグローリーの現れは、イスラエルに対する神の愛が不変であることを示しています。イスラエル人の問題は、神の愛に信仰によって応答しなかったことにあります。そこから教訓を学ぼうではありませんか。

神殿奉献の祈り

この祈りは、聖書の中で最も長い祈りであり、神への賛美と懇願で満ちています。ソロモンは、奉献式のために作られた青銅の台の上に乗り、ひざまずいて祈りました。その姿勢は、主への畏敬の念を示しています。王の謙虚な姿を見て、イスラエルの民は深く感じるところがあったはずです。

（1）先ずソロモンは、「イスラエルの王座」がいつまでも続くようにと祈っています。また、ダビデに与えられた約束が、将来にわたり成就し続けるようにと懇願しています。私たちも、主はご自身の約束を必ず守るお方であることを覚え、力をいただこうではありませんか。(2)次に、「あなたのしもべの祈りと願いに御顔を向けてください」という祈りが献げられます。この部分は、神殿奉献の祈りの心臓部に当たります。「聞いて、お赦しください」というのが、奉献の祈りの要約です。(3)またソロモンは、祭壇の前で立てられた誓いを聞き、それを正しく裁いてくださいと願っています。(4)さらに、罪が原因となって敵に打ち負かされたとき、民が宮に来て自らの罪を告白するなら、その罪を赦し、約束の地に帰らせてくださいと祈っています。(5)次に、罪が原因で干ばつが襲ったとき、民がその罪から立ち返るなら、天からの雨を降らせて欲しいと懇願しています。(6)ソロモンの祈りは、さらに続きます。ききんや疫病からの解放、神殿に来て祈る異国人の祝福、戦いでの勝利、捕囚からの解放、などが祈りのテーマとして登場します。(7)最後にソロモンは、3つのことを願います。彼の祈りが聞かれるように。祭司たちが祝福されるように。油注がれた王たちが祝されるように。

神殿奉献の祈りの中には、神の素晴らしいご性質が啓示されています。神の力、恵み、愛、約束への忠実さなどがそれです。この祈りを何度も読み、神の属性を確認しようではありませんか。神の素晴らしい御名をたたえようではありませんか。

歴代誌第二7章

ソロモンが祈り終えると、天から火が下って来て、全焼のささげ物と数々のいけにえを焼き尽くし、主の栄光がこの宮に満ちた。祭司たちは主の宮に入ることができなかった。主の栄光が主の宮に満ちたからである。（歴代誌第二7・1〜2）

この章から、以下のことを学びましょう。（1）天からの火は、主がソロモンの祈りを受け入れてくださったことを示しています。（2）ソロモンは、おびただしい数のいけにえを献げました。これは、神と民の交わりを目的とした交わりのいけにえです。（3）交わりのいけにえは、主イエス・キリストの贖罪死の象徴です。（4）主は、従順に対する祝福のことばと、不従順に対する警告のことばをお語りになりました。

天からの火

天からの火は、主がソロモンの祈りを受け入れたことを示しています。火が数々のささげ物といけにえを焼き尽くすと、再び栄光の雲が宮に満ちました。シャカイナグローリーを目撃した民は、顔を地面につけて伏し拝みました。「主はまことにいつくしみ深い。その恵みはとこしえまで」というのは、契約に対してあくまで忠実な主のご性質をたたえたものです。私たちも、神の約束は必ず成就することを覚え、御名をたたえようではありませんか。

交わりのいけにえ

奉献式が終わると、王と民は、おびただしい数のいけにえを献げました。これは、交わりのいけにえです（1列8・63、レビ3・1〜17、7・11〜38参照）。血と脂肪と内臓は焼いて神に献げ、肉は礼拝者がともに食します。交わりのいけにえの目的は、神と民の交わり、また、民同士の交わりにあります。「牛二万二千頭と羊十二万匹」とあります。頭数が多すぎると疑問視する学者もいますが、古代世界においては、いけにえの頭数が多いことは決して珍しいことではありません。奉献式に集まった民の人数や2週間（15日間）という祝いの期間（8〜9節）を考えると、決して非現実的な頭数ではありません。ソロモンは、神殿の前庭の中央部（神殿域）を聖別しました。膨大な数のいけにえを献げるために、大規模な祭壇が必要だったからです。

交わりのいけにえは、イエス・キリストの贖罪死を象徴しています。私たちは、イエス・キリストを信じる信仰によって神と和解させられました（2コリ5・19）。神との和解こそ、福音がもたらす最高の祝福です。神と和解した人は、平安な人生を送ることができます。

祝福のことば

かつて主はギブオンでソロモンに現れましたが（2歴1・7）、今回はエルサレムで、神殿を完成させたソロモンに現れ、こう言われました。「わたしはあなたの祈りを聞き、この場所をわたしにいけにえを献げる宮として選んだ」。これは、神殿奉献に際してソロモンが祈った祈りへの答えです。さらに主は、民の罪のゆえに干ばつ、バッタの害、疫病などがこの地を襲った場合、もし民が神の御顔を慕い求め、悪の道から立ち返るなら、神はこの地を癒やすと約束されました。さらに主は、「わたしの目とわたしの心は、いつもそこにある」と言われました。これは、神の守りが絶えることはないという約束です。私たちの心が神に向かっているなら、神の目は常に私たちの上に注がれています。

警告のことば

ソロモンが父ダビデのように主に忠実に歩むなら、ダビデに約束されたことが成就します。その約束とは、ダビデ王朝の継続です。しかし、もしソロモンとイスラエルの民が偶像礼拝に走るなら、神の裁きが下ります。以下がその裁きの内容です。（1）イスラエルの民はカナンの地を追われ、捕囚に引かれて行きます。（2）神殿は神から見捨てられます。（3）その結果、イスラエルの民は諸国民の間で物笑いとなります。

ダビデ王朝継続の約束は、最終的にはメシアであるイエスによって成就します。ダビデの子孫であるイエスがメシア的王国を統治されることは、詩篇89篇30～37節に預言されています。神の約束の成就を妨害するものとは、なんでしょうか。それは、神の心変わりではなく、私たちの背信です。神は常に私たちを見守っておられます。その神の愛に信仰によって応答する人は幸いです。

歴代誌第二8章

ソロモンが主の宮と自分の宮殿を二十年かけて建て終えたとき、ソロモンは、ヒラムが彼に返した町々を建て直し、そこにイスラエル人を住まわせた。（歴代誌第二8・1〜2）

この章から、以下のことを学びましょう。（1）ソロモンは、その治世の最初の20年で、多くの成果を上げることができました。（2）彼は、ファラオの妻を神殿から遠ざけるために、新しく家を建てました。（3）彼は、モーセの律法を熱心に守りました。（4）彼の最大の宗教的貢献は、神殿の建設でした。彼は、海洋交易によって経済的成功を手に入れました。

治世の最初の20年

ソロモンは、最初の20年間で、神殿と宮殿の建設を終えました。さらに彼は、ヒラムが返した町々を再建しました。列王記第一9章10〜14節によれば、これらの町々は、ソロモンがお礼としてツロの王ヒラムに贈呈したものですが、ヒラムは満足せず、それを返却しました。そこでソロモンは、その町々を再建し、そこにイスラエル人を住まわせました。

同時期にソロモンは、周辺諸国の征服に乗り出しました。（1）アラム人の町ハマテ・ツォバ（エルサレムから約480km北）を征服しました。（2）次に、荒野の町タデモル（ダマスコから約240km北西）を要塞化しました。（3）さらに、ハマテでも同じことをしました。（4）イスラエル国内では、上ベテ・ホロンと下ベテ・ホロン（エルサレムから約15km北西）を要塞化しました。

ソロモンは、イスラエル国内に住む異国人たちを、苦役に徴用しました。彼らは、ヨシュアの時代に征服されないまま残されたカナン人たちの子孫です。しかし、イスラエル人を奴隷にすることはありませんでした。監督者が250人いましたが、彼らは全員イスラエル人でした。

ソロモンは、政略結婚によりファラオの娘を妻としました。その妻を王宮から移動させ、新しく建てた家に住まわせました。その理由は、王宮と神殿の距離が近いので、エジプト人の女が王宮に住むと神殿が汚されると考えたからです。彼は、エジプト人の妻を神殿から遠ざけましたが、彼女が偶像礼拝を持ち込むことは阻止できませんでした（1列11・1～8参照）。罪と戯れていると、やがてその実を刈り取ることになります。

宗教的業績

ソロモンの宗教的業績を確認しましょう。（1）「それからソロモンは、玄関の前に築いた主の祭壇の上に、主のために全焼のささげ物を献げた」。「それから」とは、「その頃」という意味です。歴代誌の記者は、ソロモンが主に献身していたことを伝えるために、彼が献げたいけにえの多さを強調しています（2歴7・5参照）。（2）「また、モーセの命令どおりに、安息日ごと、新月の祭りごと、年三回の例祭、すなわち、種なしパンの祭り、七週の祭り、仮庵の祭りごとに、日ごとの定めにしたがって献げた」。ソロモンは、モーセの律法の要求を満たすことに熱心でした。ここで、歴代誌と列王記の視点の差が出てきます。列王記第一11章1～13節は、ソロモンが外国の妻たちの影響を受けて偶像礼拝に走ったことを記録していますが、歴代誌の記者は、ソロモンの宗教的業績を強調しています。(3)「彼は父ダビデの定めに従い、祭司たちの組分けを定めてその務めに就かせ、レビ人もその任務に就かせ、……」。ソロモンは、父ダビデが定めた祭司たちの組み分けを尊重し、神殿の運営のためにそれを生かしました。(4)「ソロモンの工事全体は、主の宮の礎を据える日から完成まで確かに遂行され、主の宮は完成した」。ソロモンの最大の功績は、神殿の完成です。これこそが、彼の信仰の最高の表現です。

経済的成功

経済的成功の要因は、海洋交易です。彼は、ヒラムの助けを得て、これを実行しました。「エツヨン・ゲベルとエイラト」は、紅海に面する海岸都市です。ソロモンの船団は、オフィル（アフリカの東海岸か、アラビア半島の西海岸）まで行き、そこから金450タラント（約17t）を持ち帰りました。列王記第一9章28節には、「金420タラント」とあります。この矛盾は、写本を書いた書記のミスによって生じたもので、どちらかの数字が間違っています。

ソロモンは信仰深い人でしたが、ただ1つの点で墓穴を掘りました。多くの外国人の妻を娶り、結果的に偶像礼拝を許容したのがそれです。ソロモンの失敗は、私たちに対する教訓でもあります。神に明け渡していない1つの分野が、霊的成長を妨げる要因となります。このことを覚えようではありませんか。

歴代誌第二9章

ときに、シェバの女王は、ソロモンの名声を聞いたので、難問をもってソロモンを試そうと、非常に大勢の従者を率い、バルサム油と多くの金および宝石をらくだに載せて、エルサレムにやって来た。彼女はソロモンのところに来ると、心にあることをすべて彼に問いかけた。ソロモンは、彼女のすべての問いに答えた。ソロモンが分からなくて、彼女に答えられなかったことは何一つなかった。（歴代誌第二9・1〜2）

この章から、以下のことを学びましょう。（1）シェバの女王は、ソロモンの栄華を目撃し、うわさ以上だと大いに驚きました。（2）異邦人の女王が、イスラエルの神をたたえました。（3）ソロモンは、地上のどの王よりもまさっていました。彼に対する神の約束が成就したからです。（4）彼がもたらした偶像礼拝に対する罰は、彼の死後、統一王国の上に下ります。

ソロモンの名声

シェバの女王はエチオピアの女王であるとの俗説がありますが、そうではありません。シェバとは、アラビア半島のイエメンのことです。ここは豊富な香料を産出する富んだ国で、交易ルート上に位置していました。彼女がキャラバン隊を率いてエルサレムを訪問する目的は、2つありました（およそ2000㎞の旅）。（1）ソロモンの知恵を試すため。これは、古代中近東の支配者たちが行うゲームのようなもので、外交上の儀礼でもありました。（2）貿易協定や防衛協定など、実利的な交渉をするため。

女王は、ありとあらゆる質問を投げかけましたが、ソロモンは、そのすべてに答えることができました。彼女は、①ソロモンの知恵、②宮殿、③食卓の料理、④家来たちの姿、⑤献酌官たちの振る舞い、⑥主の宮に上る階段などを見て、大いに驚きました。

異邦人による賛美

「あなたの神、主がほめたたえられますように。主はあなたを喜び、その王座にあなたを就かせ、あなたの神、主のために王とされました」。これは、驚くべきことばです。異邦人（異教）の女王が、イスラエルの神をほめたたえているのです。彼女は、ソロモンが王座に就いているのは、主がイスラエルをとこしえに愛している証拠だとさえ語っています。さらに、それは「公正と正義とを行わせるためである」と、主の意図を要約しています。彼女は、ソロモンを上位の者であると認め、莫大な量の貢ぎ物を献げました。

この訪問物語は、温かい雰囲気で終わります。ソロモンは彼女に、知恵や知識だけでなく、目に見える富も与えました。女王は、すべての面で満足して、帰国の途に就きました。ソロモンの悲劇は、ヒラム王やシェバの女王など、異邦人の支配者でさえも認めた主の支配と計画に、最後は背いてしまうことです。ソロモンの人生の光と影から、教訓を学ぼうではありませんか。

富の蓄積

「一年間にソロモンのところに入って来た金の重さは、金の目方で六百六十六タラントであった」。これがソロモンの年間税収で、金の重さは約25ｔもありました。その上に、貿易による利益、アラビアの王たちからの貢ぎ物、イスラエルの地の総督からの納付金などがありました。恐らくソロモンは、同時代の王たちの中で、最も富んでいたと思われます。

ソロモンは、大盾２００と小盾３００、合計５００個の盾をすべて金で作り、レバノンの森の宮殿（武器庫）に置きました。金の盾は、実戦用ではなく、軍事パレード用です。さらに、王座に金をかぶせ、王家で用いる器をすべて純金で作りました。金は、ソロモンの栄華の象徴となりました。

地上のどの王よりも

「地上のどの王よりもまさっていた」というのは、ソロモンに対する神の約束が成就したということです。多くの支配者たちが、高価な贈り物を携えて、毎年ソロモンのもとにやって来ました。①銀の器、②金の器、③衣服、④武器、⑤バルサム油、⑥馬、⑦ろばなどが、その贈り物でした。ソロモンは、軍事力を高めるために、戦車１４００台、騎兵１万２０００人確保し、「戦車の町々」に配置しました。

ソロモンが偶像礼拝に走ったことは、歴代誌では省かれています。ソロモンは40年間王として統治し、その生涯を閉じました。王位継承者は、その子レハブアムです。

ソロモンは、神から多くの賜物と祝福を受けていましたが、人生の後半に入ってからは、賜物を与えてくださった方を見るのではなく、自らの力に目をとめ、背教の道を歩むようになりました。偶像礼拝の罪に対する裁きは、彼の死後、その王国に下ることになります。晩年をどのように過ごすかは、すべての信者の課題です。

歴代誌第二10章

王は彼らに厳しく答えた。レハブアム王は長老たちの助言を退け、若者たちの助言どおりに民に答えた。「私はおまえたちのくびきを重くする。私はそれをもっと重くする。私の父がおまえたちをむちで懲らしめたのなら、私はサソリを使う。」

（歴代誌第二10・13〜14）

この章から、以下のことを学びましょう。（1）北の10部族は、役務を軽くして欲しいとレハブアムに要求します。（2）レハブアムは、長老たちの助言を排除し、同世代の友人たちの愚かな提言を採用します。（3）役務をより重くするというレハブアムの決断は、王国を分裂へと導きます。（4）レハブアムの愚かな選びの背後には、主の御手がありました。

ヤロブアムの要求

ソロモンが死ぬと、その子レハブアムが王となりました。エルサレムではなくシェケムで戴冠式を実行するのは、賢明な選択でした。シェケムは、エフライム族の主要な町であり、北の10部族が集合するのに適した地でもありました。式の最中に、ヤロブアムをリーダーとした北の10部族は、レハブアムに直訴します。彼らは、過酷な労働と重いくびきを軽くしてくれるなら、自分たちは新王に仕えると申し出ます。負担軽減の要請は、北の10部族の総意でした。

レハブアムの愚かな判断

レハブアムは即答を避け、3日後に回答すると答えます。もしこの時、レハブアムが彼らの要請に前向きに答えていたなら、当面の南北分裂は避けられたはずです。

レハブアムは、まず長老たちに相談します。彼らは、民の負担を軽減するようにと新王に助言します。次にレハブアム、彼に仕えていた若者たちに相談します。当時、レハブアムは41歳でした（1列14・21）。王に仕えている「若者」たちも、当然40歳前後と推定されます。彼らは、ソロモン時代よりもさらに重い負担を課せと助言します。レハブアムの問題点は、知恵ある助言を退け、愚かなことばに耳を傾けたことにあります。レハブアムの失敗から教訓を学ぼうではありませんか。

ヤロブアムをリーダーとする北の10部族が、3日後にレハブアムのところに戻って来ました。レハブアムは威圧的な態度で、彼らに答えました。「私はおまえたちのくびきを重くする。私はそれをもっと重くする。……」。この内容は、若者たちの助言をそのまま採用したものです。レハブアムは、幼稚な子どものように振る舞っています。恐らく、ソロモンが彼を政治の場で訓練することをせず、王宮に閉じ込めておいたからでしょう。人の思いが読めない者には、指導者となる資格はありません。

主の御手

「王は民の願いを聞き入れなかった。神がそう仕向けられたからである。それは、かつてシロ人アヒヤを通してネバテの子ヤロブアムに告げられたことばを主が実現されるためであった」。王国の分裂は、ソロモンの罪に対する神の裁きです（1列11・11〜13参照）。ソロモンの存命中にそれが起こらなかったのは、ダビデ契約のゆえです。預言者アヒヤは、ヤロブアムに対して、北の10部族の離反を預言していました（1列11・31～39）。レハブアムは、自らの意志に基づいて愚かな決断をしたので、その責任は彼にあります。と同時に、その決断は、神がそう仕向けられたとも言えます。

レハブアムの回答を聞いて、北の10部族は反乱の叫びを上げました。「ダビデのうちには、われわれのためのどんな割り当て地があろうか。エッサイの子のうちには、われわれのためのゆずりの地はない。イスラエルよ、それぞれ自分の天幕に帰れ。ダビデよ、今、あなたの家を見よ」。このことばは、戦いの叫びでもあります。これは、40数年前に、ダビデに反抗したシェバが語ったものです（2サム20・1）。それだけの年数が経過していても、北の10部族の間には、ダビデ王朝（家系）に対する不満がうっ積していたのです。レハブアムは、従来通りの方法で北の部族を統治しようとして、役務長官ハドラムを派遣しましたが、彼は石で打ち殺されてしまいます。事の深刻さを理解したレハブアムは、シェケムからエルサレムに逃げ帰ります。

ダビデとソロモンが長年かけて築いてきた王国は、数日で崩壊しました。どんなことでも、建設は難しく、破壊は容易です。愚かな行為は、一瞬のうちにすべてを破壊します。私たちに関しては、自らの日々の選びに責任を持とうではありませんか。また、自分の選びの背後に神の御手が働いていることも認めようではありませんか。

歴代誌第二11章

レハブアムはエルサレムに帰り、ユダとベニヤミンの家から選り抜きの戦士十八万を召集し、王国をレハブアム自身のもとに取り戻すため、イスラエルと戦おうとした。（歴代誌第二11・1）

この章から、以下のことを学びましょう。（1）ベニヤミン族は、エルサレムを慕っていたので、ユダ族の側に付きました。（2）預言者シェマヤは、南北分裂は主の御心であると説き、内戦を回避させようとします。（3）祭司とレビ人の多くが、偶像の宮で仕えることを嫌い、北王国から南王国に移住します。

ユダ族とベニヤミン族

外交交渉に失敗したレハブアムは、武力によって北の10部族を取り戻し、南北統一を図ろうとします。この時、ベニヤミン族はレハブアムの側に付きます。つまり、ユダ族に加勢したということです。ベニヤミン族は、北の10部族の筆頭格であったエフライム族と親戚関係にありました（エフライム族はヨセフの子孫ですが、ヨセフとベニヤミンは同じ母（ラケル）から誕生した兄弟同士です）。それにもかかわらず、ベニヤミン族がユダ族に付いた理由は、エルサレムへの思い入れです。エルサレムは、ベニヤミン族とユダ族の境界線上にある町でした（ヨシ18・28参照）。もしベニヤミン族が北の10部族に付いたとするなら、エルサレムから切り離されることになります。彼らは、それを拒否したのです。

神の人シェマヤ

その時主は、預言者シェマヤを通して語られました。「主はこう言われる。上って行ってはならない。あなたがたの兄弟たちと戦ってはならない。それぞれ自分の家に帰れ。わたしが、こうなるように仕向けたのだから」。（1）南北分裂は、偶然の出来事ではなく、主が導かれたことです。それゆえ、武力で兄弟たちと戦ってはならないというのです。（2）レハブアムは、主のことばに聞き従い、行軍を中止しました。その結果、内戦という悲劇は回避されました。と同時に、この出来事によって、統一王国の南北分裂が確定しました（前930年）。（3）それ以降、レハブアムは防備の町々の建設に力を注ぎます。エルサレムの南に多くの町々を築いたのは、エジプト軍の侵攻を恐れたからです。

ベニヤミン族は、血縁関係よりも信仰を重視しました。またレハブアムは、神のことばに従い、剣を収めました。両者はともに、良い決断をしたのです。私たちも、危機に際して知恵ある判断を下すことができるように、主に願い求めようではありませんか。

祭司とレビ人の移住

ヤロブアムは、北王国に偶像礼拝を導入しました（1列12章）。ヤロブアムとその子らは、主の祭司として仕えていた人々を祭司職から追放し、自分たちのために新しく祭司たちを任命しました。その目的は、「彼が造った高き所と雄やぎと子牛」に仕えさせるためでした。それを嫌った祭司とレビ人たちの多くが、南王国へ移住しました。彼らは、牧草地と所有地を捨て、隣人との親しい関係も断ち切り、新しい生活を始めるために移り住んできたのです。

祭司とレビ人たちに続いて、主に忠実な信仰者たちが行動を起こしました。彼らは、エルサレムへの巡礼（年に3回）を継続して行いました。このことが3年間続いたので、レハブアムは励ましを受け、南王国は国力を増しました。

レハブアムの家族

レハブアムもまた、一夫多妻制を実行しました。彼には、18人の妻、60人のそばめ、28人の息子、60人の娘がいました。歴代誌の記者の視点は、ダビデ王朝の高揚です。そこが、列王記の記者の視点とは異なります。

最初の妻はマハラテです。彼女は、「ダビデの子エリモテとエッサイの子エリアブの娘アビハイルの間にできた娘」でした。2番目の妻はマアカです。彼女はアブサロムの娘ですが、このアブサロムは、ダビデの息子のアブサロムとは別の人物です（2サム18・18）。マアカは、アビヤ、アタイ、ジザ、シェロミテの4人を産みました。レハブアムは、マアカから生まれた長子アビヤを後継者に選びました。マアカを最も愛していたからです。

主から離れた北王国は、崩壊の道をたどり始めます。しかし、北王国の中にも、主を恐れる人たちがたくさんいました。南王国に移住した祭司やレビ人たち、それに、主にいけにえを献げるためにエルサレムに上って来た人たちです。彼らは、エルサレムで主を礼拝することを最優先させました。私たちも、人生における優先順位を確立する必要があります。神を第一とする生活こそが、祝された生活です。

歴代誌第二12章

レハブアムの王位が確立し、彼が強くなると、彼は主の律法を捨て、彼とともにいた全イスラエルもそうした。（歴代誌第二12・1）

この章から、以下のことを学びましょう。（1）レハブアムとユダの民が主の律法を捨てたことが、エジプトの王シシャクの侵攻の理由です。（2）預言者シェマヤが語る裁きのことばを聞いて、王とユダの首長たちは、ただちに主の前で悔い改めを表明します。（3）主は、ユダがエジプトのしもべとなることを許されます。それは、地の諸王に仕えることの悲劇をご自身の民に教えるためです。（4）金の盾が青銅の盾に置き換わります。ここには、象徴的な意味があります。

レハブアムの背教

歴代誌の視点と列王記の視点は、同じではありません。列王記第一14章22～24節は、レハブアムの背教を詳細に記録していますが、歴代誌は、「彼は主の律法を捨て、」としか記していません。また、「彼は悪事を行った。心を定めて主を求めることをしなかったのである」（14節）と簡単に要約しているだけです。

ソロモンの死後わずか5年目に、エジプトの王シシャクの軍勢がエルサレムに攻め上って来ました。その理由は、ユダの民がレハブアムの背教に倣ったからです。エジプトの軍勢に関しては、「戦車千二百台、騎兵六万人。彼とともにエジプトから来た兵たち、すなわち、ルブ人、スキ人、クシュ人は数えきれないほどであった」と書かれています。レハブアムが建設した防備の町々は、なんの役にも立ちませんでした。シシャクの軍勢がユダの町々を征服できたのは、軍事力がすぐれていたからではなく、霊的な理由があったからです。レハブアムと民の背教の上に、主の裁きが下りました。

預言者シェマヤ

シェマヤは、主のことばを王とユダの首長たちに伝えます。「あなたがたがわたしを捨てたので、わたしもあなたがたを捨てて、シシャクの手に渡した」。それを聞いた王とユダの首長たちは、ただちに主の前にへりくだり、悔い改めを表明します。彼らの悔い改めを見て、主は、エルサレムに怒りを注ぐことを思い直されます。しかし、ユダがエジプトのしもべとなることは許されます。その理由は、「わたしに仕えることと地の諸王に仕えることの違いを知るためである」というものです。地上生涯においては、主に仕えることこそ最も幸いな生き方です。

エジプトの王シシャクは、民を殺すことはしませんでしたが、あらゆる財宝（ソロモンの金の盾も含めて）を奪い取りました。レハブアムは、金の盾の代替品として、青銅の盾を作り、これを王宮の門を守る近衛兵の隊長の手に託しました。

レハブアムは41歳で王となり、17年間南王国を統治しました。その治世の間、北王国の王ヤロブアムとの争いは、絶えることがありませんでした。彼の統治の要約は、「彼は悪事を行った。心を定めて主を求めることをしなかったのである」というものです。彼の死後、息子のアビヤが王位を継承しました。

金の盾が青銅の盾に置き換わったことには、象徴的な意味があります。神の臨在(金)が、神の裁き(青銅)に置き換わったということです。傲慢は、私たちを神から遠ざけます。神の臨在が去れば、私たちには何も残りません。レハブアムを反面教師として教訓を学ぶ人は、幸いです。

歴代誌第二13章

ヤロブアム王の第十八年に、アビヤがユダの王となり、エルサレムで三年間、王であった。彼の母の名はミカヤといい、ギブア出身のウリエルの娘であった。アビヤとヤロブアムの間には戦いがあった。(歴代誌第二13・1～2)

この章から、以下のことを学びましょう。(1)アビヤの治世はわずか3年で終わります。先祖ダビデのように主に従うことがなかったからです。(2)アビヤの精鋭40万とヤロブアムの精鋭80万が激突します。(3)アビヤはヤロブアムに向かって、主に反抗する者に勝ち目はないと勧告します。(4)ヤロブアムはその勧告を無視して攻撃を開始し、大打撃を被ります。

アビヤの治世

レハブアムが死ぬと、その息子のアビヤが王位を継承しました。彼の統治期間は、わずか3年でした。列王記第一15章は、アビヤは先祖ダビデのように主に従うことはなかったと記しています。一方、歴代誌の記者は、それらのエピソードをすべて割愛し、ただ1つ、ヤロブアムとの戦いだけを記しています。

アビヤの勧告

アビヤの精鋭40万とヤロブアムの精鋭80万が、激突しました。戦いが始まる前に、アビヤはヤロブアムとその精鋭部隊に次のように語りかけます。（1）あなたがたは、王国をダビデとその子孫に約束された。あなた方がそのことを知らないはずはない。（2）それにもかかわらず、ソロモンのしもべであったネバテの子ヤロブアムは、主君に反逆して立ち上がった。彼は、ごろつき、よこしまな者たちを集め、ソロモンの子レハブアムに対抗した。レハブアムは、若くて臆病だったので、彼らに対抗することができなかった。(3)今あなたがたは、兵士の数で優位に立っているし、ヤロブアムが用意した金の子牛もあるので、この戦いに勝てると思っている。しかし、それは間違いである。（4）ヤロブアムは、レビ人と祭司たちを追放し、自分勝手に偽の祭司たちを任命した。彼らは、神の承認がないままで祭司の務めを行っている。しかしユダでは、神が承認した祭司たちが、モーセの律法に従って神殿で仕えている。どちらが神に喜ばれているかは、明らかである。あなたがたは、主を捨て去ったのである。（5）神は私たちとともにいて、わが軍の将軍となっておられる。また、神の祭司たちも私たちの側におり、合図のラッパを手にして、あなたがたに対し進撃の合図を吹き鳴らそうとしている。あなた方に勝ち目はない。それゆえ、あなたがたの父祖の神、主と戦ってはならない。

ヤロブアムの攻撃

ヤロブアムはアビヤの勧告を無視し、伏兵を用意してユダの軍勢に攻撃を仕掛けました。窮地に陥ったユダの人々は、主に叫び求めました。主はその祈りに答え、イスラエルの精鋭50万を打たれました。ユダは信仰による勝利を手に入れましたが、ヤロブアムは大打撃を被りました。これ以降、ヤロブアムの勢力は衰え、最後に彼は、主に打たれて死にます。一方アビヤは、いくつかの領地を手に入れましたが、完全にイスラエルを征服することはできませんでした。

アビヤの勧告を無視したヤロブアムは、愚か者です。不信仰のゆえに彼が払った代価は、余りにも高価なものでした。このようなことが私たちに起こってはなりません。主を恐れる人こそ、知恵ある人です。神は、信仰者の熱心な祈りに耳を傾けてくださいます。

歴代誌第二14章

アビヤは先祖とともに眠りにつき、人々は彼をダビデの町に葬った。彼の子アサが代わって王となった。彼の治世になって十年の間、国は平穏であった。アサは、自分の神、主の目にかなう良いことを行った。（歴代誌第二14・1～2）

この章から、以下のことを学びましょう。（1）アサは、最初の宗教改革を実行する王となります。（2）アサの治世が平和で長続きした理由は、彼が主に従順に歩んだことです。（3）彼は、クシュ人との戦いを前に、信仰の祈りを献げます。義人の祈りは、聞かれます。（4）アサの軍勢は、クシュ人の軍勢を撃破します。

アサの治世

アビヤの後を継いだのは、アサです。歴代誌第二14～16章は、アサの41年間の治世を記録しています。南王国では19人の王が登場しますが、そのうち8人は善王です。さらに、8人の善王のうち4人が、宗教改革を実行します。宗教改革とは、モーセの律法への回帰によって、民に霊的覚醒をもたらそうとするものです。アサは、最初の善王であり、最初に宗教改革を実行する王です（1列15・9～24参照）。

「アサは、自分の神、主の目にかなう良いことを行った。彼は異教の祭壇と高き所を取り除き、石の柱を砕き、アシェラ像を切り倒し、ユダの人々に命じて、彼らの父祖の神、主を求めさせ、その律法と命令を行わせた」。（1）アサの統治が平和な時代をもたらした理由は、主に対する献身の姿勢にあります。彼は、先祖たちの罪を悔い改め、偶像を徹底的に取り除きました。（2）さらに、主によって与えられた安息（平和）の期間に、防備の町々を築き、国の守りを堅固なものとしました。（3）アサは、大軍を擁する王となりました。「アサには、大盾と槍を携えたユダの兵が三十万、盾を持ち弓を引くベニヤミンの兵が二十八万あり、これらはみな勇士であった」とあります。

敵の攻撃

「さて、クシュ人ゼラフが、彼らに向かって百万の軍勢と三百台の戦車を率いて出陣し、マレシャにまで攻めて来た。アサは彼に対して出陣し、マレシャにあるツェファテの谷で戦いの備えをした」。（1）ユダの平和は、クシュ人（エチオピア人）の攻撃によって脅かされます。クシュ人は、圧倒的な軍事力をもって攻めて来ました。（2）しかし、戦力においてはるかに劣っていたユダの軍勢が、クシュ人を徹底的に打ち破ることができました。その理由は、主への信頼です。（3）注目すべきは、アサの祈りです。彼は、短くても的を射た信仰の祈りを献げました。「主よ、力の強い者を助けるのも、力のない者を助けるのも、あなたには変わりはありません。私たちの神、主よ、私たちを助けてください。私たちはあなたに拠り頼み、御名によってこの大軍に向かって来ました。……人間が、あなたに力を行使することのないようにしてください」。なんと素晴らしい祈りではありませんか。（4）戦いは、マレシャ（ユダの町）で始まり、最後はゲラル（ペリシテ人の町）で終わりました。アサの軍勢は、非常に多くの分捕り物をエルサレムに持ち帰りました。さらに彼らは、ゲラル周辺のすべての町々を攻め、多くの羊とらくだを奪って、エルサレムに帰還しました。
アサの祈りから教訓を学びましょう。アサの短い祈りが聞かれた理由は、彼が日頃から主とともに歩んでいたからです。義人の祈りには、力があります。神の栄光を求める祈りは、聞かれます。

歴代誌第二15章

アサは、これらのことばと預言者オデデの預言を聞いて奮い立ち、ユダとベニヤミンの全地、また彼がエフライムの山地で攻め取った町々から、忌むべき物を除いた。そして、主の宮の玄関の前にあった主の祭壇を新しくした。

（歴代誌第二15・8）

この章から、以下のことを学びましょう。（1）アザルヤは、アサを励ますために、預言のことばを語ります。（2）アサは、そのことばに即座に応答し、宗教改革を実行に移します。（3）アサの治世が平和で長続きしたのは、彼が主を恐れ、主に従順に歩んだからです。

アザルヤの預言

奇跡的な勝利を手にして意気揚々とエルサレムに帰還して来たアサとその民に対して、主は励ましのことばを語られました。オデデの子アザルヤが、神の霊に促されて主のことばを伝えます。その内容は、以下のようなものでした。（1）ユダとベニヤミンの民が主とともにいるなら、主も彼らとともにいてくださる。しかし、もし主から離れるなら、主も彼らを捨ててしまわれる。（2）歴史を振り返ると、イスラエルの民は主に背き、何度も裁きを受けてきた。それでも、彼らが悔い改め、主を求めたときには、主はご自身を示し、彼らを赦してくださった。（3）「しかし、あなたがたは勇気を出しなさい。力を落としてはなりません。あなたがたの働きには報いがあるからです」。これは、主に対して忠実に歩むアサへの励ましのことばです。

アサによる宗教改革

アサは、預言者アザルヤのことばに即座に応答します。（1）アサは、すでに始めていた宗教改革の速度を早めます。彼は、ユダとベニヤミンの全地から、また、エフライムの山地で攻め取った町々から、忌むべき物を除きました。さらに、主の玄関の前にあった主の祭壇を新しくしました。（2）アサは、エルサレムで聖会を召集しました（その治世の第15年の第3の月）。その日、民はクシュ人からの分捕り物の中から、牛700頭と羊7000匹を、いけにえとして主に献げました。（3）この日アサは、民と契約を結びました。それは、「心を尽くし、いのちを尽くして、父祖の神、主を求める」という契約でした。もしその契約に違反するなら、その者は殺されます。（4）さらにアサは、親族に対しても厳しく接しました。「また、アサ王は、母マアカがアシェラのために憎むべき像を造ったので、彼女を皇太后の位から退けた。アサはその憎むべき像を切り倒して粉々に砕き、これをキデロンの谷で焼いた」。マアカは、実際はアサの母ではなく、祖母です。その祖母を、王母の地位から追放したのです。

アサは、主に従順に歩みました。それゆえ主は、長期にわたる平和を南王国ユダにお与えになりました。アサの従順は、大きな報いをもたらしたのです。

新約時代に生きる私たちへの励ましのことばは、コリント人への手紙第一15章58節にあります。「ですから、私の愛する兄弟たち。堅く立って、動かされることなく、いつも主のわざに励みなさい。あなたがたは、自分たちの労苦が主にあって無駄でないことを知っているのですから」。日々、主イエス・キリストにあって労している人は、幸いです。

歴代誌第二16章

「主はその御目をもって全地を隅々まで見渡し、その心がご自分と全く一つになっている人々に御力を現してくださるのです。あなたは、このことについて愚かなことをしました。これから、あなたには数々の戦いが起こるでしょう。」

（歴代誌第二16・9）

この章から、以下のことを学びましょう。（1）アサは、イスラエルの王バアシャの動きを牽制するために、アラムの王ベン・ハダドに助けを求めました。（2）このことを悲しんだ主は、預言者ハナニを通して、アサに警告のことばを語ります。（3）主は常に、ご自身の心と1つになっている人々を探しておられます。（4）アサの生涯は、不信仰で終わりました。それでも彼は、ユダの王たちの中では最良の王の1人でした。

イスラエルの王バアシャ

アサの治世の第36年に、イスラエルの王バアシャは、エルサレムのすぐ北に砦の町ラマを築き始めました。この砦は、北王国の民が南王国に逃避することを阻止するためのものでした。以前クシュ人の攻撃を受けたときには、アサは主に全面的に頼りました。しかし、今回はそうではありませんでした。彼の信仰が揺らいだのです。彼は、人間的な策を講じ、ダマスコに住むアラムの王ベン・ハダドの援助を得ようとしました。アサは、主の宮と王宮の宝物倉から銀と金を取り出し、それをベン・ハダドに贈りました。アサの要求どおりに、ベン・ハダドは北からイスラエルを攻撃しました。その結果、イスラエルの王バアシャは、砦の町ラマの建設を中止しました。アサの計画は、人間的には成功しましたが、霊的には、主を悲しませました。目的が正しければ、手段も正当化されるというわけではありません。神は預言者ハナニをアサ王のもとに遣わし、ご自身のことばを伝えさせます。

ハナニのことば

ハナニが伝えた内容は、以下のようなものです。

（1）クシュ人との戦いでは、アサは主に頼ったので勝利を収めた。しかし今回は、アサは主に頼ることをしなかった。それゆえ、アラムの王の軍勢は、アサの支配から逃れた。（2）主は常に、ご自身の心と1つになっている人々を探しておられる。「主はその御目をもって全地を隅々まで見渡し、その心がご自分と全く一つになっている人々に御力を現してくださるのです」。（3）これ以降、アサは数々の戦いに巻き込まれることになります。

以前のアサなら悔い改めたはずですが、今回は、そうはなりませんでした。アサは激怒し、ハナニを投獄しました。アサが自分勝手な道を歩み始めたので、主は足の病気で彼を打たれました（治世の第39年）。それでも彼は、主を求めることはしないで、逆に医者を求めました。ここでの「医者」とは、魔術師か霊能者だと考える人もいます。それから2年後に、彼は死にます（治世の第41年）。アサの生涯は不信仰で終わりましたが、それでも彼は、ユダの王たちの中では最良の王の1人です。人々は彼の死を悼み、壮大な葬儀を営みました。

アサの失敗は、私たちへの教訓でもあります。壮年期の熱心な信仰が、老年になっても維持されるように、霊の目を覚ましていようではありませんか。苦難の日には、神に向かって叫ぼうではありませんか。神の側に付く人は、人生の勝利者となります。

歴代誌第二17章

主はヨシャファテとともにおられた。彼がその先祖ダビデの最初の道に歩んで、バアルの神々に求めず、父祖の神に求め、その命令にしたがって歩み、イスラエルの行いに倣わなかったからである。（歴代誌第二17・3～4）

この章から、以下のことを学びましょう。（1）ヨシャファテの偉大さは、彼がダビデの道に歩んだことにあります。（2）ヨシャファテの治世が平和であった理由は、彼がバアルの神々を排除し、父祖の神にのみ信頼したからです。（3）彼は、神のことばを民に教えることに力を注ぎました。

ダビデの道に歩むヨシャファテ

アサの後を継いだのは、息子のヨシャファテです。ヨシャファテの統治は、25年間続きます。その内容を描写してるのが、歴代誌第二17～20章です。歴代誌のヨシャファテの記録は、列王記第一のそれよりも長くなっています。特筆すべきは、歴代誌第二17章の記録は列王記第一にはなく、ここだけのものだという点です。

(1)ヨシャファテは、城壁の町々に軍隊を置き、イスラエルに対する防衛を堅固なものとしました。彼の統治が成功した理由は、その信仰にあります。「主はヨシャファテとともにおられた。彼がその先祖ダビデの最初の道に歩んで、バアルの神々に求めず、父祖の神に求め、その命令にしたがって歩み、イスラエルの行いに倣わなかったからである」。(2)注目すべきは、「ダビデの道」(ダビデの信仰と行い)が、王たちの信仰を測る基準として常に用いられていることです。もし王たちがダビデの例に倣って歩めば、彼らは繁栄し、祝福を受けました。そうでない場合は、没落しました。(3)ヨシャファテの治世は、平和な時代でした。主の恐れがユダの周りの地のすべての王国に臨んだため、ヨシャファテに戦いを仕掛ける者は誰もいませんでした。さらに、敵国がヨシャファテに貢ぎ物を運んで来るようになりました。

神のことばを重視するヨシャファテ

(1)ヨシャファテは、神のことばを第一とし、それに従うことに喜びとしました。「彼の心は主の道を大いに誇りとし、彼はさらに、高き所とアシェラ像をユダから取り除いた」。(2)さらに彼は、神のことばを民に教えることを重視しました。「彼はその治世の第三年に、彼の高官たち、ベン・ハイル、オバデヤ、ゼカリヤ、ネタンエル、ミカヤを遣わして、ユダの町々で教えさせた」。この時、レビ人や祭司も同行しました。彼らは、すべての町々を巡回しながら、民に主の律法を教えました。(3)主は、ヨシャファテの信仰のゆえに、ユダを祝福されました。その1つの例が、戦士の人数です。レハブアムがユダの統治を開始した時(60年前)、戦士は18万人でした。ヨシャファテの時代になると、それが１１６万人にもなりました。これは、城壁のある町々に配属された人々を除く人数です。次の18章では、ヨシャファテがその軍勢をどのように用いたかが記されています。

歴代誌の著者の視点は、明確です。(1)ダビデの信仰と行いが、王たちを評価する際の基準です。（2）ダビデの道を歩んだ王たちは祝され、そうでない王たちは、裁きを受けます。

ヨシャファテは、私たちが倣うべき手本です。神のことばを第1にした歩みとはどのようなものか、黙想しようではありませんか。

歴代誌第二18章

ヨシャファテには富と誉れが豊かに与えられたが、彼はアハブと姻戚関係に入った。数年後、彼がサマリアのアハブのところに下って行くと、アハブは彼および彼とともにいた民のために、おびただしい数の羊や牛を屠り、ラモテ・ギルアデに攻め上るよう誘った。（歴代誌第二18・1〜2）

この章から、以下のことを学びましょう。（1）ヨシャファテは、イスラエルの王アハブと同盟関係に入ります。（2）偽預言者たちは、聞く人が喜びそうなことだけを語りますが、主の預言者は、真実を語ります。（3）ミカヤは、主のことばを伝えたために、投獄されます。（4）アハブの死は、神の摂理によってもたらされたものです。

アハブとの同盟

この時点までは、ユダとイスラエルは敵対関係にありました。しかし、ヨシャファテの息子ヨラムがアハブの娘と結婚したことにより、両国は同盟関係に入ります（2歴21・5～6）。この結婚は、ヨシャファテにとっては罠となりました。
何年か経って、アハブはシリア人を攻撃する戦いにヨシャファテを誘います。当時シリア人は、イスラエルの領地の一部（ラモテ・ギルアデ）を略奪していました（1列22・3～4）。ヨシャファテは、まず主の御心を確認することを提案します。そこでアハブは、400人の預言者の意見を聞きますが、彼ら全員が、「あなたは攻め上ってください。神は王様の手にこれを渡されます」と答えます。ヨシャファテは、彼らが主の預言者でないことを見抜き、ここには本物の主の預言者はいないのかと尋ねます。アハブはすぐに、イムラの子ミカヤを思い出します。アハブは、ミカヤのことを憎んでいました。なぜなら、いつも悪い預言ばかりを語っていたからです。

主の預言者ミカヤ

アハブとヨシャファテの前に、ミカヤが連れて来られます。その時、偽預言者たちは口を揃えて、勝利の預言を語っていました。ケナアナの子ゼデキヤは、鉄の角を作り、「主はこう言われます。『これらの角で、あなたはアラムを突いて、絶ち滅ぼさなければならない』」と預言しました。王から派遣された使者がミカヤに、良い預言をして欲しいと懇願すると、ミカヤは、「主は生きておられる。神が私に告げられることを、そのまま述べよう」と応じます。偽預言者です。真実を告げるのは、真の預言者です。私たちも、神の声を聞き分ける霊的識別力が与えられるように、祈ろうではありませんか。

人の耳に心地良いことだけを預言するのは、偽預

ミカヤの預言

最初ミカヤは、偽預言者たちと同じ内容の預言を語りました。これは、本心から出たことではなく、皮肉です。それを見抜いたアハブは、真実だけを語るようにミカヤに誓わせます。するとミカヤは、イスラエル敗北の預言を語り始めます。さらに彼は、アハブの預言者たちがなぜ誤った情報をアハブに伝えているかを説明します。彼らは、偽りの霊の影響を受けているというのです。その偽りの霊は、アハブの邪悪さを裁くために、主が送ったものでした。

偽預言者ゼデキヤは、ミカヤの頬を殴りつけます。ミカヤは、真実を語ったために被害を受けたのです。アハブは、ミカヤを投獄し、自分が無事に戻って来るまで、わずかなパンと水だけを与えておくように命じました。ミカヤは、「もしも、あなたが無事に戻って来ることがあるなら、主は私によって語られなかったということです」と応じました。真の預言者のことばは、必ず成就します。

アハブ王の死

アハブは、ミカヤの預言を恐れました。それゆえ彼は、兵士に変装して戦場に向かいました。ただし、ヨシャファテには、王服を着たまま戦場に出るように願いました。ヨシャファテのお人好しぶりに呆れます。人間がいかに知恵を働かせようとも、神の御心は成ります。ヨシャファテはいのち拾いし、アハブは戦死します。「そのとき、ある一人の兵士が何気なく弓を引くと、イスラエルの王の胸当てと草ずりの間を射抜いた」。これがアハブの死因です。彼の死の背後には、神の摂理の御手があります。ヨシャファテは、九死に一生を得て、エルサレムに逃げ帰ります。彼は、不信者との同盟の危険性を、身をもって学んだのです。

パウロは、こう教えています。「不信者と、つり合わないくびきをともにしてはいけません。正義と不法に何の関わりがあるでしょう。光と闇に何の交わりがあるでしょう」（2コリ6・14）。ヨシャファテの失敗から教訓を学ぼうではありませんか。

歴代誌第二19章

ハナニの子、先見者エフーが、ヨシャファテ王の前に進み出て言った。「悪者を助け、主を憎む者を愛するというのですか。このことのゆえに、あなたの上に、主の前から怒りが下ります。しかし、あなたには良いことも認められます。あなたはこの地からアシェラ像を取り除き、心を定めて神を求めてこられました。」（歴代誌第二19・2～3）

この章から、以下のことを学びましょう。（1）エフーは、ヨシャファテがアハブと同盟関係に入ったことを糾弾します。（2）知恵ある者は、警告のことばを受け取ります。ヨシャファテは、ただちに悔い改めます。（3）悔い改めたヨシャファテは、民を父祖の神に立ち返らせるために、以前にも増して熱心に奉仕をします。

ヨシャファテの悔い改め

ユダの王ヨシャファテは、無事にエルサレムに帰還します。すると、預言者ハナニの子エフーが王の前に来て、イスラエルの王アハブとの同盟を糾弾します。「悪者を助け、主を憎む者を愛するというのですか。このことのゆえに、あなたの上に、主の前から怒りが下ります」。ヨシャファテは、民に悪影響を与えるような先例を作ってしまったのです。彼は、自らの罪を悔い改め、以前にも増して熱心に民の信仰を育てる努力をしました。「彼はもう一度ベエル・シェバからエフライムの山地に至る民の中に出て行き、彼らを父祖の神、主に立ち返らせた」。また、モーセの律法に基づく裁判制度を充実させました。「彼はこの地、すなわち、ユダにあるすべての城壁のある町に、それぞれの町のさばき人を任命した」。以上のことは、ヨシャファテが民の幸せを願っていたことと、神のことばに対して畏怖の念を抱いていたことを示しています。

主への恐れ

さばき人（裁判官）への勧告が語られます。「今、主への恐れがあなたがたにあるように。忠実に行いなさい。私たちの神、主には、不正をすることも、えこひいきをすることも、賄賂を取ることもないか

がら、日々必要な判断を下し、人生の選択を行おうではありませんか。

らだ」。さばき人に必要な資質は、「主への恐れ」です。彼らは、契約の民を裁く主の代理人として、主の正義が成るように働くのです。不正も、えこひいきも、賄賂を取ることも、主の代理人にはふさわしくありません。

エルサレムでも同様の裁判制度が設けられました。「ヨシャファテは、エルサレムにおいても、レビ人と祭司たちの中から、またイスラエルに属する氏族のかしらたちの中から、主のさばきと訴訟に携わる者たちを任命した。彼らはエルサレムに住んだ」。エルサレムで発生する訴訟は、他の地区よりも複雑で困難なものです。宗教的な訴訟は、祭司アマルヤが担当し、民事的な訴訟は、ユダの家の長イシュマエルの子ゼバデヤが担当しました。レビ人たちは、官吏として奉仕をしました。

神からなんらかの権威を委ねられている者は、ヨシャファテがさばき人たちに語った勧告に耳を傾けるべきです。指導者として立てられた者は、人への忖度ではなく、神を恐れることを優先させなければなりません。私たちも、神への説明責任を意識しな

歴代誌第二20章

ヨシャファテは恐れた。そして心に決めて主を求め、ユダの全土に断食を呼びかけた。ユダの人々は集まって来て、主の助けを求めた。実にユダのすべての町から人々が来て、主を求めたのである。（歴代誌第二20・3～4）

この章から、以下のことを学びましょう。（1）敵の侵攻に際して、ヨシャファテは信仰の祈りを献げました。（2）彼は、自分の無力を告白し、主にのみ信頼すると祈りました。（3）主はヤハジエルを通して、主が戦われるので民は戦う必要がないと言われました。（4）ヨシャファテと民は、実際の勝利が与えられる前に、主を礼拝し、御名をたたえました。

敵の侵攻

死海の東側から、モアブ人とアンモン人の連合軍が、ユダに侵入して来ました。敵軍は、すでに「ハツェツォン・タマル、すなわちエン・ゲディ」にまで到達していました。この知らせを聞いて、ヨシャファテは恐れを覚えます。これは、人間として当然の反応です。彼は、全国に断食を布告し、主の助けを求めて祈るように命じます。その布告に応答して、人々はエルサレムの神殿に集まります。ヨシャファテは、神殿の新しい庭の前で、ユダとエルサレムの集団の中に立って、主に祈ります。この祈りは、歴代誌第二に記録されている王の祈りの3番目のものです（ソロモンの祈りは6章に、アサの祈りは14章に記されています）。

ヨシャファテの祈り

ヨシャファテの祈りを要約すると、以下のようになります。（1）アブラハムの子孫であるイスラエルの民は、契約の民である。神は彼らに、約束の地をお与えになった。(2)今自分が立っている神殿は、特別な場所である。民がそこで祈れば、その祈りを聞くと神は約束された。（3）かつて自分たちが善意を示した民が、今や敵となって約束の地を奪うために攻め上って来た。神がそれを阻止できないはずはない。（4）自分たちは無力であり、神に頼るしか方法はない。

ユダの人々は全員主の前に立って、主からの答えを待ちました。すると、主の霊が、アサフ族の出のレビ人ヤハジエルの上に臨みました。彼は、主のことばを伝え、民の恐れを取り除きます。（1）このおびただしい大軍を恐れる必要はない。なぜなら、この戦いは、神の戦いであるから。（2）明日、彼らのところに攻め下れ。ただし、戦う必要はない。主が戦われるからだ。ただ、主の救いを見るだけでよい。

信仰による喜び

ヨシャファテとユダのすべての人々は、主の前にひれ伏し、主を礼拝しました。ケハテ族、コラ族のレビ人たちが立ち上がり、大声を張り上げてイスラエルの神、主を賛美しました。ここでのポイントは、実際に勝利が与えられる前に主の約束を信じ、主を賛美していることです。これは、私たちも見倣うべき行為です。

翌朝早く、彼らは戦場に出て行きましたが、この出陣は、まるで祭りに向かうパレードのようなものでした。賛美する者たちが先頭に配置され、「主に感謝せよ。その恵みはとこしえまで」と歌いながら進軍しました。賛美の声が上がると、敵は大混乱に陥りました。主がこの戦いに介入されたからです。「主は伏兵を設けて、」とあります。この伏兵が実際の兵士たちなのか、超自然現象なのか、明確には記されていません。いずれにしても、予期せぬ事態が起こったのです。その影響で、ユダに攻めて来たアンモン人とモアブ人は、セイル山の人々を襲い、全滅させました。それが終わると、アンモン人とモアブ人は仲間打ちを始めました。ユダの兵士たちが戦場に着くと、そこには敵の死体がころがっていました。また、大量の分捕り物（武具、高価な器具）が残されており、それを集めるのに3日もかかりました。4日目に、彼らはベラカの谷に集まり、その所で主をほめたたえました。

ヨシャファテと民は、主を賛美しながらエルサレムに凱旋しました。隣国の王たちは、この戦いの噂を聞き、イスラエルの神を恐れました。その結果、しばしの平和が訪れました。

ヨシャファテの祈りから教訓を学ぼうではありませんか。神はいかなる状況をも支配しておられます。私たちは、主イエスを通して神の子とされています。その私たちを、神が守ってくださらないはずはありません。苦難の日には、断食(悔い改めの姿勢)をもって、神に助けを求めようではありませんか。

歴代誌第二21章

ヨラムは父の王国の上に立つと、勢力を増し加え、その兄弟たちをすべて剣にかけて殺し、イスラエルの首長たち数人も殺した。

(歴代誌第二21・4)

この章から、以下のことを学びましょう。(1)邪悪な王ヨラムの支配は、ユダに悲劇をもたらします。(2)ユダが崩壊し始めるのは、ヨラムが偶像礼拝に走ったからです。(3)エリヤの預言どおりに、ヨラムは悲惨な最期を迎えます。(4)ヨラムの死を悼む人は、誰もいませんでした。

ヨラムの治世

ヨシャファテには、ヨラム、アザルヤ、エヒエル、ゼカリヤ、アザルヤ、ミカエル、シェファテヤという息子たちがいました。それぞれ父から遺産を受けましたが、王国は長子ヨラムに与えられました。ヨラムの治世からユダ王国の崩壊が始まり、最後はバビロン捕囚の悲劇に至ります。

ヨラムは32歳で王となり、エルサレムで8年間、王として統治しました。彼は、兄弟たちを皆殺しにし、国の重鎮たちの幾人かを殺しました。さらに彼は、バアル礼拝を実行しました。「イスラエルの王たちの道に歩んだ」とは、偶像礼拝を採用したという意味です。

ヨラムに破壊的な影響を与えたのは、妻のアタルヤでした。彼女は、イスラエルの王アハブとその妻イゼベルの娘です。彼女は、南王国ユダを滅亡へと導くサタンの器です。しかし主は、アハブとイスラエルを裁いたときのように厳しくは、ヨラムとユダを裁かれませんでした。その理由は、ダビデ契約にあります。「しかし、主はダビデと結ばれた契約のゆえに、ダビデの家を滅ぼすことを望まれなかった。主はダビデとその子孫に常にともしびを与えると約束されたからである」とあるとおりです。

エドム人

エドム人は、ヨラムの治世になって、ユダの支配を脱し、自分たちの王を立てました。さらに、リブナ（ユダの領土にある町）もヨラムに背きました。その理由は、彼（ヨラム）がその父祖の神、主を捨て去ったからです。それでもヨラムは、偶像礼拝を止めないで、ユダの民を迷わせました。

北王国で活躍していた預言者エリヤは、ヨラムに書状を送り、ヨラムの死を預言しました。「見よ。主は大きな災害をもって、あなたの民、あなたの子たち、あなたの妻たち、そしてあなたの全財産を打つ。あなた自身は、悪性の内臓の病気をわずらい、ついにはその病のために、日に日に内臓が外に出て来るようになる」。ヨラムは、それに応答することはしませんでした。

ペリシテ人とアラビア人

ペリシテ人とアラビア人がユダに攻め入り、王の財産と家族を奪い去りました。ヨラムに残された男子は、末子のエホアハズだけとなりました。これは、自分の兄弟たちを皆殺しにした罪に対する当然の報いです。

ヨラムは、内蔵の病気で苦しみます。エリヤが預言したとおり、最後には内臓が外に出てしまいました。彼は重病の床で死にましたが、誰も彼の死を悼みませんでした。「彼は惜しまれることなく世を去った。人々は彼をダビデの町に葬ったが、王たちの墓には納めなかった」。ヨラムの悲劇の原因は、父ダビデの道に歩まなかったことにあります。

ヨラムを反面教師として、霊的教訓を学ぼうではありませんか。誰からもその死を悼まれないとは、なんという悲劇でしょうか。私たちに関しては、そのような死を迎えてはなりません。

歴代誌第二22章

エルサレムの住民は、彼の末子アハズヤを彼の代わりに王とした。アラビア人とともに陣営に攻めて来た略奪隊が、年長の子らをすべて殺してしまったからである。こうしてユダの王ヨラムの子アハズヤが王となった。（歴代誌第二22・1）

この章から、以下のことを学びましょう。（1）アハズヤは、愚かな選択をしたために、たった1年でその統治を終えます。（2）アハズヤの母アタルヤは、王位継承権を持つ者たち（彼女の孫たち）を皆殺しにし、自らが女王になろうとします。（3）しかし、神はこの状況に介入され、幼子ヨアシュのいのちを救われます。それによって、メシアが誕生する家系は守られます。

イスラエルとの同盟

ヨラムの後を継いだのは、アハズヤでした。王位継承権がある男子は、彼しかいませんでした。アハズヤは42歳で王となりましたが、その治世はわずか

1年で終わります。主の御心を理解せず、母アタルヤやバアル礼拝者たちの助言に従ったからです。ヨシャファテが画策した北王国との婚姻関係の悪影響は、結果的に、3代目にまで及ぶことになりました。

ヨラムという名の王が2人いますので、注意しましょう。①ユダの王ヨラム。彼は、アハズヤの父です。②イスラエルの王ヨラム。彼は、アハブの子です。

ユダの王アハズヤは、イスラエルの王ヨラムと同盟を結びます。ヨラムは、アラムとの戦いで負傷し、その傷を癒やすためにイズレエルに帰っていました。アハズヤは、負傷したヨラムを見舞うために、そこを訪れます。そればかりか、ヨラムといっしょにニムシの子エフーと戦うために、戦場に出て行きます。これは、実に愚かな選択でした。エフーという人物は、アハブの家を滅ぼすために主が用意した裁きの器だったからです。エフーの部下たちは、サマリアに隠れていたアハズヤを見つけ、彼を殺します。アハズヤの遺体は、家臣によって手厚く葬られました。その理由は、彼が「主を求めたヨシャファテの子」（実際はヨシャファテの孫）であったからです（2列9・28参照）。アハズヤには、王位を継承する年齢の息子がいませんでした（息子ヨアシュは、まだ幼かった）。南王国ユダを襲った一連の問題は、ヨシャファテの時代にアハブの家と婚姻関係に入ったところから始まっています。不信者と釣り合わないくびきをともにするのは、危険なことです。

王族の暗殺

夫（ヨラム）を亡くし、その上息子（アハズヤ）まで失ったアタルヤは、自らが女王になるという野望を抱きました。彼女は、王位継承権のある者たちを皆殺しにします。つまり、自分の孫たちを抹殺するということです。彼女のこの行為の背後には、サタンの策略があります。神はアダムに、メシアが誕生する家系を守ると約束されました（創3・15）。神の啓示の進展に伴って、メシアはアブラハム、イサク、ヤコブの子孫から、さらに、ダビデの子孫から生まれることが明らかになりました。サタンは、南王国ユダの王族を抹殺することによって、メシア誕生の計画を破壊しようとしたのです。そしてそれは、成功したかに見えました。

しかし神は、サタンの策略を破壊されました。王の娘のエホシェバが立ち上がったのです。彼女は、アハズヤの妹であり、祭司エホヤダの妻でもありました。彼女から見ると、ヨアシュは兄の子、つまり甥に当たります。幼子ヨアシュだけが、正統な王位継承権者です。もしこの子が殺されたなら、メシアの家系は断絶してしまいます。もしそうなると、サタンが神に対して勝利したことになります。エホシェバは、ヨアシュを盗み出し、神殿の中に隠しました。女王となったアタルヤは、ヨアシュが生きていることを知らないままで、6年間王座に着いていました。幼子ヨアシュは、神殿にかくまわれて成長していきます。これら一連の出来事については、列王記第二8～11章に詳細な記録があります。

悪が栄えているように見えても、それは一時的なことです。神の時が来たなら、悪は滅ぼされます。聖書が書かれた目的は、「神の栄光」です。神はご自身の約束を守られます。神に信頼する者は、恥を見ることがありません。

歴代誌第二23章

彼らは王の子を連れ出し、王冠をかぶらせ、さとしの書を渡して、彼を王と宣言した。そしてエホヤダとその子たちが彼に油を注いで、「王様万歳」と叫んだ。（歴代誌第二23・11）

この章から、以下のことを学びましょう。（1）ヨアシュがユダの王として油注ぎを受けます。（2）女王アタルヤは、殺されます。悪者は、草花のように枯れます。（3）祭司エホヤダは、種々の改革を実行します。義人は、真昼の太陽のように輝きます。

ヨアシュの戴冠

略奪者である女王アタルヤは、7年にわたってダビデの王座に着いていました。その間、祭司エホヤダは、ヨアシュが成長するのを待ちました。そして7年目に、エホヤダは百人隊の長たちと契約を結び、ヨアシュを王として迎える準備を始めます。

百人隊の長たちは、レビ人たちや族長たちをエルサレムに召集し、王と契約を結ばせます。全会衆が神の宮で王と契約を結んだ時、祭司エホヤダは彼らにこう言います。「見よ。主がダビデの子孫について約束されたとおり、王の子が王となる」。さらにエホヤダは、ヨアシュを王座に就ける運命の日を安息日と決め、祭司とレビ人それぞれに、任務を割り当てます。

すべての準備が整ったところで、7歳になったヨアシュが連れ出されました。彼らは、ヨアシュに王冠をかぶらせ、律法の巻物を渡し、王と宣言し、最後に、油を注ぎました。その時、「王様万歳」という叫び声が神殿に響き渡りました。

アタルヤの死

女王アタルヤは、神殿から聞こえてくる歓声が何かを確認するために、そこに行きます。そして、すでに死んだと思っていた王の息子が王冠をかぶってそこにいるのを見て驚きます。それ以上に驚いたのは、民がみなその背後にいて、新王を支持していたことです。彼女は自分の衣服を引き裂き、「謀反だ、謀反だ」と叫びますが、そのことばに耳を傾ける者はいませんでした。謀反人は、ヨアシュではなく、アタルヤ自身です。

エホヤダは、百人隊の長たちに命じて、アタルヤを殺させました。しかし、神殿の外でそれを行うように指示しました。アタルヤは、自らが行った蛮行に対する当然の報いを受けました。神の御心が成った時、神の民の間に賛美と喜びが湧き起こりました。私たちにとっても、人生のゴールは神の御心が成ることです。神に従う人が味わう喜びは、格別のものです。

祭司エホヤダによる改革

アタルヤが排除されると、祭司エホヤダは時を移さずに改革に着手します。彼は、真に主を恐れる義人です。(1)エホヤダは、彼とすべての民と王との間で、彼らが主の民となるという契約を結びます。これは、主の命令に従って歩むことを約束する契約です。(2)民は、主との契約に従って、バアルの神殿の破壊に着手します。また、バアルの祭司マタンを殺します。これは、申命記13章5～10節の命令に従った行為です。(3)祭司エホヤダは、神殿での礼拝の秩序の回復にも注力しました。これは、モーセの律法とダビデの指示に基づいた改革です。ダビデが行った祭司の組み分けが再び実行に移され、それに基づいて祭司たちは神殿での奉仕を行うようになりました。（４）さらにエホヤダは、汚れた者が誰１人として神殿に侵入することのないように、門衛たちを立てました。「汚れた者」とは、儀式的に汚れた者という意味です。彼は、真の改革は主の家から始めなければならないということを知っていました。私たちの人生においても、真の改革は神との関係の見直しから始めなければなりません。（５）エホヤダは、民を率いて新王ヨアシュを神殿から王宮に運び、そこで王座に就かせました。ついに、ダビデの子孫が正統な王として王座に就いたのです。民は、大いに喜び、新王の下での生活が祝されることを願いました。

かくして、メシア誕生の家系を断絶させるという悪魔の企みは、失敗に終わりました。神の御心が成るところには、平和と喜びがあります。私たちも、神に従うことによって、平和を作る子たちとならせていただこうではありませんか。

歴代誌第二24章

ヨアシュは七歳で王となり、エルサレムで四十年間、王であった。彼の母の名はツィブヤといい、ベエル・シェバ出身であった。ヨアシュは、祭司エホヤダが生きている間は、主の目にかなうことを行った。（歴代誌第二24・1～2）

この章から、以下のことを学びましょう。（１）幼子ヨアシュは、祭司エホヤダの助言により、王としての務めを果たしました。（２）ヨアシュは、神殿の改修を行い、主の礼拝を重視しました。（３）エホヤダの死後、ヨアシュは偶像礼拝に走ります。また、預言者ゼカリヤを殺します。（４）ヨアシュは、家来たちの謀反によって暗殺されます。

神殿の改修

幼子ヨアシュが王の任務を遂行できたのは、良き助言者である祭司エホヤダがいたからです。ヨアシュがめとった２人の妻たちも、エホヤダが人選した女性たちでした。

ヨアシュは、神殿を改修する計画を立てました。悪女アタルヤの時代に、神殿は荒らされていたからです。彼は、祭司とレビ人たちに、神殿改修のための資金を全イスラエルから集めるように命じますが、その作業が遅いので、計画を変更します。彼は、神殿の門の外側に1つの箱を置き、そこに神殿税を納めるように命じました。民がその命令に喜んで従ったので、箱はすぐにいっぱいになりました。箱は、毎日空にされて、門の外側に置かれました。集まった資金は、石切り工、木工、金物細工師などを雇うための費用となりました。「エホヤダが生きている間、主の宮では絶えず全焼のささげ物が献げられた」。祭司エホヤダは、民の精神的支柱となりました。

エホヤダの死

信仰の人エホヤダは、長寿を全うして死にました。人々は、彼をダビデの町にある王たちの墓に葬りました。王家の一族でない者が王たちの墓に葬られるのは、破格の栄誉です。

エホヤダがいなくなると、ヨアシュは偶像礼拝者たち（ユダの首長たち）の助言に耳を傾け始めます。ヨアシュと民は、主から離れ、アシェラと偶像を拝むようになります。主は、彼らを立ち返らせるために預言者たちを遣わしますが、彼らは耳を貸そうとしません。神は、ヨアシュにもう一度チャンスを与えてくださったのですが、彼は、そのチャンスを生かすことができませんでした。神の恵みと忍耐を軽んじる者は、愚か者です。

預言者の殺害

主がヨアシュと民を悔い改めに導くために派遣した預言者は、祭司エホヤダの子ゼカリヤでした。彼は、主の霊によってこう語ります。「神はこう仰せられる。『あなたがたは、なぜ主の命令を破り、繁栄を逃がすのか。』あなたがたが主を捨てたので、主もあなたがたを捨てられた」。それを聞いてヨアシュは、預言者ゼカリヤを殺害するように命じます。ゼカリヤは、神殿の庭で石打ちにされて、死んで行きます。ゼカリヤは、「主がご覧になって、責任を問われますように」との遺言を残しました。

ヨアシュは、エホヤダの援助と保護により王としての務めを果たしてきましたが、その恩を忘れ、かえってその子を殺したのです。通常では考えられないような堕落した霊性が、ヨアシュの内に見られます。

ヨアシュの最期

主は、ゼカリヤの最期の祈りを聞かれました。アラムの軍勢（少人数であった）がエルサレムに攻めて来て、偽りの助言者たちを皆殺しにしました。主が少人数の敵を用いてヨアシュを裁かれたのです。敵の軍勢は、神殿から取った分捕り物をダマスコの王のもとに送りました。

ヨアシュ自身も重傷を負い、床に伏せるようになりました。それを見て、彼の家来たちは謀反を企てます。これは、「祭司エホヤダの子たちの血のゆえ」の謀反でした。ヨアシュは、敵の手ではなく、家来たちの手によって殺されました。ヨアシュの遺体は、王たちの墓には葬られませんでした。かくして彼は、悪王の1人として記憶されることになりました。王位を継承したのは、彼の子アマツヤでした。

ヨアシュの生涯から教訓を学びましょう。彼の前半生は、善行で満ちていました。神殿を改修し、バアルの神殿を破壊しました。しかし、後半生は罪で満ちていました。その罪は、前半の善行をすべて台無しにするほどのものでした。私たちの場合はどうでしょうか。青年期の霊的情熱をいつまでも燃やし続ける人は、幸いです。神の恵みによって、生涯現役の信仰を目指そうではありませんか。「気をつけて、私たちが労して得たものを失わないように、むしろ豊かな報いを受けられるようにしなさい」（2ヨハ1・8）。アーメン。

歴代誌第二25章

アマツヤは二十五歳で王となり、エルサレムで二十九年間、王であった。彼の母の名はエホアダンといい、エルサレム出身であった。彼は主の目にかなうことを行ったが、全き心をもってではなかった。（歴代誌第二25・1〜2）

この章から、以下のことを学びましょう。（1）アマツヤは、エドム人との戦いに勝利します。（2）アマツヤは、エドムの偶像を持ち帰り、それを礼拝します。（3）アマツヤは、北王国に戦いを挑みますが、敗北を喫します。（4）アマツヤは、暗殺されてこの世を去ります。

エドムとの戦い

アマツヤは王国を確立すると、父ヨアシュを暗殺した家来たちを殺します。次に彼は、エドム人の征服を計画します。エドム人は、ヨラム王の時代に背き、ユダとの関係を断ち切っていました（2歴21・10）。

アマツヤは、30万人の精鋭を得た上に、銀100タラントを払って、北王国イスラエルから10万人の傭兵を雇い入れました。ところが、このことは主の目に適いませんでした。預言者が来て、「王よ、イスラエルの軍勢をあなたとともに行かせてはなりません。主は、イスラエル、すなわちエフライムのいかなる人々とも、ともにおられないからです。……」と語りました。アマツヤは、すでに支払った銀100タラントを惜しみますが、最後は、預言者の忠告に従って傭兵たちを国に帰します。

アマツヤの軍勢は、エドム人1万人を討ちます。さらに、生け捕りにした1万人を岩の頂上に立たせ、谷に投げ落とします。この1万人は、蛮行を働いていた者たちだと思われます。

国に帰された傭兵たちは、激しく怒りを燃やしました。彼らは、ユダの町々を攻め、3000人を打ち殺し、多くの物を略奪しました。

エドムの偶像

アマツヤは、エドムの偶像を持ち帰り、それを礼拝するようになります。主は大いに怒り、王に警告を発するために預言者を遣わされます。預言者は、なぜ力のない偶像たちが自分を救ってくれると考えるのかと、厳しく糾弾します。しかし王は、預言者のことばを途中で遮り、これ以上続けるなら命を奪うと脅迫します（アマツヤの父ヨアシュは、預言者ゼカリヤを殺した張本人です。2歴24・20～22参照）。しかし預言者は、「私は、神があなたを滅ぼそうと計画しておられるのを知りました。あなたがこのことを行い、私の勧めを聞かなかったからです」と応じました。アマツヤは、二心の王でした。彼は、主と偶像の両者に仕えようとしたのです。

イスラエルの王ヨアシュとの戦い

次にアマツヤが画策したのは、北王国イスラエルの略奪でした。当時、北王国の王はエフーの子エホアハズの子、ヨアシュでした（ユダの王ヨアシュと混同しないように）。アマツヤは、ヨアシュに使者を送り、「さあ、直接、対決しようではないか」と挑戦しますが、ヨアシュは寓話で応じます。「レバノンのあざみが、レバノンの杉に使者を送って、『あなたの娘を私の息子の妻にくれないか』と言ったが、レバノンの野の獣が通り過ぎて、そのあざみを踏みにじった」。「あざみ」はアマツヤ、「レバノンの杉」はヨアシュ、「野の獣」は、イスラエルの軍勢です。この寓話の意味は、アマツヤは傲慢な要求をヨアシュに突きつけたが、その傲慢は、ヨアシュの軍勢によって打ち砕かれるということです。アマツヤは、ヨアシュの警告を拒否しますが、それは、神の計画でもありました。

イスラエルの軍勢とユダの軍勢は、ユダのベテ・シェメシュで激突しました。戦いは、イスラエルの大勝利で終わりました。「イスラエルの王ヨアシュは、……ユダの王アマツヤをベテ・シェメシュで捕らえ、エルサレムに引いて来た。そして、エルサレムの城壁をエフライムの門から隅の門まで、四百キュビトにわたって打ち壊した」。城壁は、約１８０ｍにわたって破壊されました。さらにヨアシュは、神殿の金と銀、王宮の財宝と人質を取って、サマリヤに帰って行きました。

アマツヤは、ヨアシュより15年も長生きしました。しかし、その最期は悲惨なものでした。彼は、謀反を避けてラキシュまで逃げますが、追跡隊の手によってそこで殺害されます。彼の遺体はエルサレムに戻され、そこで埋葬されました。

アマツヤの父ヨアシュに続いて、南王国ユダでは2代連続で王が暗殺されたことになります。悲劇の原因は、主を離れ偶像に走ったことにあります。悲劇の治状況や経済状況の底流には、霊的要因があります。政私たちの人生で最も重要なことは、神に喜ばれているかどうかです。それ以外のことは、枝葉に過ぎません。

歴代誌第二26章

ウジヤは十六歳で王となり、エルサレムで五十二年間、王であった。彼の母の名はエコルヤといい、エルサレム出身であった。彼は、すべて父アマツヤが行ったとおりに、主の目にかなうことを行った。（歴代誌第二26・3～4）

この章から、以下のことを学びましょう。（1）ウジヤは善王として知られています。（2）彼は、預言者ゼカリヤが生きていた間は、その助言に従って統治しました。（3）名声を得たウジヤは傲慢になり、祭司だけに許された行為を行います。（4）この越権行為のゆえに、彼はツァラアトで打たれます。（5）ウジヤの失敗から、傲慢は滅びを招くことを学びましょう。

ウジヤの名声

アマツヤの後を継いだのは、ウジヤでした。彼は16歳で王となり、エルサレムで52年間王でした。ウジヤの治世が祝された理由が冒頭に出てきます。「彼は、すべて父アマツヤが行ったとおりに、主の目にかなうことを行った」。特に、預言者ゼカリヤの助言がウジヤに祝福をもたらしました。「神を認めることを教えたゼカリヤが生きていた間、彼は神を求めた。また彼が主を求めていた間、神は彼を栄えるようにされた」とあるとおりです。

神は、あらゆる戦いにおいて、ウジヤを祝福されました。（1）彼は、ペリシテ人とアンモン人に対して勝利しました。（2）また彼は、エルサレムの守りを固め（やぐらの建設）、荒野にやぐらを建て、多くの水溜を掘りました。（3）さらに彼は、30万7500人からなる精鋭部隊を作り、彼らのために、「盾、槍、かぶと、よろい、弓、および投石器用の石」を用意しました。（4）ウジヤは、新兵器を考案する名人でもあったようです。「さらに彼はエルサレムで、巧みに考案された兵器を作り、矢や大石を放つために、やぐらの上や城壁の角の上に据えた」。かくして、ウジヤの名声は、遠国にまで広まりました。

ウジヤの堕落

傲慢は人を堕落させます。ウジヤもまた、例外ではありませんでした。「しかし、彼が強くなると、その心は高ぶり、ついに身に滅びを招いた。彼は自分の神、主の信頼を裏切った。香の壇の上で香をたこうとして主の神殿に入ったのである」。神殿で香をたくのは、祭司だけに許された行為です。ここでウジヤは、越権行為に及んでいます。祭司アザルヤと80人の勇敢な祭司たちが王の前に立ちふさがり、王を叱責しましたが、ウジヤは激しく怒って、手に香炉を取って香をたこうとしました。その時、神は彼を重い皮膚病で打たれました。「ウジヤは激しく怒った。香をたくための香炉を手にしていたが、彼が祭司たちに対して激しく怒ったとき、主の神殿の中にいた祭司たちの前、香の壇の傍らで、彼の額にツァラアトが現れた」。ウジヤは神殿から連れ出され、それ以降、2度とそこに入ることはありませんでした。

ウジヤは、死ぬまでツァラアトに冒されたままでした。彼は隔離された家に住み、息子のヨタムが共同統治人として国を治めました。ウジヤの遺体は、王たちの墓ではなく、その向かいにある野の墓に葬られました。ツァラアトに冒されていたからです。

「高慢は破滅に先立ち、高ぶった霊は挫折に先立つ」（箴16・18）。これは、ウジヤの生涯にも見られる真理です。神からの祝福を受けている者は、神の前に謙遜になることを学ぶべきです。

歴代誌第二27章

彼は、すべて父ウジヤが行ったとおりに、主の目にかなうことを行った。ただし、主の神殿に入ることはしなかった。民は依然として滅びに向かっていた。（歴代誌第二27・2）

この章から、以下のことを学びましょう。（1）ヨタムは、父ウジヤの生き方を見倣った善王です。（2）ユダの民は、ヨタムの生き方に倣おうとはしませんでした。（3）歴代誌の著者が王たちを評価する基準は、「主に従ったかどうか」だけです。

善王ヨタム

「ヨタムは二十五歳で王となり、エルサレムで十六年間、王であった。彼の母の名はエルシャといい、ツァドクの娘であった」。ヨタムの治世は、前750年に始まりました。ウジヤが死んだのは前739年ですので、11年間は父との共同統治だったことになります。ウジヤがツァラアトに冒されたために、この措置が取られたのです。

ヨタムは、主の目に適うことを行いましたが、民は依然として主に不従順で、滅びに向かっていました。ここに彼の統治の限界がありました。彼は、父ウジヤのように神殿に入ることはしませんでした。これは、ほめられるべき点です。

彼は、多くの建築プロジェクトを推進しました。（1）主の宮の上の門（神殿の北方の門）を建てました。（2）オフェルの城壁（ダビデの町を取り囲む城壁）を再建しました。（3）ユダの山地に町々を建て、森林地帯には城塞とやぐらを築きました。

アンモン人は、ヨタムの父ウジヤによって制圧され、貢ぎ物をユダに納めるようになっていました。しかし、ウジヤの死によって彼らは反抗的になりました。それを鎮圧したのが、ヨタムです。その結果、アモン人たちは再びユダに貢ぎ物を納めるようになりました。「彼はアンモン人の王と戦い、彼らに打ち勝った。その年、アンモン人は銀百タラント、小麦一万コル、大麦一万コルを彼に贈った。アンモン人はこれだけのものを彼に納め、二年目も三年目も同じようにした」。恐らく4年目以降は、負担が軽減されたのでしょう。

ヨタムの評価

歴代誌の著者は、ヨタムの統治をこう総括しています。「ヨタムは勢力を増し加えた。彼が、自分の神、主の前に、自分の道を確かなものとしたからである」。主を第一として歩んだかどうかが、評価の基準です。このことは、私たちの人生にそのまま当てはまります。

「ヨタムは先祖とともに眠りにつき、人々は彼をダビデの町に葬った。彼の子アハズが代わって王となった」。善王であるヨタムはダビデの町に葬られ、次に息子のアハズが王となりました。

ユダの民は、お手本であるヨタムの生き方から学ぼうとはしませんでした。そこに、ユダの悲劇があります。私たちの場合も、同じようなことが起こり得ます。信仰者として精一杯生きても、悪口を言う人はいくらでもいます。しかし、罪ある人間が語ることに心を奪われてはなりません。神を第一にするかどうかだけが、私たちの生き方を評価する最終基準です。歴代誌の著者は、その視点からこの書を書いています。「ヨタムは勢力を増し加えた。彼が、自分の神、主の前に、自分の道を確かなものとしたからである」。アーメン。

歴代誌第二28章

アハズは二十歳で王となり、エルサレムで十六年間、王であった。彼はその父祖ダビデとは違って、主の目にかなうことを行わず、イスラエルの王たちの道に歩み、そのうえ、バアルの神々のために鋳物の像を造った。（歴代誌第二28・1）

この章から、以下のことを学びましょう。（1）アハズは、偶像礼拝を推進した最悪の王です。彼は、それまで禁止されていたモレク礼拝を再開します。（2）主は、アハズを裁く器として、イスラエル軍をお用いになりました。（3）周辺国の攻撃に遭ったとき、アハズは主に信頼するのではなく、アッシリアに助けを求めました。これは大失敗に終わります。

最悪の王アハズ

アハズは、南王国ユダで最悪の王です（詳細は列王記第二16章とイザヤ書7章に記されています）。彼は、20歳で王となり、エルサレムで16年間王でした。彼は、即位後すぐに偶像礼拝に走ります。ダビデの道ではなく、イスラエルの王たちの道に歩んだのです。彼は、バアルのために鋳物の像を造り、また、ベン・ヒノムの谷で自分の子どもたちに火の中をくぐらせる儀式を再開しました。これは、モレクの神を礼拝する中での儀式であり、ソロモン時代以来、禁止されていたものです。さらにアハズは、高き所、丘の上、青々と茂ったすべての木の下で、いけにえを献げ、香をたきました。ユダの民に、偶像礼拝が奨励されました。

神の裁き

アラムの王レツィンとイスラエルの王レマルヤの子ペカが同盟を組み、エルサレムに攻め上って来ました（イザ7章）。イスラエル軍は、1日のうちに12万人のユダの兵士たちを殺しました。殺された者たちはみな、先祖の神、主を捨て去っていた人たちです。さらにイスラエル軍は、20万人の捕虜と幾多の分捕り物をサマリアに持ち帰りました。

イザヤによって処女降誕の預言が与えられたのは、この頃です。「…見よ、処女が身ごもっている。そして男の子を産み、その名をインマヌエルと呼ぶ」（イザ7・14）。

同胞を奴隷に取るのは、律法違反です。主の預言者オデデはその罪を指摘し、捕虜とした者たちを解放するようにと、サマリアに戻ってきたイスラエルの軍勢に迫ります。エフライム族のかしらの中には、賢明な判断を下すことのできる者たちがいました。彼らは、オデデの勧告に従うように同胞を説得し、捕虜たちを手厚く保護した後、ユダに帰らせました。

イスラエルの軍勢は、ユダの罪を裁く神の器として用いられました。だからと言って、必要以上に残虐になることは許されません。私たちも、神の義と愛を常に覚えながら、日々の行動を選び取ろうではありませんか。

アハズの失敗

この頃、アハズは周辺国からの攻撃に手を焼いていました。先代の王たちが制圧してきた国々、特に、エドム人とペリシテ人が問題でした。周辺国が攻めて来た理由は、アハブが主に対して罪を犯したからです。「これは、主がイスラエルの王アハズのゆえにユダを低くされたためである。彼がユダにおいて好き勝手にふるまい、甚だしく主の信頼を裏切ったからである」。ここにも、歴代誌の著者の視点が表現されています。アハズは、主に助けを求める代わりに、アッシリアの王たちに援助を求めました。しかし、アッシリアの王ティグラト・ピレセルに頼ったことは、結果的にはアハズに大きな災いをもたらします。

苦境に陥ったアハズは、さらに大きな罪を犯します。彼は、ダマスコの神々にいけにえを献げ、それらの神々に助けを求めました。ダマスコ（アラム）の神々の方が、イスラエルの神よりも力があると考えたからです。彼は、神殿の戸を閉じ、エルサレムの町かどの至る所に祭壇を造り、また、ユダのすべての町に偶像を礼拝する場所を造りました。アハズほど偶像礼拝をユダに蔓延させた王はいません。アハズが死んだとき、遺体は王たちの墓には葬られませんでした。悪王であったからです。アハズの後を継いだのは、彼の子で善王でもあるヒゼキヤです。

試練は、私たちの信仰を成長させるチャンスですが、アハズの場合は、そうはなりませんでした。彼は、試練に遭ったときに偶像に顔を向けました。このようなことが私たちに起こってはなりません。「私の兄弟たち。様々な試練にあうときはいつでも、この上もない喜びと思いなさい。あなたがたが知っているとおり、信仰が試されると忍耐が生まれます」（ヤコ1・2～3）。試練の中でこそ、主に信頼し、主の守りを体験しようではありませんか。

歴代誌第二29章

ヒゼキヤは二十五歳で王となり、エルサレムで二十九年間、王であった。彼の母の名はアビヤといい、ゼカリヤの娘であった。彼は、すべて父祖ダビデが行ったとおりに、主の目にかなうことを行った。（歴代誌第二29・1～2）

この章から、以下のことを学びましょう。（1）ヒゼキヤは、神殿を聖別するところから宗教改革を始めました。（2）さらに、神殿で仕える祭司たちとレビ人たちに、自らの身を清めることを命じました。（3）ヒゼキヤは、王国と聖所とユダのために罪のいけにえを献げました。（4）民は、ヒゼキヤによる宗教改革を大いに喜びました。

善王ヒゼキヤ

ヒゼキヤは、南王国屈指の善王です。25歳で王となり、エルサレムで29年間、王として統治しました。彼は、ダビデの道に歩み、主の目に適ったことを行いました。それゆえ、聖書は、多くの章を費やして彼の治世を解説しています（2列18～20章、イザ36～39章、2歴29～32章）。列王記第二は、主にヒゼキヤの政治的、外交的成果を取り上げています。それに対して、歴代誌第二は、彼の宗教的成果に焦点を合わせています。

ヒゼキヤの宗教改革は、宗教的指導者たちの聖別から始まりました。彼は、祭司とレビ人を集め、自らを聖別することと、神殿を聖別することを命じました。彼は、先祖たちの罪のゆえに、主の怒りがユダとエルサレムの上に下ったのだと説明しました。「見なさい。このため私たちの先祖は剣に倒れ、私たちの息子たち、娘たち、妻たちは、捕虜になっています」。これはユダの国情に関する神学的説明です。次に彼は、主と契約を結ぶことを提案しました。これは、主への従順を誓う契約です。

神殿の聖別

王の呼びかけに応答したレビ人たちの名が、12～14節に列挙されています。彼らは、自分たちの兄弟たちに呼びかけ、神殿の聖めに着手しました。神殿の庭を8日間で聖別し、神殿そのものも8日間で聖別しました。その後、神殿のすべての器具の聖別を終えました。

彼らは、ヒゼキヤ王に次のように報告しました。「私たちは主の宮をすべてきよめました。……アハズ王がその治世に信頼を裏切って取り除いたすべての用具を整えて、聖別しました。ご覧ください。それらは主の祭壇の前にあります」。ヒゼキヤは、王国と聖所とユダのために罪のいけにえを献げました。祭司たちは、いけにえの血を祭壇に注ぎかけました。全焼のささげ物が献げられる時、祭司とレビ人たちは、ダビデの時代に決められた規則に則って歌を歌い、楽器を演奏しました。「全会衆は伏し拝み、歌い手は歌い、ラッパ奏者はラッパを吹き鳴らした。このすべては、全焼のささげ物が終わるまで続いた」とあるとおりです。

全焼のささげ物ときよめのささげ物の数が余りにも多かったため、レビ人が祭司たちの手伝いをしなければならないほどでした。民は、突然起こり始めた霊的覚醒を大いに喜びました。ついに、ユダの将来に希望の光が見え始めたのです。


祭司とレビ人たちは、前王アハズの妨害があったため、長い間その職務を果たすことができませんでした。ヒゼキヤの代になって、彼らは主から与えられた職務に就くことができるようになりました。主のために奉仕することは特権であり、喜びです。いかなる妨害があっても、主への奉仕を続けることができるように祈ろうではありませんか。

歴代誌第二30章

ヒゼキヤはイスラエルとユダの全土に人を遣わして、またエフライムとマナセに手紙を書いて、エルサレムにある主の宮に来て、イスラエルの神、主に過越のいけにえを献げるように呼びかけた。（歴代誌第二30・1）

この章から、以下のことを学びましょう。（1）ヒゼキヤは、過越の祭りを復活させました。この祭りは、メシアの贖罪の死を予表するものです。（2）過越の祭りに招かれた者は多くいましたが、みながその招きに応答したわけではありません。今も、神の招きに応答する人は少数です。（3）祭司たちの祝福と祈りの声は、聖なる神の御住まいである天に届きました。

過越の祭りの復活

歴代誌第二30章のテーマは、過越の祭りの復活です。驚くべきことに、過越の祭りは長い間忘れ去られていたのです。ヒゼキヤが主催した過越の祭りの規模は、王国が南北朝に分裂して以降最大のものとなりました。

第1の月は、神殿の聖別と祭儀の再確立のために費やされました。本来、過越の祭りは第1の月に祝うべきものなのですが、身を聖別した祭司たちが十分な数に達していなかったために、祭りを実行することができませんでした。そこでヒゼキヤは、過越の祭りを第2の月に祝うことにしました。民数記9章10～11節は、例外的にそれを許可しています。「……人の死体によって身を汚している者、あるいは、遠い旅路にある者はみな、過越のいけにえを主に献げることができる。その人たちは、第二の月の十四日の夕暮れに、それを献げなければならない。……」。この祭りは、民族全体で祝うものです。そこでヒゼキヤは、イスラエルとユダの全土に使者を派遣し、すべての民にエルサレムに上るように命じます。それは、本来の信仰に立ち返るようにという呼びかけでもありました。当時イスラエルは、アッシリアの統治下にあり、大半の人たちが捕囚民となっていました。ヒゼキヤが呼びかけたのは、国に残っていた人たちです。この呼びかけを聞いて、イスラエルの民の大半があざけりましたが、不信仰を悔い改め、エルサレムに上ってきた少数の人々もいました。

祭司とレビ人の霊的覚醒

「こうして、第二の月に多くの民が、種なしパンの祭りを行うためにエルサレムに集まった。それは、おびただしい数の大集団であった」。（1）人々の熱心な姿を見て、祭司とレビ人たちは、自らの使命を深く自覚するようになりました。町から偶像礼拝に関連した物が取り除かれ、キデロンの谷に投げ込まれました。(2)レビ人たちは、身を聖別していなかった人々のために聖別の儀式を行いました。また、律法が命じる作法に従わないで食事をした者たちのために、ヒゼキヤは執りなしの祈りを献げました。彼は、行為ではなく、その心を見てくださいと主に祈りました。「主はヒゼキヤの願いを聞き、民を癒やされた」。（3）過越の祭りに続いて、種なしパンの祭りが7日間祝われました。民の間には、大きな喜びが湧き上がりました。（4）「レビ人の祭司たちが立ち上がって民を祝福した。彼らの声は聞き届けられ、彼らの祈りは、主の聖なる御住まいである天に届いた」。なんと素晴らしい光景ではありませんか。

私たちの神は、私たちの心をご覧になります。不信仰を悔い改め、真実に主に立ち返るなら、私たちの心は喜びで満たされます。私たちの間で霊的覚醒が起こるように、祈ろうではありませんか。

歴代誌第二31章

さらに彼は、エルサレムに住む民に対して、祭司とレビ人の受ける分を与えるように命じた。祭司とレビ人が主の律法に専念するためであった。この命令が広まるとともに、イスラエルの子らは、穀物、新しいぶどう酒、油、蜜など、畑のすべての収穫の初物をたくさん持って来た。彼らはすべての物の十分の一を豊富に携えて来た。（歴代誌第二31・4〜5）

この章から、以下のことを学びましょう。（1）15日間の祝いによって霊的覚醒を経験した民は、自発的に偶像を排除するようになります。（2）ヒゼキヤは、祭司とレビ人の経済的基盤を確立するために、民に十分の一を献げるよう呼びかけます。（3）民は、その呼びかけに応答し、有り余るほどのささげ物を献げます。

偶像礼拝の除去

「これらすべてのことが終わると、そこにいた全イスラエルはユダの町々に出て行き、石の柱を打ち砕き、アシェラ像を切り倒し、ユダ全土とベニヤミン、またエフライムとマナセの中にある高き所と祭壇を徹底的に壊した。そして、すべてのイスラエルの子らは、それぞれ自分の町、自分の所有地へ帰って行った」（1節）。この節は、前の章の最後の節と繋がっています。エルサレムを発ったイスラエル人たちは、それぞれの町に帰る途上で、ユダの町々に入り、そこにあった偶像の宮、偶像、祭壇などを破壊し、それを取り除きました。これは、15日間の祝いの成果です。民の心が覚醒した結果、彼らは自発的に偶像を排除するようになったのです。

十分の一のささげ物

ヒゼキヤは、祭司とレビ人を組み分けし、それに基づいて任務を遂行させました。彼らの任務とは、ささげ物を献げること、神殿の門で仕えること、賛美することなどです。

ヒゼキヤは、祭司とレビ人が安心して奉仕ができるように、彼らの経済的基盤の整備にも着手しました。エルサレムに住む民に、祭司とレビ人の分を与えるように命じたのです。結果は、驚くべきものでした。「この命令が広まるとともに、イスラエルの子らは、穀物、新しいぶどう酒、油、蜜など、畑のすべての収穫の初物をたくさん持って来た。彼らはすべての物の十分の一を豊富に携えて来た。ユダの町々に住むイスラエルとユダの人々も、牛や羊の十分の一と、彼らの神、主に聖別した聖なるささげ物の十分の一を携えて来て、いくつもの山に積み上げた」。民が献げた十分の一のささげ物は、有り余るほどの量になったのです。そこで王は、神殿の脇に特別な部屋を設け、そこに奉納物を貯蔵することにしました。その管理に当たった人たちの名前が列挙されています。神は、奉仕者の名前を１人ひとり覚えていてくださいます。

この章の最後は、ヒゼキヤへのほめことばになっています。「ヒゼキヤはユダの全地でこのように行い、その神、主の前に、良いこと、正しいこと、真実なことを行った。彼が始めたすべてのわざにおいて、すなわち、神の宮の奉仕において、律法において、命令において、彼は神を求め、心を尽くして行い、これを成し遂げた」。人生の最後に、神からこのようなことばをいただける人は幸いです。

新約聖書では十分の一は命じられていませんが、喜んで、気前よく、規則正しく献げることは命じられています。自分のささげ物、奉仕、献身の姿勢が、神に喜ばれるものとなっているかどうか、吟味しようではありませんか。

歴代誌第二32章

これらの真実なことが行われた後、アッシリアの王センナケリブが来てユダに入り、城壁のある町々に対して陣を敷いた。それらを攻め取ろうと考えたのである。ヒゼキヤは、センナケリブが来て、エルサレムに対して戦を仕掛けようとしているのを見たので、町の外にある泉の水をふさごうと、高官たちや勇士たちと相談した。彼らは王を支持した。（歴代誌第二32・1〜3）

この章から、以下のことを学びましょう。（1）主はヒゼキヤの祈りに応え、センナケリブの軍勢を撃退されました。（2）ヒゼキヤの病は、祈りによって癒やされました。（3）ヒゼキヤは、主の前にへりくだることによって傲慢の罪が赦されました。（4）人々は、ヒゼキヤを義なる王と認め、ダビデの子たちの墓に葬りました。

アッシリアの攻撃

北王国はすでにアッシリアによって滅ぼされ、イスラエルは捕囚の民となっていました（2列17章）。アッシリアは、同じことをユダに対しても実行しようとしました。この時までヒゼキヤは、アッシリアの王センナケリブに対して貢ぎ物を贈っていましたが（2列18・13〜16）、今回は、亡国の危機に直面させられました。彼は、城壁の外にある泉の水をふさぎ、城壁を修復し、やぐらを建て、大量の投げ槍と盾を作って敵の攻撃に備えました。また、戦時の隊長たちを立て、彼らと民を励ましました。「強くあれ。雄々しくあれ。アッシリアの王や、彼とともにいるすべての大軍を恐れてはならない。おののいてはならない。彼とともにいる者よりも大いなる方が、私たちとともにいてくださるからである」。民は、王ヒゼキヤのことばによって奮い立ちました。

センナケリブの脅迫

センナケリブは、ラキシュ（エルサレムの南西約50㎞）から使者をエルサレムに遣わし、ヒゼキヤとユダの人々に、次のように語りかけました。（1）主は、自分がこれまで征服してきた国々の神々と同じように無力であり、お前たちを救うことはできない。(2)ヒゼキヤは、お前たちをそそのかし、飢えと渇きでお前たちを死なせようとしている。(3)ヒゼキヤにそそのかされてはならない。彼を信じてはならない。

このとき、ヒゼキヤと預言者イザヤは、祈りを献げ、天に叫び求めました。主からの答えはすぐに来ました。「主は御使いを遣わして、アッシリアの王の陣営にいたすべての勇士、指揮官、隊長を全滅させた」。センナケリブは恥じて国へ帰りますが、そこで彼は、自分の神の宮で、自分の息子たちの手によって暗殺されます。歴代誌の著者の結論は、こうです。「こうして主は、ヒゼキヤとエルサレムの住民を、アッシリアの王センナケリブの手、および、すべての者の手から救って、四方から彼らを守られた」

ヒゼキヤの病

ヒゼキヤの病のエピソードは、センナケリブがエルサレムを包囲する前に起こったものと思われます。ヒゼキヤは瀕死の病気にかかりますが、主に祈り、癒やしの保証としての「しるし」を得ます。それは、日時計が10度後に戻るという奇跡でした(2列20・11)。ところがヒゼキヤは、自分に与えられた恵みに正しく応答しないで、傲慢になりました。その結果、彼の上に、また、ユダとエルサレムの上に御怒りが下ります。しかし、ヒゼキヤとエルサレムの住民が主の前にへりくだったので、ヒゼキヤが死ぬまでは、主の怒りが彼らの上に臨むことはありませんでした。

ヒゼキヤの業績

(1)彼は、多くの富と誉れを手に入れました。この祝福は、主から来たものです。彼は、宝物倉や小屋を作り、町々を建てました。(2)彼は、ギホンの泉からトンネルを掘り、城壁の中まで水が流れるようにしました。このトンネルは、今も残っています。(3)バビロンから使者が遣わされ、繁栄の秘訣についてヒゼキヤに尋ねました。太陽と月を拝んでいた彼らは、イスラエルの神に対して興味を示したのです。また彼らは、ユダを征服する野望も抱いていました。ヒゼキヤは愚かにも、宝物倉を見せました。これは、ユダを征服したいという彼らの欲望に火を注ぐものでした。（4）いくつかの失敗はありましたが、人々はヒゼキヤを義なる王と評価し、彼に栄誉を与えました（遺体をダビデの子らの墓地の上り坂に葬った）。次に、彼の子マナセが代わって王となります。彼は、典型的な悪王です。

ヒゼキヤの悔い改めの姿勢から教訓を学びましょう。自らの罪を認識した時、彼は主の前にへりくだりました。これこそ、私たちが見習うべき教訓です。

歴代誌第二33章

マナセは十二歳で王となり、エルサレムで五十五年間、王であった。彼は、主がイスラエルの子らの前から追い払われた異邦の民の忌み嫌うべき慣わしをまねて、主の目に悪であることを行った。（歴代誌第二33・1～2）

この章から、以下のことを学びましょう。（1）善王ヒゼキヤの息子マナセは、南王国で最悪の王となりました。（2）人は、栄華の日には神を忘れますが、試練の日には神に助けを求めるものです。（3）悪王マナセでさえも、悔い改めによってその罪が赦されました。これは、神の恵みの偉大さが示された出来事です。（4）マナセの後を継いだアモンも悪王でした。彼の統治は、たった2年で終わります。

最悪の王マナセ

ヒゼキヤという信仰者の父を持ちながら、なぜ息子のマナセが南王国で最悪の王になったのか、不思議なことです。マナセによる統治は最悪で、しかも55年間も続きます。彼は、父ヒゼキヤとは正反対に、ユダの地を偶像で満たしました。さらに、神殿の中にまで偶像の祭壇を築きました。

「この彼は、ベン・ヒノムの谷で自分の子どもたちに火の中を通らせ、卜占をし、まじないをし、呪術を行い、霊媒や口寄せをし、主の目に悪であることを行って、いつも主の怒りを引き起こしていた」。モレクの神に子どもを献げる習慣は廃止されていましたが、マナセはこれを復活させました。さらに、罪のない人々の暗殺まで命じました。「マナセは、ユダに罪を犯させて、主の目に悪であることを行わせた罪だけでなく、咎のない者の血まで多量に流したが、それはエルサレムの隅々に満ちるほどであった」(2列21・16)。伝承によれば、預言者イザヤは、マナセによって真っ二つに切られたとされています(ヘブ11・37参照)。

マナセが悔い改めようとしなかったので、主は彼を裁かれました。彼は、アッシリアの支配下にある将軍たちに捕らえられ、バビロンに引かれて行きました。当時バビロンは、アッシリアの支配下にありました。

「しかし、彼は苦しみの中で彼の神、主に嘆願し、父祖の神の前に大いにへりくだり、神に祈ったので、神は彼の願いを聞き入れ、その切なる求めを聞いて、彼をエルサレムの彼の王国に戻された。こうしてマナセは、主こそ神であることを知った」。長年の偶像礼拝の果てに、ついにマナセは主の前に悔い改めました。驚くべきことに、恵み深い主は、その祈りを聞き、彼をエルサレムの彼の王国に戻されました。こうして彼は、主こそ神であることを知った、つまり、真の信仰者になったのです。回心したマナセは、王国から偶像礼拝を一掃する努力をしますが、民は、エルサレム以外の場所でも、主にいけにえを献げ続けました。これは、律法違反です。

マナセの遺体は、王たちの墓ではなく、王宮に葬られました。マナセの生涯から学ぶべき教訓は、主の恵みと赦しです。私たちの神は、真の悔い改めを表明した者を、恵みによって扱ってくださいます。

悪王アモン

「アモンは二十二歳で王となり、エルサレムで二年間、王であった」。アモンの統治は、わずか2年で終わります（前642〜640年）。父マナセの55年と比べると、実に短命です。アモンは、父マナセの邪悪さを真似て、主の目の前で悪を行いました。彼は、父マナセが造ったすべての偶像にいけにえを献げ、これを礼拝しました。

「しかし、その父マナセがへりくだったようには、主の前にへりくだらず、かえって、このアモンは罪過を増し加えた」。父マナセは、最後に悔い改め、主から赦しを得ましたが、アモンはそうではありませんでした。彼は最後まで悔い改めようとはせず、罪過を積み重ねました。

悔い改めない王の姿を見て、王に近い家来たちが立ち上がります。彼らは謀反を起こし、宮殿の中で彼を暗殺しました。しかし民衆は、この暗殺を喜びませんでした。いかなる理由があろうとも、謀反は謀反です。民衆は、王を暗殺した者たちをみな打ち殺しました。そして、アモンの子ヨシヤを次の王としました。

アモンの生涯にどんな意味があったのだろうかと、考えさせられます。主を恐れることのない人生は、実にむなしいものです。永遠に価値あるもののために労する人は、幸いです。

歴代誌第二34章

ヨシヤは八歳で王となり、エルサレムで三十一年間、王であった。彼は主の目にかなうことを行い、父祖ダビデの道に歩み、右にも左にもそれなかった。（歴代誌第二34・1〜2）

この章から、以下のことを学びましょう。（1）ヨシヤは、父アモンと異なり、先祖ダビデの道を求めました。（2）彼は、20歳で宗教改革に着手します。（3）26歳で神殿の修理に着手しますが、その過程で主の律法の書を発見します。（4）それ以降の宗教改革は、より徹底したものとなります。（5）主は、ヨシヤが生きている間は、裁きを下さないと言われました。

善王ヨシヤ

マナセが取り除いた偶像の祭壇を、その子アモンが再建していました。アモンが殺害されると、その子ヨシヤがわずか8歳で王となりました。彼は、16歳（治世の第8年）で先祖ダビデの道を求め始め、20歳（治世の第12年）で宗教改革に着手します。彼は、父と同じ過ちを犯すことがないように、偶像礼拝に関係した物をすべて粉々に砕き、偶像礼拝者たちの墓の上にまき散らしました。また、祭司たちの骨を偶像の祭壇の上で焼いて、ユダとエルサレムの聖めを行いました。彼は、マナセ、エフライム、シメオン、さらにはナフタリの町々でも、至る所で同じようにしました。彼の宗教改革は、妥協のない徹底したものでした。

律法の書の発見

ヨシヤは、26歳（治世の第18年）で、神殿の修理に着手しました。そのために任命を受けたのは、「アツァルヤの子シャファン、この町の長マアセヤ、エホアハズの子である史官ヨアフ」でした。彼らは、ユダとベニヤミンの民から資金を集めて大祭司ヒルキヤに渡し、ヒルキヤは、その資金で人夫たちを雇いました。工事の監督に当たったのは、「メラリ族のレビ人ヤハテとオバデヤ、ケハテ族のゼカリヤとメシュラム」です。その他の有能なレビ人たちも、監督たちの下で働きました。その過程で、祭司ヒルキヤは、主の律法の書を発見します。その書が王の前で朗読されると、王は、自分の衣を裂きました。これまで神の命令が無視されてきたという事実に驚愕したからです。彼は早速、主の赦しが得られるかどうかを確かめるために、女預言者フルダのもとに使者たちを遣わします。

いかなる時代あっても、霊的覚醒は「みことばの再発見」から始まります。ヨシヤのみことばに対する真摯な姿勢から教訓を学ぼうではありませんか。神は、私たちがご自身のもとに来るのを待っておられます。

女預言者フルダ

王が遣わした使者たちは、女預言者フルダのもとに行き、主が依然として恵みを与えてくださるかどうか尋ねます。予想通り、フルダの預言は厳しいものでした。神の怒りは間もなく下ろうとしているというのです（申28・15〜68、レビ26・14〜39参照）。しかし、ヨシヤ王に関しては、恵みのことばが語られました。「……あなたは心を痛めて神の前にへりくだり、わたしの前にへりくだって自分の衣を引き裂き、わたしの前で泣いたので、わたしもまた、あなたの願いを聞き入れる――主のことば――。……あなたは自分の目で、わたしがこの場所とその住民にもたらす、すべてのわざわいを見ることはない」。つまり、ヨシヤが生きている間は、主の裁きが下ることはないというのです。

ヨシヤは、長老たちと民を神殿に召集し、契約の書のことばをみな、彼らに読み聞かせました。自分たちがいかに深い罪を犯したかを民に理解させ、彼らを悔い改めへと導くためです。さらに、主に従って歩み、心を尽くし、いのちを尽くして、主の命令と、証しと、掟を守り、この書物に記されている契約のことばを行うことを誓いました。王と民は、主との契約を更新しました。ヨシヤは、イスラエル人の全地から偶像を取り除き、生涯をかけて父祖の神、主に従い通しました（2列23・4〜20参照）。契約の書を発見して以降の宗教改革は、それ以前の改革よりもさらに徹底したものとなりました。

「彼の生きている間、彼らはその父祖の神、主に従う道から外れなかった」。これは、ヨシヤの生涯の総括です。願わくは、私たちの生涯もこのようになりますように。私たちの歩みを見て、次の世代の者たちが神に従う決心をしますように。

歴代誌第二35章

このようにヨシヤが宮を整えた後、エジプトの王ネコが、ユーフラテス河畔のカルケミシュで戦うために上って来た。そこで、ヨシヤは彼を迎え撃つために出陣した。（歴代誌第二35・20）

この章から、以下のことを学びましょう。（1）過越の祭りの回復は、ヨシヤの宗教改革の中心にありました。（2）ヨシヤは、バビロンに進軍するエジプトの王ネコを阻止するために出て行き、戦死します。（3）ヨシヤは、神が異教の王に語りかけることもあるということを理解していませんでした。（4）宗教改革の途上でヨシヤが死ぬとは、全く予想外の出来事です。主がなさることは不思議に満ちています。

過越の祭りの実行

善王ヒゼキヤと同じように、ヨシヤも祭司やレビ人たちを励まし、主の祭りを忠実に実行します。レビ人たちは、契約の箱を神殿に運び、あるべき場所にそれを安置しました。さらに、ダビデの文書に従って組分けを確認し、奉仕に就きました。

契約の箱は、なぜ神殿に置かれていなかったのでしょうか。考えられる理由は、契約の箱が汚されないように、祭司たちが肩に担いでその都度移動させていたということです。あるいは、マナセや他の悪王が、契約の箱を神殿の外に出すように命じていた可能性もあります。いずれにしても、神殿での祭儀は、ようやく本来の姿に戻されたのです。

ヨシヤの贈り物

アッシリアの攻撃により、ユダ王国は疲弊していました。民衆には、過越のいけにえを献げる余裕はありませんでした。そこでヨシヤは、自らの家畜を民に贈りました。他の指導者たちも、同じようにしました。このようにして、過越の祭りと種なしパンの祭りが、細部に至るまでモーセの律法に忠実に実行されました。この時の過越の祭りは、預言者サムエルの時代以来、最も豪華で崇高なものとなりました。単に規模が大きいということではなく、質的に主を喜ばせたということです。この過越の祭りは、神殿の修復を行ったのと同じ年に祝われました（2歴34・8参照）。契約の箱を神殿に運び込んだレビ人たちは、「肩の重荷」から解放されました。つまり、これ以降、契約の箱を肩に載せて運ぶ必要がなくなったということです。神の命令を完遂した者は、「肩の重荷」から解放されます。

エジプトの王ネコとの戦い

それから13年後、ヨシヤが39歳の時、エジプトの王ネコが北上して来ました。ネコの軍勢は、アッシリア軍と協力して、バビロン軍を攻撃しようとしていました（2列23・29参照）。ヨシヤは、ヴィア・マリス（海沿いの道）を北上してくるエジプト軍を迎え撃つために出て行きました。ここで彼は、大きなミスを犯します。この軍事行動について、御心を求めることを怠ったのです。彼は、ネコの軍事行動の背後に主の御手があることを理解していませんでした。ネコは使者を遣わし、こう言い送ってきました。「ユダの王よ、私とあなたと何の関係があるのか。今日は、あなたを攻めに来たのではない。私が戦っている王家に向かって行くところなのだ。……私とともにおられる神に逆らうことはやめよ。さもなければ、神があなたを滅ぼされる」。ヨシヤはそのことばを信じようとはしませんでした。神が異教の王ネコに直接語りかけた理由は、エジプトとアッシリアをバビロンに向かわせ、結果的にバビロンに勝利を与えるためでした。主は、バビロンを、ユダを裁くための器として用いようとしておられました。

ヨシヤは変装して前線に出て行きますが、メギドの平地で矢を射られ、重傷を負います。エルサレムに戻った彼は、そこで死にます。ヨシヤの突然の死は、民に大きな悲しみをもたらしました。エレミヤはヨシヤのために哀歌を作り、男女の歌い手はみな、その哀歌を歌うようになりました。主に忠実な人たちは、善王ヨシヤが亡くなった今、主の裁きはすぐにでも下るであろうことを予感しました（2歴34・22〜28）。

律法に忠実な王

ヨシヤは、主の律法に忠実な王でした。列王記第二23章25節は、ヨシヤの治世をこのように要約しています。「ヨシヤのようにモーセのすべての律法に従って、心のすべて、たましいのすべて、力のすべてをもって主に立ち返った王は、彼より前にはいなかった。彼の後にも彼のような者は、一人も起こらなかった」。善王ヨシヤが改革の途上で死ぬとは、人間的には理解不可能なことです。しかし神は、私たちの思いをはるかに超えてご自身の計画を実行されます。私たちの責務は、常に神に忠実に歩むことです。

歴代誌第二36章

神の宮は焼かれ、エルサレムの城壁は打ち壊され、その高殿はすべて火で焼かれ、その中の宝としていた器も一つ残らず破壊された。彼は、剣を逃れた残りの者たちをバビロンへ捕らえ移した。こうして彼らは、ペルシア王国が支配権を握るまで、彼とその子たちの奴隷となった。

（歴代誌第二36・19～20）

この章から、以下のことを学びましょう。（1）偶像礼拝のゆえに、ユダは滅びます。（2）バビロンがユダを裁くための器として用いられます。（3）ヘブル語聖書では、歴代誌は旧約聖書最後の書です。歴代誌は、捕囚からの帰還という希望のメッセージで終わっています。

エホアハズ

ヨシヤの後を継いだエホアハズは、悪王でした。彼は23歳で王となりましたが、その治世は、わずか3か月で終わります（2列23・31～34参照）。彼は、エジプトによって王位から退けられ、多額の貢ぎ物を納めるように要求されました（銀百タラントと金一タラントの科料）。彼はエジプトに連行され、そこで死にます。

エホヤキム、エホヤキン、ゼデキヤ

（1）エホヤキムは、25歳で王となりました。彼の治世は、11年間続きます。彼もまた、エホアハズと同じように悪王でした。「彼のもとに、バビロンの王ネブカドネツァルが攻め上って来て、彼を青銅の足かせにつなぎ、バビロンへ引いて行った」。バビロン捕囚は、何段階かに分かれて起こりました。前６０５年、ネブカドネツァルはエルサレムに侵攻し、エホヤキムを傀儡王としてバビロンに連行しました。この時、ダニエルも連行されました（2列24・1）。

（2）エホヤキムに代わって、息子のエホヤキンが王となります。前５９７年、ネブカドネツァルは再度エルサレムを攻め、エホヤキムの息子のエホヤキンを連行します。この時の捕囚民の中にはエゼキエルも含まれていました。エホヤキンの統治は、わずか3か月と10日で終わりました。それからの37年間、彼はバビロンの牢獄で過ごすことになります。ネブカドネツァルの死から2年後に、彼は解放され、栄誉ある地位に上げられます(2列25・27～30参照)。恐らく、ダニエルの影響があったのでしょう。

(3)ゼデキヤは、ユダ王国最後の王です。彼は、バビロン捕囚が起こる前から活動していたエレミヤの預言を聞いても、へりくだろうとはしませんでした。彼は、ネブカドネツァルに対する誓いを破って、反逆します。これは、愚かな決断でした。そればかりか、祭司長と民も偶像礼拝に没頭し、主が遣わす預言者たちのことばに耳を傾けようとはしませんでした。ついに滅亡の時が来ました。カルデア人(バビロン)の王がやって来て、エルサレムを18か月にわたって包囲しました。前586年、ついにエルサレムは陥落し、神殿は破壊されました。ユダの民は、貧しい人たちを除いて、全員捕囚に引かれて行きました(2列25・1～10参照)。

捕囚からの帰還

安息年は7年に一度やってきます。その年には、地を休ませる必要があります。しかし、安息年の規定は過去490年間無視されてきました。バビロン捕囚は、エレミヤの預言通り70年で終わるのですが、その70年は、過去に実行しなかった70回の安息年を償うものとなりました。

バビロンを滅ぼしたのは、ペルシアです。ペルシアの王キュロスは、その第1年に、ユダヤ人たちが祖国に帰還することを許可しました。キュロス王の勅令。「天の神、主は、地のすべての王国を私にお与えくださった。この方が、ユダにあるエルサレムに、ご自分のために宮を建てるよう私を任命された。あなたがた、だれでも主の民に属する者には、その神、主がともにいてくださるように。その者は上って行くようにせよ」。ヘブル語の聖書では、歴代誌は最後に出て来る書です。つまり、ヘブル語の旧約聖書の最後は、捕囚からの帰還という喜びと希望の記録で終わっているのです。

神は、契約の民を見捨ててはおられません。帰還したユダヤ人たちは、その確信をもって新しい国造りに着手します。私たちにも、このような喜びと希望のメッセージが必要です。主イエスにある神の愛から私たちを切り離すものは、何もありません。神は、私たちとともにおられます。キリストにあって、自らの人生を立て直す人は幸いです。

エズラ記1章

ペルシアの王キュロスの第一年に、エレミヤによって告げられた主のことばが成就するために、主はペルシアの王キュロスの霊を奮い立たせた。王は王国中に通達を出し、また文書にもした。（エズラ記1・1）

この章から、以下のことを学びましょう。（1）主は、支配者の心を思いのままに変えることのできるお方です。（2）ペルシアの王キュロスは、政治的目的と宗教的目的のために、イスラエルの民の祖国帰還を許可します。（3）祖国に帰還しないで、そのままバビロンにとどまる人々が多くいました。

キュロス王の通達

キュロス王は、イスラエルの民が祖国に帰還し、神殿を再建することを許可します（「キュロスの第一年」は前538年）。通達の目的は2つあります。①政治的目的。彼は、帝国の周りに傀儡諸国を配置して、防衛力を高めようとしたのです。②宗教的目的。彼は、帰還した地の神々が、ベルとネボ（ペルシアの神々）に向かって、自分の安全を祈念してくれることを期待したのです。発掘された「キュロスの円筒」に、このことが記されています。

エレミヤは、バビロン捕囚が70年で終わると預言していました（エレ29・10）。キュロスが誕生するはるか前から、神は彼をご自身の計画を実行するための器として選んでおられました。イザヤ書44章28節には、こうあります。「キュロスについては『彼はわたしの牧者。わたしの望むことをすべて成し遂げる』と言う。エルサレムについては『再建される。神殿はその基が据えられる』と言う」。神は、支配者の心を奮い立たせたり、変えたりすることがおできになります。神は、歴史を導かれるお方です。

通達の内容

「天の神、主は、地のすべての王国を私にお与えくださった。この方が、ユダにあるエルサレムに、ご自分のために宮を建てるよう私を任命された。……この方はエルサレムにおられる神である」（2～3節）。「天の神」というタイトルは、神の権威を表現するものですが、キュロス王がこの「天の神」を信じていたということではありません。彼は、「この方はエルサレムにおられる神である」と言っています。つまり、地域限定型の民族の守り神を想定しているということです。この通達により、キュロスは、イスラエルの民の祖国帰還と神殿の再建を許可しました。

イスラエルの民の反応

バビロンからの帰還は、いわば第2の出エジプトです。第1の出エジプトでは、民はエジプト人から銀や金や衣服を受け取りました。今回も、それと同じようなことが起こります。「あとに残る者たちはみな、その者を支援するようにせよ。その者がどこに寄留しているにしても、その場所から、その土地の人々が、エルサレムにある神の宮のために進んで献げるものに加え、銀、金、財貨、家畜をもってその者を支援せよ」(4節)。ここでの「あとに残る者」の解釈には、2種類あります。①エルサレムに帰還することを選ばなかったイスラエル人。②エルサレムの近隣諸国の民。いずれの解釈を採用しても、帰還民たちには物質的保証が与えられたことになります。「進んで献げるもの」は、神殿建設のための費用として用いられました。それ以外の「銀、金、財貨、家畜」は、帰還民の生活費となりました。

キュロス王の通達に応答して、祭司とレビ人たちが立ち上がりました。さらに、ユダとベニヤミンの長老たちが、行動を起こしました。彼らは皆、神によって霊を奮い立たされた者たちです。エルサレムに帰還せず、バビロンに留まることを選んだ人々は、数々のささげ物をもって、帰還民たちを励ましました。

キュロス王の援助

キュロス王もまた、帰還民の必要に応えました。彼は、ネブカドネツァルが神殿から略奪した用具を取り出し、それを帰還民に与えました。宝庫係がその数を調べると、なんと5400もありました(9～11節)。ユダの君主シェシュバツァルは、これらの物をみなエルサレムに携え上りました。シェシュバツァルが誰なのかについては、諸説あります。①ゼルバベルと同一人物。②ペルシアの高官で王の財産の管理人。③ゼルバベルとは別のユダヤ人で、ダビデの家系に属していた人物。個人的には、③の可能性が高いと思います。

バビロンの地に留まった人たちは、バビロンの生活に満足していた人たちです。その後、彼らの生活が危機的状況に陥ったことは、エステル記の内容を見れば分かります。神の御心から離れた生活は、危険をもたらすものとなります。神の御心の内を歩むことこそ、最も安全な道です。

エズラ記2章

こうして、祭司、レビ人、民のある者たち、歌い手、門衛、宮のしもべたち、すなわち、全イスラエルは自分の元の町々に住んだ。（エズラ記2・70）

この章から、以下のことを学びましょう。（1）帰還民の人数が、いくつかのグループに分けて記されます。（2）最初の11名は、宗教的・政治的リーダーです。（3）最後に、系図のない者たち652人が挙げられます。（4）帰還民の総合計は、4万9897名になりました。（5）帰還民は少数派で、民の大半がバビロンに残ることを選びました。

エルサレムに帰還した人々

「この州の人々」とは、ユダの人々のことです。ユダはペルシアの行政区（州）の1つでした。エズラは、帰還民たちをいつくかのグループに分けて人数を記しています。

（1）最初に、11名の宗教的・政治的リーダーたちの名が記されています。彼らは、帰還した地で重要な役割を果たすことになる人たちです。「彼らは、ゼルバベル、ヨシュア、ネヘミヤ、セラヤ、レエラヤ、モルデカイ、ビルシャン、ミスパル、ビグワイ、レフム、バアナと一緒に帰って来た」。①ここでは合計11名の名が挙げられていますが、ネヘミヤ記7章には12名の名前が出ています。この違いは、初期の段階での写本制作上のミスによるものでしょう（エズラ記2章2節では、ナハマニの名が欠落している）。②ヨシュアは、当時の大祭司です。③ネヘミヤは、90年後にエルサレムに帰還するネヘミヤ記のネヘミヤとは別の人物です。④モルデカイも、エステル記のモルデカイとは別の人物です。エステル記の物語は、約60年後のものです。

（2）18の氏族や家族ごとに、人数がリストアップされています（3～20節）。合計1万５６０４名です。

（3）21の町や村ごとに、人数がリストアップされています（21～35節）。合計８５４０名です。

（4）祭司４２８９名が、リストアップされています（36～39節）。

（5）レビ人３４１名が、リストアップされています（40～42節）。

（6）宮に仕えるしもべたち３９２名が、リストアップされています（43～58節）。

系図のない者たち

最後に、自分の血統を証明できない者たち６５２人が、挙げられています。祭司の子孫の中にも、系図がないために祭司職を証明できない者たちがいました。そこで総督（恐らくシェシュバツァル）は、これらの祭司たちに、ウリムとトンミムを使える祭司が起こるまでは、最も聖なるものを食べてはならないと命じました。「ウリムとトンミム」は、神の御心を判定するために用いられた石です。その石によって祭司職が認定されるまでは、最も聖なるもの（ささげ物の中から祭司が受け取る分）を食べることが禁じられました。

帰還民の総数

これまでに記載された人数を合計すると、2万９８１８名になります。ところが、エズラ2章64節では、合計4万２３６０名になっています。この違いはなんでしょうか。後者の人数は、婦人や子どもを含んだものだと思われます。また、北の10部族の中から、帰還した人たちもいたと思われます。さらに、系図のない祭司たちの数もここに含まれていた可能性が考えられます。

以上のリストは、現代の私たちには無味乾燥なものに思えますが、当時の読者たちは、自分の氏族や町が記されているのを見て感動を覚えたことでしょう。

再建の始まり

帰還民たちは、「主の宮に着いた」とあります。これは、神殿が建っていた場所、神殿を再建する場所のことです。彼らは、自発的に、能力に応じて、神殿建設のためにささげ物を献げました。実際に献げたのは、家族の長たちです。彼らが献げた金は約256kg、銀は約3tありました。莫大な金銀が献げられたことになります。これらの財宝は、神殿建設のための資金となりました。

帰還民たちは、エルサレム以外の町々にも住み着きました。ベツレヘム、アナトテ、ラマ、ゲバ、ミクマス、ベテル、アイ、エリコなどが考えられます。エズラは、「全イスラエル」ということばを使っています。帰還民の中心はユダ族とベニヤミン族ですが、北の10部族もこの中に含まれていることを、彼は強調しているのです。

帰還民は少数派で、大半のユダヤ人たちがバビロンに残りました。彼らは、安全と富を保障してくれる現状の生活に満足し、父祖の地を捨てたのです。神から与えられた幻を実現するために「旅立ち」を決意する人たちは、アブラハムの信仰に倣う人たちです。彼らは、イスラエルの残れる者たちです。私たちもまた、彼らの信仰に倣いたいものです。

エズラ記3章

そのため、喜びの叫び声と民の泣き声をだれも区別できなかった。民が大声をあげて叫んだので、その声は遠いところまで聞こえた。

（エズラ記3・13）

この章から、以下のことを学びましょう。（1）最初に、祭壇が築かれます。祭壇は、シナイ契約への回帰の象徴です。（2）第7月の1日から、全焼のささげ物を献げ始めます。（3）ゼルバベルは、3組のレビ人の家族を神殿の工事の監督に任命します。（4）神殿の基が据えられたとき、以前の宮を見たことのある多くの老人たちは、大声を上げて泣きました。

祭壇の建設

定住後、しばらくの時間が経過し、第7の月になりました。第7の月（現在の9～10月）は、イスラエルの祭り（3つの秋の祭り）がある大いなる月です。

ここに登場するヨシュアは、宗教的リーダー（アロンの家系）です。彼は、他の祭司たち（彼らもまたアロンの家系）と協力し、仕事を進めます。ゼルバベルは、政治的リーダー（ダビデの家系）です。彼もまた、その兄弟たち（彼らもまたダビデの家系）と力を合わせています。

彼らは、まず祭壇を築きます。モーセの律法が命じる方法で、全焼のささげ物を献げるためです。帰還民たちは、モーセの律法に従うことを重視しました。なぜなら、先祖たちがバビロン捕囚を経験したのは、モーセの律法に違反したからです。祭壇を築くのは、シナイ契約への回帰の表現です。

祭壇の完成

3節には、「彼らは、周りの国々の民を恐れていたので、祭壇を所定の場所に設けた。……」とありますが、これは、「彼らは、周りの国々の民を恐れていたが、」と訳すべきです。そうでないと、意味が通じません。つまり、恐れを乗り越えて祭壇を建設したということです。帰還民が恐れた「周りの国々の民」とは、アッシリア捕囚のときに外国から連れて来られた異邦人たちです。彼らが神殿建設を妨害する可能性は、十分ありました。

帰還民は、第7月の1日から全焼のささげ物を主に献げ始めました。これは、50年前（前586年）に神殿が破壊されてから初めて献げられた全焼のささげ物となりました。その他のささげ物も、定められた祭りの規定に従って献げられました。特筆すべきは、仮庵の祭り（7月15～21日）を実行したことです。この段階では、まだ神殿の礎（土台）は据えられていませんでしたが、彼らは、その状態で仮庵の祭りを祝いました。

神殿建設の準備

神殿建設のための主な建材は、石材と木材でした。木材を得るために、ツロとシドンの人々の協力が必要でした。彼らには、杉材の代価として、食物と飲み物と油が与えられました。レバノンからヤッファまで海路で杉材を運ぶ許可は、キュロス王から出されていました（ツロとシドンは、ともにペルシア帝国領です）。ヤッファからエルサレムまでは、陸路となります。資材搬入だけでも、一大プロジェクトです。

神殿の工事

神殿の工事は、帰還の翌年の2月に始まりました（前536年の5～6月）。この年は、前605年に最初の捕囚民がバビロンに連行されてから、ちょうど70年目でした。

ゼルバベルは、3組のレビ人の家族を工事の監督に任命しました。①ヨシュアとその家族。②カデミエルとその家族。③ヘナダデとその家族。帰還民たちは、城壁を建設する前に神殿の建設に着手しました。神の臨在がないなら、いかなる城壁も役に立たないことを、彼らは知っていたのです。

神殿の礎が据えられた喜び

帰還民たちは、困難を乗り越えて神殿の礎を据えました。祭司とレビ人たちは、ダビデ王の先例に倣って、主を賛美しました。これは、ダビデが契約の箱をエルサレムに携え上ったときに、主をたたえた方法です（1歴16・5～6）。祭司とレビ人たちは、「主はまことにいつくしみ深い。その恵みはとこしえまでもイスラエルに」と歌いました。これは、歴代誌第二5章13節と同じ内容です（詩136・1参照）。「恵み」とは、契約に基づく神の愛を指します。

年老いた世代の中には、大声を上げて泣く人たちがいました。彼らは、最初の神殿を見たことのある祭司、レビ人、一族の長たちです。涙の理由は、第一神殿と比較して、第二神殿がいかにも貧弱だったからです。この日、泣き声と喜びの声が混じり合って、遠い所まで聞こえました。

建物の豪華さは神の栄光に直結していると、当時の人たちは考えていました。それゆえ、年長者たちが上げた嘆きは、神の栄光に関わる嘆きだと言えます。このような嘆きは、今も神に受け入れられるものです。私たちに、そのような嘆きはあるでしょうか。

エズラ記4章

しかし、ゼルバベルとヨシュアと、そのほかのイスラエルの一族のかしらたちは彼らに言った。「私たちの神のために宮を建てることは、あなたがたにではなく、私たちに属する事柄です。ペルシアの王キュロス王が私たちに命じたとおり、私たちだけで、イスラエルの神、主のために宮を建てるつもりです。」（エズラ記4・3）

この章から、以下のことを学びましょう。（1）サマリア人は、神殿建設を妨害しようとします。（2）ユダヤ人の指導者たちは、サマリア人からの申し出をはねのけます。（3）神殿建設の工事は、ダレイオスの治世の第2年（前520年）まで中断されました。（4）4章6～23節は、長い挿入句です（ダレイオス以降もサマリア人による妨害が続いたことを示しています）。

サマリア人の妨害

北王国の崩壊（前722年）後、アッシリア帝国は異邦の民をその地に移住させました。移住民たちは、その地に残っていたイスラエル人と結婚し、サマリア人と呼ばれる混血の民を形成するようになります。そのサマリア人が、神殿建設の工事が始まったことを聞き、妨害活動を開始します。①彼らは、工事への協力を申し出ることで、指導者たちをかく乱しようとしました。②それがうまく行かなかったので、次は脅迫戦術を採用しました。彼らは、自分たちもイスラエルの神を求めていると主張しましたが、彼らの信仰は、それ以外の神々も認める混合宗教でした。さらに彼らは、自分たちのこの地におけるルーツは、アッシリアの王エサル・ハドン（在位前681～669）の時代にまで遡ることができると主張しました。エサル・ハドンはセンナケリブの息子です。

ゼルバベルとヨシュアは、毅然とした態度で申し出を断りました。①自分たちは、イスラエルの神のために宮を立てようとしている。サマリア人が礼拝している神とイスラエルの神は、同じ神ではない。②宮の建設計画は、キュロス王が自分たちに命じたものである。それゆえ、自分たちだけで完成させる。

サマリア人による妨害は、キュロスの時代からダレイオスの治世（前521年～486年）の時まで続きます。そして神殿は、前515年に完成します。

2通の手紙

エズラ記4章6～23節は、非常に長い挿入句です。ここで著者は、サマリア人の妨害が神殿完成以降も長期にわたって続いたことを、2つの手紙を紹介することで説明しようとしています(この妨害は、町の再建と城壁の建設に対するものです)。クセルクセスとアルタクセルクセスが登場しますが、彼らは、ダレイオスより後の王です。つまり、2通の手紙は、神殿建設以降に書かれたものだということです。

（1）クセルクセス王に宛てた手紙。これは、ユダとエルサレムの住民を非難した手紙ですが、具体的な内容は記されていません。クセルクセス王は、この手紙を無視したと思われます。

（2）アルタクセルクセス王に宛てた手紙。これは、アラム語（ペルシア帝国の公用語）で書かれた手紙です。内容を要約すると、「ユダヤ人たちは町の再建と城壁の修復に力を注いでいるが、それは反逆行為である」というものです。この手紙を読んだ王は、町の再建を中止させよとの命令を下します。

この章の要約

時間の流れで言うと、エズラ記4章5節と4章24節がつながっています。サマリア人の妨害が功を奏し、神殿の工事はダレイオスの治世の第2年（前520年）まで中止されたままになりました。

この章の時間的流れを確認してみましょう。（1）キュロス王の布告によって、ユダヤ人たちはエルサレムに帰還し、神殿建設に着手します。（2）それを見て、サマリア人は、工事の妨害を画策します。（3）ユダヤ人の指導者層は、サマリア人からの援助の申し出を直ちにはねのけます。（4）サマリア人は、脅迫と宮廷工作により、ユダヤ人たちの意欲をくじこうとします。（5）敵の妨害により、神殿建設の工事は、一時中断させられます（ユダヤ人たちがエルサレムに帰還してからおよそ18年が経過していた）。（6）ダレイオスの第2年は、王位継承を巡る混乱が終わった年です。王には、帝国内での「些細な事項」を取り上げる余裕が出てきました。間もなく王は、宮の工事の再開を許可するようになります。

ユダヤ人の指導者たちは、自力ではどうすることもできないような困難に直面しました。私たちもまた、そのような経験をすることがあります。ここでの教訓は、神の約束に立って、神の時が来るのを忍耐して待つということです。神は、私たちが置かれている状況をよくご存知です。

エズラ記5章

しかし、ユダヤ人の長老たちの上には彼らの神の目が注がれていたので、このことがダレイオスに報告されて、さらにこのことについての返事の手紙が来るまで、彼らの工事を中止させることができなかった。（エズラ記5・5）

この章から、以下のことを学びましょう。（1）2人の預言者の励ましによって、工事は再開されました。（2）神の守りがあったので、幾多の困難の中でも工事は継続されました。（3）総督タテナイは、ダレイオス王に手紙を書き、指示を仰ぎました。（4）王からの回答が届くまでの間も、工事は続けられました。

2人の預言者

サマリア人の妨害により工事は中断していました（前535～520年）が、ハガイとゼカリヤという2人の預言者の登場により事態は好転します（ハガイ書とゼカリヤ書参照）。ハガイの活動期間は、前520年8月～12月、ゼカリヤの活動期間は、前520年10月・11月からの2年間でした。工事中断には、①外敵要因（サマリヤ人の妨害）と②内的要因（民の怠惰）がありました。エズラ記は、①の要因に重点を置いて解説しています。それに対して、ハガイ書とゼカリヤ書は、②の要因を重視しています。

ハガイは、民の怠惰を糾弾しました。民は、自分の生活を建て直すことに汲々としていました。ゼカリヤは、神殿建設は主から出たことであり、異邦人の王はそのために用いられているに過ぎないと語りました。さらに、神殿の完成は主の霊によると預言しました。

政治的リーダーであるゼルバベルと、宗教的リーダーであるヨシュアは、2人の預言者が語る神のことばに励まされて、神殿の工事を再開します。神殿がなければ、モーセの律法が命じる祭儀を実行することはできません。

神の守り

サマリア人以外にも、工事を妨害する者たちが出ました。ペルシア帝国内の官僚たちがそれです。タテナイは、シリア・パレスチナ地区を管轄する総督であり、シェタル・ボゼナイは、その補佐役です。彼らの任務は、エルサレムの状況を把握し、それを王に伝えることです。恐らく彼らは、建設工事をきっかけに大規模な反乱が起こることを恐れたのでしょう。彼らが、「誰が神殿と城壁の修復に関して許可を出したのか。この建設工事を指揮している指導者は誰か」と問うと、ユダヤ人たちは、キュロス王から通達が出ていると答えます。

タテナイは、ダレイオス王に手紙を書いて指示を仰ぎます。返事が帰ってくるまでの期間も、工事は継続されました。その理由は、ユダヤ人の長老たちの上に神の目が注がれていたからです。エズラ記とネヘミヤ記には、「主の御手が○○の上にあった」という表現が度々出てきますが、これもまた、神の守りと祝福を表すことばです。

ダレイオスへの手紙

総督タテナイは、以下のような問い合わせの手紙を、ダレイオス王に送ります。（1）「大いなる神の宮」の工事は、急ピッチで進んでいる。神殿は大きな石で建てられており、壁には木材が組み込まれている。（2）工事をしている者たちに、なんの権威によってそれをしているのかと質問した。さらに、工事の責任者たちの名を尋ねた。（3）それに対するユダヤ人たちの回答は、以下のようなものである。

①自分たちは「天と地の神のしもべ」であり、神の命令によって、神殿を再建しているのである。②その神殿は、イスラエルの大王（ソロモン）が建てたものである。③神殿が破壊された理由は、自分たちの先祖が、天の神を怒らせたからである。④その結果、自分たちはバビロンの王ネブカドネツァルの手に渡された。彼は、神殿を破壊し、民を捕らえてバビロンに移した。⑤キュロス王の第一年に、キュロスは、神の宮を再建するようにという命令を下した。⑥キュロスは、ネブカドネツァルがエルサレムの神殿から取ってきた戦利品をバビロンの神殿から取り出し、総督シェシュバツァルに渡した。⑦そのシェシュバツァルが来て、神の宮の礎を据えた。⑧その時から今に至るまで工事が続いているが、神殿はまだ完成していない。

総督タテナイは、ユダヤ人たちの証言がそのとおりかどうか調査して、自分たちに指示を出して欲しいと、ダレイオス王に依頼しました。

ユダヤ人たちが、先祖たちの失敗から教訓を学び、立ち直ろうとしている姿に注目しましょう。彼らは、自分たちのことを「真の神のしもべ」と認識していました。私たちにも、この認識が必要です。また彼らは、破壊された神殿を再建することは、神の御心であると説明しました。神の御心を行っているという確信を持っている人は、幸いです。

エズラ記6章

そして彼らは七日間、喜びをもって種なしパンの祭りを守った。これは、主が彼らを喜ばせ、またアッシリアの王の心を彼らに向けて、イスラエルの神である神の宮の工事にあたって、彼らを力づけるようにされたからである。（エズラ記6・22）

この章から、以下のことを学びましょう。（1）ダレイオスは、キュロスの通達を記した巻物を発見します。（2）この発見により、もとの通達に付随していた3つの条項の存在が明らかになります。（3）総督タテナイは、ダレイオスの命令を忠実に実行したために、工事は急ピッチで進みます。（4）帰還民たちは、喜びをもって神殿を奉献します。（5）彼らは、過越の祭りと種なしパンの祭りを祝います。これは、バビロン捕囚の期間が終わったことを示しています。

ダレイオスからの回答

ダレイオス王が命令を下して、バビロンの文書保管所を調べさせたところ、メディア州の首都エクバタナの城の中から1つの巻物が発見されました。この発見により、もとの通達に付随していた3つの条項が明らかになりました。①神殿のサイズが指定されている。②費用は王家から支払う。③ネブカドネツァルがエルサレムの神殿から略奪した金銀の器具は、もとの所に戻す。

ダレイオス王は、総督タテナイに以下のことを命じました。①神殿の工事を妨害してはならない。②建設費用を負担せよ。③現物による援助をするように。④この法令に違反する者は死刑に処す。

ダレイオス王が期待したのは、エルサレムの神殿に座す「天の神」からの祝福です。最後にダレイオスは、エルサレムの神殿を破壊する者に対する呪いを宣言しました。「エルサレムに御名を住まわせられた神が、この命令を変更してエルサレムにあるこの神の宮を破壊しようと手を下す王や民をみな、投げ倒されますように」。歴史上、この呪いのことばは、何度も成就しました。

総督タテナイは、工事を妨害しようとしましたが、結果的には、自分が集めた税金の中から工事代金を捻出せねばならなくなりました。御心を行う者には、摂理の御手による守りが与えられます。

神殿の完成

総督タテナイは、王の手紙に記された命令を忠実に実行に移しました。その結果、工事は迅速に進みました。こうして、ユダヤ人の長老たちは、ついに神殿を完成させました。彼らを激励したのは、預言者のハガイとゼカリヤです。キュロス、ダレイオス、アルタクセルクセスの3王も、この建設に貢献しました。しかし、なんと言っても、神殿が完成したのは、神の力と励ましによることでした。神が中心におられ、長老たち、2人の預言者、3人の王が、それぞれの役割を果たしたのです。

神殿が完成したのは、前515年のアダルの月（2～3月）でした。これは、前536年の着工から21年後のことでした。さらに、第一神殿が破壊されてから（前586年8月12日）、ちょうど70年後のことでした。

神殿の奉献

帰還民たちは、神殿の奉献式を実施しました。このときに献げられたいけにえの頭数は、第一神殿の奉献式と比べると、控え目なものでした。これは、帰還民たちが非常に貧しかったことを示しています。なお、罪のきよめのささげ物として雄やぎ12匹が献げられていますが、これは、帰還民たちの中に12部族が含まれていることを示しています。

エズラ記は、4章8節から6章18節までがアラム語で書かれています。6章19節から、再びヘブル語に戻ります。19節には、「捕囚から帰って来た人々は、第一の月の十四日に過越を祝った」とあります。これは、70年ぶりに祝う過越の祭りです。清めの儀式を終えていた祭司とレビ人たちは、同胞たちのために、過越のいけにえを屠りました。さらに、「イスラエルの神、主を求めて、その地の異邦の民の汚れから離れて彼らに加わった者たち」も、ともに過越の食事を食しました。さらに、「彼らは七日間、喜びをもって種なしパンの祭りを守った」とあります。種なしパンの祭りは、過越の祭りに続く7日間の祭りです。合計8日間にわたる祝いは、捕囚の期間が完全に終わり、ユダヤ人たちが約束の地に帰還したことを示しています。

帰還民たちは、歴史の中で働く主の御業を体験しました。それゆえ、神殿における礼拝の重要性を深く自覚することができたのです。神は今も、歴史を導いておられます。現代に生きる私たちも、キリストにあって可能となった父なる神との交わりの重要性を、再認識する必要があります。

エズラ記7章

王とその顧問と、王の有力な高官すべての前で私に恵みを得させてくださった。私の神、主の御手が私の上にあったので、私は奮い立って、一緒に上るイスラエル人のかしらたちを集めることができた。（エズラ記7・28）

この章から、以下のことを学びましょう。（1）第2次帰還（57～58年後のこと）の中心人物は、エズラです。（2）エズラは、異教の王であるアルタクセルクセスの好意を得ていました。（3）エズラは、帰還民たちに律法を教えようと心を定めていました。（4）アルタクセルクセスの手紙は、帰還民たちに多くの特権を保障していました。

エルサレムへの帰還

エズラ記7～10章は、バビロンからの第2次帰還の様子を取り上げています。「これらの出来事の後」とは、約57年後のことです。6章と7章の間には、57～58年のギャップがあります（エステル記の事件は、その間に起こったものです）。第2次帰還は、アルタクセルクセス王の第7年（前４５８年）に起こりました

エズラはアロンの子孫であり、律法に精通した学者です。ネヘミヤ記には、「学者エズラ」ということばが6回出てきます。彼は、異教の王であるアルタクセルクセスの好意を得ていました。彼の素晴らしい点は、王から受けた好意を自分のためではなく、神の栄光のため、また、神の民の祝福のために用いたことにあります。

エズラとともに、多くの人たちがエルサレムに帰還しました。バビロンから北に向かい、ダマスコからエルサレムに南下するルートを取ると、約１６００㎞の旅となります。彼は、以下の3つのことを決意していました。①主の律法を調べる。②学んだことを実行に移す。③他の人たちに律法を教える。この順番は、祝されたミニストリーを展開するための必須条件です。

アルタクセルクセス王の手紙

この手紙は、イスラエル人のエルサレム帰還を許

可する勅令でもあります。恐らくエズラが、アルタクセルクセス王に民の帰還の許可を申し出ていたのでしょう。この手紙の中で、王は驚くべき特権をいくつも与えています。①イスラエル人たちは自由にエルサレムに帰還し、そこに住むことができる。②王と王の顧問たちは、金と銀をイスラエルの神へのささげ物として献げたので、イスラエルの民は、多くの金や銀をバビロンから持ち出すことができる。③神殿の器具でバビロンに残っているものは、持ち帰ってよい。④金、銀、器具は、神殿での礼拝に用いられるべきものとして、エズラに委ねた。⑤資金が不足しているなら､王の金庫から調達してもよい。「銀は百タラントまで、小麦は百コルまで、ぶどう酒は百バテまで、油も百バテまで、塩は制限なし」。最後の4品目は、神殿での礼拝に欠かせないものです。⑥神殿で仕える者たちは、税金が免除される。

寛大な勅令の目的は、イスラエルの地における平和の維持です。エズラは、イスラエルの地における正義の執行役を命じられました。彼には、さばき人や裁判官を任命する権威が与えられました。彼らがさばくのは、「あなたの神の律法を知っているすべての者」、つまりイスラエル人たちです。

ここでは、主の御心とペルシアの王の政治的意図とが合致しています。そういう状況下で用いられているのが、律法学者エズラです。

エズラの祈り

古代の王たちは、被征服民族の神々を怒らせることのないように配慮していました。古代世界の信仰の中心は、「神の怒りを鎮める」という点にありました。アルタクセルクセス王がイスラエルの民に好意を示した理由は、イスラエルの神の怒りを鎮めることにありました。王は、自らの論理に従って命令を出しているのですが、エズラは、王の上に主の御手が置かれていることを確信し、主に感謝の祈りを献げています。彼は、自分が仕えている神は、アブラハム、イサク、ヤコブの神であり、モーセの律法を与えた神であることを表明します。さらに、ペルシアの王にこのような思いを与え、王と顧問たちの好意を自分に向けさせてくださったのは、その神であると告白します。彼は､栄光を主に帰しています。

エズラにとっては、エルサレムに帰還する「イスラエル人のかしらたち」を召集する作業は、容易なものではなかったはずですが、彼はそれを成し遂げました。その理由を彼はこう述べています。「私の神、主の御手が私の上にあったので、私は奮い立って、」。願わくは、この体験が私たち自身のものとなりますように。神の御手によって奮い立つ人は、無私の人であり、不屈の人です。

エズラ記8章

アルタクセルクセス王の治世に、バビロンから私と一緒に上って来た一族のかしらと、その系図の記載は次のとおりである。（エズラ記8・1）

この章から、以下のことを学びましょう。（1）エズラとともに帰還した人たちの合計は、驚くほど少数でした。（2）エズラは、38人のレビ人と、220人の補助者を募集します。（3）エズラは、旅のために霊的準備と物理的準備を行います。（4）エルサレムに到着した帰還民たちは、神殿でいけにえを献げました。

帰還者のリスト

ゼルバベルとともに帰還した人たちの合計は、4万2360人でした。それに比べると、今回の帰還に加わった人たちは少人数です。帰還民のリストには、各部族の中心人物の名前と民の人数が挙げられています。79年前に帰還した部族の多くが、今回の帰還者リストにも載っています。彼らは、カナンの地に自らの未来があることを信じた「イスラエルの残れる者」たちです。
今回の帰還民の合計は1514人ですが、それとは別に、258人のレビ人と補助者がいますので、総計は1772人になります。婦人と子どもたちを加えると、5000人弱の集団だったと推定されます。

レビ人の募集

エズラの一行は、「アハワに流れる川のほとり」で3日間とどまります。この川は、ユーフラテス川の支流の1つでしょう。そこにとどまった理由は、レビ人を募集する必要があったからです。レビ人には、2つの重要な役割がありました。①律法の教師として奉仕すること。②神殿で祭司たちを補助すること。もしレビ人がいないなら、この2つのことができなくなります。
エズラは、レビ人を募集するために、11人の使者たちをカシフヤ地方に住む長老イドのもとに派遣します。使者たちは、2家族から38人のレビ人を集めました。①シャレベヤとその家族から18人、②ハシャブヤとその家族から20人。さらに、レビ人の補助者として220人を集めました。レビ人が不足した理由は、イスラエルの地での厳しい生活を嫌って、バビロンにとどまる者が多かったからです。しかし、ここに集められたレビ人たちは、生活の保証よりも主に仕える道を選んだ人たちです。

旅の準備

エズラは、旅のために2つの準備を行います。
(1)霊的準備のために断食を命じます。「神の前でへりくだる」とは、自らの無力を告白し、神がすべてを支配しておられることを認めることです。「道中の無事を神に願い求める」理由は、大量の金銀を運ぶ旅は、盗賊に襲われる危険性が高いからです。彼は、護衛部隊を付けることを王に要請しませんでした(ネヘミヤの帰還の場合は、護衛が付きました。ネヘ2・9)。護衛を要請しなかった理由は、イスラエルの神が、いかに力と恵みに富んだお方であるかを王に対して証言していたからです。(2)次に、物理的準備として、王や高官たちが献げたもの、また、残留ユダヤ人たちが献げたものを、12人の祭司長たちに分割して委ねました。これらのささげ物は、聖なるものなので、聖なる祭司たちによってエルサレムに運ばれる必要があります。エルサレムに着いたなら、目減り分がないかどうか、再計量されます。

エルサレム到着

バビロンを発ったのが、第1の月の1日でした。アハワ川には3日間滞在し、12日にそこを発ちました。バビロンからエルサレムまでは長旅ですが、エズラは、旅の詳細については一切触れていません。「私たちの神の御手が私たちの上にあり」と述べているだけです。

バビロンから運んできた銀と金と器類は、再計量された後、神殿で奉仕する祭司たちに渡されました。帰還民たちは、神殿で全焼のささげ物を献げました。雄牛12頭は、イスラエル12部族のためです。その他のいけにえは、神殿奉献の時と同じものですが、頭数は減っています。これは、神への献身を表すためのいけにえです。

王の勅令の写しが、その地に派遣されていたペルシアの高官たちに手渡されました。目的は、帰還民の扱いに関する王の意向を伝えるためです。その結果、異邦人である彼らが、神殿での礼拝のために物質的な援助をするようになりました。

今回の帰還民が少数であることに驚くかもしれませんが、「イスラエルの残れる者(レムナント)」は、常に少数派です。今も、真の信仰を持つ人は、少数派です。しかし、その事実に失望する必要はありません。神は、少数の真実な信仰者たちを用いてご自身の計画を進めてくださるからです。私たちに関しては、この世の価値観に流されるのではなく、「地の塩」としての役割を果たそうではありませんか。

エズラ記9章

イスラエルの神、主よ、あなたは正しい方です。まことに、今日あるとおり、私たちは逃れの者として残されています。ご覧ください。私たちは罪過を負ってあなたの御前におります。このような状態で、だれもあなたの御前に立つことはできないにもかかわらず。（エズラ記9・15）

この章から、以下のことを学びましょう。（1）帰還民たちは、短期間で雑婚の罪に陥ります。（2）雑婚は、偶像礼拝に至る可能性のある罪です。（3）心を痛めたエズラは、主の前で執りなしの祈りを献げます。（4）彼は、祈りの中で、神の属性を列挙しました。

雑婚の罪

9章に入ると、イスラエルの民の問題が表面化します。民が捕囚の地から帰還した理由は、先祖たちが歩んだ信仰の道（モーセの律法に従う道）を歩むためでした。しかし、帰還民たちの心には罪の性質が残っていました。

エズラのもとに、イスラエルの指導者たちがやって来ました。彼らは、ゼルバベルとともに帰還し、その後、指導者としての地位を確立していた人たちです。彼らは、民の「雑婚」（異教徒との結婚）の罪について、エズラに報告しました。モーセの律法は、雑婚を禁じています（出34・11～16、申7・1～4参照）。覚えておきたいのは、この命令は宗教的なものであって、人種差別ではないということです（周辺の民族はすべて、イスラエル人と同じセム系です）。契約の民は、異教徒と分離した生活をするように期待されていました。いくら神殿で儀式を行っても、行いがモーセの律法から離れているなら、儀式にはなんの意味もありません。異民族との結婚が偶像礼拝をもたらすことは、イスラエルの歴史が証明しています。

報告を受けたエズラは、悲しみ（着物を裂く行為）、大いに怒りました（毛を抜く行為）。彼は、帰還民たちがかくも容易に罪に陥っていることに仰天したのです。この罪は、イスラエルの民が捕囚に引かれていく原因となったものです。エズラは、捕囚のような悲劇が再び訪れることを恐れました。彼は、夕方のささげ物の時刻（午後3時）まで黙して座っていました。彼の周りには、「イスラエルの神のことばを恐れかしこむ者たち」（真の信仰者たち）が集まって来ました。

エズラの祈り

エズラは、夕方のささげ物の時刻（民の罪を清めるために血が流される時刻、午後3時）になって、ようやく祈り始めます。彼は、イスラエルの民の状態を心から恥じています。その理由は、捕囚の原因となった罪と同じ罪を犯しているからです。ここに出てくる「諸国の王たち」とは、サルゴン2世やネブカドネツァルのことです。捕囚は、契約の民を清めるための神の方法でしたが、今、それが効果を発揮しなかったことが明白となりました。

エズラの祈りの内容を見てみましょう。（1）彼は、民が約束の地に帰還できたのは、神の恵みのゆえであることを認めています。さらに、ペルシアの王たちを動かして、神殿と町の再建を可能にさせたのも、神の恵みの業であることを告白しています。（2）次に彼は、雑婚の罪を告白しています。彼は、「こうなった今、何と言えばよいのでしょうか」と祈っていますが、それは、どんな言い訳も通用しないという意味です。雑婚によって、イスラエルの地に汚れと忌むべき習慣が持ち込まれました。これによって、将来の祝福が取り去られる危険性が生じました。（3）彼は、神の恵みに感謝しています。イスラエルの民が裁きに遭うのは当然のことですが、神は、民が受けるべき刑罰を軽くし、「逃れの者」を残してくださいました。この部分の祈りのことばは、全人類に当てはまるものです。

エズラは、この祈りの中で、神の属性をいくつか列挙しています。①あわれみ（8節）、②恵み（9節）、③怒り（14節）、④正義（15節）。彼は、契約に基づく愛のゆえに、民にあわれみを示してくださいと神に祈ったのです。彼の祈りは、私たちへの教訓となります。神の属性（ご性質）を列挙する祈りは、私たちに気づきを与え、現実を変える力となります。

エズラ記10章

エズラは立ち上がり、祭司、レビ人、全イスラエルの長たちに、この提案を実行するよう誓わせた。すると彼らは誓った。（エズラ記10・5）

この章から、以下のことを学びましょう。（1）「雑婚の罪」を悲しんでいた人たちが、エズラのもとに集まって来ました。（2）エズラは、異国人の妻を離別するように命じます。（3）全集団はそれに同意しますが、同時に、時間をかけて問題解決に当たることを提案します。（4）妻を離縁した人たちの名が、リストアップされます。

罪を認める人々

指導者たちは、雑婚の問題を処理する必要があることを認識していました。エズラのもとに集まって来たのは、「雑婚の罪」を悲しんでいた人々です。シェカンヤという人物が、民を代表してエズラに進言します。内容は、神と契約を結び、異国人の妻と子どもたちを追放するというものでした。これは、実行するのが困難な進言です。しかし彼は、これこそが律法に則した解決法であり、エズラがそれを決断するなら、律法を重んじる者たちはその決断を支持するであろうと約束します。

この進言が神の御心に適ったものであるかどうかに関しては、議論の余地があります。1つ言えるのは、捕囚から帰還した直後の時代には、このような厳しい対応が必要だったということです。さらに、この進言の中には慰めの要素も含まれていました。イスラエルの神を信じれば、異国人の妻であっても追放されないというのが、慰めの要素です。

誓いをする人々

シェカンヤの進言を受けて、エズラが行動を開始します。指導者たち（祭司、レビ人、長老たち）は、異国人の妻と子どもたちを追放することを誓います。エズラは、断食祈祷を行ってから、通達を出しました。彼は、すべての民が3日のうちにエルサレムに出頭するようにと、命じました。この通達の目的は、モーセの律法を理解させることによって、民の間に霊的覚醒をもたらすことにありました。出頭しない者は、イスラエル共同体から追放されます。エズラがこれほどの権威を発揮できた理由は、アルタクセルクセス王が彼に与えた手紙にありました（エズ7・26）。

神殿に集う民

エルサレムに集まってきた民に対し、エズラは、雑婚の罪を指摘します。次に、霊性を清く保つために、異国人の妻を離別するように命じます。全集団は、エズラの勧告に従うと大声で応答します。しかし、大雨の季節でもあり、多くの者が関係していることでもあるので、時間をかけて問題処理に当たるべきだという提案がなされます。この案に反対した指導者が4人いました。彼らがなぜ反対したのか、理由はよく分かりません。即決を主張したのか、離縁そのものに反対したのか、そのいずれかでしょう。メシュラムに関しては、後者です。彼自身が、異国人の妻をめとっていたからです（エズ10・29）。

離縁の実行

エルサレムで集会が開かれたのは、第9の月の20日でした。調査は第10の月の1日に始まり、第1の月の1日まで続きました。今の暦で言うと、12月下旬から3月下旬まで、約75日間続いたということです。監督役たちは、それぞれのケースを丹念に調査し、将来に禍根を残さないように仕事を進めたことでしょう。

エズラは、雑婚の罪を犯していた人たちをリストアップして、この書のまとめとしています。（1）17人の祭司たちが、この罪を犯していました。彼らは、妻を離縁するという誓いをしてから、それぞれが罪過のためのささげ物を献げました。（2）レビ人の中では、10人が雑婚の罪を犯していました。そこには、歌い手1人と門衛3人が含まれていました。（3）一般のイスラエル人86人が、同じ罪を犯していました。

子どもが生まれていた夫婦にとっては、離縁はさらに辛いものとなりました。しかしこの箇所では、メシアを生み出すことになる民族の霊性の回復と、離縁の痛みとを、天秤にかける必要があります。当然、民族の霊性の回復のほうが重要です。家を追われた妻子がどうなったかは、書かれていません。必要な物質的援助が与えられ、自分たちの出身地に戻って行ったと考えるべきでしょう。

新約聖書は、このテーマに関連して2つのことを教えています。①信者は、不信者と「つり合わぬくびき」をともにしてはならない（2コリ6・14～18）。②すでに未信者と結婚しているなら、相手が同意している限り、離婚すべきではない（1コリ7・12～13）。

エズラ記は霊的覚醒の書です。みことばを学び、それを生活に適用し、悔い改めが必要ならば悔い改める。それが、霊的覚醒に至る道です。

ネヘミヤ記1章

どうか、あなたの耳を傾け、あなたの目を開いて、このしもべの祈りを聞いてください。私は今、あなたのしもべイスラエルの子らのために、昼も夜も御前に祈り、私たちがあなたに対して犯した、イスラエルの子らの罪を告白しています。まことに、私も私の父の家も罪を犯しました。

(ネヘミヤ記1・6)

この章から、以下のことを学びましょう。(1)ネヘミヤは、帰還民たちの窮状を知り、深い悲しみに襲われます。(2)彼は、喪に服しながら、断食祈祷を行います。(3)彼は、エルサレムに向かう許可がペルシア王から得られるように、主に祈りました。

エルサレムからの報告

ネヘミヤに関する情報は、わずかしかありません。彼は、ハカルヤの子ですが、ハカルヤが誰なのかよく分かりません。彼は、ペルシア王の献酌官です。なぜ、ユダヤ人の彼が高官になることができたのでしょうか。当時、ペルシア帝国内には、政治的に不安定な地域が存在していました。そこでペルシア王は、少数民族と積極的に同盟関係を結ぶようになりました。ネヘミヤの重用も、そういう政治的文脈の中で行われたことだと思われます。

「第二十年」とは、アルタクセルクセスの治世の20年のことでしょう(前444年)。「キスレウの月」とは、11月下旬から12月上旬にかけての時期です。「スサ」は、冬の宮殿があった場所です。ユダから数名の者たちがそこにやって来ました(ちなみに、ユダはペルシア帝国の行政区の1つでした)。ネヘミヤがエルサレムの状態について尋ねると、彼らはこう答えます。(1)帰還民たちの生活は困難を極め、周りの人たちのそしりを受けている。(2)エルサレムの城壁は崩され、その門(複数形)は火で焼き払われたままになっている。つまり、外敵の攻撃があれば、耐えることができないということです。

深い悲しみを覚えたネヘミヤは、神に祈り始めます。「数日の間」とあります。彼の祈りは、継続した祈り、喪に服した祈り、断食を伴った祈りでした。

ネヘミヤの祈り

（1）彼の祈りは、神への呼びかけで始まります。この呼びかけは、神の偉大さを認め告白するものです。彼は、自分の無力を認めると同時に、神に不可能はないことも認めています。そこに、祈りの可能性が生まれるのです。「天の神」ということばは、イスラエルの神が全世界の支配者であることを示しています。「主（ヤハウェ）」ということばは、この神が契約を守り、信じる者にいつくしみを与えるお方であることを教えています。

（2）次に彼は、自分自身も含めたイスラエルの罪を告白します。エズラも同様の祈りを献げていました（エズ9・6～15参照）。ネヘミヤは、自分のことを「しもべ」と言い、イスラエルのことも「しもべ（複数形）」と言っています。そして、自分を含めたイスラエルの民が、モーセの律法に不従順であったことを告白します。

（3）さらに彼は、嘆願のことばを発します。「思い起こしてください」とは、忘れていたことを思い出してくださいという意味ではありません。これは、約束どおりに行動を起こしてくださいという嘆願です。主は、モーセを通して、こう預言しておられました。①もしイスラエルの民が不信の罪を犯すなら、彼らは捕囚の地に連れ去られる。②しかし、悔い改めて主に立ち返るなら、エルサレムに帰還することができる（申30・1～5）。

有効な祈りの要素とは、①賛美、②感謝、③罪の告白、④具体的な願い、⑤祈った内容への献身、などです。ネヘミヤは、帰還民のために献身することを願いましたが、それが実現するためには、上司であるペルシア王の許可が必要です。「そのとき、私は王の献酌官であった」（11節b）とあります。献酌官とは、王にぶどう酒を注ぐ人ですが、毒見役でもあり、相談役でもあります。ネヘミヤは、エルサレムに行く許可を王から得られるように、神に祈りました。

ネヘミヤの祈りの姿勢から、教訓を学びましょう。彼は、同胞（帰還民）たちの窮状を自分のこととして受け止め、主に祈りました。喪に服し、断食して祈ったということは、宮廷での心地よい生活を捨てて、帰還民の立場に立ったということです。これこそ、執りなしの祈り手に必要な心構えです。そのような真実な祈りは、父なる神に届きます。私たちの祈りの動機がそのようなものになっているかどうか、吟味しようではありませんか。

ネヘミヤ記2章

そして、私に恵みを下さった私の神の御手のこと、また王が言ったことばを彼らに告げた。すると彼らは「さあ、再建に取りかかろう」と言って、この良い仕事に着手した。（ネヘミヤ記2・18）

この章から、以下のことを学びましょう。（1）ネヘミヤは、アルタクセルクセス王の許可を得てエルサレムに向かいます。（2）彼は、夜中に城壁の状態を調査し、再建計画を公表します。（3）ユダヤ人たちは、ネヘミヤのことばに励まされて工事を開始します。（4）3人の妨害者は、ユダヤ人たちをあざけり、蔑みますが、ネヘミヤは、彼らの妨害をはねのけます。

旅の許可

ネヘミヤ記1章1節の時点から、約4か月が経過しました(ニサンの月)。この間ネヘミヤは、毎日祈っていたに違いありません。そしてついに、行動を起こす時が到来しました。

王は、献酌官のネヘミヤが、普段見せたことのない悲しい顔つきをしていることに気づき、理由を問います。王のことばを聞いて、ネヘミヤは非常に恐れます。臣下が王の前で落胆の表情を見せるのは、赦されることではありません。王の治世に対する不満と解釈されると、地位を追われたり、死刑を宣告されたりします。

神殿は、71年も前（前515年）に建設されたのに、町はまだ廃墟のままでした。ネヘミヤは、王に敬意を表するために、敢えて「エルサレム」ということばを避けながら、旅の許可を求めます。王は、旅の期間を問いました。これは、ネヘミヤをエルサレムに送り出しても良いということです。ネヘミヤは、ユーフラテス川の西側の地を安全に旅するために、王から総督に宛てた手紙（複数形）を持たせてほしいと願います。さらに彼は、エルサレム近郊の森を管理するアサフへの手紙も求めました。門と城壁を再建するための材木を必要としたからです。アサフという名を知っていたのは、すでに詳細な調査をしていたからでしょう。

エルサレムへの旅

王の許可を得たネヘミヤは、エルサレムに向かいます。旅の途中、王からの手紙を総督たちに手渡し、安全な通行を保証してもらうことができました。しかし、この背後には、神の守りの御手がありました。どこにでも神の御業を妨害しようとする人たちはいます。ホロン人サンバラテは、サマリアの総督だったようです。どの程度エルサレムに対する統治権を持っていたかは分かりませんが、政治的野望のゆえに、ネヘミヤの帰還を喜ばなかったことだけは確かです。アンモン人トビヤ（アンモンの総督であった可能性が高い）も、ネヘミヤの帰還を歓迎していませんでした。

城壁の再建計画

ネヘミヤは、エルサレムに着いてから3日間静まりました。ある夜、彼は起き出し、月明かりの中を城壁の調査に出かけます。できるだけ人目に付かないように、調査する必要がありました。行動をともにしたのは、数人の援助者と1頭のロバだけでした。

ネヘミヤは、密かに城壁の状態を調査し、綿密な再建計画を練りました。そしてついに、その計画を公表する時が来ました。

彼はまず、人々に町の現状を認識させました。その上で、自分の経験を分かち合いました。「城壁の再建は夢物語ではない。なぜなら、神の御手が自分の上にあり、その御手に導かれて自分はエルサレムに来たのだ」と。さらに、ペルシアの王アルタクセルクセスから城壁再建の許可が出ていることも伝えました。それを聞いた民は、大いに励まされました。「さあ、再建に取りかかろう」ということばは、民の決意をよく表現しています。

工事の妨害

ユダヤ人たちが城壁再建の工事に着手したといううわさが拡がると、3人の人物が妨害活動を開始します。①ホロン人サンバラテ（ネヘ2・9～10参照）。②アンモン人で役人のトビヤ。③アラブ人ゲシェム。彼は、ケダル（アラビア半島北部）の王です（考古学文書によってこの名が確認されている）。

彼らは、ユダヤ人たちをあざけり、蔑みました。それに対してネヘミヤは、城壁再建の事業は、人間的な力や能力によるものではなく、「天の神」の力によるものであると応じます。さらに、この3人は、エルサレムとなんの関係もないと言い放ちます。彼らには、過去、現在、未来にわたって、エルサレムに関わる権利はないということです。

リーダーの不動の姿勢は、民に勇気と励ましを与えます。いわれのない妨害に打ち勝つ力は、神の約束に対する信頼から生まれます。ネヘミヤは、良きリーダーの見本です。彼のリーダーシップから教訓を学ぼうではありませんか。

ネヘミヤ記3章

こうして大祭司エルヤシブは、その仲間の祭司たちと、羊の門の再建に取りかかった。彼らはそれを聖別して、扉を取り付けた。そしてメアのやぐらのところまで聖別し、ハナンエルのやぐらにまで及んだ。（ネヘミヤ記3・1）

この章から、以下のことを学びましょう。（1）全員参加で、城壁再建の工事が行われます。（2）ネヘミヤは、権限委譲を行い、各人に具体的な任務を割り当てました。

権限移譲

城壁再建のためにネヘミヤが取った方法は、権限委譲でした。（1）彼は、それぞれの居住地に近い場所を仕事場とし、各人に具体的な任務を割り当てました。工事は、家族全体が取り組むプロジェクトとなりました。（2）エルサレム郊外に住む者たちにも、仕事場が与えられました。エリコ、テコア、ギブオン、ミツパなどの町の名が挙げられています。（3）さらに、職業別に仕事場が割り当てられました。大祭司と祭司たちには、「羊の門（いけにえの動物がこの門から運び込まれる）」の再建が割り当てられました。（4）ネヘミヤ記の記録は、北側の城壁から始まり、西側の城壁、南側の城壁、南東の城壁、北東の城壁へと続いています。

北側の城壁

当時のエルサレムには、11の門と4つの塔がありこの11の門のうちの6つが修復されました。祭司たちは、「羊の門（城壁の北東部分）」の再建から始め、2つのやぐらを修復しました。その先を受け持ったのは、エリコの人々です。エリコはエルサレムの北東に位置する町なので、この工事現場は地理的に便利な場所です。さらにその先を、イムリの子ザクルが担当しました。

「魚の門」は、そこから魚が運び込まれたのでそういう名称が付いたのでしょう。その門を建てたのは、セナアの子らです。その先を修理したのは、祭司メレモテです。さらにその先を、メシュラムが担当しました。なお、彼の娘はネヘミヤの敵であるトビアの息子と結婚していたため、これが後になって、厄介な問題を生み出すことになります。
テコアの人々も、工事に参加しました。テコアは、エルサレムの南約20㎞にある町で、預言者アモスの故郷です。テコアの貴族たちは協力しませんでしたが、一般人たちは工事に参加しました。

西側の城壁

「エシャナの門」は、「魚の門」の南側です。ここを、パセアハの子エホヤダとベソデヤの子メシュラムが担当しました。その傍らで、ギブオンとミツパの人々が工事を行いました。ここで、金細工人の名が挙げられています。大きな石の扱いには慣れていなかった金細工人たちも、肉体労働に参加しました。香料作りの人たちについても、同じことが言えます。「半区の長」（高級官僚）たちも、犠牲的な労働に従事しました。

南側の城壁と南東側の城壁

「谷の門」は南側の壁に設置されていました。「糞の門」は、ヒノムの谷に汚物を運び出すための門です。「泉の門」は、「糞の門」の北東に位置していました。王の園の近くにシロアムの池（シェラフの池）があり、ここには、ギホンの泉からの湧水がトンネルを通って流れ込んでいました。「泉の門」は、シロアムの池に向かうための門であったと思われます。「ダビデの墓地」とは、ダビデやユダの王たちの墓地です。「人工貯水池」は、「王の池」のことだと思われます。「勇士たちの家」とは、ダビデ軍の精鋭たちの宿舎のことでしょう。祭司やレビ人たちがこの部分を修復しているのは、ここが神殿に近いからです。
やぐらは、王宮から高く突き出ていました。「監視の庭」は、ソロモンの宮廷の庭にあったと思われます。なお、「オフェル」は、ダビデの町と神殿の丘の間の地域です。「その向こうでは」ということばがくり返されていることに注目しましょう。城壁再建は、すべてのユダヤ人の参加がなければ実現しないものでした。

北東側の城壁

「馬の門」は、神殿域から東側のキデロンの谷に出るためのもので、現在の黄金門の位置にありました。黄金門の下には、今も、古い門のアーチ部分が埋まっています。この地区には、商人たちの居住区がありました。最後に「羊の門」が出て来ます。これで、エルサレムの城壁を一周したことになります。

老若男女が、身分の区別なしにこの修復工事に参加しました（例外は、テコアの貴族たちだけです）。それぞれが、自分の能力を用いて、肩を並べて重労働に従事しました。私たちもまた、自分に与えられている賜物を用いて神に仕えるように召されています。神は、労している人とそうでない人の違いを知っておられます。

ネヘミヤ記4章

こうして私たちは城壁を築き直し、城壁はすべて、その半分の高さまでつなぎ合わされた。民に働く気があったからである。（ネヘミヤ記4・6）

この章から、以下のことを学びましょう。（1）サンバラテとその仲間の者たちは、妨害を仕掛けてきました。（2）ネヘミヤは、神に祈り、勤勉に工事を続けました。（3）敵は四方からから町に攻め入ろうとしました。（4）ネヘミヤは、厳重な警戒態勢を取りました。

サンバラテの妨害

ホロン人サンバラテは、城壁修復の知らせを聞いて、大いに憤りました。彼は、同胞（アンモン人のトビヤ、アラブ人のゲシェム）といっしょに、サマリアの有力者の前で、ユダヤ人たちを次のように侮辱しました。（1）ユダヤ人たちは、自分たちが不可能なことに挑戦しているのが分かっていない。（2）瓦礫を集めて城壁を修復しても、大したものにはならない。狐が一匹そこを越えただけで、城壁は崩れてしまうだろう。

この妨害に対して、ネヘミヤは祈りで応答しました。問題に直面したときに祈るのは、彼の習慣であり不変の戦略でもありました。彼は、神の裁きが敵の上に下さるようにと、非常に厳しい内容の祈りを献げています。詩篇の中にも、敵の滅びを願う祈りがいくつか出てきますが、ここでのネヘミヤの祈りはそれと同じです。彼は、神の裁きを求めることによって、神の御心が成るようにと祈っているのです。

私たちの場合は、祈った後、状況が変わるのを待つことが多いのですが、ネヘミヤはそうではありませんでした。彼は、祈りによって状況を神に委ねた後も、勤勉に働き続けました。彼には、勤勉に働くなら神は必ず介入してくださるという確信がありました。ユダヤ人たちは、短時間の内に城壁を半分の高さまで積み上げました（ネヘミヤ記6章15節によれば、城壁は52日で完成しました）。工事が急速に進んだ理由は、「民に働く気があったから」です。

さらなる妨害

敵は、城壁の修復がはかどっていることを知り、さらなる妨害を画策します。①サンバラテとサマリア人は北から、②トビヤとアンモン人は東から、③ゲシェムとアラブ人は南から、④アシュドデ人たちは西から、エルサレムに攻め入ろうとしました。

ユダヤ人たちは、協力して敵の攻撃に備えました。①祈りによって神に窮状を訴える。②すぐに行動を起こす。③敵の攻撃に備えて、弱点と思われる箇所に日夜見張りを置く。

ユダヤ人たちは、肉体的にも精神的にも疲労を覚えていました。リーダーが最も困難を覚えるのは、民が弱気になったときです。敵は本気でエルサレムを攻撃しようとしていました。さらに、敵の近くに住んでいたユダヤ人たちがやって来て、自分たちを守るために戻って来てほしいとネヘミヤに嘆願しました。

ネヘミヤの戦略

ネヘミヤは、新しい戦略を実行に移します。彼は、子どもを含む家族全員を、城壁の背後の低い所に配置しました。彼らには、剣や槍や弓を持たせました。もし敵が攻めて来たなら、家族全員が戦死することになりますので、家長たちは、必死になって戦うしかありません。ネヘミヤは、城壁を完成させるためには、命がけで戦うしかないことを知っていました。

さらにネヘミヤは、「人を恐れるよりも神を恐れるべきだ」ということを強調しました。神は彼らとともにいて、このプロジェクトを完成へと導いてくださいます。そのことを覚え、同胞や家族のために戦えというのです。ここにも、ネヘミヤに特徴的な「信仰と実践」の調和があります。

さらなる警戒態勢

ネヘミヤは、さらなる警戒態勢を取りました。工事人たちを、工事を続ける人と防御に当たる人に分けたのです。後者には、武装をさせました。石やモルタルを運ぶ人たちは、片手に武器を持ち、もう片手で仕事をしました。石工は両手を使う必要があったので、剣を腰に差して仕事に当たりました。

さらにネヘミヤは、コミュニケーション・ラインを確立しました。事が起こった場合、角笛を吹き鳴らして知らせるのです。

ユダヤ人たちは、夜明けから夕刻まで勤勉に働きました。町の外に住んでいる者たちは、夜になっても町から離れようとはしませんでした。彼らは、夜は護衛となり、昼は工事人となりました。また、服を着替えることもなく、工事に打ち込みました。

私たちの場合も、単独で神の計画を実行することはできません。群れから離れたクリスチャンは、余りにも危険な場所に自分を置いています。私たちは、お互いを必要としています。信仰の友が与えられていることの幸いを、再確認しようではありませんか。

ネヘミヤ記5章

私は続けた。「あなたがたのしていることは良くない。あなたがたは、私たちの敵である異邦の民から侮辱を受けることなく、私たちの神を恐れつつ歩むべきではないか。私も、私の親類の者も、私の配下の若い者たちも、彼らに金や穀物を貸してやったが、私たちはその負債を帳消しにしよう。（ネヘミヤ記5・9～10）

この章から、以下のことを学びましょう。（1）裕福なユダヤ人たちが、貧しい同胞たちを苦しめていました。（2）ネヘミヤは、大集会を開き、裕福なユダヤ人たちに悔い改めを迫りました。（3）さらに彼は、自ら手本を示し、無私の心で城壁の再建工事に邁進しました。

内的問題

これまで以上に深刻な問題（内的問題）が発生しました。（1）食物不足が襲ってきました。工事に従事したために畑で働くことができなくなり、収穫が激減したのです。（2）穀物を買うお金がないので、畑や家を抵当に入れる必要が生じました。（3）ペルシア王に払う税金が高いので、畑を抵当に入れて借金をする人が多く出ました。（4）資金を得るために、自分の子どもを奴隷に売る人たちが出てきました。

一連の問題は、経済的に豊かな人たち（指導者、貴族）が、高利貸しになって同胞を搾取していることから生じていました。しかしネヘミヤは、この問題に対してすぐに行動を起こしていません。彼は、問題の本質を見極め、それを正しく位置づけてから、解決に当たろうとしたのです。

罪の糾弾

同胞から利子を取るのは、律法違反です。ネヘミヤは、大集会を開き、その罪を糾弾しました。彼と篤志家のユダヤ人たちは、異邦人に売られていたユダヤ人の奴隷を、すでに買い戻していました（自由にしていた）。それとは逆に、裕福なユダヤ人たちは、借金の返済ができない同胞を奴隷に売り渡していました。このような罪を犯す理由は、神に対する恐れがないからです。

ネヘミヤは、自身は利子を取らないという手本を示したうえで、利子を取っていたユダヤ人たちに、その返済を勧告しました。彼の勧告は、そのまま受け入れられました。しかし彼は、ことばだけでは満足しないで、裕福なユダヤ人たちに誓いを立てさせました。彼らは、祭司たちの立ち会いのもと、主に対して正式な誓いを立てました。もし誓いを果たさないなら、主からの罰が下ります。ネヘミヤは、誓いを破る者に降りかかる罰を、象徴的行為によって表現しました。着物の裾を振って塵を落とす動作は、神の祝福から振り落とされることの象徴です。ネヘミヤが、総督の長服を振る光景は、実に劇的なものだったでしょう。

この大集会は、全集団の「アーメン」という応答によって終わりました。裕福なユダヤ人たちは、約束した内容を実行に移しました。

ネヘミヤのリーダーシップ

城壁修復工事のどこかの時点で、ネヘミヤは、ユダの地の総督に任命されました。これは、ユダの地での最高の地位です。しかし、総督になってからも、ネヘミヤの姿勢は変わりませんでした。

（1）総督には様々な特権が与えられていました。たとえば、客に出す食事の費用は、ペルシアの高官たちを通して支給されました。しかし彼は、当然の権利であっても、それを行使することはありませんでした。（2）前任者たちは、それとは逆で、許されているもの以上のものを民から取り立てていました（食費以外に、銀40シェケルを取っていた）。総督に仕える若い者たちまでが、民にいばりちらしていました。ネヘミヤは、前任者たちとは一線を画しました。その背景には、神を恐れる彼の信仰がありました。（3）彼は、利殖のために貧しい人たちから農地を買うこともしませんでした。つまり、不動産投資をしなかったということです。その理由は、城壁の工事に専念するためです。（4）「ユダヤ人と代表者たち百五十人」が誰なのかは分かりませんが、この大人数の人たちのために、ネヘミヤは、自費で食事を用意しました。それでも彼は、総督の給料を要求しませんでした。

このような無私の行為は、彼の信仰の現れです。

ネヘミヤは、「私の神よ。どうか私がこの民のためにしたすべてのことを覚えて、私をいつくしんでください」（19節）と祈っています。目標を定めたなら、他のものに関心を示さず、一心不乱にその目標に向かって進んで行ったのが、ネヘミヤです。彼のリーダーシップから学ぶことは多くあります。神は、私たちが神の栄光のために為したすべてのことを覚えておられます。

ネヘミヤ記6章

私たちの敵がみなこれを聞いたとき、周囲の国々の民はみな恐れ、大いに面目を失った。この工事が私たちの神によってなされたことを知ったからである。（ネヘミヤ記6・16）

この章から、以下のことを学びましょう。（1）敵は、ネヘミヤを暗殺する計画を立てます。（2）さらに、うわさ話を用いて、ネヘミヤを攻撃します。（3）偽預言者も、ネヘミヤを攻撃する側に付きました。（4）城壁は、わずか52日間で完成しました。

暗殺計画

城壁の破れ口がすべて修復されたと聞いて、敵は新たな妨害策を考え出します。今回の妨害策は、ネヘミヤを暗殺するというものでした。敵は、平和的な会談を申し出ますが、背後には、隠された動機がありました。会談の場所は、オノの平地にあるケフィリムという場所です。オノは、エルサレムから北西に40㎞離れたサマリアの国境に近い地域で、徒歩で一日の距離です。
ネヘミヤは、使者を遣わし、敵の提案をやんわりと断ります。平和的な会談を望むなら、彼ら自身がエルサレムに来れば良いのです。同じ遣り取りが、4回繰り返されました。そして5回目の誘いの際に、敵の本音が露呈します。

うわさ話

ネヘミヤがエルサレムを離れようとしないことが分かると、サンヌバラテは、第2の陰謀を実行に移します。それは、うわさ話を利用することによって、ネヘミヤをオノの野に呼び出そうとするものでした。5回目に派遣された使者は、開封した手紙を持っていました。その手紙を他のユダヤ人たちにも読ませて、ネヘミヤに対する不信感を抱かせようとしたのです。手紙には、「ユダには王がいると、自分についてエルサレムで宣言させようとしている」という文章がありました。これは、ある程度は当たっている可能性があります。宗教的指導者たちの中には、ネヘミヤの存在を、旧約聖書が預言する「メシア的王」と解釈する者もいたことでしょう。しかし、「民を扇動して反逆を企んでいる」という部分は、全くの嘘です。ネヘミヤは、真正面から偽りのうわさを否定しました。

偽預言者

第3の陰謀は、偽預言者による助言です。ネヘミヤは、預言者シェマヤを信頼していたようです。でなければ、彼の家を訪問するはずがありません。ところがこのシェマヤは、敵に買収された偽預言者でした。シェマヤは、敵が殺しに来るから神殿の中に隠れようと助言しますが、ネヘミヤは、神殿に入ることを拒否します。祭司でなければ、神殿に入れないからです。民の信用を無くすことは、政治的生命を失うことです。

ネヘミヤは、シェマヤが敵に買収されて行動していることを見抜きます。彼は、神の裁きが敵に下るようにと祈ります。これは、神の正義を求める祈りです。女預言者ノアデヤの名は、ここにだけに出てくるものです。彼女もまた偽預言者で、ネヘミヤを恐れさせようとしました。

城壁の完成

エルルの月の25日に、城壁が完成しました。ここまでの過程を振り返ってみましょう。（1）前年の11月～12月（キスレウの月）に、ネヘミヤはエルサレムの城壁が崩れたままになっていると知らされました（ネヘ1・1）。（2）次の年の3月～4月（ニサンの月）に、彼は王に自分の計画を告げました（ネヘ2・1）。（3）エルサレムまでの旅に2～3か月かかりました（4～5月頃に出発し、6～7月頃にエルサレムに到着）。（4）城壁は52日間で完成しました。最初にエルサレムの惨状を知ってから、1年弱で城壁の修復工事が完了しました。諸事情を考えると、奇跡的な速度です。

城壁が完成したという知らせを聞いて、敵は大いに驚いたことでしょう。彼らは、この工事の背後にイスラエルの神がおられることを認めざるを得なかったはずです。

トビヤの権力

アンモン人トビヤが工事を妨害できた理由は、ユダヤ人の中に太い人脈を持っていたからです。彼は、アラフの子シェカンヤの婿であり、また、彼の息子のヨハナンは、ベレクヤの子メシュラムの娘と結婚していました。このメシュラムは、2か所の工事を担当した人物です。トビヤと親交のあるユダヤ人たちは、ネヘミヤに向かってトビヤの善行を語っていたのですが、トビヤ自身はネヘミヤに脅迫状を何度も送っていました。

数々の妨害に対し、第一のものを第一とすることが、最強の武器となりました。ネヘミヤにとっての第一のものとは、城壁の修復工事を完成させるということでした。内面の強さは神への信頼から来ることを知っている人は、幸いです。

ネヘミヤ記7章

この町は広々としていて大きかったが、その中の住民は少なく、家もまだ十分に建てられていなかった。（ネヘミヤ記7・4）

この章から、以下のことを学びましょう。（1）町の安全管理は、2人の信頼できる人物に委ねられました。（2）最初の帰還民たちの系図が、発見されました。（3）工事期間中は、エズラによる律法の解説は中断されていました。次章（8章）に入ると、エズラの奉仕が再開されます。

町の安全の確保

城壁を再建した人々は、次に門を再建し、そこに扉を取り付けました。扉がなければ、町の安全は確保できません。それが終わると、門衛、歌い手、レビ人が任命され、それぞれが自分の職務に就きました。

城壁が完成したからといって油断してはなりません。敵は、常に攻撃の機会を狙っているからです。

そこでネヘミヤは、2人の人物に町の安全管理を委ねました。①兄弟ハナニとありますが、おそらくネヘミヤの親戚の1人でしょう。このハナニは、エルサレムの惨状を最初にネヘミヤに伝えた人です（ネヘ1・2参照）。②ハナンヤという人物は、信頼できる信仰者で、霊的洞察力のある人です。

町の安全確保のために、門を開けておくのは昼間の数時間だけとされました。暗い時間帯は、門を閉じ、かんぬきを差しておきます。工事に携わった住民が、それぞれの見張り所と自分の家の前に見張りを立てました。

城壁は、元あった場所に再建されました。城壁で囲まれた町の面積は、帰還民のためには有り余るほどでした。ネヘミヤが意図したのは、ユダヤ人の人口がこの町いっぱいに広がることです。ネヘミヤの最終ゴールは、城壁の修復ではなく、イスラエルの民の回復です。

帰還民の人口調査

エルサレムの住民はまだ少数でした。ネヘミヤは、この町を純粋なユダヤ人たちによって満たそうとしました。人口調査を行ったのは、そのためです。その過程で、最初の帰還民たちの系図が、発見されました。その内容が、7～71節に記されています。

（1）18の氏族の人口が、リストアップされています（8～25節）。

（2）20の町や村の住民が、リストアップされています（26～38節）。

（3）祭司が、リストアップされています（39～42節）。

（4）レビ人、歌い手、門衛がリストアップされています（43～45節）。

（5）宮のしもべたちと、ソロモンのしもべたちが、リストアップされています（46～60節）。

（6）先祖の家系と血統がイスラエル人であったことを証明できない人たち642人が、リストアップされています（61～62節）。

（7）系図が見つからない祭司たちが、リストアップされています（63～65節）。彼らは、聖なるものを食べることを禁じられました。

（8）総合計は、4万2360名＋7337名（男女の奴隷）＋245名（歌い手）＝4万9942名です。エズラ記では、総合計は4万9897名（エズ2・64～65）でした。ネヘミヤ記のほうが、45名多くなっています。これは、歌い手が245名（ネヘ）なのか、200名（エズ）なのかの差です。おそらく写本制作上のミスだと思われますが、確実な理由は分かりません。

（9）らくだの頭数がリストアップされています。

（10）献金や献品をした人たちが、リストアップされています。

学者エズラ

次の8章になると、ネヘミヤ記で初めてエズラが登場します。彼は、「学者エズラ」と呼ばれています。エズラとネヘミヤは同時代人です。エズラのエルサレム帰還は前458年でしたので、ネヘミヤよりも10数年早かったことになります。エズラがエルサレムに帰還した理由は、同胞のユダヤ人たちに神の律法を教えるためでした。彼は、「祭司」でもありました。

エズラが帰還した直後は、民の霊性は悲惨な状態にありました。しかし、忍耐深く教えているうちに、民は神の律法に応答し始めました。そうこうしているうちに、ネヘミヤが帰還し、城壁の修復工事が始まりました。約2か月にわたる工事期間中、エズラの奉仕は中断されました。城壁の工事が終わると、民はエズラから律法を学ぶことを熱望しました。

現代に生きる私たちにとって必要なのは、みことばに対する渇望です。鈍感になった魂や無関心な心に、霊的渇望が与えられるように祈りましょう。

ネヘミヤ記8章

そこで、第七の月の一日に祭司エズラは、男、女、および、聞いて理解できる人たちすべてからなる会衆の前に律法を持って来て、水の門の前の広場で夜明けから真昼まで、男、女、および理解できる人たちの前で、これを朗読した。民はみな律法の書に耳を傾けた。（ネヘミヤ記8・2～3）

この章から、以下のことを学びましょう。（1）エズラによる律法の朗読が行われました。（2）それを聞いた民は、その内容を理解し、涙を流しました。これは、悔い改めの涙です。（3）ネヘミヤは、「主を喜ぶことは、あなたがたの力だからだ」と、民を励ましました。（4）民は、仮庵を作り、仮庵の祭りを祝いました。（5）エズラは、仮庵の祭りの期間、律法の朗読を継続しました。

律法の朗読

第7の月の1日は、ラッパの祭りの日です（レビ23・24、民29・1）。この日は、宗教的カレンダーでは新年に当たります。エズラが朗読する律法の書（モーセの五書）に、老若男女が耳を傾けました。それが、夜明けから真昼まで続き、聞いた人たちは、それを理解しました。

エズラは一段高く造られた木の壇（舞台）の上に立ちました。エズラの右に6人、左に7人が立ちました。この13人は、おそらく祭司でしょう。エズラが舞台に立って書を開くと、民はみな立ち上がりました。神に栄光を帰すためです。エズラの朗読に合わせて、民は「アーメン、アーメン」と応えました。その内容に同意したということです。さらに彼らは、地にひれ伏して主を礼拝しました。神のことばが民の心に感動をもたらしたのです。民の自発的な反応は、エズラを大いに喜ばせたことでしょう。

会衆の人数は、3〜5万人と推定されます。それだけの数の人たちに、どのようにして律法の意味を説明したのでしょうか。恐らく、こういう方法を採用したのでしょう。（1）まずエズラが、律法の一部を全会衆に向かって朗読する。（2）次にレビ人たちが、会衆の間を巡り、その意味を解き明かす。ヘブル語からアラム語への翻訳もあったと思われます。

この時の指導者は、①ネヘミヤ、②エズラ、③律法を解き明かすレビ人たちです。律法のことばを理解した民は、感動の余り涙を流しました。これは、自らの罪を理解した人が流す悔い改めの涙です。ここで起こっているのは、霊的リバイバルです。神のことばを理解したことが、契約の民にリバイバルをもたらしました。

主を喜ぶことは、あなたがたの力

ネヘミヤは、涙を流している民にこう言いました。「行って、ごちそうを食べ、甘いぶどう酒を飲みなさい。何も用意できなかった人には食べ物を贈りなさい。今日は、私たちの主にとって聖なる日である。悲しんではならない。主を喜ぶことは、あなたがたの力だからだ」（10節）。ネヘミヤは、この日を聖なる日と考えるべきだと言いました。それゆえ、悲しむのではなく喜ぶのです。この日は、宴会を開いて喜ぶ日です。貧しい者たちにはごちそうを贈り、ともに喜びを分かち合う日です。民は、喜ぶようにという命令に従いました。

仮庵の祭り

翌日、霊的リーダーたちは再び学者エズラのところに集まりました。そして、仮庵の祭りの期間（第7の月の15日～22日）は、仮庵に住まなければならないと律法の書に書かれているのを発見します。これを発見したのは、第7の月の2日でした。それから2週間後に、仮庵の祭りが始まりますので、発見したタイミングは完璧です。さっそく指導者たちは、仮庵を作るようにとの通達を出します。

民は仮庵を作り、祭りの間その仮庵に住みました。祭壇が完成した時（前536年）にも、民は仮庵の祭りを祝いましたが（エズ3・4）、今回は、別次元の祝い方をしました（ヌンの子ヨシュアの時代以来のもの）。祭りの期間、エズラは律法の朗読を継続しました。モーセは、7年ごとにそれを行うように命じていました（申31・10～13）。

この章では、民の応答は3段階でやってきました。①知的応答、②感情的応答、そして、③意志による応答。ここから教訓を学ぼうではありませんか。

①聖書研究によるみことばの理解、②みことばを理解した結果与えられる喜び、③理解した内容の実行。「聖書研究から日本の霊的覚醒（目覚め）が」というモットーは、聖書の原則に合っています。

ネヘミヤ記9章

その月の二十四日に、イスラエルの子らは集まって断食をし、粗布をまとって土をかぶった。イスラエルの子孫はすべての異国の人々と関係を絶ち、立ち上がって、自分たちの罪と先祖の咎を告白した。（ネヘミヤ記9・1〜2）

この章から、以下のことを学びましょう。（1）ネヘミヤ記9〜10章は、宗主権契約の形式で書かれています。（2）契約の前文では、イスラエルの神がどのようなお方であるかが確認されます。（3）次に、イスラエルの歴史が回顧されます。（4）最後に、契約が承認されます。

罪の告白の祈り

仮庵の祭りが終わって2日後（第7の月の24日）に、「自分たちの罪と先祖の咎」を告白するための集会が開かれました。昼の間の約3時間、民は立ったままで律法の朗読に耳を傾けました。次の3時間は、自らの罪を告白し、主を礼拝しました。2組のレビ人（各組8人）が、民を礼拝と罪の告白へと導きました。いつの時代でも、リバイバルは罪の告白から始まります。

契約の前文

ネヘミヤ記9章5節〜10章39節は、宗主権契約の形式で書かれています。①契約の前文（9・5〜6）、②歴史の回顧（9・7〜37）、③契約の承認（9・38〜10・29）、④契約条項の確認（10・30〜39）と続きます。

レビ人8人が、民を代表して祈りました。その祈りでは、契約の相手である神がどのようなお方であるかが確認されました。強調点は、①主は唯一である、②主は栄光に富んだお方である、③主は天地を創造されたお方である、という3点です。これが契約の前文です。

歴史の回顧

次に、歴史の回顧が行われます。

（1）主なる神は、契約を結ぶ神です。主は、アブラムをカルデア人の町ウルから連れ出し、彼と契約を結ばれました。後に、彼の名はアブラハム（諸国民の父）となりました。神は、アブラハムとその子孫にカナンの地を与えると約束し、その約束を果たされました。

（2）次に主は、イスラエルの民をエジプトから解放されました。主はファラオとその民に対して、しるしと不思議を行われました。これは、イスラエルの民を苦しめたことに対する裁きです。このことを通して、主はご自身の名を世界に向かって高く上げられました。

（3）さらに主は、イスラエルの民とシナイ契約を結び、彼らに「律法」をお与えになりました。安息日がシナイ契約の「しるし」となりました。また、天からのパンと岩からの水を与え、民が約束の地に進んで行くための条件を整えてくださいました。それにもかかわらず、イスラエル人の先祖たちは、神に反抗しました。彼らは、金の子牛を造り、それを礼拝するようになりました。それでも主は、彼らを見捨てることなく、40年の間、シャカイナグローリーによって彼らを導かれました。

（4）イスラエルの民は、神の助けによって、ヘシュボンの王シホンとバシャンの王オグに勝利しました。また、ヨシュアに導かれてカナンの地を征服し、その地での定住生活を開始しました。やがて彼らは、律法を無視し、主から送られてきた預言者たちを侮辱したり殺したりするようになりました。そこで主は、彼らを敵の手に渡し、彼らを罰しましたが、民が悔い改めて助けを求めると、「救う者たち」（士師たち）を送り、彼らを敵の手から救ってくださいました。こうして、失敗と悔い改めと解放のサイクルが、何度も繰り返されました。ついに主は、民を異邦人（アッシリアとバビロン）の手に渡されました。それでもなお、主は彼らをお見捨てになりませんでした。なぜなら、主はご自身の契約に忠実なお方だからです。

（5）イスラエルの指導者たちは、神から与えられた律法と警告を無視し続けました。「私たちは今、奴隷です」とあります。「奴隷」とは、支配者に税を納めている状態です。異邦の王たちが、イスラエルの民を支配しており、民は本来自分たちのものであるはずの収穫の多くを、支配者に献げる状況が続いていました。

契約の承認

このようにして、イスラエル人たちは先祖以来の罪を告白し、支配者からの解放を願いました。また、律法を守り行うという盟約が文書化され、政治的リーダーたちと宗教的リーダーたちが、民を代表して印を押しました。

ネヘミヤ記9章に記された祈りは、正しい歴史認識に基づく悔い改めの祈りです。私たちの場合も、国として、また個人として、このような祈りを必要としています。今、神の恵みとあわれみを思い起こし、主をほめたたえようではありませんか。

ネヘミヤ記10章

このほかの民、祭司、レビ人、門衛、歌い手、宮のしもべたち、また、諸国の民と関係を絶って神の律法についた者全員、その妻、息子、娘たち、すべて理解できるまでになった者は、彼らの親類のすぐれた人々と歩調を合わせつつ、神のしもべモーセを通して与えられた神の律法に歩み、私たちの主、主のすべての命令、その定めと掟を守り行うという、次のような、のろいの誓いに加わった。（ネヘミヤ記10・28～29）

この章から、以下のことを学びましょう。（1）契約の承認のために、各人が文書に印を押しました。（2）印を押した者たちの名が列挙されます。（3）彼らは、6つの契約条項を確認しました。

契約の承認

ネヘミヤ記9章5節～10章39節は、古代中近東の契約形式で書かれています。9章は、「契約の前文」と「歴史の回顧」を記していました。10章の主な内容は、「契約の承認」です。律法を守り行うという盟約が文書化され、そこに各リーダーたちが印を押しました。印を押した者たちの名が記されています。

（1）1～8節の23人は、全員が祭司です。その多くが、ネヘミヤ記12章12～21節に、「一族のかしら」として再度登場します。23人の最初にネヘミヤの名が出ていますが、彼は、民のために模範を示したのです。

（2）9～13節の17名は、レビ人たちです。その内の6人は、民に律法を解き明かした人たちです（ネヘ8・7参照）。

（3）14～27節の44名は、一族の長たちです。その内の数名は、ネヘミヤ記7章8～25節に出ていた人たちです。

（4）28～29節には、こうあります。「このほかの民、祭司、レビ人、門衛、歌い手、宮のしもべたち、また、諸国の民と関係を絶って神の律法についた者全員、その妻、息子、娘たち、すべて理解できるまでになった者は、彼らの親類のすぐれた人々と歩調を合わせつつ、神のしもべモーセを通して与えられた神の律法に歩み、私たちの主、主のすべての命令、その定めと掟を守り行うという、次のような、のろいの誓いに加わった」。ここに記されているのは、印を押さなかったが、この盟約に参加することを誓った人たちです。かくして、イスラエルの民の全員がこの盟約に参加したのです。

契約の条項

契約条項が確認されます。この契約には、6つの条項があります。

（1）雑婚を避ける（30節）。この条項は、信仰の純粋性を保つためのものです。

（2）安息日を守る（31節）。安息日はシナイ契約の「しるし」であり、自由の民となったことを記念するものです。

（3）宮の礼拝を維持するために献金をする（32～33節）。出エジプト記30章11～16節では、人口調査のたびに半シェケルの神殿税を納めることが定められていました。ここでは、毎年3分の1シェケルを神殿に納めるという取り決めができました。

（4）祭壇の上で燃やす薪を献げる（34節）。祭壇の火は、常に燃え続けている必要があります。

(5)収穫の初物を献げる。(35～37a節)。彼らは、畑の産物だけでなく、自分の長子、家畜の初子、ぶどう酒や油なども主のものとしました。
(6)毎年の10分の1を納める(37b～39節)。レビ人たちは10分の1を生活のために受け取りますが、さらにその10分の1の10分の1を、祭司たちのために献げなければなりません。

「このようにして私たちは、自分たちの神の宮をなおざりにはしない」ということばは、このときのユダヤ人たちの決意を表明するものです。彼らは、物質的な繁栄よりも霊的な祝福を重視すると宣言しました。信仰は、行動によって示されなければなりません。私たちの場合はどうでしょうか。このときのユダヤ人たちの決意から、教訓を学ぼうではありませんか。物質的な繁栄よりも、霊的な祝福を求める人は、幸いです。

ネヘミヤ記11章

民の指導者たちはエルサレムに住んでいたが、それ以外の民はくじを引いて、十人のうちから一人ずつ、聖なる都エルサレムに来て住むようにし、あとの九人をほかの町々に住まわせた。
(ネヘミヤ記11・1)

この章から、以下のことを学びましょう。(1)エルサレムの人口を増やすために、移住計画が実行に移されます。(2)ユダヤ人人口の10分の1を移住させるために、くじ引きが採用されました。(3)自発的に移住を申し出る人たちは、少数でした。(4)エルサレムへの移住は、必ずしも歓迎されたわけではありません。

エルサレム移住計画

城壁が崩れていたときは、エルサレムは危険な町でした。また、瓦礫が散乱していたため、町の環境は劣悪な状態にありました。しかし、城壁の補修が終わり、新しい門が取り付けられると、町は一変しました。そこで、町の人口を増やす計画が実行に移されます。

民の指導者たちは、すでにエルサレムに住んでいました。エルサレム移住計画は、それ以外の一般庶民を対象に実施されました。目標は、ユダヤ人の10分の1をエルサレムに住まわせることです。そのために用いられたのは、「くじ引き」です。これは、旧約時代には正当な方法でした（箴16・33）。くじに当たらなかった者は、そのまま同じ町に住み続けることになります。「自分から進んでエルサレムに住もうとする人々」とは、自発的にエルサレムへの移住を申し出た人々です。民は、このような人々を祝福しました。

この移住計画は成功したようで、人口の10分の1以上がエルサレムに移住することになりました。4節以降で、エルサレムに住んだ州のかしらたちの名が列挙されます。祭司たち、レビ人たち、宮のしもべたちは、エルサレム周辺のユダの町々に住み、神殿での奉仕の時期になると、そこからエルサレムに通いました。

エルサレムの住民

くじに当たった人たちは、エルサレムに移住しました。自発的に移住を申し出た人たちは、少数でした（だから、くじを引く必要があったのです）。

（1）ユダ族からは、468人が移住しました（4～6節）。家長はウジヤの子アタヤ（ペレツの子孫）とバルクの子マアセヤ（シェラの子孫）です。ペレツとシェラは、ともにユダの息子でした（創38・2～5、29）。

（2）ベニヤミン族からは、928人が移住しました（7～9節）。家長はメシュラムの子サルです。

（3）レビ族からは、祭司が1192人（822名＋242名＋128名）、レビ人が284名、門衛が172名、合計1648名がエルサレムに移住しました（10～19節）。

エルサレム移住が好まれなかった理由

エルサレムの人口が増えることは、町の繁栄と防衛のために必要なことでした。ネヘミヤは、それが神の御心であると確信して、くじ引きをしてまで移住政策を実行に移しました。帰還民たちの間でエルサレム移住が好まれなかった理由は、なんでしょうか。（1）移住には多くの犠牲が伴いました。家や職を捨て、一から新しい生活を再構築しなければなりません。冒険よりも安定した生活を求める人たちが多くいたのは当然のことです。（2）さらに、周辺の異邦人たちは、宗教的理由でエルサレムの住民との商取引を回避する傾向がありました。生活をいかに支えるかということも移住民には重大問題でした。（3）もう1つ考えられる理由は、厳格な信仰生活を強いられることです。神殿近くに住むということは、より厳密に律法に従って生活するということを意味しました。

形式的な信仰しかない人には、エルサレム移住は苦痛に満ちたものとなったことでしょう。しかし、心に主への思いがある人にとっては、エルサレムに住むことは最高の祝福でした。神を信じる者の価値判断は、この世の人たちのそれとは多いに異なります。

主イエスの弟子である私たちは、どうでしょうか。私たちの価値判断は、霊的祝福を重視したものとなっているでしょうか。

ネヘミヤ記12章

彼らはその日、数多くのいけにえを献げて喜んだ。神が彼らを大いに喜ばせてくださったからである。女も子どもも喜んだので、エルサレムの喜びの声ははるか遠くまで聞こえた。

（ネヘミヤ記12・43）

この章から、以下のことを学びましょう。（1）神殿で神に仕える人たちがリストアップされます。（2）賛美隊が結成されます。（3）城壁の奉献式が行われます。２組の賛美隊が、城壁の上を行進します。

祭司とレビ人のリスト

この章でも、エルサレムに移住した人たちのリストが続きます。ここでは、神殿で神に仕え、神を賛美する人たちのリストが出てきます。

（1）24組の祭司たち（1〜7節）。祭司を24の組に分けたのはダビデです（1歴24・7〜19）。この箇所でネヘミヤは、22人の祭司のリーダーを上げています。2名の名が欠落しているのは、書記のコピーミスか、人数不足であったかのいずれかでしょう。

（2）8名のレビ人たち（8〜9節）。

（3）大祭司（10〜11節）。アロンから始まった大祭司職が継承され、バビロン捕囚の直前には、エホツァダクにまで至りました。彼は、バビロンに引かれて行きました。バビロンから帰還した最初の大祭司がヨシュアで、次にエホヤキム、エルヤシブと続きます。エルヤシブは、ネヘミヤ時代の大祭司です。さらに、エホヤダ、ヨナタン（ネヘ12・22のヨハナンと同一人物）、ヤドアと続きます。

（4）祭司の一族のかしら（12〜21節）。祭司の一族のかしらのリストは、ヨシュアの子のエホヤキムが大祭司であった時代のものです。ネヘミヤ記12章1〜7節に上げられていた22名の名前とほぼ合致しています。

（5）レビ族のかしら（22〜26節）。「年代記」とは、レビ族のかしら（家長）の名を記録した公式文書です。エルヤシブが大祭司であった時代から、その孫ヨハナンが大祭司であった時代に至る期間の一族のかしらの名前が記されています。ペルシア人ダレイオスとは、ダレイオス2世（前423〜404年）のことです。

賛美隊の結成

エルサレムに移住したレビ人たち以外に、その周辺に定住したレビ人たちもいました。そのレビ人たちがみな召集されました。それは、神をたたえる賛美隊を結成するためです。彼らは、楽器（シンバル、琴、竪琴）に合わせて感謝の歌を歌うようになります。

城壁の奉献式

奉献式のために、清めの儀式が行われました。まず祭司とレビ人の清め、次に民の清め、最後に門と城壁の清めが行われました。

ネヘミヤは、感謝の歌を歌わせるために、2つの賛美隊を編成しました。そして、この2組を別の方向に行進させました。最初の組は、逆時計回りの方向に進み、最後は神殿に至りました。エズラが先頭に立ち、その後にユダの長たちの半分からなる賛美隊が続きました。行進を開始した場所は、かつてネヘミヤが夜間に城壁の調査を開始した場所と同じでした。次の組は、時計回りに行進しました。ネヘミヤはこの組に参加しました。2組の賛美隊とそれに続く人たちが城壁の上を行進している様子は、実に感動的なものだったでしょう。

2つの組は神殿で合流し、その場所で、主に向かって感謝の歌を歌いました。彼らが城壁の上を行進したことには、理由がありました。かつてトビヤは、一匹の狐が通っただけで城壁は崩れると言い、ユダヤ人たちをあざ笑いました。そこでネヘミヤは、大行列が城壁の上を歩いても、石垣は微動だにしないことを、敵対者たちに見せようとしたのです。

喜びの声

イズラフヤが指揮を取り、賛美隊が喜びの歌を歌いました。その日、民は数多くのいけにえを献げ、喜び歌いました。ネヘミヤは、この機会を利用して、将来の礼拝のために蓄財に励みました。祭司とレビ人の忠実な奉仕を見て喜んだユダヤ人たちは、彼らのために、ささげ物を持って来ました。それを蓄える倉庫として、神殿の脇にあった部屋が用いられ、さらにその部屋を管理する人々が任命されました。かつてダビデは、神殿の完成に備えて賛美隊を組織化していました（アサフがリーダー）。ネヘミヤは、祭司やレビ人に、ダビデが定めた奉仕の手順を守らせました。

人々は、神殿で奉仕する祭司やレビ人のためにささげ物を与えることを誓約し、それを実行しました。ネヘミヤは、すぐれたリーダー（管理者）でしたが、それ以上に、すぐれた礼拝者でした。私たちクリスチャンは、良き管理者であると同時に、何にも増して良き礼拝者でなければなりません。

ネヘミヤ記13章

私の神よ、どうか、このことのゆえに私を覚えていてください。私が神の宮とその務めのためにした数々の誠実な行いを、ぬぐい去らないでください。（ネヘミヤ記13・14）

この章から、以下のことを学びましょう。（1）ネヘミヤがエルサレムを留守にしている間に、さまざまな問題が起こっていました。（2）彼は、雑婚問題、トビヤ問題、安息日問題などに対処しました。

アンモン人とモアブ人の追放

ネヘミヤは、12年間ユダの総督として働きました。その後ペルシアに帰還し、再びアルタクセルクセス王に仕えますが、しばらくして(恐らく2年後)、再度エルサレムに戻ります（前４３０年頃)。

ネヘミヤが帰還して以降の、ある日のことです。その日、民の前でモーセの律法が朗読されました。その中に、「アンモン人とモアブ人は決して神の集会に加わってはならない」という命令がありました

(かつて、アンモン人とモアブ人は、約束の地に向かうイスラエルの民の行進を妨害しました。これが理由で、彼らは、神殿での礼拝から排除されることになりました)。この命令を知ったイスラエルの民は、アンモン人とモアブ人を、混血の者も含めて、追放しました。

トビヤ問題

さまざまな問題が起こっていましたが、その代表格がトビヤ問題です。アンモン人トビヤは、城壁の再建工事を妨害した中心人物です。ネヘミヤの留守の間に、大祭司エルヤシブは、トビヤに神殿の中の大部屋の1つを使用させていました。その大部屋は、本来は、民のささげ物を保管する場所でした。ネヘミヤは、ただちにこの問題に対処しました。トビヤ家の家財類をすべて外に投げ出し、部屋をあるべき状態に戻しました(宮の器具やささげ物の保管場所とした)。

ユダの役人たちとの対決

トビヤが大部屋を使用することができたのは、ささげ物を保管すべきスペースが空になっていたからです。民のささげ物が少ないので、レビ人たちは、それぞれの町に逃げ帰っていました。この問題に対処するために、ネヘミヤはユダの役人たち(代表者たち)を訪問し、なぜ神殿が放置されたままなのかと詰問しました。彼らは、律法を守り、神の宮を大切にすると約束していた人たちです。

民はネヘミヤの呼びかけに応答し、主へのささげ物を貯蔵庫に持って来ました。そこでネヘミヤは、ささげ物を保管し、配分するために、忠実な働き人たちを任命しました(祭司シェレムヤ、学者ツァドク、レビ人ペダヤ)。ネヘミヤは、離散していたレビ人たちを神殿の持ち場に戻らせました。

安息日違反

ネヘミヤが対処したもう1つの問題は、安息日違反です。安息日に労働する者がいました。中には、エルサレムまで品物を運び、それを売る者までいたのです。ツロから運ばれてきた魚や他の商品がそれです。異邦人たちは、安息日を「市が立つ日」に変えていました。

ネヘミヤは、指導者たちの悪事（安息日を汚すこと）を糾弾します。彼は、金曜日の日没前に門を閉め、見張り番を立てました。すると、町の外で夜を過ごす異邦人の商売人たちが出ました。町の住民がこっそり町を抜け出し、商品を買いに来てくれることを期待したのです。ネヘミヤは、もしそういうことが続くなら、強硬な手段に訴えると警告します。手遅れにならない内に行動するのが、ネヘミヤの原則です。罪を大目に見るのは、大変危険なことだからです。

結婚の誓約に対する違反

結婚の誓約に対する違反も問題でした。民の中には、誓約を破って外国の女を娶っている者がいました。そこでネヘミヤは、雑婚をしている者たちを激しく糾弾し、ソロモンが外国の妻たちの悪影響を受けたことを例に出して、雑婚の罪から離れるように命じました。驚くべきことに、祭司たちの中にも雑婚の罪を犯している者がいました。大祭司エルヤシブの孫の1人が、サンバラテの娘と結婚していたのです。サンバラテは、サマリアの総督で、城壁修復工事を妨害した人物です。彼は、姻戚関係を通して神の民の中に侵入し、神の働きを破壊しようとしたのです。

ネヘミヤは、サンバラテの娘と結婚した男を追放しました。モーセの律法によれば、祭司は同胞の中の処女と結婚しなければなりません（レビ21・14）。ネヘミヤは、祭司とレビ人たちのために清めの儀式を行い、その後、祭司職に関する諸規定を確立しました。

ネヘミヤ記全編を通して流れている教訓は、①神の民を物理的に守ることの重要性と、②神のことばに従うことの重要性です。神の命令を無視したり、妥協したり、反抗したりするのは、愚かで危険なことです。

エステル記1章

もし王がおよろしければ、ワシュティはクセルクセス王の前に出てはならない、という勅令をご自分でお出しになり、ペルシアとメディアの法令の中に書き入れて、変更することのないようにされてはいかがでしょうか。王妃の位は、彼女よりももっとすぐれた者にお授けください。

（エステル記1・19）

この章から、以下のことを学びましょう。（1）クセルクセス王が、大宴会を開きます。（2）王は、王妃ワシュティに、王冠をかぶって宴会の席に出るように命じますが、彼女はそれを拒否します。（3）邪悪なメムカンという人物の誘導で、王はワシュティを王妃の座から退けるという決定を下します。

大宴会

前586年にエルサレムが陥落し、多くのユダヤ人が強制的にバビロンに移住させられました。そのバビロンを、ペルシアのキュロス王が征服します。キュロス王は、ユダヤ人の祖国帰還を許可する勅令を出します（前539年）。しかし、多くのユダヤ人がその地に残留しました。エステル記の出来事は、ダレイオスの後を継いだクセルクセスの時代、つまり、多くのユダヤ人たちがペルシア王国に住んでいた時代の物語です。

クセルクセス王が、大宴会を開きました。その宴会には、インドからクシュ（エチオピア）に至る127州から、主だったすべての臣下がやって来ました。当時のペルシアでは、重要な議題は宴会を開いて討論しました。この宴会は、ギリシア遠征を論じるためのものだったと思われます。それが180日も続いたのです。それから、庶民のために7日間、宴会が開かれました。

ぶどう酒に酔って良い気分になったクセルクセス王は、王妃ワシュティに、王冠をかぶって王の前に出るように命じます。しかし王妃は、酔客の見世物になることを拒否します。それを知った王は、激怒します。人の上に立つ者は、下の者に対して決して非合理な要求を出してはいけません。その刈り取りを自らすることになるからです。クセルクセス王は、127州を管理する能力はあったかもしれませんが、自分の心を管理することができなかったのです。

しかし、王の愚かな命令は、神が働く機会となりました。やがてエステルが表舞台に登場します。ユダヤ人虐殺計画を阻止するという神のドラマの序曲が、ここから始まっていたのです。私たちの人生においても、神は先回りして、道備えをしていてくださいます。

メムカンの助言

クセルクセス王は、7人の首長たちに相談しました。当時のペルシア王国では、重要な事項は、「王の裁判官」と呼ばれていた人たちと相談して決定する慣わしがありました。彼らは、単に法律に詳しいだけでなく、過去の判例にも精通していました。最初に口を開いたのが、メムカンです。彼の名はリストの最後に出ていますので、最年少者であったに違いありません。当時のペルシアでは、年少者から意見を述べるのが普通でした。彼の発言は、誇張と悪意に満ちたものです。王妃は、たった1つの王の愚かな命令に従わなかっただけでしたが、彼はそれを普遍化し、彼女の行いが帝国内のすべての女性に悪影響を及ぼすであろうと結論付けます。王の反応を確かめながら慎重に語り続けるメムカンは、やがて、「王妃」ということばを外し、「ワシュティ」と呼び捨てにし始めます。さらに、彼女を王妃の位から退けるという決定を、法令の中に書き入れるように進言します。一旦法令の中に書き入れられると、変更が不可能になります。メムカンは、将来ワシュティが王妃にカムバックして、自分たちに復讐することのないようにしたのです。

クセルクセス王の愚かな決定は、そのまま法律としてペルシア王国の隅々まで伝えられました。指導者が間違うと、民は苦しみます。

クセルクセス王の出現は、歴史上の偶然ではありません。ダニエル書11章2節には、「今、私はあなたに真理を告げる。見よ。なお三人の王がペルシアに起こり、第四の者は、ほかのだれよりも、はるかに富む者となる。この者がその富によって強力になったとき、全世界を、とりわけギリシアの国を奮い立たせる」とあります。この第四の者とは、クセルクセス王のことです。彼の出現とその王国の興隆は、ダニエル書の預言の成就だったのです。
私たちの神は、歴史を支配されるお方です。神の許しがなければ、何1つ起こりません。不都合な出来事が起こったときでも、神の計画は必ず成ると信じて、その不都合な出来事のゆえに、神に感謝しようではありませんか。

エステル記2章

王はほかのどの女よりもエステルを愛した。このため、彼女はどの娘たちよりも王の好意と寵愛を受けた。王は王冠を彼女の頭に置き、ワシュティの代わりに彼女を王妃とした。

（エステル記2・17）

この章から、以下のことを学びましょう。（1）王は、国中から美しい娘たちを集め、その中から王妃を選ぶことにします。（2）王は、エステルに深い感銘を受け、彼女を王妃に選びます。（3）エステルの養父モルデカイは、王を暗殺する計画を耳にし、それをエステル経由で王に伝えます。（4）モルデカイの功績は、すぐに忘れ去られます。その背後に、神の御手があります。

国中から集められた美しい娘たち

酔いが醒めるに従って、王の憤りは収まりました。冷静になって考えてみると、とんでもないことをしでかしたことが分かります。王妃ワシュティが、一体何をしたというのでしょうか。王に反抗したというよりも、それは彼女の慎ましさの表れであり、懲罰に値するようなことではなかったのです。今となっては、彼女が王宮に戻ってくる可能性は全くありません。王の失望した姿を見た助言者たちは、新しい提案をします。国中から美しい未婚の娘たちを集め、その中から新しい王妃を選べばよいというのです。王はその提案に同意しました。

集められた娘たちの中に、エステル（星という意味）という娘がいました。ヘブル名は、「ハダサ」（ミルトスの木の意味）です。両親はすでに無く、モルデカイの養女となっていました。モルデカイは、バビロン捕囚の時代にエルサレムからこの地に捕え移されてきたユダヤ人の子孫でした（2列24・10～16参照）。

集められた娘たちは、宦官ヘガイの管理下に置かれました。婦人の部屋は2部屋あったようで、片方には王のそばめたちが、もう片方には未婚の娘たちが入れられていました。ヘガイは、そのすべての管理を任されていました。王宮に着いたエステルは、直ちにヘガイの好意を得ることができました。ヘガイの心が動いたという事実の背後に、神の御手を見ないわけにはいきません。エジプトの獄中にいたヨセフは、監獄の長の好意を得（創39・21）、バビロンにいたダニエルは、宦官の長の好意を得ました（ダニ1・9）。主がともにおられたからです。神は、エステルが活躍する舞台を徐々に用意しておられました。

王妃となるエステル

娘たちは、12か月の準備期間の後、王の所に入って行くことになっていました。その期間は、精神的、肉体的準備期間であると同時に、妊娠していないことを確認する期間でもありました。娘たちは、順番に王宮に召されましたが、王から気に入られなければ、再び王宮に上ることはなく、そばめとして別の部屋で残りの生涯を過ごすことになっていました。神が創造された結婚の制度から見ると、なんと悲惨で、堕落し切った男女関係でしょうか。

さて、エステルが召される日が来ました。彼女は、宦官ヘガイが勧めたもの以外は、何も求めませんでした。彼女は、異国の地に住むユダヤ人であり、その身分さえ明かせない状態にありました。もがいても、自力でどうにかなるものでもありません。すべては神に委ねるしかないのです。王は、そういう彼女の姿に深い感銘を受け、彼女をワシュティに代わる王妃としました。

忘れられたモルデカイの功績

当時モルデカイは、なんらかの官職に就いていたようです。門のところに座っていたとき、彼は偶然にも、2人の宦官によるクセルクセス王暗殺計画を耳にします。モルデカイは、この情報をエステルに知らせ、エステルはこれをモルデカイの名で王に伝えます。その結果、2人の宦官は逮捕され、死刑に処せられます。この事件は、年代記の書に記されましたが、不思議なことが起こりました。信賞必罰というペルシア王国の原則が実行されなかったのです。王は、モルデカイのことをすっかり忘れてしまいました。しかし、クセルクセス王の忘却は、神から出たことでした。このことが、神の計画を前進させる原動力となります。

神の時が来たなら、すべては明らかにされます(ヨハ13・7参照)。私たちの人生にも、自分の働きが正しく評価されていないと感じるときがあります。そのような場合、どうすればよいのでしょうか。いかなる場合でも、神は私たちを忘れておられないと信じる人は、幸いです。

エステル記3章

しかし、ハマンはモルデガイ一人を手にかけるだけでは満足しなかった。モルデガイの民族のことが、ハマンに知らされていたのである。それでハマンは。クセルクセスの王国の中ですべてのユダヤ人、すなわちモルデガイの民族を根絶やしにしようとした。（エステル記3・6）

この章から、以下のことを学びましょう。（1）モルデカイは、ハマンの前にひれ伏すことを拒否しました。（2）ハマンは、モルデカイだけでなく、ユダヤ民族そのものを抹殺しようとしました。（3）ハマンが抹殺計画を実行する日を決めるためにくじを引くと、くじは、12月に当たりました。（4）このくじによって、ユダヤ人たちには1年弱の準備期間が与えられました。

モルデカイの信仰

ハマンは、王によって高い地位に登用されました。王の家来たちはみな、ハマンに対して膝をかがめてひれ伏しました。しかし、モルデカイだけはそれを拒否しました。ユダヤ人は、神以外のいかなる人や物も拝まなかったからです。ハマンの要求は、人間の限界を超えて、神の領域に達していたと言えます。モルデカイの姿勢は、離散の地にあっても、異文化に同化しないで、自らの文化や宗教を守り続けるユダヤ民族の姿を象徴しています。ユダヤ人たちが現代に至るまで生き延びることができたのは、異文化との同化を拒否してきたからです。しかし、モルデカイのこの姿勢は、ハマンを激怒させました。

迫害されるユダヤ人

反ユダヤ主義の背後には、サタン的な力が働いています。ユダヤ民族は、歴史上11回にわたって民族抹殺の危機に直面してきたと言われています。ユダヤ人を消し去ろうとする霊は、神を否定する霊、反キリストの霊です。ユダヤ人がいなくなれば、神の計画は挫折するからです。

ハマンは、モルデカイだけでなく、ユダヤ民族そのものを根絶やしにしようとしました。ユダヤ人抹殺計画を実行する時期は、いつがよいのか。ハマンは、古代オリエントの習慣に従ってくじを引き、神意を求めました。最初の月（1月）にくじを引いたのですが、くじは最後の月（12月）に当たりました。抹殺計画を実行するまでに、1年弱の猶予ができたことになります。ユダヤ人にとっては、それは恵みの期間でした。ハマンは、くじを引いて偶像にお伺いを立てたのですが、神がユダヤ人のためにお答えになりました。神の御名は出てきませんが、背後でこれを為したのは、主です。

　ハマンの悪知恵に注目しましょう。彼は、ユダヤ人の存在は王のためにならないと進言し、さらに、この計画には経済的利益が伴うことをあからさまに告げます。王の宝物庫に３４０ｔもの銀が納入されるというのです。もちろん彼が負担するのではなく、抹殺されるユダヤ人たちの財産が没収されるということです。

　ユダヤ人を守る戦いは、霊的戦いでもあります。私たちクリスチャンも、霊的な領域で悪魔と戦っています。目に見えない敵と戦うために、どのような準備をすればよいか黙想してみましょう。みことば

の約束に立ち続けることこそ、勝利の秘訣です。

エステル記4章

もし、あなたがこのようなときに沈黙を守るなら、別のところから助けと救いがユダヤ人のために起こるだろう。しかし、あなたも、あなたの父の家も滅びるだろう。あなたがこの王国に来たのは、もしかすると、このような時のためかもしれない。（エステル記4・14）

この章から、以下のことを学びましょう。（1）モルデカイは、ユダヤ人の窮状をエステルに伝えます。（2）最初エステルは、消極的な反応を示します。（3）モルデカイは、今行動を起こさないなら、神は別の人物を立てるだろうと助言します。（4）ついにエステルは、いのちを賭して王に執りなしをすることを決意します。

ユダヤ人の叫び

自分が原因で、すべてのユダヤ人が抹殺されるようになったことを知ったモルデカイは、王の門の前で叫び声を上げます。着物を引き裂いたり、粗布をまとったりすることは、深い悲しみと、神への嘆願を表現する行為です。モルデカイだけでなく、王国内のすべてのユダヤ人が、叫び声を上げました。

モルデカイが門の前で叫び声を上げたのは、エステルに非常事態を知らせるためでした。モルデカイの異常な様子を知って、エステルはひどく悲しみ、着物を送って粗布を脱がせようとしました。王妃といえども、政治の外にいた彼女には、何も知らされていなかったのです。

その後2人は、宦官を通して意思の疎通を図ります。モルデカイは、自分が原因でハマンが陰謀を仕掛けたことや、ユダヤ人を滅ぼすために、ハマンが王の宝物庫に納めると約束した正確な金額などを、エステルに告げました。発布された法令の写しも、エステルに届けられました。モルデカイがエステルに伝えたのは、「自分の民族のために王からのあわれみを乞い求めるように」ということでした。ユダヤ民族の運命が、エステルの執りなしの成否にかかっているのです。

立ち上がるエステル

エステルの最初の反応は、消極的なものでした。理性的に判断するなら、当然、消極的にならざるを得ないでしょう。ペルシアの法律では、王に召されないで内庭に入ると、死刑に処せられることになっていました。王がその者に金の笏を差し伸ばした場合は、例外的に死刑を免れます。この法律は、王を些細な問題に巻き込まないため、また、王を暗殺者から守るために作られたものでした。王に面会を求めるためには、死刑になっても良いという覚悟が必要でした。しかも彼女は、このところ30日間も、王のもとには召されてはいないのです。彼女が死刑になる確率は、極めて高いといえます。

エステルに伝えられたモルデカイの助言のことばは、エステル記の中心聖句であると同時に、「神の摂理」を最も良く表現したものです。その内容は、次のようなものでした。（1）エステルも、ユダヤ人虐殺法の対象であり、例外ではない。（2）今行動しないなら、神は別の人物を立てるであろう。（3）彼女に与えられた王妃としての立場は、神が摂理的に、この時のために与えてくださったものである。

エステルは、王妃としての立場を活かす決意をし、モルデカイに返事を送ります。彼女は、自分の判断で行動を開始したのです。彼女は、スサのユダヤ人共同体に、3日3晩断食して祈ってくれるように要請します。国家的な危機に際して、断食をして神の御顔を慕い求めることは、極めて聖書的です（2歴7・14）。

エステルは、「私は、死ななければならないのでしたら死にます」と語っていますが、これは諦めのことばではなく、最善をなさる神への信頼のことばです。

摂理的に私たちに与えられている賜物や立場とは、なんでしょうか。それらの賜物や立場を、神の栄光のために用いる人は、幸いです。

エステル記5章

王が、中庭に立っている王妃エステルを見たとき、彼女は王の好意を得た。王は手にしている金の笏をエステルに差し伸ばした。エステルは近寄って、その笏の先に触れた。（エステル記5・2）

この章から、以下のことを学びましょう。（1）エステルは、自分が設ける宴会にハマンとともに出席して欲しいと、王に願います。（2）その願いが叶えられると、再度、ハマンと宴会に来て欲しいと王に告げます。そのときには、何を願っているかを打ち明けるというのです。（3）一方ハマンは、妻と友人たちの助言により、モルデカイを高い柱にかけることを決意します。

王の好意を受けるエステル

3日間の断食の後、エステルは王宮の内庭に立ちました。「王妃の衣装を着て」という表現の中に、神から摂理的に与えられた立場を用いようとする彼女の決意が読み取れます。王は彼女を見て、金の笏を差し伸ばしました。「彼女は王の好意を得た」とありますが、これはエステル記2章9節の表現と同じであり、背後に神の御手があったことを暗示しています。王は彼女に、「王国の半分でも、あなたにやれるのだが」と語りかけました。これは誇張法的表現ですが、王がいかに彼女に好意を持っていたかを示しています。

エステルが願ったのは、自分が設ける宴会に、ハマンとともに出席して欲しいということだけでした。その願いが叶えられると、彼女は王に、もう一度ハマンと宴会に来て欲しい、そのときには何を願っているかを打ち明けると告げます。なぜ、エステルはそのような願いをしたのでしょうか。恐らく、3日間の断食祈祷の中で、宴会を2度催すようにとの神からの促しがあったのでしょう。その夜、王は眠れず、年代記を紐解くことになります（次章）。そこから事態は、意外な方向に展開して行きます。

ハマンの自慢

ハマンは、上機嫌で宴会から帰宅しました。しかし、自分を恐れないモルデカイの姿を王の門の所で見かけると、彼は憤りに満たされました。怒りを静めるために、家族や友人たちを集めて自慢話をしました。その自慢話の端々から、ハマン自らが王となりたがっていることが見え隠れしました。

目障りなのは、あのユダヤ人モルデカイです。妻ゼレシュと友人たちは、ハマンにこう助言します。「高さ五十キュビト（22m）の柱を立てさせて、明日の朝、王に話して、モルデカイをそれにかけるようにしなさい。それから、王と一緒に、喜んでその宴会にお出かけなさい」。ハマンは、その計画に同意します。傲慢とは恐ろしいものです。この夫婦は、王がハマンの願いを聞き届けてくれるに違いないという前提のもとに、計画を進めています。しかし、思わぬどんでん返しがハマンを待っていました。

物事がすべて順調に進んでいるときこそ、私たちは謙遜にならなければなりません。すべてが順調に進んでいるように感じるときは、要注意です。祝福があるのは、自分の努力の結果なのか、神の恵みのゆえなのか、黙想してみましょう。

エステル記6章

その夜、王は眠れなかったので、記録の書、年代記を持って来るように命じた。そしてそれは王の前で読まれた。（エステル記6・1）

この章から、以下のことを学びましょう。（1）王から眠りを奪ったのは、神です。その結果、王は年代記の書を読み、モルデカイに褒賞を与えていなかったことを思い出します。（2）ハマンは、王が栄誉を与えたいと思っている者は自分だと思い込み、尊大な提案をします。（3）その提案に基づいて、ユダヤ人のモルデカイが栄誉を受けます。

どんでん返し

その夜、王は眠れませんでした。神が王から眠りを奪ったと考えるべきでしょう。その結果、王は年代記の記録を自分の前で読ませ、過去にモルデカイの通報によって、2人の宦官を捕らえたという事件を思い出します。驚いたことに、モルデカイには何の褒賞も与えていませんでした。

王がモルデカイに何を与えるべきかを考えていたちょうどその時、ハマンが自分の計画を持って王宮の外庭に入って来ました。なんという絶妙なタイミングでしょうか。私たちの神は、ユーモアの神です。王はハマンに、「王が栄誉を与えたいと思う者には、どうしたらよかろう」と尋ねます。これ以降の2人の会話は、滑稽ですらあります。ハマンはこれを自分のことだと勘違いし、図々しい提案をします。「……王が着ておられた王服を持って来て、また、王の乗られた馬を、その頭に王冠をつけて引いて来るようにしてください。……王が栄誉を与えたいと思われる人に王服を着せ、その人を馬に乗せて都の広場に導き、その前で『王が栄誉を与えたいと思われる人はこのとおりである』と、ふれまわらせてください」。王になりたいというハマンの下心が、透けて見えます。

王がその提案に憤慨しなかったのは、ハマンのことが眼中になかったからでしょう。王はハマンの提案を受け入れ、そのようにユダヤ人モルデカイにせよと命じます。しかも、「あなたの言ったことを一つも怠ってはならない」というだめ押しのことばまで付きました。ハマンは、自らの傲慢さによって墓穴を掘ることになったのです。

ハマンの敗北

ハマンとモルデカイの態度は、対照的です。ハマンは、王の命令どおりにモルデカイに栄誉を与えた後、頭を覆い、嘆きながら急いで家に帰りました。ことの次第を妻と友人たちに話すと、冷たい反応が返ってきました。「このモルデカイがユダヤ民族の一人であるなら、あなたはもう彼に勝つことはできません。必ずやあなたは敗れるでしょう」。聖書は、ハマンの友人たちを「知恵ある者たち」と呼んでいますが、これは皮肉です。彼らには真の知恵がなかったのです。もし知恵があるなら、ユダヤ人に手を触れることがいかに危険なことであるかが事前に分かっていたはずです。愚かな友の助言に従う者は、愚か者です。

一方、モルデカイの方はどうなったのでしょうか。「それからモルデカイは王の門に戻ったが」とあるだけで、彼が有頂天になったとは書かれていません。

信仰者にとって、この世から受ける評価は取るに足りないことです。知恵ある生き方とは、どういう生き方でしょうか。聖書には、「主を恐れることは知識の初め。愚か者は知恵と訓戒を蔑む」（箴1・7）とあります。モルデカイは、私たちの信仰の師です。

エステル記7章

こうしてハマンは、モルデカイのために準備しておいた柱にかけられた。それで王の憤りは収まった。（エステル7・10）

この章から、以下のことを学びましょう。（1）酒宴の2日目に、エステルは自分がユダヤ人であることと、ハマンがユダヤ人の敵であることを明かします。（2）王は怒り、ハマンを高い柱にかけることを命じます。これは、ハマンがモルデカイを殺すために用意していた柱です。

ユダヤ人の敵ハマン

王とハマンは、エステルの宴会にやって来ました（2度目の宴会です）。この酒宴の2日目に、王はエステルに何が欲しいかと問います。いよいよ、エステルが王の前に本心を明かす時が来ました。彼女が願ったのは、富でも、地位でも、また王国の半分でもありませんでした。彼女は、自分のために、またユダヤ民族のために、命乞いをしました。王は、予想もしなかった内容に驚き、「そんなことをしようと心に企んでいる者は、いったいだれか。どこにいるのか」と尋ねます。エステルは、自分がユダヤ人であることを明かしてはいませんでした。ここに至って初めて、王とハマンは、エステルがこの虐殺令の対象となっているユダヤ人であることに気づきました。エステルは、「迫害する者、敵とは、この悪人ハマンです」とハマンを指差します。

「ハマンは王と王妃の前で震え上がった」と記されています。エステルの命がけの執りなしが、効を奏した瞬間です。自分の救いだけでなく、民族の救いのために執りなしをしたエステルの姿は、同胞のためにいのちがけで祈った使徒パウロの姿を想起させます（ロマ９・１～３）。

ハマンの自業自得

王は、怒って宮殿の園に出て行きます。怒りを静め、対応策を考えるためだったのでしょう。酒宴の広間に戻ってみると、ハマンが命乞いのために、エステルが座っていた長椅子の上にひれ伏していました。王は再び激怒します。ハマンには、もはや逃れの道は残されていませんでした。宦官のハルボナが、王にこう告げます。「ちょうど、王に良い知らせを告げたモルデカイのためにハマンが用意した、高さ五十キュビトの柱がハマンの家に立っています」。ハマンは、王国でナンバー2の実力を誇り、宦官たちもその前にひれ伏していました。しかし、ハマンが苦境に陥ったとき、彼の本当の評価が現れました。彼を弁護する者がいないばかりか、彼にとって不都合な情報が王に知らされたのです。王の命令によって、ハマンは、モルデカイを殺すために自分が用意した柱にかけられました。

ハマンの死は、自業自得の死です。彼は、自らが蒔いた種の刈り取りをしたのです。しかし、ハマンとは正反対に、自分の罪のためではなく、私たちの罪の代価を支払うために、木にかけられた方がいます。それがイエス・キリストです。ハマンのようであった私たちが、イエスの血潮によって無罪放免とされたことは、なんという恵みでしょうか。

エステル記8章

王の命令と法令が届いたところは、どの州、どの町でも、ユダヤ人は喜び楽しみ、祝宴を張って、祝日とした。この地の諸民族の中で大勢の者が、自分はユダヤ人であると宣言した。それはユダヤ人への恐れが彼らに下ったからである。

（エステル記8・17）

この章から、以下のことを学びましょう。（1）ハマンの財産は、エステルに与えられました。（2）ペルシアの習慣では、王が発布した法律は取り消せないことになっていました。（3）王は、ユダヤ人を敵から守るために、ユダヤ人に反撃の機会を与えました。（4）新しい法令が届くと、ユダヤ人たちは歓喜し、祝宴を張りました。

逆転する立場

クセルクセス王は、ハマンの家を没収し、それをエステルに与えました。また、ハマンから取り返した自分の指輪をモルデカイに与え、彼を高い地位に登用しました。ハマンがここまで必死になって築き上げてきた地位や財産は、一瞬の内に無に帰したのです。

聖書は、天に宝を積まない生き方がいかに愚かなものであるか、警告を発しています。イエス・キリストは、大きな倉を建てて、そこに穀物や財産をしまっておく計画を立てた人について、こう言われました。「愚か者、おまえのたましいは、今夜おまえから取り去られる。おまえが用意した物は、いったいだれのものになるのか」（ルカ12・20）

取り消せない王の文書

エステルは再び、ユダヤ民族の救いのために王に懇願します。彼女はことばを選び、細心の注意を払っています。彼女のことばは、ユダヤ民族抹殺の計画は王から出たことではなく、あの「アガグ人ハメダタの子ハマン」の策略であることを強調したものです。彼女は、自分の命乞いのために涙を流すことはありませんでしたが、同胞の救いのためには、泣きながら懇願しました。王は、心動かされました。しかし、当時のペルシアの習慣では、王が発布した法律は、取り消してはならないことになっていました。そこで王は、エステルとモルデカイに、ユダヤ人を救うための新しい法律を作る許可を与えます。

王が作った法律は、誰も取り消すことができないというのは、ペルシア帝国の傲慢さを表しています。間違いを犯すことがないのは神のみです。ペルシアの王たちは、自らを神の位置に置き、間違いがあっても一度作った法律を取り消そうとはしませんでした。

新法の発布

王は、エステルとモルデカイに、新しい法を作る許可を与えました。その内容は、ユダヤ人を襲う民や州の軍隊に反撃することを許可するというものでした。最初の法令を取り消すことができないので、ユダヤ人に反撃の機会を与えることで、実質的にその法令を無効にしようとしたのです。罪の原理が支配する世では、「目には目。歯には歯。手には手。足には足」(出21・24)の原則が、最も実際的かつ倫理的と考えられます。この原則は、同害報復法と呼ばれ、過度の復讐を禁止する意味もありました。

王が新法を発布した背景には、この同害報復法の考え方があったと思われます。当時の倫理的な基準では、やむを得ない解決策だったのでしょう。しかし、イエス・キリストがもたらした神の国においては、新しい基準が適用されなければなりません。イエスはこう語られました。「『目には目を、歯には歯を』と言われていたのを、あなたがたは聞いています。しかし、わたしはあなたがたに言います。悪い者に手向かってはいけません。あなたの右の頬を打つ者には左の頬も向けなさい」(マタ5・38～39)。イエスの弟子は、敵のために祝福を祈るようにと命じられています。

祝宴を張るユダヤ人

モルデカイが、王に次ぐ地位に就けられて民衆の前に現れると、スサの都は喜びの声であふれました。民衆は、モルデカイの正直な生き方に好意を抱いていたのです。新しい法令が届いたどの州、どの町でも、ユダヤ人は歓喜に満たされました。彼らは、祝宴を張り、その日を祝日としました。その結果、今まで沈黙していた民衆の中から、自分はユダヤ人であると言い始める人が大勢出ました。また、ユダヤ人への恐れが広がりました。ユダヤ人とその敵の立場が逆転したことにより、ユダヤ人の背後にある神の御手がはっきりと見えるようになったからです。

神は、アブラハムに与えた約束の中で、ユダヤ人を祝福する者は祝福され、呪う者は呪われると、明確に宣言されました（創12・3）。この原則は、今日でも有効です。現代におけるイスラエル国家の誕生は、神の摂理的な御手の働きの結果と考えられます。ユダヤ人の救いのために祈ることは、神の御心です。

エステル記9章

ユダヤ人たちは、自分たちに害を加えようとする者たちを手にかけようと、クセルクセス王のすべての州にある自分たちの町々で集まったが、だれもユダヤ人に抵抗する者はいなかった。彼らへの恐れが、すべての民族に下ったからである。

（エステル９・２）

この章から、以下のことを学びましょう。（1）ユダヤ人たちには、戦いの準備のために、９か月の期間が与えられました。（2）第２の法令により、ユダヤ人たちに敵と戦う権利が与えられました。（3）ユダヤ人たちは、自己防衛の戦いに勝利することができました。（4）この勝利を記念する祭りが、プリムの祭りです。

ユダヤ人の勝利

ユダヤ人虐殺令が出されたのが、第1の月でした。ハマンはプル、すなわちくじを投げて、虐殺令の実行を最後の月（12月）と決めました。エステルの執りなしによって、第2の法令が発布されたのが第3の月でした。つまり、2つの法令が施行されるまでに、約9か月間の準備期間があったということです。その間ユダヤ人たちは、モルデカイを中心に戦いの準備をしました。このような時の流れを見てくると、ハマンの投げたくじの結果に、神の摂理的な介入があったことが分かります。

いよいよ最後の月となり、王の法令が施行される日がやって来ました。ここに書かれた状況は、極めて異常です。王が発布した相反する2つの法令が存在していました。①ユダヤ人の敵には、ユダヤ人を虐殺することが許されました。②ユダヤ人には、自己防衛のために抵抗することが許されました。

モルデカイが勢力を伸ばしていたため、大多数の民衆はユダヤ人に敵対する立場ではなく、中立の立場を取りました。そのような中で、戦いが繰り広げられました。結果は、ユダヤ人の大勝利でした。帝国内全体で、ユダヤ人を憎む者たち7万5０００人が殺されました（もし、第2の法令がなかったなら、数10万人のユダヤ人たちが殺されていたでしょう）。スサの城では5００人が殺されましたが、王の許可によって翌日も戦いが許され、さらに3００人が殺されました。スサには、ユダヤ人の敵が多かったのでしょう。

「しかし、略奪品には手を出さなかった」という表現が、3回も出てきますが、これは、ユダヤ人たちが単なる暴徒ではなかったことをよく表しています。

プリムの祭りの起源

第12の月の13日に敵を破ったユダヤ人たちは、14日には休んで、その日を祝宴と喜びの日としました。一方、スサにいるユダヤ人たちは2日間戦ったため、他の地区より1日遅れの15日を祝宴の日としました。モルデカイは、この祝宴を定着させるために、書簡を書き送りました。この祝宴は、プル（くじ）の名にちなんで、プリム（プルの複数形）と呼ばれました。

ユダヤ人の特徴は、自分たちのために為された神の大いなる御業をいつまでも記憶することです。そのために、代々にわたって守るべき記念の祭りがいくつか制定されました。その代表的なものが、過越

ましょう。

の祭り、七週の祭り、仮庵の祭りですが、これらは、巡礼祭と呼ばれています。エステル記にその起源が記されたプリムの祭りも、他の祭りと同様、今日でもユダヤ人の間で盛大に祝われています。プリムの祭りの前日は、エステル断食祭（前夜祭）とされ、ユダヤ人たちは断食をして祭りに備えます。

この章から、素晴らしい教訓を学ぶことができます。ユダヤ人たちは、解放が実現するとすぐに、感謝を表す祝宴を始めています。私たちの場合はどうでしょうか。神に願いごとをし、それが叶えられたとき、直ちに感謝を表しているでしょうか。またユダヤ人たちは、その祝宴を民族の記憶として守り行うことに決めました。これは、旧約聖書の基本的な教えとも合致しています。「この日は、あなたがたにとって記念となる。あなたがたはその日を主への祭りとして祝い、代々守るべき永遠の掟として、これを祝わなければならない」（出12・14）。私たちも、主が為してくださった恵みの御業を思い起こし、主に感謝しようではありませんか。また、その記憶が、家族全員のものとして代々語り継がれるように祈り

エステル記10章

実に、ユダヤ人モルデカイはクセルクセス王の次の位にあって、ユダヤ人にとっては大いなる者であり、多くの同胞たちに敬愛された。彼は自分の民の幸福を求め、自分の全民族に平和を語る者であった。（エステル記10・3）

この章から、以下のことを学びましょう。（1）モルデカイは、メディアとペルシアの王の年代記に、その名を残すことになりました。（2）エステル記の出来事は、小規模な出エジプト体験と言えます。（3）解放のテーマは、最終的には、イエス・キリストにあって完成します。

モルデカイの威光

ユダヤ人モルデカイは、ユダヤ民族の間で深い尊敬を受けただけではなく、メディアとペルシアの王の年代記に、その名を残すこととなりました。なぜでしょうか。それは彼が、神に信頼し、平和と民の最善を求める人であったからです。

エステル記には神の御名は出てきません。この書を通して私たちが学んだのは、聖書の神は摂理的に働かれるお方であるということです。しかし、だからと言って、無責任に生きて良いというわけではありません。神は常に、ご自身に忠実な器を探しておられます。モルデカイは、小さなことに忠実でした。その忠実さは、試練が襲ってきても、揺らぎませんでした。神はそのような人を用い、高く上げられるのです。私たちも、小さな事に忠実であるところからスタートさせていただきましょう。

解放というテーマの完成

イスラエルが国家として誕生したのは、出エジプトの出来事を通してでした。そこには、奴隷状態にあったイスラエル民族が、子羊の血の犠牲によって自由の民となって行くという解放のドラマがありました。それ以降のイスラエルの歴史もまた、束縛からの解放の歴史でした。エステル記の出来事は、小規模な出エジプト体験と言えるでしょう。

出エジプト記の「解放のテーマ」は、最終的には新約聖書において完成します。「ご存じのように、あなたがたが先祖伝来のむなしい生き方から贖い出されたのは、銀や金のような朽ちる物にはよらず、傷もなく汚れもない子羊のようなキリストの、尊い血によったのです」（1ペテ1・18～19）。キリストの尊い血で贖われた私たちは、やがて天において究極的な祝宴に参列するようになります。神が私たちを解放し、子羊の祝宴に招いてくださったことを、心から感謝しようではありませんか。

おわりに

「はじめに」にも書かせていただきましたが、『中川牧師の一日一章』は、全5巻のシリーズになる予定です。内訳は、旧約聖書が「モーセの五書」、「歴史書」、「文学書」、「預言書」の4巻、「新約聖書」が1巻、合計5巻です。

『中川牧師の一日一章』第2巻は、旧約聖書の中の「歴史書」を取り上げています。第1巻のときも、膨大な情報量を限られた字数に要約することの難しさを感じていましたが、今回は、それとは比べものにならないくらいの葛藤がありました。

歴史書の場合、1章ごとの情報量が膨大なものになっています。祈りながら、重要な情報を取捨選択するという作業を何度もくり返しました。結果としての要約文は、私の主観的判断に基づくものですので、読者の皆様には、該当箇所の聖句を熟読し、その内容をご自身の状況に適用していただきたいと思います。

皆様の聖書通読と日々のデボーションが、大いに祝されますように。

感謝。中川健一

中川健一 プロフィール

ハーベスト・タイム・ミニストリーズ代表

1970 年一橋大卒。6 年間のサラリーマン生活の後、米国トリニティ神学校留学。1979 年同校卒。1979 年から、東京都町田市において開拓伝道開始。1986 年から、福音テレビ放送団体『ハーベスト・タイム・ミニストリーズ』を設立し、テレビ伝道を展開。2010 年 3 月、テレビ伝道終了。それ以降、インターネット上で弟子訓練プログラムを中心とした種々の働きを展開。著書に「日本人に贈る聖書ものがたり」（文芸社）シリーズ（全 4 巻）、「中川牧師の一日一章」第 1 巻モーセの五書（イーグレープ）がある。イスラエルを何度も訪問し、聖書の世界を探求し続けている。

中川牧師の一日一章 —第 2 巻 歴史書—

2022 年 6 月 27 日 初版発行
2022 年 7 月 20 日 2 刷発行

著　　者　中川健一
発 行 者　穂森宏之
編 集 者　高井　透（ベル・プランニング）
校正協力者　栗栖ひろみ
装 丁 者　三輪義也（yme graphics）
発 行 所　イーグレープ
〒 277-0921 千葉県柏市大津ヶ丘 4-5-27-305
TEL: 04-7170-1601 FAX: 04-7170-1602
E-mail p@e-grape.co.jp
ホームページ http://www.e-grape.co.jp

ISBN 978-4-909170-35-4